ÉDOUARD WHYMPER

ESCALADES
DANS LES ALPES
DE 1860 A 1869

OUVRAGE TRADUIT DE L'ANGLAIS

avec l'autorisation de l'auteur

PAR

ADOLPHE JOANNE

ET CONTENANT 108 GRAVURES ET 6 CARTES

PARIS
LIBRAIRIE HACHETTE ET Cie
79, BOULEVARD SAINT-GERMAIN, 79

1873

Droits de propriété et de reproduction réservés.

Phénomène atmosphérique observé au Cervin le 14 juillet 1865.

42366. — PARIS, TYPOGRAPHIE LAHURE
Rue de Fleurus, 9

ESCALADES

DANS LES ALPES

PRÉFACE.

Pendant l'année 1860, peu de temps avant mon départ de l'Angleterre pour un long voyage sur le continent, un éditeur de Londres vint me demander quelques croquis des grands pics des Alpes. A cette époque les montagnes ne m'étaient connues que par les livres; non-seulement je n'en avais jamais escaladé, mais je n'en avais jamais vu une seule. Parmi les pics qui figuraient sur ma liste se trouvait le mont Pelvoux, dans le Dauphiné. Les croquis demandés étaient destinés à célébrer le triomphe de quelques-uns de mes compatriotes qui se proposaient de faire l'ascension de cette montagne. Ils *vinrent*, ils *virent*, mais ils ne *vainquirent* pas. Le hasard me fit rencontrer un très-aimable Français qui les avait accompagnés et qui m'engagea de retourner à l'assaut du Pelvoux. En 1861 je cédai à ses instances, et j'eus le bonheur de vaincre cette belle montagne avec mon ami Macdonald. Telle fut l'origine de mes escalades dans les Alpes.

L'ascension du Pelvoux, y compris même ses ennuis,

m'avait causé le plus vif plaisir. Désireux d'étendre tout à la fois le cercle de mes connaissances et de mes jouissances, je me dirigeai vers le Cervin. Les impulsions mystérieuses qui déterminent les hommes à se précipiter dans l'inconnu m'avaient entraîné vers le Pelvoux. Cette montagne passait pour la plus élevée de la France, et, à ce titre seul, elle eût mérité toute l'attention d'un touriste; en outre, elle était le point culminant d'un district très-pittoresque, offrant le plus haut intérêt, et demeuré jusqu'à ce jour presque complétement inexploré. Le Cervin m'attira simplement par sa grandeur; il était regardé comme la plus inaccessible de toutes les montagnes, même par les montagnards qui avaient gravi des sommets plus élevés. Les échecs successifs que j'essuyai n'eurent d'autre résultat que de m'exciter à faire de nouvelles tentatives, et, dès que je le pus, je revins, d'année en année, au pied du Cervin, de plus en plus résolu à me frayer un chemin jusqu'à la cime ou à prouver que l'ascension en était réellement impossible.

L'histoire de ces tentatives réitérées remplit une partie considérable de ce volume. Les autres excursions qui y sont décrites ont quelque rapport plus ou moins éloigné avec le Cervin ou avec le Pelvoux. Toutes ces excursions sont nouvelles, c'est-à-dire faites pour la première fois, je crois pouvoir l'affirmer. Quelques-unes sont résumées très-brièvement; d'autres, montée et descente comprises, n'occupent guère qu'une seule ligne. Si je leur avais donné tout le développement qu'elles comportaient, elles auraient formé aisément trois volumes. En général, je n'ai insisté que sur les points saillants, abandonnant tout le reste à l'imagination de mes lecteurs auxquels j'épargne ainsi des répétitions inutiles.

En m'efforçant de rendre ce livre utile aux touristes qui désirent escalader des montagnes, soit dans les Alpes, soit dans d'autres pays, j'ai peut-être accordé une trop grande place à mes erreurs et à mes défaites. Aussi remarquera-t-on peut-être que dans la pratique je n'ai pas toujours été parfaitement d'accord avec mes théories ; en effet, j'ai soutenu dans un des premiers chapitres de ce volume que les dangers positifs ou inévitables des courses alpestres étaient presque insignifiants, et les dernières pages prouvent qu'elles peuvent faire courir les plus grands périls. La raison de cette contradiction est évidente ; je ne suis pas parfait. Si j'ai exposé franchement mes fautes, ce n'est ni pour qu'on les admire, ni pour qu'on les imite, mais pour qu'on les évite.

Mes escalades dans les Alpes ont été des récréations de vacances ; c'est à ce point de vue qu'elles doivent être jugées. Je n'en parle que comme d'un exercice corporel, agréable et utile. Il m'est interdit, je le crains, de faire goûter aux autres le plaisir qu'elles m'ont procuré. Les écrivains les plus éminents ne sont jamais parvenus et ne parviendront jamais à donner une véritable idée de la grandeur des Alpes. Les impressions que font naître les descriptions les plus détaillées et les plus habiles sont toujours erronées. Si magnifiques que soient les rêves de l'imagination, ils restent toujours de beaucoup inférieurs à la réalité. Si j'ai été volontairement sobre de descriptions, je n'ai pas craint de multiplier les illustrations, espérant que le crayon réussirait peut-être là où la plume aurait inévitablement échoué. La préparation de ces illustrations, qu'il me soit permis de l'ajouter, m'a occupé presque exclusivement pendant six années. Je dois des remercîments tout particuliers à mes habiles et heureux interprètes, MM. James Mahoney et Cyrus Johnson.

J'en dois aussi, j'ai du plaisir à le reconnaître, à tous les amis et à tous les étrangers qui, directement ou indirectement, en Angleterre ou sur le continent, m'ont aidé dans mon travail : d'abord à mes compagnons qui ont mis si libéralement à ma disposition leurs notes et leurs croquis ; puis au Révérend T. G. Bonney (du collége Saint-Jean, à Cambridge) et à M. Rob. H. Scott, F. R. S., dont les conseils et les critiques m'ont été si utiles, enfin à M. Budden, au professeur Gastaldi et à M. Giordano, en Italie ; à M. Émile Templier et à M. le maréchal Canrobert, en France ; à M. Gosset, à Berne.

ÉDOUARD WHYMPER.

Haslemere, mai 1871.

Beachy Head.

CHAPITRE I.

PREMIER VOYAGE DANS LES ALPES.

Le 23 juillet 1860, je quittai l'Angleterre pour aller faire mon premier voyage dans les Alpes. Au moment où le bateau à vapeur déboucha dans le Canal, Beachy Head s'offrit à nos yeux et me rappela une *grimpade*[1] tentée bien des années auparavant. Mon frère[2] et moi, écoliers tous deux, nous avions essayé, avec l'aplomb de l'ignorance, d'escalader cette grande

---

1. *Note du traducteur.* L'auteur emploie ici le mot *scramble* qui sert de titre à son livre. *Scramble* signifie *grimper*, c'est-à-dire s'aider des pieds et des mains pour gravir une montagne, et diffère par conséquent de *scale*, qui veut dire *escalader*. Bien qu'un traducteur ait inventé dernièrement le mot *grimpeur*, je n'ai pas osé fabriquer le mot *grimpades*, qui pourtant rendrait seul, pour le titre de ce livre, le vrai sens de *scrambles*.
2. L'auteur des *Voyages dans l'Alaska*.

falaise crayeuse : non le sommet lui-même, où les oiseaux de mer volent en cercle, où les cailloux sont rangés en couches parallèles avec un ordre si parfait, mais un point situé plus à l'est, et d'où s'était éboulé le faîte nommé la *Cheminée du Diable*. Depuis lors nous avons affronté bien des dangers différents, mais jamais nous n'avons plus risqué de nous rompre le cou que dans cette folle expédition.

A Paris, je fis deux ascensions. La première au septième étage d'une maison du quartier latin, chez un artiste de mes amis que je trouvai, au moment où j'entrai, engagé avec un petit juif dans un débat des plus animés au sujet de je ne sais quel

marché ; il me recommanda de monter au haut des tours de Notre-Dame. Une demi-heure après, j'étais appuyé contre le parapet de la façade occidentale, à côté du Démon qui depuis des siècles abaisse un regard fixe et louche sur la grande cité. Ce regard, passant par-dessus l'Hôtel-Dieu, s'arrêtait sur un petit bâtiment d'aspect vulgaire, sans cesse entouré d'une foule agitée. Je descendis près de ce bâtiment. Il était rempli de femmes et d'enfants qui se bousculaient en bavardant pour examiner plus à leur aise trois cadavres exposés aux regards des curieux.... C'était la Morgue.... Je m'en éloignai avec dégoût.

Je gagnai la Suisse ; je vis la lumière du soleil décroître lentement sur les géants de l'Oberland ; j'entendis, dans la vallée de Lauterbrunnen, les échos répéter les belles notes des cors des Alpes et les avalanches tomber avec fracas de la Jungfrau ; puis je passai par la Gemmi dans le Valais après m'être reposé au bord du beau lac d'Œschinen. Pendant mon court séjour à Kandersteg, j'avais recueilli dans la vallée voisine — le Gasterenthal — un témoignage concluant sur le mouvement des glaciers. L'extrémité supérieure de cette vallée est couronnée par le glacier de Tschingel, qui, en descendant, rencontre un rocher abrupt. Ce rocher le divise en deux parties qui se rejoignent au-dessous. J'avais escaladé la partie inférieure du glacier jusqu'au pied du rocher central, où je m'étais arrêté pour admirer le contraste des brillantes aiguilles de glace avec l'azur du ciel. Une énorme tranche du glacier se détacha brusquement, et, passant par-dessus le rocher, alla retomber avec le bruit du tonnerre sur la partie inférieure. Plusieurs fragments me dépassèrent, heureusement sans m'atteindre. Rebroussant chemin en toute hâte, je ne m'arrêtai qu'au delà du glacier ; mais, avant d'en sortir, je reçus une nouvelle leçon : la moraine terminale, qui me semblait une masse solide, s'écroula sous mes pieds en me montrant que sa superficie trompeuse reposait sur une pente de glace unie et glissante comme du verre.

Dans le sentier escarpé de la Gemmi j'observai à diverses reprises les mœurs et coutumes des mulets suisses. Peut-être n'est-ce point pour se venger d'une longue suite de mauvais traitements que les mulets frottent constamment les jambes des touristes contre les murs de pierre et les clôtures de bois qui bordent les chemins, et feignent de broncher dans les passages difficiles, surtout quand ils arrivent à un tournant ou sur le bord d'un précipice. Leur déplorable habitude de marcher sur la limite extrême des sentiers (même dans les endroits les moins sûrs) est assurément le résultat de leurs relations avec l'homme. Ces mulets sont, en effet, occupés pendant une grande partie de l'année à descendre dans les vallées le bois des montagnes voisines; les fagots dépassant leurs bâts de chaque côté à une certaine distance, ils marchent instinctivement sur le bord extérieur des sentiers afin d'éviter de se heurter contre les rochers qui les bordent du côté opposé[1]. Quand, la belle saison revenue, les touristes remplacent sur leur dos les charges de bois, les mulets continuent à prendre les mêmes précautions. Cette habitude occasionne souvent des scènes plaisantes : deux mulets se rencontrent; chacun d'eux prétend passer sur le bord extérieur du chemin; ni l'un ni l'autre ne veut céder; pour leur persuader de se faire place, les guides sont obligés de les tirer fortement par la queue, car ils ne comprennent que cet argument.

Je visitai les bains de Louèche, où je vis un étrange assemblage d'hommes, de femmes, d'enfants, parés de leur costume de bain, babillant, buvant et jouant aux échecs dans l'eau. Cette société aquatique ne paraissait pas bien convaincue que des hommes d'un âge mûr, placés dans cette situation et attifés de la sorte, pussent, sans violer les convenances sociales, poursuivre de jeunes femmes dans tous les coins du bain; mais, unanime à protester en voyant entrer un étranger qui prétendait rester vêtu, elle poussa en chœur de véritables hurlements quand je me retirai sans lui montrer mon croquis.

Je remontai à pied la vallée du Rhône que je quittai à Visp afin de remonter le Vispthal, où l'on pourrait s'attendre à trouver des traces plus considérables de l'action des glaces si, comme on le prétend, il a été jadis rempli par un glacier[2].

Je me dirigeai d'abord vers la vallée de Saas, dont j'escaladai les deux versants, bien au-dessus de la limite de la végétation et des sentiers fréquentés par les touristes. Des pentes du Wiessmies qui domine le versant oriental de la vallée à 1500 ou 1800 mètres au-dessus du village de Saas, je découvris peut-être la plus belle vue de toute la chaîne des Alpes. On y em-

---

1. *Note du traducteur.* Sur un pont couvert de la vallée de Cormayeur, j'ai vu un mulet, très-lourdement chargé, se baisser autant que possible pour ne pas heurter la toiture du pont.

2. Qui aurait fait descendre des sommets dans la vallée de Saas « ces blocs erratiques bien connus, qui sont si nombreux dans les vallées suisses ? » (J. D. Forbes, *Tour du Mont-Blanc et du Mont-Rose*, p. 295.)

brasse d'un seul coup d'œil, de la base au sommet, les trois pics du Mischabel (la plus haute montagne de la Suisse), 3350 mètres d'épaisses forêts, de verts pâturages, d'aiguilles de rochers et de glaciers étincelants. Les pics me parurent absolument inaccessibles dans cette direction.

Je descendis ensuite par la vallée de Saas au village de Stalden, et, de là, je remontai le Vispthal jusqu'à Zermatt, où je m'arrêtai pendant plusieurs jours. Les formidables secousses de tremblement de terre, ressenties dans cette vallée cinq années auparavant, y avaient laissé de nombreuses traces, particulièrement à Saint-Nicolas, où les habitants avaient été terrifiés outre mesure par la destruction de leurs églises et de leurs maisons. Là, comme à Visp, une grande partie de la population s'était vue obligée de vivre sous la tente pendant plusieurs mois. Fait remarquable, bien qu'on ait compté près de cinquante secousses, dont plusieurs furent très-violentes, il y eut à peine une victime humaine.

A Zermatt, j'errai dans plusieurs directions, mais le temps était mauvais, et l'exécution de mes projets se trouva très-retardée. Un jour, après avoir essayé pendant longtemps de prendre des croquis près du Hörnli et fait de vains efforts pour saisir la forme des pics quand ils m'apparaissaient quelques secondes par-dessus les bords épais de gros nuages cotonneux, je résolus de ne pas retourner à Zermatt par le sentier habituel, mais de traverser le glacier de Gœrner pour gagner l'hôtel du Riffel. J'avais escaladé rapidement les roches polies et les champs de neige qui bordent la base du glacier de Saint-Théodule et passé à gué quelques-uns des ruisseaux qui en découlent et qui étaient alors très-gonflés par les dernières pluies; une première difficulté m'arrêta tout à coup. J'étais arrivé au bord d'un précipice profond d'environ 90 mètres.

Le glacier me semblait facile à traverser sur ce point si je pouvais l'atteindre, mais, à une grande distance au-dessus et au-dessous, mon œil inexpérimenté n'y découvrait aucun passage possible pour un touriste isolé. Le rocher qu'il s'agissait de descendre était presque partout perpendiculaire; toutefois, comme il se composait de nombreux fragments, je pus, sans trop de difficultés, passer d'un bloc à l'autre en décrivant des zigzags. A l'extrémité inférieure, je rencontrai une longue dalle à peu près polie et formant un angle de 40 degrés entre deux murailles à pic. Au-dessous on ne voyait absolument que le glacier. C'était, à coup sûr, un mauvais pas; mais, doutant fort que je pusse remonter tous les blocs que j'avais descendus en me laissant glisser, je tentai l'aventure. Couché en travers de cette dalle trop unie, j'appuyai fortement mon dos contre une des parois et mes pieds contre la paroi opposée, et je finis par descendre, en mettant en mouvement d'abord mes jambes, puis mes épaules. Parvenu au bas de la pente, j'aperçus une obligeante crevasse, dans laquelle je pus enfoncer la pointe de mon bâton, et je me laissai couler sur un bloc inférieur. La descente de ce couloir m'avait pris beaucoup de temps, et, pendant quelques secondes, j'eus la satisfaction de voir la glace presque à portée de la main. Un instant après, une seconde difficulté se présentait : le glacier contournait un angle du rocher, et la glace, n'ayant pas les propriétés de la mélasse ni du mastic mou, ne s'appliquait pas tout à fait à la petite anse sur le bord de laquelle j'étais descendu. Il n'y avait pas entre nous un grand espace, mais sa surface était plus élevée que celle du rocher d'où je la contemplais. En outre, le rocher se trouvait couvert de morceaux de terre et de pierres détachées des roches supérieures. Aussi loin que la vue pouvait s'étendre dans les deux directions, la glace restait éloignée du rocher, dont la séparait ainsi une crevasse marginale large de deux mètres au moins et d'une profondeur inconnue.

Un coup d'œil m'avait suffi pour tout voir. Jugeant qu'il m'était impossible de franchir la crevasse d'un bond, je descendis le long du rocher, à la recherche d'un passage plus facile; mais la glace devenait de plus en plus haute, et je finis par ne plus pouvoir avancer, car les roches étaient tout à fait polies. A l'aide d'une hache, j'aurais pu tailler des pas dans la glace; n'en ayant point, il ne me restait d'autre alternative que de revenir sur mes pas et de tenter le saut périlleux.

La nuit approchait et le calme solennel des hautes Alpes n'était troublé que par la chute de petits filets d'eau dans le glacier ou de fragments de rochers. Si ma tentative échouait, je tombais au fond de cette horrible crevasse pour y être gelé ou noyé dans cette eau qui s'y précipitait avec un bruit sinistre. Ma vie dépendait du succès de ce saut; je me demandai de nouveau : est-il possible? A coup sûr il était *nécessaire*. Alors, jugeant mon bâton inutile, je le lançai sur le glacier avec mon album de dessin; je m'éloignai autant que possible; puis, courant de toute ma force, je pris mon élan et j'atteignis tout juste le bord opposé de la crevasse où je tombai maladroitement sur mes genoux[1]. Presque au même instant, une grêle de pierres s'abattit sur l'endroit d'où je m'étais élancé.

La traversée du glacier ne m'offrit aucune difficulté, mais le Riffel[2], qui était alors un très-petit bâtiment, regorgeait de touristes; il me fut impossible d'y obtenir une chambre. Comme je ne connaissais pas le chemin qui descendait à Zermatt, on me donna obligeamment le conseil de prendre un guide aux chalets, sinon, me dit-on, je m'égarerais certainement dans la forêt. Mais, arrivé aux chalets, je n'y pus trouver personne pour me conduire, et les lumières de Zermatt, brillant à travers les arbres, semblaient me dire : « A quoi bon chercher un guide? Descends vers nous, nous t'indiquerons le chemin. » Je partis donc seul à travers la forêt, marchant en ligne droite vers ces lumières. Je ne tardai pas à m'égarer, et jamais je ne pus retrouver le sentier. Je trébuchais sur les racines des pins, je tombais sur les touffes des rhododendrons, je dégringolais par-dessus les rochers. La nuit était complètement noire; et peu à peu les lumières de Zermatt perdirent leur éclat, puis

---

1. Un pareil saut n'eût rien été dans un gymnase pour un élève bien exercé. La principale difficulté était de sauter d'un mauvais point d'appui sur une base encore moins sûre. Cette désagréable nécessité m'eût été épargnée si j'étais descendu un peu plus vers l'est le long des rochers.

2. L'hôtel du Riffel (d'où partent les touristes pour faire l'ascension du Mont-Rose), auberge justement renommée, appartient à M. Seiler, le propriétaire des hôtels de Zermatt; il est situé à une hauteur de 945 mètres au-dessus de ce village (2569 mèt. d'altitude), et on y jouit d'un superbe panorama.

s'éteignirent tout à fait. Après une longue série de glissades, de chutes et d'évolutions plus ou moins désagréables, je sortis enfin de la forêt; mais, pour atteindre Zermatt, il me fallait encore traverser des torrents dangereux. Pendant des heures entières, je cherchai mon chemin, presque sans espoir de le trouver. Enfin, par un effort suprême, je découvris un pont, et, vers minuit, couvert de boue, tout écorché et tout meurtri, je rentrai dans l'auberge que j'avais quittée le matin.

Les touristes ne sont pas seuls embarrassés. Un ou deux jours plus tard, en me rendant à mon ancien poste près du Hörnli, je rencontrai un gros curé qui avait essayé de passer le col Saint-Théodule. La force ou le souffle lui avaient manqué, et il se faisait descendre comme un ballot sur le dos d'un guide efflanqué. Les paysans s'arrêtaient les mains jointes; malgré son aspect grotesque, ils gardaient leur sérieux, tant est grand leur respect pour l'Église, mais, à leur physionomie, on voyait qu'ils avaient bien envie de rire.

Je descendis la vallée que je quittai à Randa pour gravir les flancs du Dom[1], afin de contempler le Weisshorn face à face. Cette dernière montagne, la plus majestueuse de la Suisse, paraît encore plus belle quand on l'admire de ce côté. Au nord, elle porte un immense plateau de neige qui alimente le glacier dont une partie se voit de Randa, et qui a plus d'une fois détruit ce village. Juste en face du Dom, le glacier du Bies[2] semble descendre presque verticalement; il n'en est rien, bien que la pente en soit très-forte. Il a beaucoup diminué, et sa partie inférieure, maintenant divisée en trois bras, et étrangement suspendue aux rochers, paraît vraiment y tenir comme par miracle.

---

1. Le plus élevé des Mischabelhörner.
2. Ball, dans son *Guide*, le qualifie à tort de *petit* glacier de Bies, car il a environ 750 mètres de largeur.

Je dus m'arracher bien malgré moi à la contemplation de cette superbe montagne et je descendis à Visp. Une société de touristes anglais remontait la vallée, avec un mulet. Elle se composait de neuf personnes, — huit jeunes femmes et une gouvernante. Le mulet portait leur bagage et chacune d'elles le montait à son tour. Les paysans, qui trop souvent surchargent leurs bêtes de somme, demeuraient

frappés d'étonnement à ce spectacle inaccoutumé, et commentaient trop librement, pour des oreilles anglaises, la nonchalance avec laquelle chaque jeune miss restait assise, à tour de rôle, calme et impassible, sur la malheureuse bête, qui pliait sous son double poids.

A peine redescendu dans la vallée du Rhône, je la remontai jusqu'à Viesch, d'où je fis l'ascension de l'Eggischhorn. Sur cette déplaisante sommité, je perdis, dans le brouillard, non-seulement mon chemin, mais ma bonne humeur. Après avoir traversé ensuite le Grimsel au milieu d'une violente tempête, je gagnai Brienz, Interlachen et Berne, d'où je me dirigeai, par Fribourg, Morat et Neuchâtel, sur Martigny et le Saint-Bernard. Les murs massifs du couvent réjouirent mes yeux,
tandis que je gravissais péniblement les champs de neige voisins du col; bien agréable me fut aussi le salut poli du frère qui

m'invita à entrer. Si le poids de mon sac le surprit, je m'étonnai, moi, de la dureté de son pain. Les moines du Saint-Bernard ne préparent point en hiver, comme on l'a dit, les *grillades* qu'ils offrent aux touristes l'été suivant; l'hiver est l'époque de l'année pendant laquelle ils sont le plus occupés. Ce qui est *vrai*, c'est que leur généreuse hospitalité les a souvent privés du combustible nécessaire pour chauffer leur chapelle pendant l'hiver [1].

Au lieu de descendre à Aoste, je remontai le Val Pellina, afin de dessiner la Dent d'Hérens. La nuit était venue lorsque j'atteignis Biona, et il me fallut frapper bien fort et bien longtemps à la porte de la maison du curé, avant de la voir s'ouvrir. Une vieille femme, à la voix plaintive, ayant un goître énorme, répondait enfin à mon appel, en me demandant aigrement ce que je voulais; mais elle s'adoucit et prit un air presque aimable à la vue d'une pièce de cinq francs, quand je sollicitai en échange un lit et un souper.

D'après les indications que je possédais, un passage devait exister entre Prarayen, à l'extrémité supérieure du Val Pellina, et le Breuil [2] dans le Val Tornanche. La vieille femme, enfin convaincue de ma *respectability*, s'occupa de me chercher un guide. Elle ne tarda pas, en effet, à me présenter un indigène, pittoresquement coiffé d'une espèce de chapeau tyrolien, vêtu d'une veste de tricot, d'un gilet rouge et d'un pantalon indigo : il s'engageait à me conduire au village du Val Tornanche. Le lendemain matin, nous partîmes de bonne heure et nous atteignîmes le col sans difficultés. Je fis là ma première expérience sur la manière de gravir les longues pentes de neige très-raides. Comme tous les débutants, je tâchais de m'aider en m'appuyant sur mon bâton que je tenais *en dehors*, au lieu de le placer entre moi et la pente pour m'en faire une sorte de

---

1. La température du Saint-Bernard pendant l'hiver descend fréquemment à 29 degrés au-dessous de zéro. Janvier est le mois le plus froid. Voyez les *Matériaux pour l'étude des glaciers*, par Dollfus-Ausset, vol. VI et VII.

2. Il n'existait aucun passage entre Prarayen et le Breuil. Voyez la note du chapitre VI.

rampe solide. Mon guide voulut bien me donner quelques leçons ; mais il avait évidemment une très-pauvre opinion de son élève, et ce fut sans doute pour cette raison que, peu d'instants après avoir dépassé le col, il déclara qu'il n'irait pas plus loin et qu'il voulait retourner à Biona. Tous mes raisonnements furent inutiles ; il persista dans sa résolution, et à tout ce que je lui dis il ne répondit rien, si ce n'est qu'il voulait s'en retourner. Comme j'étais un peu inquiet de descendre seul plusieurs longues pentes de neige qui s'étendaient entre l'endroit où nous étions et le haut de la vallée, je lui offris un supplément de salaire et il m'accompagna encore pendant quelques instants, mais bientôt nous rencontrâmes des rochers escarpés qu'il nous fallait descendre. Il me dit de m'arrêter en me criant qu'il voulait s'en aller et en me faisant signe de remonter vers lui. J'attendis au contraire qu'il descendît près de moi ; mais, au lieu de m'obéir, il tourna les talons, remonta résolûment en haut du rocher et disparut. Je supposai d'abord que c'était une ruse pour m'extorquer un plus fort pourboire, et je l'attendis pendant une demi-heure ; cependant il ne reparut pas. Ma position devenait embarrassante, car il avait emporté mon sac. Je me voyais donc forcé ou de lui donner la chasse, ou de descendre au Breuil, au risque de perdre mon sac. Je pris ce dernier parti, et j'arrivai au Breuil le soir même. Le maître de l'auberge, se défiant d'un voyageur qui n'avait aucun bagage, hésitait à me recevoir ; il m'introduisit à tout hasard dans une espèce de grenier déjà occupé par des guides et à demi rempli de foin. Depuis lors nous sommes devenus bons amis ; il n'a plus hésité à me faire crédit et il m'a même avancé quelquefois des sommes considérables.

Ce ne fut pas sans peine que je parvins à dessiner au Breuil, car tout mon matériel avait été emporté par mon guide. Je ne pus rien trouver de mieux que du beau papier à sucre et des crayons qui contenaient plus de silice que de mine de plomb. Malgré tout, je fis tout ce que je voulais faire ; puis je repassai le col de Va-Cornère[1], mais seul cette fois. Le lendemain soir, la

---

1. Ce passage est ordinairement appelé le Va-Cornère. Il est aussi connu sous

vieille femme de Biona m'amena de nouveau le guide infidèle qui me fit attendre mon sac pendant deux ou trois heures. Quand il se fut enfin décidé à me le rendre, je l'accablai de toutes les injures et de tous les reproches que je pus trouver dans mon vocabulaire. Le drôle sourit lorsque je l'appelai menteur, il haussa les épaules lorsque je le traitai de voleur, mais, au mot de *cochon*, il tira son couteau.

Je passai la nuit suivante à Cormayeur; le lendemain je me rendis à Orsières par le col Ferret, et le surlendemain je gagnai Chamonix par la Tête-Noire. L'empereur Napoléon y arriva le même jour, et l'accès de la Mer de Glace fut interdit aux touristes. En grimpant le long du Plan des Aiguilles, je parvins à dépister la police impériale, et j'arrivai au Montanvers au moment où l'empereur en partait avec sa suite; mais j'essayai vainement de monter le même jour au Jardin, je manquai de me casser une jambe en faisant dégringoler de gros blocs de rochers sur la moraine du glacier.

De Chamonix j'allai à Genève, puis de Genève par le Mont-Cenis à Turin et dans les vallées vaudoises. A la fin d'une longue et fatigante journée, j'atteignis Paesana. L'auberge était pleine. Me sentant très-fatigué, j'allais me mettre au lit, quand je vis entrer quelques rôdeurs de village qui se mirent à chanter. C'était Garibaldi qu'ils chantaient! Le ténor, un jeune homme à peine vêtu, dont les guenilles ne valaient pas vingt sous, conduisait le chœur avec une expression et un sentiment admirables; ses compagnons se distinguaient dans leur partie par une justesse non moins merveilleuse. Ce concert improvisé me ravit tellement que je les écoutai pendant plusieurs heures. Longtemps après m'être retiré, j'entendais encore leur concert mélodieux dans lequel retentissait de temps en temps la voix plus aiguë de la jeune fille d'auberge.

Le lendemain matin, je passai, en me rendant en France,

le nom de Gra-Cornère, ce qui, je pense, signifie en patois le Grand-Cornier. Il est mentionné dans le premier volume de la seconde série des *Peaks, Passes and Glaciers*, et dans les chapitres VI et XX de ce volume. Voyez aussi l'*Itinéraire de la Suisse*, par Adolphe Joanne, p. 279.

près des petits lacs qui forment la source du Pô. Le temps était orageux. Comprenant mal le patois de quelques paysans qui me montrèrent réellement le bon chemin, je me trompai de sentier et je me trouvai bientôt au pied des rochers escarpés du mont Viso. Une brèche, que j'aperçus dans la crête qui le relie aux montagnes de l'est, m'inspira l'idée d'y monter, et j'y parvins après m'être escrimé des pieds et des mains contre un champ de neige d'une raideur excessive. La vue que j'y découvris était extraordinaire, et pour moi, unique. Au nord, je n'apercevais pas une molécule de brouillard, et le vent violent qui soufflait de cette direction me faisait chanceler sur mes jambes; mais, du côté de l'Italie, les vallées étaient complétement remplies à une certaine hauteur par d'épaisses masses de nuages; partout où ces nuages ressentaient l'influence du vent, ils étaient nivelés comme la surface d'une table, et les sommets des montagnes se dressaient au-dessus de cette ligne uniforme.

Je descendis rapidement à Abries, puis je me rendis à Mont-Dauphin par la gorge du Guil. Le lendemain, j'étais à la Bessée, à la jonction de la Vallouise et de la vallée de la Durance, en face du mont Pelvoux. J'entrai par hasard dans un cabaret où déjeunait un Français qui avait tenté inutilement, peu de jours avant, l'ascension de cette montagne avec trois Anglais et le guide Michel Croz, de Chamonix[1]. Ce Français était un bon compagnon du nom de Jean Reynaud.

Le soir du même jour, j'allais coucher à Briançon, dans l'intention de partir le lendemain matin pour Grenoble avec le courrier; mais toutes les places avaient été arrêtées plusieurs jours à l'avance; aussi je me mis en route à deux heures de l'après-midi pour faire à pied une course de 111 kilomètres. Le temps s'était gâté de nouveau. Parvenu au col du Lautaret, je me vis obligé de chercher un abri dans le misérable petit hospice qui s'y trouvait alors et qui a été rebâti depuis. Il était rempli

---

1. C'était pour illustrer cette ascension que j'avais été envoyé dans la Vallouise.

d'ouvriers employés aux travaux de la route et dont les vêtements mouillés exhalaient les vapeurs les plus odieuses. L'inclémence du temps était préférable aux ennuis que me réservait cet intérieur. Au dehors, c'était désagréable, mais grandiose ; au dedans, c'était désagréable et misérable. Je continuai ma marche sous une pluie diluvienne, et, malgré l'obscurité profonde qui m'entourait, je parvins à descendre au village de la Grave, où les gens de l'auberge me retinrent de force. Ce fut peut-être très-heureux pour moi, car, pendant la nuit, des blocs de rochers tombèrent des montagnes sur plusieurs points de la route où ils creusèrent d'énormes trous dans le macadam.

Je me remis en marche le lendemain matin à cinq heures et demie, et, par une pluie battante, je gagnai le Bourg-d'Oisans, puis Grenoble où j'arrivai après sept heures du soir, ayant franchi en dix-huit heures de marche la distance qui sépare cette ville de Briançon.

Ainsi finit mon voyage de 1860 dans les Alpes, voyage pendant lequel je vis pour la première fois leurs plus hautes sommités, et qui m'inspira cette passion des grandes ascensions dont les chapitres suivants contiendront les développements et les résultats.

Briançon.

CHAPITRE II.

ASCENSION DU MONT PELVOUX.

Ainsi la fortune sourit à nos premiers efforts.
(VIRGILE.)

La contrée dont le mont Pelvoux et les montagnes qui l'entourent sont les points culminants[1] est une des plus intéressantes des Alpes, sous le double rapport historique et topographique. Comme le berceau et la résidence des Vaudois, elle a droit à une célébrité durable ; les noms de Waldo et de Neff vivront encore dans la mémoire de la postérité, quand leurs contemporains plus célèbres seront oubliés ; le souvenir du courage

---

1. Voyez la carte du chapitre IX.

héroïque et de la piété naïve de leurs disciples durera aussi longtemps que l'histoire.

Cette région contient les montagnes les plus élevées de la France, le groupe du Mont-Blanc excepté, et quelques-uns de ses plus beaux paysages. Elle n'a peut-être pas les beautés de la Suisse, mais elle possède un charme qui lui est particulier ; ses rochers escarpés, ses torrents, ses gorges sont sans rivales ; ses profondes et sauvages vallées présentent des tableaux d'une telle grandeur qu'elle touche au sublime, et, dans nulle autre contrée, les montagnes n'ont des formes plus hardies. Ses nombreuses vallées rivalisent l'une avec l'autre pour la singularité de leur caractère et la dissemblance de leur climat. Plusieurs d'entre elles sont si étroites[1] et si profondes que les rayons du soleil ne peuvent jamais y pénétrer. Dans d'autres on se croirait aux antipodes ; car la température y ressemble plus à celle des plaines de l'Italie qu'à celle des Alpes françaises. Cette grande différence de climats a un effet marqué sur la flore de ces vallées ; quelques-unes sont complétement stériles ; les pierres y prennent la place des arbres ; la vase et les débris y remplacent les plantes et les fleurs ; d'autres présentent, sur un espace de quelques kilomètres, la vigne, le pommier, le poirier, le cerisier, le bouleau, l'aune, le noyer, le frêne, le mélèze, le pin, alternant avec des champs de seigle, d'orge, d'avoine, de fèves et de pommes de terre.

Les vallées, pour la plupart courtes et irrégulières, ne paraissent pas disposées d'après un plan déterminé, ainsi que cela arrive fréquemment sur d'autres points du globe ; elles ne sont, en effet, ni à angles droits, ni parallèles avec les sommets les plus élevés ; mais elles semblent errer au hasard, suivant une direction pendant quelques kilomètres, puis se repliant en arrière pour reprendre parfois leur direction première. Aussi les

---

1. La profondeur de ces vallées est telle que non-seulement le soleil n'y pénètre que pendant quelques heures par jour durant la plus grande partie de l'année, mais dans quelques endroits — par exemple à Villard-d'Arène et à Andrieux, — on ne l'aperçoit pas du tout pendant une centaine de jours. (*Hautes-Alpes*, par Ladoucette.)

perspectives étendues y sont-elles rares, et il est difficile de s'y former une idée générale de la disposition des principaux pics.

Les sommets les plus élevés forment presque un fer à cheval. Le plus haut de tous, celui qui occupe une position centrale, est la Pointe des Écrins; le second pour la hauteur, la Meije[1], est situé au nord; et le mont Pelvoux, qui donne son nom au massif tout entier, se dresse sur la limite extérieure, presque entièrement isolé.

Cette contrée est encore très-imparfaitement connue; il y a là probablement beaucoup de vallées et certainement plus d'une sommité qui n'ont jamais été foulées par le pied des touristes ou des voyageurs, mais en 1861 elle était encore moins connue qu'aujourd'hui. Jusqu'à ces dernières années, il n'en existait en réalité aucune carte[2] : celle du général Bourcet, la meilleure qui eût été publiée, étant complétement inexacte sur la forme des montagnes, et très-souvent incorrecte quant aux sentiers ou aux routes.

En outre, les touristes ne trouvent dans les régions montagneuses du Dauphiné aucune des ressources qu'ils rencontrent en Suisse, dans le Tyrol, ou même dans les vallées italiennes. Les auberges, quand elles existent, sont d'une malpropreté indescriptible; on parvient rarement à dormir dans leurs lits, et leur cuisine ne fournit pas souvent une nourriture convenable; de guides, il n'en existe aucun. Les touristes y étant presque abandonnés à leurs propres ressources, doit-on donc s'étonner que ces régions si intéressantes de la France soient moins visitées et moins connues que le reste des Alpes?

La plupart des renseignements que l'on pouvait se procurer en 1861 sur les Alpes Dauphinoises provenaient de deux au-

---

[1]. Quelquefois appelée l'Aiguille de la Grave, ou l'Aiguille de la Medge.
[2]. On doit excepter la carte des Alpes du Dauphiné dans le *Guide des Alpes occidentales* de Ball et celle de l'*Itinéraire du Dauphiné* par Ad. Joanne (toutes deux gravées d'après les feuilles de la carte de France, qui ne sont pas publiées). Ces cartes sont cependant sur une trop petite échelle pour être utiles à des ascensionnistes.

teurs[1], M. Élie de Beaumont et feu J. D. Forbes. Leurs ouvrages contiennent toutefois de nombreuses erreurs relatives surtout à la désignation des pics; ainsi, par exemple, ils accordent la suprématie au mont Pelvoux dont ils appellent le point le plus élevé la Pointe des Arcines ou des Écrins. Forbes a confondu sous le nom de Pelvoux le grand pic que l'on voit de la vallée de Saint-Christophe avec celui que l'on aperçoit de la vallée de la Durance, et M. de Beaumont a commis des méprises semblables. En fait, au moment où M. de Beaumont et Forbes écrivaient leurs ouvrages, la position réelle du Pelvoux et des sommets voisins avait été déterminée par les officiers d'état-major chargés de dresser la carte de France; mais leurs travaux, évidemment communiqués à M. de Beaumont, étaient encore inconnus du public. Le groupe d'officiers placé sous la direction du capitaine Durand fit, en 1828, l'ascension du mont Pelvoux, du côté du Val d'Ailefroide, c'est-à-dire en partant de la Vallouise. Suivant les habitants de la Vallouise, ils atteignirent le sommet du pic qui, pour l'altitude, n'a droit qu'au second rang, et ils y séjournèrent pendant plusieurs jours sous une tente à une hauteur de 3930 mètres. Ils prirent de nombreux porteurs pour leur monter des provisions de bois, et ils érigèrent un grand *cairn*[2] sur le sommet, qui reçut le nom de Pic de la Pyramide.

---

1. Faits pour servir à l'histoire des montagnes de l'Oisans, par Élie de Beaumont, dans les *Annales des mines*.

La Norvége et ses glaciers, suivi des *Excursions dans les Hautes-Alpes du Dauphiné*, par J. D. Forbes.

Les ouvrages suivants traitent aussi plus ou moins des régions dont il est parlé dans ce chapitre.

Histoire des Hautes-Alpes, par J. C. F. Ladoucette.

Itinéraire du Dauphiné, par Adolphe Joanne (2e partie) : Drôme, Pelvoux, Viso, vallées vaudoises.

Tour du monde, 1860, édité par Éd. Charton, articles de MM. Adolphe Joanne et Élisée Reclus.

L'Israël des Alpes, par Alexis Muston.

Notice sur Félix Neff, par W. S. Gilly.

Voyages pittoresques dans l'ancienne France, par Ch. Nodier, J. Taylor et A. de Cailleux, et *Vues prises dans les départements de l'Isère et des Hautes-Alpes*, par lord Manson.

2. *Note du traducteur*. Cairn, amas de grosses pierres en forme de pyramide.

En 1848, M. Puiseux, parti du même point, fit l'ascension du Pelvoux, mais son guide de la Vallouise s'arrêta à peu de distance du sommet et laissa l'illustre astronome achever seul sa courageuse entreprise [1].

Au milieu du mois d'août 1860, MM. Bonney, Hawkshaw et Mathews, avec le guide Michel Croz, de Chamonix, tentèrent l'ascension du Pelvoux, en suivant aussi la même direction. Ils passèrent plusieurs jours et plusieurs nuits sur la montagne; mais le temps se gâta et ils ne purent atteindre qu'une altitude de 3178 mètres.

M. Jean Reynaud, dont j'ai parlé dans le chapitre précédent, accompagnait M. Mathews et ses compagnons. Dans son opinion, cette tentative avait été faite à une époque trop avancée de la saison. « Le temps, me dit-il, n'étant d'ordinaire favorable pour l'ascension des hautes montagnes que pendant les derniers jours de juillet et les premiers jours d'août [2], il vaut mieux remettre notre tentative à cette époque de l'année prochaine. » Sa proposition me convenait assez, et ses manières cordiales et modestes la rendaient irrésistible, bien qu'il ne dût y avoir qu'une faible chance de réussir dans une expédition où M. Mathews et ses amis avaient échoué.

Au commencement de juillet 1861, j'envoyai du Havre à Reynaud des couvertures (taxées comme étant d'une fabrication prohibée), une corde et d'autres objets utiles à notre ascension, puis je quittai l'Angleterre pour aller faire mon tour de France; mais quatre semaines plus tard, à Nîmes, je me trouvai si complétement anéanti par la chaleur (le thermo-

---

1. M. Puiseux prit pour guide un homme nommé Pierre Bornéoud, de Claux dans la Vallouise, qui avait accompagné le capitaine Durand en 1828. En 1861, l'expédition de M. Puiseux était tout à fait oubliée dans la Vallouise. C'est à M. Puiseux que je suis redevable de la plupart des détails que je puis donner ici et ailleurs sur le Pelvoux.

2. C'est une opinion généralement répandue dans le Dauphiné. Il y a ordinairement moins de neige sur les montagnes à cette époque de l'année que dans aucune autre saison. Or les Dauphinois, ayant une crainte presque enfantine de la neige ou des glaciers, sont disposés à croire qu'elle est plus favorable aux excursions.

mètre marquait 34° centigrades à l'ombre), que je pris un train de nuit pour me rendre à Grenoble.

On pourrait écrire un volume sur Grenoble. Aucune autre ville de France n'a peut-être une plus belle situation, et ses forts les plus élevés offrent des points de vue superbes. L'institution la plus intéressante qu'elle possède est l'Association Alimentaire, qui a acquis une célébrité méritée[1]. Cette institution, établie il y a près de vingt ans par quelques philanthropes intelligents, fut fondée[2] dans le but exprès de donner aux ouvriers et aux indigents une nourriture de meilleure qualité, mieux préparée et moins chère que celle qu'ils trouvaient dans les restaurants ou même chez eux. A la société alimentaire, les Grenoblois peuvent se procurer un dîner composé d'une portion de soupe, de viande ou de poisson, de légumes, de dessert, de pain et d'un quart de litre de vin pur de toute fraude, le tout pour la somme de soixante centimes. On devient membre de l'Association en versant la somme de cinq francs; mais on doit acheter d'avance les bons de repas, car il n'est fait crédit à personne. Les classes inférieures ont promptement reconnu les avantages qu'elles avaient à faire partie de cette Association Alimentaire qui a produit, dit-on, parmi elles les résultats les plus heureux. Ce qui fait honneur à cette institution, c'est que non-seulement elle paye toutes ses dépenses, mais qu'elle réalise encore un léger bénéfice.

Si Grenoble peut être fière de sa société alimentaire, elle doit sous d'autres rapports rougir d'elle-même. Ses rues sont étroites, mal pavées et tortueuses; quant aux odeurs qu'elle exhale et aux choses sans nom qui se passent dans ses maisons, il faut les connaître pour les apprécier[3].

---

1. L'Association Alimentaire de Grenoble est reconnue comme étant en France le modèle de toutes les institutions de ce genre.
2. *Note du traducteur.* Elle eut pour fondateur, en 1851, M. Jules Taulier. Les actions, au porteur, étaient de cinq francs. En 1851, elle comptait déjà 834 sociétaires. Ce nombre s'est accru depuis considérablement.
3. « Les maisons sont beaucoup plus malpropres que les rues. La plupart des allées et des escaliers ressemblent à des dépôts publics d'immondices. Dans la vieille ville, les maisons n'ont pas de concierge. Les habitants de la ville, affligés de déplorables habitudes, y entrent incessamment sans scrupule

CHAPITRE II.

Je m'étais égaré dans les rues de cette ville pittoresque mais infecte, et, comme il ne me restait qu'une demi-heure pour dîner et pour arrêter une place dans la diligence, je ne fus pas très-satisfait d'apprendre qu'un Anglais demandait à me voir. Heureusement c'était mon ami Macdonald; il allait, me dit-il, tenter dans une dizaine de jours l'ascension d'une montagne nommée Pelvoux. Dès qu'il connut mes projets, il me promit de nous rejoindre à la Bessée le 3 août. Peu de moments après, j'étais en route pour le Bourg-d'Oisans, perché sur la banquette d'un misérable véhicule qui mit près de huit heures pour accomplir un trajet de quarante-neuf kilomètres.

Le lendemain, à cinq heures du matin, je bouclais mon sac sur mes épaules et je partais pour Briançon par un temps charmant. Les vapeurs de gaze qui enveloppaient les montagnes se dissipaient aux premiers rayons du soleil; en disparaissant soudain elles découvraient, outre la ville, les belles collines calcaires qui la dominent et dont les couches sont si curieusement repliées. J'entrai alors dans la merveilleuse Combe de Malaval où j'entendis la Romanche ronger ses rives avec fracas. Près du Dauphin, j'aperçus le premier glacier de l'Oisans, s'étendant à droite sur la montagne. De ce point jusqu'au delà du col de Lautaret, chaque brèche qui s'ouvrit dans les montagnes me laissa voir un glacier étincelant ou un pic élancé. Ce fut à la Grave que je jouis de la plus belle vue, car la Meije s'élève par une série de précipices effroyables jusqu'à 2438 mètres environ au-dessus de la route[1]. Mais, au delà du col, près du Monêtier, on découvre une vue encore plus étendue et plus belle. Une montagne, regardée communément comme le mont Viso, se dresse dans le ciel à l'horizon[2]; à mi-chemin, mais encore à

et sans pudeur, et rarement les propriétaires ou les locataires s'associent entre eux pour faire disparaître les ordures qui déshonorent leur demeure. » (*Itinéraire du Dauphiné*, par Ad. Joanne, tome I, p. 118.)

Note du traducteur. Depuis quelques années, de grandes améliorations ont eu lieu dans la ville et dans l'intérieur des maisons au point de vue de la propreté.

1. Voyez le chapitre VIII.
2. On ne voit pas le mont Viso de la route du Lautaret. Pour s'en assurer,

dix-sept kilomètres de distance, se montre Briançon avec ses interminables forts; au premier plan, des champs fertiles, parsemés de villages et de clochers, descendent vers la Guisanne, pour remonter à une grande hauteur sur le versant opposé des montagnes.

Le jour suivant, j'allai de Briançon à la Bessée pour y retrouver mon digne ami Jean Reynaud, qui était agent voyer du canton.

De la Bessée on voit parfaitement tous les pics du mont Pelvoux, le point culminant aussi bien que celui sur lequel les ingénieurs avaient érigé leur pyramide. Ni Reynaud ni personne n'en était instruit. Quelques paysans se rappelaient seulement que les ingénieurs avaient fait l'ascension d'un pic d'où ils avaient aperçu un point plus élevé, qu'ils avaient appelé la Pointe des Arcines ou des Écrins. Ils ignoraient si ce dernier pic pouvait être vu de la Bessée, et ne savaient pas désigner celui sur lequel la pyramide avait été élevée. Dans notre opinion, les pics que nous voyions nous cachaient le sommet le plus élevé, et, pour l'atteindre, il nous fallait d'abord les escalader. L'ascension de M. Puiseux était complétement inconnue des paysans, et, à les en croire, le point culminant du Pelvoux n'avait été gravi par personne. C'était justement ce point que nous voulions atteindre.

Rien ne nous empêchait plus de partir, si ce n'est l'absence de Macdonald et le manque d'un bâton. Reynaud nous proposa de faire une visite au maître de poste, qui possédait un bâton célèbre dans la localité. Nous descendîmes au bureau, mais il était fermé; nous appelâmes à grands cris à travers les fentes de la porte : point de réponse. A la fin cependant nous trouvâmes le maître de poste, au moment où il s'efforçait, avec un remarquable succès, de se griser. A peine était-il capable de s'écrier : « La France! c'est la première nation du monde! » phrase favorite du Français quand il est dans cet état où l'An-

---

il faut traverser le col du Galibier; du côté sud de ce passage, le mont Viso est visible pendant très-peu de temps.

glais commence à crier : « Nous ne rentrerons chez nous qu'au matin » — la gloire nationale occupant le premier rang dans les pensées de l'un et le *home* dans celles de l'autre. Le bâton fut exhibé; c'était une branche d'un jeune chêne, longue d'environ 1 mètre 50 cent., noueuse et tordue. « Monsieur, dit le maître de poste en nous la présentant, la France! c'est la première... la première nation du monde, pour ses... » il s'arrêta. « Bâtons? » lui soufflé-je. « Oui, oui, monsieur; pour ses bâtons, pour ses... ses... » mais il fut incapable d'en dire davantage. En regardant ce maigre support, j'eus un instant

Le Pelvoux, vu de la Bessée.

d'hésitation; mais Reynaud, qui connaissait tout dans le village, choses et gens, me dit qu'il n'y en avait point de meilleur. Nous partîmes donc avec le fameux bâton, tandis que son propriétaire marmottait en titubant sur la route : « La France! c'est la première nation du monde! »

Le 3 août, Macdonald n'étant pas arrivé, nous partîmes sans lui pour la Vallouise. Notre expédition se composait de Reynaud, de moi, et d'un porteur, Jean-Casimir Giraud, le cordonnier de la Bessée, surnommé « Petit-Clou. » En une heure et demie d'une marche rapide, nous atteignîmes Ville-Vallouise[1], le cœur réjoui par la vue des beaux pics du Pelvoux qui resplendissaient au soleil dans un ciel sans nuages.

Je renouvelai connaissance avec le maire de « Ville. » Il avait une tournure originale et des manières gracieuses, mais l'odeur qui s'exhalait de sa personne était horrible. Le même reproche peut du reste s'adresser à la plupart des habitants de ces vallées[2].

Reynaud eut la complaisance de s'occuper des provisions; mais, au moment de partir, je vis à ma grande contrariété que, en me déchargeant de ce soin, j'avais consenti tacitement à ce qu'il emportât un petit baril de vin qui fut un grand embarras dès le début du voyage. Il était excessivement incommode de le tenir à la main; Reynaud essaya de le porter, puis il le passa à Giraud; ils finirent par le suspendre à l'un de nos bâtons dont ils placèrent les deux extrémités sur leurs épaules.

A Ville, la vallée de Vallouise se divise en deux branches : le Val d'Entraigues à gauche et le vallon d'Alefred (ou Ailefroide) à droite. C'était ce dernier que nous devions remonter. Nous nous dirigeâmes d'un pas ferme vers le village de la Pisse, résidence de Pierre Sémiond, qui, d'après l'opinion générale, connaissait mieux le Pelvoux qu'aucun autre habitant de la vallée. Cet homme avait l'air fort honnête; malheureusement il était malade et ne pouvait nous accompagner. Il nous re-

---

1. Village ou ville de 1265 habitants, situé à 1209 mètres environ d'altitude.
2. Leur dernier préfet vous dira pourquoi : « Les hommes et les femmes ont pour habits des peaux de mouton desséchées et dégraissées avec du sel; les pieds servent d'agrafes : ceux de devant pour attacher ces peaux au cou, ceux de derrière pour les arrêter au-dessous du ventre. Leurs bras sont nus, et on ne distingue les hommes des femmes qu'aux misérables caleçons que portent les hommes, tandis que les femmes ont une espèce de jupe qui ne les couvre que jusqu'au-dessous des genoux. Ils couchent tout habillés sur la paille, et n'ont pour couvertures que des peaux de mouton.... La nature de leurs aliments et leur malpropreté font qu'il s'exhale de leur corps une odeur forte, qui se sent de loin et qui est presque intolérable pour les étrangers.... Ils vivent dans une très-grande médiocrité, ou plutôt ils languissent dans une misère affreuse. Leurs visages sales et hideux annoncent leur malpropreté et leur puanteur. » (*Histoire des Hautes-Alpes*, par Ladoucette, p. 656 et 657.)

A présent les peaux de mouton ne sont plus portées que par les paysans les plus pauvres, mais le reste de la description est encore parfaitement exact.

commanda son frère, vieillard dont la figure ridée et ratatinée ne nous promettait guère le guide dont nous avions besoin ; n'ayant pas le choix, nous l'engageâmes et nous nous remîmes en marche.

Des noyers et une grande variété d'autres arbres bordaient le chemin, et la fraîcheur de leur ombrage nous donnait une nouvelle vigueur ; au-dessous de nous, grondait, au fond d'une gorge sublime, le torrent dont les eaux prenaient leur source dans ces neiges que nous espérions fouler sous nos pieds le lendemain matin.

Le Pelvoux n'est pas visible de Ville, car il est caché par une

Vallée d'Ailefroide.

chaîne intermédiaire au pied de laquelle nous marchions alors pour atteindre les chalets d'Alefred, soit, comme on les appelle quelquefois, d'Ailefroide, où commence à proprement parler la montagne. Vus de ces chalets, les pics inférieurs, qui sont plus rapprochés, paraissent dépasser de beaucoup les sommets bien plus élevés situés derrière eux, et quelquefois ils les cachent complétement. Mais on embrasse d'un seul coup d'œil, dans toute sa hauteur, le pic connu dans ces vallées sous le nom de

Grand-Pelvoux, qui présente du sommet à la base 1800 à 2100 mètres de rochers presque à pic.

Les chalets d'Ailefroide sont un amas de misérables huttes de bois, bâties au pied du Grand-Pelvoux, près de la jonction des torrents qui descendent du glacier de Sapenière (ou du Selé) à gauche, et des glaciers Blanc et Noir à droite. Nous nous y reposâmes quelques minutes pour y acheter un peu de beurre et de lait, et Sémiond s'adjoignit un affreux petit drôle pour nous aider à porter, à pousser et à rouler notre baril de vin.

Au delà des chalets d'Ailefroide, nous tournâmes brusquement à gauche, fort heureux que le jour tirât à sa fin, car nous profitions de l'ombre des montagnes. L'imagination ne saurait rêver une vallée d'un aspect plus triste et plus désolé. On n'y voit pendant l'espace de plusieurs kilomètres que rocs éboulés, amas de pierres, tas de sable et de boue. Les arbres y sont rares et si haut perchés qu'ils deviennent presque invisibles. Nul être humain ne l'habite ; il n'y a ni oiseaux dans l'air, ni poissons dans les eaux ; les pentes, trop escarpées pour les chamois, n'offrent pas d'abri suffisant aux marmottes, et l'aigle lui-même ne peut s'y plaire. Pendant quatre jours nous ne vîmes pas une créature vivante dans cette sauvage et stérile vallée, si ce n'est quelques pauvres chèvres qui y avaient été amenées bien malgré elles.

C'était un bien digne décor pour la tragédie qui y avait eu lieu environ quatre cents ans auparavant, le massacre des Vaudois de Vallouise, dans la caverne que nous apercevions alors bien au-dessus de nous. Fort triste est leur histoire : industrieux et paisibles, ils habitaient depuis plus de trois siècles ces vallées retirées, où ils vivaient dans la plus obscure tranquillité. Les archevêques d'Embrun tentèrent, mais avec peu de succès, de les ramener dans le giron de leur Église ; d'autres catholiques, voulant seconder cette tentative, commencèrent par les emprisonner et par les torturer, puis ils les brûlèrent tout vivants par centaines [1].

---

1. « Nous trouvons parmi les comptes courants du bailli d'Embrun cet arti-

En l'année 1488, Albert Cattanée, archidiacre de Crémone et légat du pape Innocent VIII, se disposait à commettre les barbaries qui plus tard excitèrent l'indignation de Milton et de Cromwell[1]; mais, repoussé de tous côtés par les Vaudois du Piémont, il abandonna leurs vallées et traversa le mont Genèvre pour aller attaquer les Vaudois du Dauphiné, qui étaient plus faibles et plus disséminés. Il envahit la vallée de la Durance, à la tête d'une armée composée, dit-on, moitié de troupes régulières, moitié de vagabonds, de voleurs et d'assassins. Pour les attirer et les retenir sous sa bannière, il leur promettait à l'avance l'absolution de tous leurs crimes, il les relevait des vœux qu'ils pouvaient avoir prononcés, et il leur garantissait la possession de tous les biens qu'ils avaient acquis par la violence.

Le Grand-Pelvoux de Vallouise.

Les habitants de la Vallouise, s'enfuyant devant une armée dix fois supérieure en nombre, vinrent se réfugier dans cette caverne, où ils avaient amassé des provisions suffisantes pour deux années. Mais l'intolérance est toujours industrieuse : leur retraite fut découverte. Cattanée avait un capitaine qui joignait

---

cle singulier : « Item, pour la persécution des Vaudois, huit sols et trente « deniers d'or. » (*Muston*, vol. I, p. 38.) — Le 22 mai 1393, quatre-vingts personnes des vallées de Freissinières et d'Argentière et cent cinquante personnes de Vallouise furent brûlées à Embrun. (*Muston*, vol. I, p. 41.)

1. Voyez l'*Histoire des Églises évangéliques du Piémont*, par Morland, 1658; les *Actes* de Cromwell, 1658; et le *Journal* de Burton, 1828.

l'astuce d'un Hérode à la cruauté d'un Pélissier; à l'aide de cordes il fit descendre ses soldats devant la caverne, à l'entrée de laquelle ils allumèrent des tas de fagots. La plus grande partie des Vaudois qui s'y étaient réfugiés périrent étouffés ; ceux qui échappèrent aux flammes de l'incendie furent massacrés. On extermina impitoyablement les Vaudois sans distinction d'âge ni de sexe. Plus de trois mille personnes, assure-t-on, périrent dans cette effroyable boucherie. Les résultats de trois cent cinquante ans de paix furent anéantis d'un seul coup, et la vallée se trouva complétement dépeuplée. Louis XII la fit repeupler. Trois siècles et demi se sont écoulés depuis. Contemplez le résultat obtenu : une race de singes[1].

Après nous être reposés près d'une petite source, nous reprîmes notre marche en avant jusqu'à ce que nous fussions presque arrivés au pied du glacier de Sapenière; là Sémiond nous fit tourner à droite pour gravir les pentes de la montagne. Nous grimpâmes donc pendant une demi-heure à travers des pins épars et des débris de roches éboulées. La nuit approchait rapidement; il devenait temps de chercher un abri. En trouver un n'était pas difficile, car nous étions alors au milieu d'un vrai chaos de rochers. Quand nous eûmes choisi un bloc énorme qui avait plus de 15 mètres de longueur sur 6 mètres de hauteur, nous nettoyâmes un peu notre chambre à coucher future, puis chacun alla à la récolte du bois qui était nécessaire pour faire du feu.

Ce feu de bivouac est pour moi un agréable souvenir. Le petit baril de vin avait échappé à tous les périls; il fut mis en perce, et les Français semblèrent puiser quelques consolations

---

[1]. La commune de Vallouise contient à présent environ 3400 habitants. Cette population de crétins a été parfaitement décrite par M. Élisée Reclus dans le *Tour du monde*, 1860 (IIe vol., p. 414). Voici ce qu'il dit: « Abondamment pourvus de goîtres majestueux, qui ne font que grossir avec l'âge, ils atteignent dès leur enfance le plus complet développement possible de leur intelligence, et, semblables sous ce rapport aux orangs-outangs, qui n'ont plus rien à acquérir dès qu'ils sont arrivés à l'âge de trois ans, à cinq ans les petits crétins ont déjà l'air placide et mûr qu'ils doivent garder toute leur vie.... Ils portent culottes et, comme des adultes, habit à queue et large chapeau noir. »

dans l'exécrable liquide qu'il contenait. Reynaud chanta des fragments de chansons françaises, et chacun fournit sa part de plaisanteries, d'histoires et de vers. Le temps était superbe, et tout nous promettait une bonne journée pour le lendemain. La joie de mes compagnons fut à son comble quand j'eus lancé dans les flammes un paquet de feu de Bengale rouge. Après avoir sifflé et crépité un instant, il répandit une lueur éblouissante. L'effet de cette courte illumination fut magnifique; puis les montagnes d'alentour, éclairées pendant une seconde, retombèrent dans leur solennelle obscurité. Chacun de nous s'abandonna à son tour au sommeil, et je finis par m'introduire dans ma couverture-sac. Cette précaution était à peine nécessaire, car la température minima était au-dessus de 4°44 centigrades, bien que nous fussions à une hauteur d'au moins 2130 mètres.

A trois heures nous étions réveillés, mais nous ne partimes qu'à quatre heures et demie. Giraud n'avait pas été engagé pour aller au delà de ce rocher; toutefois, comme il en manifesta le désir, il obtint la permission de nous accompagner. Gravissant les pentes avec vigueur, nous atteignimes bientôt la limite des arbres, puis nous dûmes grimper pendant deux heures à travers des roches éboulées. A sept heures moins un quart, nous avions atteint un étroit glacier, le Clos-de-l'Homme, qui descend du plateau situé au sommet de la montagne, et nous étions bien près du glacier de Sapenière.

Nous nous efforçâmes d'abord d'incliner à droite, dans l'espoir de n'être pas obligés de traverser le Clos-de-l'Homme; toutefois, contraints de revenir à chaque instant sur nos pas, nous reconnûmes qu'il était nécessaire de nous y aventurer. Le vieux Sémiond, qui avait une antipathie remarquable pour les glaciers, fit de son côté de nombreuses explorations pour tâcher d'éviter cette inquiétante traversée; mais Reynaud et moi nous préférions la tenter, et Giraud ne voulut pas nous quitter. Le glacier était étroit (on pouvait jeter une pierre d'un bord à l'autre), et il nous fut facile d'en escalader le côté; mais le centre formait un dôme escarpé où nous dûmes tailler des pas. Giraud marchait en tête, et, sous le prétexte qu'il aimerait à s'exercer la main, il s'empara de notre hache qu'il refusa de nous rendre. Ce jour-là et toutes les fois qu'il fallut traverser ces couloirs remplis de neige durcie qui sont si abondants dans la partie supérieure de la montagne, il fit à lui seul toute la besogne, dont il s'acquitta admirablement.

Le vieux Sémiond vint nous rejoindre quand nous eûmes traversé le glacier. Nous escaladâmes, en décrivant des zigzags, quelques pentes de neige, et bientôt après nous commençâmes à gravir l'interminable série des contre-forts qui sont la grande singularité du Pelvoux[1]. Très-abrupts sur certains points, ils offraient généralement une base solide, et, dans de telles conditions, une ascension ne peut jamais être qualifiée de difficile. Entre ces contre-forts s'étendent de nombreux ravins dont quelques-uns sont très-larges et très-profonds. Ils étaient pour la plupart encombrés de débris, et un homme seul eût eu de la peine à les traverser. Ceux d'entre nous qui tenaient la tête étaient continuellement obligés de déplacer des blocs de rochers et de harponner leurs compagnons avec leurs bâtons. Néanmoins, ces incidents rompaient la monotonie de notre ascension, qui autrement nous eût paru fort ennuyeuse.

Nous escaladâmes ainsi pendant des heures cheminées et couloirs, croyant toujours atteindre un but auquel nous n'arrivions jamais. Le profil ci-joint aidera à expliquer notre situation. Nous étions au pied d'un grand contre-fort élevé d'environ 60 mètres, et nous le regardions de bas en haut : il ne nous semblait pas se terminer en pointe comme dans le dessin, car nous ne pouvions en apercevoir la partie supérieure; cependant, dans notre conviction, derrière cette frange de bastions il devait se trouver un sommet, et ce sommet était le bord du plateau que nous désirions si vivement atteindre. Nous grimpions avec ardeur, et nous escaladions une dentelure de bastion;

---

1. « Le noyau du *massif* est une belle protogyne, divisée par des fentes presque verticales. » (*Dollfus-Ausset.*)

mais, hélas! nous en découvrions un autre, puis un autre, et toujours d'autres; enfin, quand nous en atteignions le point culminant, ce n'était que le sommet d'un contre-fort, et nous devions redescendre 12 ou 15 mètres avant de recommencer à monter. Renouvelée quelques douzaines de fois, cette évolution nous parut d'autant plus assommante que nous ne savions plus où nous étions.

Contre-forts du Pelvoux.

Cependant Sémiond nous encourageait, sûr, disait-il, que nous suivions le bon chemin. Nous repartions donc à l'assaut de notre terrible forteresse.

Nous étions presque au milieu du jour, et nous ne nous voyions pas plus près du sommet du Pelvoux qu'au moment de notre départ. A la fin, nous nous réunîmes tous pour tenir conseil. « Sémiond, mon vieux, savez-vous où nous sommes maintenant? — Oh oui! parfaitement; à trois mètres près, à une demi-heure de la limite de la neige. — Très-bien, continuons. » Une demi-heure s'écoula, puis une autre, et nous étions toujours dans la même situation. Bastions, contre-forts, ravins s'offraient avec profusion à nos regards, mais le plateau ne se montrait pas. Sémiond venait de jeter autour de lui un regard effaré, comme s'il n'était pas parfaitement sûr de la direction à suivre. Appelé de nouveau, je lui répétai la question : « A quelle distance sommes-nous du plateau? — A une demi-heure, répondit-il. — Mais vous nous l'avez déjà dit; êtes-vous bien certain que nous sommes dans la bonne voie? — Mais oui, je le crois. » Il ne faisait que croire, ce n'était pas assez. « Êtes-vous sûr que nous montons directement au pic des Arcines? — Le pic des Arcines! s'écria-t-il tout étonné, comme s'il entendait ces mots pour la première fois. Le pic des Arcines! non! mais nous allons en ligne droite à la pyramide, » à la célèbre pyramide qu'il avait aidé le grand capitaine Durand à construire, etc., etc.

Ainsi, nous lui avions parlé de ce pic pendant un jour entier, et maintenant il avouait qu'il ne le connaissait pas. Je me tournai vers Reynaud, qui semblait frappé de la foudre. « Que veut-il dire? » lui demandai-je. Reynaud haussa les épaules. « Eh bien! dîmes-nous après nous être franchement expliqués avec Sémiond, plus tôt nous rebrousserons chemin, mieux cela vaudra, car nous ne nous soucions guère de voir votre pyramide. »

Après une halte d'une heure, nous commençâmes à descendre. Il nous fallut près de sept heures pour revenir à notre rocher; mais je ne prêtai aucune attention à la distance, et je n'ai gardé aucun souvenir de cet insupportable trajet. A peine descendus, nous fîmes une découverte dont nous fûmes aussi troublés que Robinson à la vue de l'empreinte d'un pied humain sur le sable de son île : un voile bleu gisait à terre près de notre foyer. Il n'y avait qu'une seule explication possible : Macdonald était arrivé; mais où était-il? Vite nous emballons notre petit bagage et dégringolons à tâtons dans l'obscurité, à travers le désert pierreux, jusqu'à Ailefroide, où nous arrivons vers neuf heures et demie. « Où est l'Anglais? » telle fut notre première question. Il était allé passer la nuit à Ville.

Nous nous logeâmes comme nous pûmes dans un grenier à foin, et, le lendemain matin, après avoir réglé le compte de Sémiond, nous descendîmes la vallée à la poursuite de Macdonald. Notre plan d'opérations était déjà arrêté : nous devions le décider à se joindre à nous, et recommencer notre tentative sans aucun guide, en prenant simplement le plus robuste et le plus intelligent de nos compagnons comme porteur. J'avais jeté les yeux sur Giraud, brave garçon sans prétention, quoique toujours prêt à tout faire. Mais nous fûmes bien désappointés : il était obligé d'aller à Briançon.

Notre course m'agaça bientôt les nerfs. Les paysans que nous rencontrions nous demandaient quels avaient été les résultats de notre expédition, et la politesse la plus vulgaire nous commandait de nous arrêter. Cependant je craignais de manquer Macdonald, car il ne devait, nous avait-on dit, nous attendre que jusqu'à dix heures, et le moment fatal approchait. A la fin, je me précipitai sur le pont de Ville, une heure et un quart après avoir quitté Ailefroide; mais un cantonnier, m'arrêtant, m'apprit que l'Anglais venait de partir pour la Bessée. M'élançant à la poursuite de mon ami, je dépassai rapidement l'un après l'autre tous les angles de la route sans l'apercevoir; à un dernier tournant, je le vis qui marchait très-vite. Fort heureusement il entendit mes cris. Nous revînmes à Ville, où nous fîmes de nouvelles provisions, et le soir même nous dépassions notre premier rocher, à la recherche d'un autre abri. Nous étions bien décidés, comme je l'ai dit, à ne pas prendre de guide, mais, en passant à la Pisse, le vieux Sémiond nous offrit ses services. Il marchait bien, malgré ses années et son manque de sincérité. « Pourquoi ne pas le prendre? » dit Macdonald. Je lui proposai donc le cinquième de son premier salaire et il s'empressa d'accepter mon offre, mais cette fois il nous accompagnait dans une position bien inférieure : c'était à nous de le conduire, à lui de nous suivre. Notre second compagnon était un jeune homme de vingt-sept ans, qui ne réalisait nullement nos désirs. Il buvait le vin de Reynaud, fumait nos cigares et cachait tranquillement nos provisions quand nous étions à moitié morts de faim. La découverte de ses aimables procédés ne le déconcerta nullement; il y mit le comble, au contraire, en faisant faire à notre note de Ville quelques petites additions que nous refusâmes de payer, à son grand déplaisir.

Macdonald.

Le soir venu, nous campâmes au-dessus de la limite des arbres, et nous nous imposâmes la tâche salutaire de monter à notre gîte le bois qui nous était nécessaire. Notre rocher était bien moins confortable que celui de la veille. Pour pouvoir nous y installer, il nous fallut en débarrasser la base d'un gros bloc qui nous gênait; ce bloc était très-obstiné, mais il finit par se décider à se mouvoir lentement d'abord, puis de plus en plus rapidement; à la fin, prenant son élan, il bondit dans l'air, lançant, chaque fois qu'il retombait sur un autre rocher, des gerbes d'étincelles qui brillaient dans l'obscurité de la sombre vallée au fond de laquelle il roulait; longtemps après l'avoir perdu de vue, nous l'entendîmes rebondir de roc en roc et s'arrêter sur le glacier, qui assourdit le bruit de sa dernière chute. Comme nous revenions à notre gîte, après avoir assisté à ce curieux spectacle, Reynaud demanda si nous avions jamais vu un torrent enflammé; à l'en croire, la Durance, quand elle est gonflée par la fonte des neiges, charrie quelquefois, au printemps, tant de rochers que, à la Bessée, où elle passe dans une gorge très-étroite, on ne voit plus l'eau, mais seulement les blocs qui roulent l'un sur l'autre, se heurtant de façon à se réduire en poudre, et lançant dans l'air une telle masse d'étincelles que le torrent paraît être en feu.

Nous passâmes une joyeuse soirée qu'aucun contre-temps ne vint gâter; le temps était parfaitement beau; étendus sur le dos, nous goûtions un repos délicieux en contemplant le ciel étincelant de ses milliers d'étoiles.

Macdonald nous raconta ses aventures. Il avait voyagé jour et nuit depuis plusieurs jours, afin de nous rejoindre, mais il n'avait pu trouver notre premier bivouac, et il avait campé à quelques centaines de mètres de nous, sous un autre rocher, à une plus grande altitude. Le lendemain matin, il nous aperçut longeant une crête à une grande hauteur au-dessus de lui, et, comme il lui était impossible de nous rattraper, résigné à son sort, il nous suivit des yeux le cœur bien gros jusqu'à ce que nous eûmes, au tournant d'un contre-fort, disparu à sa vue.

La respiration pesante de nos camarades, déjà profondément endormis, troublait seule le calme solennel de la nuit. C'était un de ces silences qui impressionnent. « N'avez-vous rien entendu? Écoutez! quel est ce bruit sinistre qui gronde au-dessus de nous? Me suis-je trompé? Je l'entends encore, et cette fois plus distinctement; il se rapproche de plus en plus.... C'est un bloc de rocher détaché des hauteurs qui nous dominent. Quel fracas effroyable! En un instant nous sommes tous debout. Il descend avec une furie terrible. Quelle force peut en arrêter la violence? Il bondit, il saute, il se brise, il vole contre d'autres blocs, il rugit en descendant. Ah! il nous a dépassés! Non! le voici de nouveau. Nous retenons notre haleine au moment où, lancé par une force irrésistible, avec des explosions semblables aux décharges d'une puissante artillerie, il tombe au-dessous de notre retraite comme un trait, suivi d'une longue traînée de débris. Enfin, nous respirons plus librement au bruit de sa chute finale sur le glacier[1].

Nous regagnons enfin notre abri, mais j'étais trop surexcité pour pouvoir dormir. A quatre heures un quart, chacun de nous reprenait son sac et nous nous remettions en route. Nous convînmes cette fois de nous tenir plus sur la droite, pour tenter d'atteindre le plateau sans perdre notre temps à traverser le glacier. Decrire notre route serait répéter ce que j'ai déjà dit. Nous montâmes rapidement pendant une heure et demie, marchant quelquefois, mais grimpant le plus souvent à l'aide des mains, et nous constatâmes à la fin qu'il était nécessaire de traverser le glacier. La partie sur laquelle nous y entrâmes offrait une pente très-raide et très-crevassée. Le mot de crevassé exprime mal son aspect : c'était une masse de formidables séracs. Nous éprouvâmes plus de difficultés à y pénétrer qu'à le traverser; mais, grâce à la corde, nous gagnâmes l'autre bord sans accident. Au delà, les interminables contre-forts se succédèrent de nouveau. Nous continuâmes à monter pendant de longues heures, nous trompant souvent et nous voyant obligés de redescendre.

Cependant la chaîne de montagnes qui s'étendait derrière nous s'était abaissée depuis longtemps, et notre vue, passant par-dessus, allait se reposer jusque sur le majestueux Viso.

---

1. Dans son ascension de 1848, M. Puiseux fut surpris au déjeuner par la chute d'un énorme rocher qui tomba comme une bombe tout près de lui, en lançant des débris dans toutes les directions.

Mais les heures s'écoulaient et la monotonie restait à l'ordre du jour. A midi, nous nous arrêtâmes pour déjeuner, en contemplant avec satisfaction le beau spectacle qui s'étalait sous nos yeux. A l'exception du Viso, tous les sommets que nous apercevions étaient au-dessous de nous et nos regards embrassaient un espace immense, — un véritable océan de pics et de champs de neige. Toutefois les bastions du Pelvoux nous dominaient toujours, et, selon l'opinion générale qui s'exprimait sans contestation, nous ne verrions pas ce jour-là le sommet désiré. Le vieux Sémiond était devenu un vrai cauchemar pour

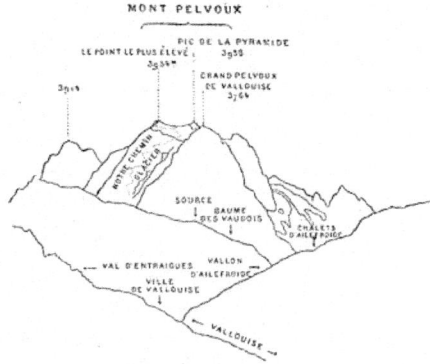

nous tous. Si par hasard l'un de nous, s'arrêtant un instant, essayait de s'orienter, il ne manquait pas de dire avec un gros rire bête : « N'ayez aucune crainte, suivez-moi. » Nous atteignîmes enfin un très-mauvais passage, un amas de débris escarpés, sans aucun point d'appui solide. Reynaud et Macdonald, se déclarant fatigués, parlèrent de s'installer pour dormir. Nous parvînmes à sortir d'embarras, et je ne sais plus qui s'écria : « Regardez donc le Viso ! » Il nous apparaissait presque au-dessous de nous. Nous nous mîmes donc à grimper avec un redoublement d'énergie, et nous aperçûmes enfin le glacier à l'endroit où il se déverse hors du plateau. Ce spectacle ranima nos espérances, qui ne furent pas trompées; un cri de joie simultané salua l'apparition de ces neiges si longtemps désirées. A la vérité, une large crevasse nous en séparait encore; mais nous trouvâmes un pont, et, nous attachant à la file, nous y marchâmes en toute sûreté. Pendant que nous le traversions en ligne droite, un beau pic tout blanc de neige se dressa devant nous. Le vieux Sémiond s'écria : « La pyramide! je vois la pyramide! »

— Où, Sémiond, où donc?

— Là, au sommet de ce pic. »

Là, en effet, s'élevait la pyramide qu'il avait aidé à construire plus de trente ans auparavant. Mais où donc était le pic des Arcines que nous devions voir? Il n'était visible d'aucun côté. Nous n'apercevions qu'une vaste étendue de neige, limitée par trois pics inférieurs. Un peu découragés, nous nous avançâmes vers la pyramide, regrettant de n'avoir point d'autres sommets à conquérir; mais à peine avions-nous fait deux cents pas que se dressa sur notre gauche un superbe cône blanc, caché jusqu'alors par une pente de neige. « Le pic des Arcines! » nous écriâmes-nous, et nous demandâmes à Sémiond s'il savait que l'ascension de ce pic eût été faite. Il ne savait qu'une seule chose : le pic que nous voyions devant nous s'appelait la Pyramide, à cause du *cairn* qu'il avait aidé, etc., etc., et personne depuis n'en avait fait l'ascension. « Alors tout va bien, volte-face, » m'écriai-je, et immédiatement nous tournons à angle droit en nous dirigeant du côté du cône, pendant que le pauvre porteur fait de timides efforts pour nous attirer vers sa chère pyramide.

Notre marche fut arrêtée à peu de distance par l'arête de la chaîne qui reliait les deux pics et qui se recourbait en une charmante volute. Force nous fut de battre en retraite. Sémiond, qui formait l'arrière-garde, saisit cette occasion de se détacher de la corde et refusa de nous suivre plus loin; nous courions, disait-il, trop de dangers, et il parlait vaguement de crevasses. Après l'avoir rattaché, nous nous remîmes en marche. La neige était très-molle, nous enfoncions toujours jusqu'aux genoux et quelquefois jusqu'à la ceinture, mais un violent mouvement d'avant en arrière nous sortait du mauvais pas. Nous arrivâmes ainsi au pied du pic le plus élevé. L'arête de gauche nous paraissant plus praticable que celle sur laquelle nous nous trouvions, nous décrivîmes une courbe pour l'atteindre. Quelques rochers surgissaient hors de la neige à 50 mètres au-dessous du sommet; nous les escaladâmes en rampant, après avoir abandonné notre porteur qui se disait peu rassuré. Je ne pus résister à la tentation de me retourner vers lui, quand nous le laissâmes seul, et de lui faire signe de venir nous rejoindre en ajoutant : « N'ayez pas peur, suivez-moi, » mais il ne répondit pas à cet appel et ne voulut jamais s'aventurer jusqu'au sommet. Ces rochers aboutissaient à une courte arête de glace sur laquelle il nous fallait passer, en ayant d'un côté le plateau, de l'autre un précipice presque vertical. Macdonald se mit à y tailler des pas, et, à 2 heures moins un quart, nous nous serrions la main sur le sommet le plus élevé du Grand-Pelvoux vaincu.

Le temps continuait à nous être aussi favorable que nous pouvions le désirer. De près et de loin, d'innombrables pics se dressaient dans le ciel, sans qu'un seul nuage vînt nous en cacher le plus petit détail. Nos regards furent d'abord attirés par le roi des Alpes, le Mont-Blanc, à plus de 112 kilomètres de distance, et, plus loin encore, par le groupe du Mont-Rose. Vers l'est, de longues rangées de cimes inconnues se déroulaient l'une après l'autre dans une splendeur idéale; de plus en plus faibles de ton, elles conservaient cependant la netteté de leurs formes, mais le regard finissait par les confondre avec le ciel, et elles s'évanouissaient à l'horizon lointain dans une teinte bleuâtre.

Le mont Viso se dressait devant nous dans toute sa grandeur, mais, comme il était à peine éloigné de 65 kilomètres, nous voyions se dérouler par-dessus ses contre-forts une masse brumeuse qui devait être les plaines du Piémont. Au sud, un brouillard bleu semblait nous révéler l'existence de la lointaine Méditerranée. A l'ouest, notre vue dépassait les montagnes de

Le Pelvoux et l'Ailefroide vus de la vallée de la Durance, près de Mont-Dauphin.

l'Auvergne. Notre panorama s'étendait ainsi à plus de 160 kilomètres, dans toutes les directions. Ce ne fut pas sans peine que nous parvînmes à détacher notre attention des points les plus éloignés pour regarder ceux dont nous nous trouvions le plus rapprochés. Mont-Dauphin était parfaitement visible, mais nous eûmes quelque peine à découvrir la Bessée. Aucune autre habitation humaine ne pouvait être aperçue; tout était roc, neige ou glace. Bien que nous sussions à l'avance qu'ils étaient fort grands, les champs de neige du Dauphiné nous offraient une étendue qui surpassait encore toutes les prévisions de l'imagination la plus ardente.

Immédiatement au sud de Château-Queyras, presque entre nous et le Viso, s'élevait un beau groupe de montagnes d'une grande hauteur. Un peu plus vers le sud un pic inconnu semblait encore plus élevé; et nous étions étonnés de découvrir près de nous une autre montagne qui paraissait plus haute encore que celle dont nous foulions aux pieds le sommet, telle était du moins mon opinion; Macdonald ne croyait pas cette montagne aussi élevée que le Pelvoux, et Reynaud pensait qu'elle avait à peu près la même altitude.

Cette montagne n'était guère qu'à 3 kilomètres de distance et un abîme effroyable, dont nous ne pouvions apercevoir le fond, nous en séparait. De l'autre côté de l'abîme se dressait un grand pic aux flancs pareils à des murailles, trop escarpé pour que la neige pût y séjourner, noir comme la nuit, hérissé de vives arêtes et terminé par un sommet aigu. Nous ignorions complétement quelle était cette montagne, n'ayant jamais voyagé de ce côté. Dans notre opinion, la Bérarde se trouvait au fond de l'abîme qui s'ouvrait à nos pieds, mais elle était en réalité au delà de l'autre montagne[1].

Nous quittâmes enfin le sommet pour redescendre aux rochers vers notre porteur. Je fis bouillir de l'eau pour le thé avec la neige fondue. Après avoir bu notre thé et fumé nos cigares

---

1. Cette montagne est le point culminant du groupe, et la carte française lui donne le nom de la Pointe des Écrins. On la voit du Val Christophe, et de cette direction ses crêtes cachent complétement le mont Pelvoux. Mais de l'autre

(allumés sans difficulté avec une allumette ordinaire), nous constatâmes qu'il était trois heures dix minutes, et par conséquent grand temps de nous remettre en route.

La traversée de la neige exigea vingt-cinq minutes. Elle nous demanda quelques mouvements un peu violents, et nous fit faire d'assez nombreuses glissades, puis, vers quatre heures, nous commençâmes la longue descente des rochers. A huit heures la nuit devait être profonde; nous n'avions donc pas une minute à perdre, et nous redoublâmes d'efforts. Cette partie de la descente n'offrit rien de remarquable. Nous côtoyâmes de plus près le glacier que nous traversâmes au même endroit que le matin. La sortie en était aussi difficile et aussi dangereuse que l'entrée. Le vieux Sémiond s'en était tiré sans accident, ainsi que Reynaud; Macdonald qui les suivait glissa en s'efforçant d'escalader un gros bloc de glace, et il eût disparu en un instant dans une profonde crevasse, s'il n'eût été attaché à la corde.

La nuit était presque venue au moment même où nous nous retrouvions tous sur la terre ferme; mais j'espérais encore que nous pourrions bivouaquer sous notre rocher. Macdonald n'était pas si présomptueux, et il avait raison, car nous finîmes par nous égarer tout à fait, et pendant une heure nous errâmes à l'aventure, tandis que Reynaud et le porteur ne cessaient de se quereller. A notre grand ennui, ne pouvant plus descendre, il nous fallut absolument rester où nous étions.

Nous étions alors à plus de 3200 mètres d'altitude, et, si la neige ou la pluie commençait à tomber comme nous en menaçaient les nuages qui se rassemblaient sur le Pelvoux et le vent qui s'élevait, notre situation pouvait devenir assez désagréable. Nous étions affamés, n'ayant presque rien mangé depuis trois heures du matin, et le bruit d'un torrent voisin, que nous ne pouvions apercevoir, augmentait notre soif. Sé-

---

côté, c'est-à-dire dans la direction de la Bessée, ou de Vallouise, c'est le Pelvoux qui la cache non moins complétement.

Ignorant que ce nom allait lui être appliqué, nous donnâmes à notre sommet le nom de Pointe des Arcines ou des Écrins, d'accord sur ce point avec les traditions locales.

miond entreprit d'aller y puiser un peu d'eau, il parvint à y descendre, mais il ne lui fut plus possible de remonter vers nous, et nous dûmes le consoler de son absence forcée en l'appelant par intervalles dans les ténèbres.

Il serait difficile d'imaginer un endroit moins confortable pour passer une nuit à la belle étoile ; il n'offrait aucune espèce d'abri; complétement exposé au vent glacial qui s'élevait, il était trop escarpé pour nous permettre de nous réchauffer en nous promenant. Des pierres brisées couvraient le sol, et nous dûmes les enlever avant de pouvoir nous asseoir à notre aise.

Ce travail forcé avait son avantage, que nous ne sûmes pas apprécier d'abord, car il entretenait une circulation salutaire. En une heure de cet intéressant exercice, je parvins à me faire une petite plate-forme longue d'environ trois mètres, sur laquelle il était possible de marcher. Reynaud commença par se mettre en colère et par accabler d'injures le porteur, dont les avis avaient été suivis de préférence à ceux de Macdonald; puis il finit par tomber dans un accès de désespoir dramatique; il se tordit les mains avec un geste frénétique en s'écriant : « Oh ! malheur, malheur ! oh ! misérables ! »

Le tonnerre se mit à gronder, les éclairs se succédèrent sans relâche parmi les pics qui nous dominaient, et le vent qui avait fait descendre la température presque à 0°, commençait à nous glacer jusqu'aux os. Nous examinâmes nos ressources. Il nous restait six cigares et demi, deux boîtes d'allumettes, le tiers d'une pinte d'eau-de-vie mélangée d'eau, et une demi-pinte d'esprit-de-vin, maigre pitance pour trois touristes à demi morts de faim et de froid, qui avaient sept heures à passer avant le retour de l'aube.

La lampe à esprit-de-vin fut allumée et nous fîmes chauffer le reste de l'esprit-de-vin, l'eau-de-vie et un peu de neige. Bien que ce breuvage fût un peu fort, nous eussions souhaité d'en avoir davantage. Quand il eut été consommé, Macdonald entreprit de sécher ses chaussettes à la flamme de la lampe ; puis, couchés sous mon plaid, nous essayâmes tous trois de dormir.

Les infortunes de Reynaud s'aggravèrent d'un mal de dents qui lui arrachait des cris de douleur, et Macdonald s'efforça de son mieux de fermer les yeux.

Les nuits les plus longues ont une fin; la nôtre se passa comme tant d'autres. Nous descendîmes en une heure et un quart à notre rocher, où nous trouvâmes notre drôle fort surpris de notre absence. A l'en croire, il avait allumé un feu gigantesque pour nous éclairer à la descente et poussé des cris d'appel pendant toute la nuit. Nous n'avions ni aperçu son feu ni entendu ses cris. Nous ressemblions, nous disait-il, à une troupe de revenants. Quoi d'étonnant, c'était la quatrième nuit que nous passions en plein air.

Nous nous restaurâmes avec nos provisions et chacun de nous accomplit quelques ablutions fort nécessaires. Les habitants de ces vallées sont toujours infestés par certaines petites créatures dont l'agilité égale le nombre et la voracité. Il est dangereux de les approcher de trop près, et il faut avoir soin d'étudier le vent, afin de les accoster du côté où il souffle. En dépit de toutes ces précautions, mes infortunés compagnons et moi nous étions menacés d'être en quelques instants dévorés tout vifs. Nous n'espérions d'ailleurs qu'une trêve temporaire à nos tortures, car l'intérieur des auberges fourmille, comme la peau des indigènes, de cet insupportable échantillon de la nature vivante.

A en croire la tradition, un voyageur, trop candide, fut transporté hors de son lit par un essaim de ces bourreaux, tous également affamés! Mais ce fait mérite confirmation. Encore un mot et j'en aurai fini avec ce misérable sujet. Au retour de nos ablutions, nous trouvâmes la conversation engagée entre les Français. « Ah! » disait le vieux Sémiond, « quant aux puces, je ne prétends différer de personne; moi, j'en ai. » Cette fois du moins il disait certainement la vérité.

Nous descendîmes à notre aise à Ville, où pendant plusieurs jours nous menâmes une vie de luxe et d'abondance, faisant d'innombrables parties de boules avec les indigènes qui nous battaient toujours. A la fin il fallut se séparer; je me dirigeai au sud vers le Viso, tandis que Macdonald partait pour Briançon.

Je n'ai pas cherché à le dissimuler, l'ascension du mont Pelvoux offre un caractère assez monotone; néanmoins, la vue dont on jouit du sommet peut être recommandée en toute confiance aux touristes futurs. A l'unique exception du Viso, dont la position est sans rivale, il est mieux situé qu'aucune autre montagne d'une hauteur considérable pour embrasser l'ensemble des Alpes occidentales; il suffit de jeter un coup d'œil sur une carte pour s'en assurer.

Nous avions, certes, été heureux de découvrir que le pic qui doit être appelé la Pointe-des-Écrins était une montagne distincte et séparée du mont Pelvoux, — et non son point le plus élevé, — mais cette satisfaction nous avait causé un certain désappointement[1].

En redescendant à la Bessée, nous confondîmes à tort ce pic avec celui que l'on voit de ce point à la gauche du Pelvoux. Ces deux montagnes se ressemblent beaucoup, et cette méprise n'est peut-être pas sans excuses. Quoique ce dernier pic soit bien plus haut que le Wetterhorn ou que le mont Viso, il ne porte aucun nom; nous l'appelâmes le Pic-Sans-Nom.

D'après des remarques qui ne me sont pas personnelles, les officiers d'état-major français n'étaient probablement pas restés pendant plusieurs jours sur le pic de la Pyramide sans visiter l'autre pointe plus élevée. S'ils y sont montés, on est en droit de s'étonner qu'ils n'y aient pas laissé quelque souvenir de leur ascension. Les gens du pays qui les avaient accompagnés assuraient qu'ils n'avaient point passé d'un pic à l'autre. Nous avions donc réclamé l'honneur d'avoir fait pour la première fois l'ascension de la cime la plus élevée. Mais l'ascension authentique de M. Puiseux ne nous permet pas de soutenir notre prétention. La question de priorité a peu d'importance, car notre excursion nous offrit tout l'intérêt d'une première ascension, et je me

1. Plus tard, nous apprîmes que M. M'Culloch avait constaté ce fait longtemps auparavant dans son *Dictionnaire géographique*.

rappelle ma première *grimpade* sérieuse avec plus de satisfaction et avec autant de plaisir qu'aucune de celles dont ce volume contient la relation.

Après m'être séparé de mes aimables compagnons, je montai par la gorge du Guil à Abriès où je fis la connaissance d'un joyeux Marseillais, qui parlait bien anglais. A part cet étranger et quelques belles truites des torrents voisins, j'avais peu de raisons pour prolonger mon séjour à Abriès. L'auberge de *l'Étoile*, chez Richard, est un endroit qu'il faut à tous égards soigneusement éviter. Quelques années plus tard je me vis forcé, à mon grand regret, de me réfugier dans ce bouge. Richard me demanda mon passe-port, sur lequel il aperçut les mots « John Russel ». Il mit aussitôt ce nom au lieu du mien dans le rapport qu'il adressait à la gendarmerie, en poussant une exclamation de joyeuse surprise. J'eus l'imprudence de ne pas le détromper, mais je la payai cher : il me remit une note de *lord*, contre laquelle échouèrent toutes mes protestations.

Son erreur innocente et assez naturelle fut dépassée par celle d'un gendarme du Bourg-d'Oysans qui prit mon passe-port, le tint gravement le haut en bas pendant plusieurs minutes sous prétexte de le lire, puis me le rendit en me disant qu'il était bien en règle.

Tout autour d'Abriès le patois de la contrée offre un caractère plus ou moins italien, et la prononciation des indigènes rappelle celle d'un *cockney*[1] qui essaye de parler français pour la première fois. On prononce pain *pané*, et fromage, *fromargi*. Ce coin de la France possède un nombre considérable de dialectes différents, et parfois on en rencontre plusieurs dans un espace de quelques kilomètres qui sont tous aussi inintelligibles pour les étrangers que pour les paysans des districts environnants. Dans quelques endroits l'orthographe du patois est la même, mais la prononciation est différente ; on pourrait se

1. Badaud de Londres.

CHAPITRE II.

croire en Chine. Il n'est pas facile pour les étrangers de comprendre les dialectes soit écrits, soit parlés. On se rendra facilement compte de la difficulté en jetant les yeux sur les exemples ci-joints, qui sont deux versions de la parabole de l'Enfant prodigue[1].

Je quittai les *abominations* d'Abriès pour aller chercher une paisible botte de foin au Chalp, village plus rapproché du Viso de quelques kilomètres. En approchant du Chalp, je sentis une odeur toute particulière dont je reconnus la cause en tournant l'angle d'une maison où j'aperçus le curé entouré de quelques-unes de ses ouailles. Je m'avançai humblement vers lui, le chapeau à la main; mais, avant que j'eusse pu dire un mot, il s'écria avec violence : « Qui êtes-vous? Qui êtes-vous? Que voulez-vous? » Je tâchai de m'expliquer. « Vous êtes un déserteur; je suis sûr que vous êtes un déserteur; allez-vous-en, vous ne pouvez pas rester ici; allez à le Monta, dans le bas de la vallée; je ne veux pas de vous ici. » Et il me chassa littéralement du village. J'eus plus tard l'explication de cette étrange conduite. Des soldats piémontais, fatigués du service militaire, étaient descendus assez fréquemment dans la vallée par le col de la Traversette, et l'on avait eu à regretter l'hospitalité qu'on leur avait accordée. Mais je l'ignorais alors; aussi n'étais-je pas médiocrement indigné de me voir considéré

---

1. Échantillon du patois des environs de Gap:

Un sarten homme aïe dous garçous; lou pus jouve dissec a soun païre : « Moun paire, beila me la pourtiou d'ou ben que me reven. » Et lou paire fec en chascu sa part. Et paou de tens après, lou cadet, quant aguec fachs sa pacoutilla, se mettec en routo, et s'en anec dinc un païs eiloigna, ounte mangec tout ce qu'aïé enbe les fumelles. Et quant aguec tout fricassa, l'y aguec dinc aqueou païs-acqui une grande famine, et commensec a aver famp.

Voici maintenant un échantillon du pays de Monétier :

Un home avas dou bos. Lou plus giouve de isou disse à son pere : « Moun pere, moun pere, douna-me soque me duou reveni de vatre be. » Et lou pere faze ou partage de soun be. Paouc de giours après, lou plus giouve deiquelou dou bos, après aveira amassa tout so que aou lavie, sen ane diens un païs etrangie ben leigu, aount aous dissipe tout soun be diens la grande deipensa et en deibaucha. Après qu'aou lague tout deipensa, larribe una grand famina diens iquaou païs ilai, et aou cheique diens lou besoign.

comme un déserteur, quand c'était moi qui marchais à l'attaque.

Je continuai donc mon chemin, et bientôt, la nuit devenant trop obscure, je campai dans une charmante petite grotte de terre, où j'avais un rocher pour m'abriter contre le vent, un ruisseau d'un côté et de l'autre quelques branches de pin brisées à portée de ma main. Un rocher, une grotte, du bois et de l'eau, c'était l'idéal du confort. Après avoir allumé un feu bien pétillant, je me glissai dans ma couverture-sac (une couverture ordinaire cousue à l'extrémité inférieure, doublée autour des

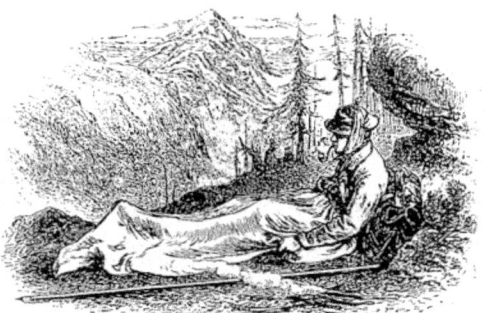

La couverture-sac.

jambes et garnie d'un ruban élastique à l'ouverture) et je m'endormis, mais ce ne fut pas pour longtemps. Mon sommeil fut troublé par des rêves de l'Inquisition : on m'appliquait la torture ; des prêtres remplissaient de *puces* mes yeux et mes narines, m'enlevaient des lambeaux de chair avec des pinces rougies au feu, me coupaient les oreilles et me chatouillaient la plante des pieds. C'en était trop. Je poussai un affreux hurlement et je me réveillai couvert de petites bêtes qui grimpaient sur tous mes membres. J'avais campé à côté d'une fourmilière. Après avoir exaspéré les fourmis par le feu que j'avais allumé, je m'étais tranquillement installé au milieu d'elles.

La nuit était magnifique, et, pendant que je m'établissais dans des lieux plus confortables, un brillant météore parcourut plus de soixante degrés d'un ciel sans nuage, laissant après lui une traînée de lumière qui dura plusieurs secondes. C'était le héraut qui annonçait un spectacle splendide. Des étoiles filantes tombèrent par centaines, et leur clarté n'étant obscurcie par aucune vapeur, elles brillèrent avec plus d'éclat que Sirius même dans notre humide climat.

Le lendemain matin, après avoir remonté la vallée pour examiner le Viso, je retournai à Abriès où j'engageai à mon service un paysan d'un hameau voisin, que mon ami le Marseillais avait envoyé chercher. Il ne pouvait se lasser de boire et de fumer, et ne quittait sa pipe que pour prendre un verre de vin ou d'eau-de-vie. Nous remontâmes ensemble la vallée et nous couchâmes dans la hutte d'un berger dont le gain annuel était presque aussi restreint que celui du pâtre que Longfellow met en scène dans Hypérion. Le lendemain matin, nous nous dirigeâmes tous trois vers le sommet du passage que j'avais traversé en 1860, mais la tentative que nous fîmes pour nous rapprocher de la montagne échoua complétement[1] : une brèche profonde aux versants à pic formait un obstacle infranchissable; la pente de neige elle-même, qui existait l'année précédente sur le versant piémontais du passage, avait disparu, et il nous fut impossible de descendre sur les rochers situés au-dessous de nous.

Quinze jours plus tard, l'ascension du Viso fut accomplie pour la première fois par MM. Matthews et Jacomb, avec les deux Croz de Chamonix. Ils montèrent du côté du midi, et cette ascension, autrefois considérée comme absolument impossible,

---

1. Il existe au nord, près du mont Viso, trois cols ou passages qui conduisent de la vallée du Pô dans celle du Guil. La brèche profonde dont il est question ci-dessus est la plus rapprochée de la montagne, et, bien qu'elle soit de beaucoup la plus basse dans cette partie de la chaîne, bien qu'elle semble être le véritable col Viso, elle ne paraît pas utilisée. La seconde, que j'avais traversée en 1860, porte sur la carte sarde le nom de *Col del Color del Porco !* La troisième est le col de la Traversette, et, quoiqu'elle soit la plus élevée des trois, c'est celle par laquelle les gens du pays passent d'une vallée dans l'autre.

est devenue une des courses ordinaires et préférées de cette contrée.

Nous revînmes la tête un peu basse à Abriès. Le berger, dont les chaussures avaient grand besoin de réparations, glissa sur des pentes de neiges trop raides, et accomplit une suite de culbutes fort curieuses mais fort inquiétantes, qui le conduisirent jusqu'au fond de la vallée beaucoup plus vite qu'il n'y fût descendu autrement. Il n'était pas trop meurtri, et je le rendis tout heureux en lui donnant quelques aiguilles et un peu de fil pour raccommoder ses vêtements endommagés. Mon autre compagnon pensa qu'il commettrait un affreux gaspillage s'il lui cédait un peu d'eau-de-vie pour panser ses égratignures, quand il pouvait l'employer d'une manière plus ordinaire et infiniment plus agréable.

Le 14 août au soir, je me trouvais à Saint-Véran, village que Neff a rendu fameux, mais qui n'offre rien de remarquable, si ce n'est qu'il est considéré comme le plus élevé de l'Europe[1]. Les protestants n'y forment plus *maintenant* qu'une infime minorité; en 1861, ils étaient 120 contre 780 catholiques romains. La misérable auberge[2] du village, tenue par un protestant, témoignait d'une grande pauvreté. On n'y trouvait, en effet, ni viande, ni pain, ni beurre, ni fromage; je ne pus guère y obtenir que des œufs. Les mœurs des indigènes sont très-primitives : l'hôtesse resta, sans paraître y trouver rien d'inconvenant, dans ma chambre jusqu'à ce que je me fusse couché. La note qu'elle me présenta pour le souper, le coucher et le déjeuner s'éleva à 2 francs environ.

Il existe encore un nombre considérable de chamois aux environs de Saint-Véran, ainsi que dans toutes les montagnes voisines du mont Viso. Le jour où j'y arrivai on en avait, me dit-on, aperçu six, et l'aubergiste déclara en avoir vu une troupe d'environ cinquante la semaine précédente. Dans mes deux

---

[1]. Il est situé à une hauteur d'environ 2000 mètres au-dessus du niveau de la mer.
[2]. Le *Guide* de Ball est dans l'erreur en disant qu'il n'y a pas d'auberge à Saint-Véran.

excursions j'en aperçus moi-même plusieurs groupes aux environs du Viso. Cette contrée offre peut-être autant de chances qu'aucune autre région des Alpes à un chasseur de chamois, parce que les lieux dans lesquels ces animaux se tiennent d'ordinaire n'y sont sous aucun rapport d'un abord très-difficile.

Colonne naturelle près de Molines.

Le jour suivant je descendis la vallée jusqu'à Ville-Vieille. Près du village de Molines, du côté opposé de la rivière, je remarquai une curieuse colonne naturelle, haute d'environ 24 mètres[1], assez semblable d'aspect à une bouteille de champagne, qui avait été lentement formée par les intempéries de l'atmosphère, et, suivant toute probabilité, surtout par la pluie. Dans ce cas, un « bloc d'euphotide protége un calcaire friable[2]. » La singularité de la forme qu'ont acquise ces colonnes et le contraste qu'offre leur base blanchâtre avec l'espèce de bonnet noir qui les surmonte, attirent vivement l'attention. Ces colonnes naturelles peuvent être rangées parmi les exemples les plus remarquables des puis-

1. *Note du traducteur.* M. Whymper doit se tromper; il y en a cinq; la plus haute a, dit-on, 12 mètres. On les appelle dans le pays les *colonnes coiffées*, parce qu'elles portent à leur sommet un bloc de serpentine tombé sans doute du sommet de la crête. Évidemment la base de la montagne a été érodée par les eaux du torrent, et ces aiguilles, laissées debout, indiquent la hauteur à laquelle s'élevait autrefois le sol de la vallée.

2. J. D. Forbes.

sants effets que produit l'action longue et continue de forces presque insignifiantes. On en trouve dans plusieurs autres parties des Alpes[1] et dans d'autres pays.

Ville-Vieille s'enorgueillit d'une auberge qui a pour enseigne un éléphant. Suivant l'opinion des principaux habitants du village, cette enseigne prouve qu'Annibal a traversé la gorge du Guil. Je me souviens de l'auberge parce que le pain qu'on y servit, n'ayant qu'un mois de cuisson[2], était remarquablement tendre. Pour la première fois depuis dix jours, il me fut possible d'en manger un peu sans le découper en petits morceaux pour le faire tremper dans de l'eau chaude, opération qui produisait une pâte visqueuse à la surface, mais qui laissait à l'intérieur un noyau d'une dureté invincible.

Le même jour je traversai le col Isoard pour gagner Briançon. C'était le 15 août. Partout la population était *en fête*. Des bruits joyeux s'échappaient des maisons de Servières, quand je franchis le pont sur lequel s'exécute chaque année la danse pyrrhique[3], et les indigènes erraient par les chemins, dans tous les différents degrés de l'ivresse. Il était tard lorsque les lumières de la grande forteresse brillèrent à mes yeux; mais je franchis les portes sans obstacle, et je vins de nouveau chercher un abri sous le toit de l'hôtel de l'Ours.

---

1. Dans la gorge du Dard, près d'Aoste; près d'Euseigne, dans le val d'Hérens; près de Stalden, dans le Vispthal; près de Ferden, dans le Lœtschenthal; et, sur une plus grande échelle, près de Botzen, dans le Tyrol, et en Amérique, sur le Colorado, rivière de l'Ouest. (Voyez le chapitre xxiii.)

2. Un usage antique et solennel veut que chaque famille ait sa provision de pain pour une année entière. Ainsi l'on montre aux envieux que la farine ne manque pas. Le pauvre seul mange parfois du pain frais, parce qu'il n'a pas une récolte suffisante pour cuire en une fois la provision de toute l'année; mais il a honte de sa pauvreté, et, quand il s'agit de mettre la main à la pâte, il se cache afin d'échapper aux regards des voisins. (Élisée Reclus, *Tour du monde*, 1860, 2ᵉ semestre, p. 415.)

3. Voyez *les Hautes-Alpes*, par Ladoucette, p. 596.

Passage du Mont-Cenis.

CHAPITRE III.

LE MONT-CENIS. — LE CHEMIN DE FER FELL.
LE GRAND TUNNEL DES ALPES[1].

A en croire les guides itinéraires, le passage du Mont-Cenis est ennuyeux. Certes, il est un peu long pour un piéton, mais, s'il ne peut rivaliser avec le Simplon, le Saint-Gothard ou le Splügen, il offre aussi un assez grand nombre de paysages pittoresques. D'ailleurs, quand Napoléon eut transformé l'ancien chemin de mulets en une belle route de voitures aux grandes courbes et aux pentes uniformes, le Mont-Cenis devint un des passages les plus intéressants des Alpes. On n'avait vraiment pas le temps de s'y ennuyer. Les excellentes diligences, qui faisaient un service régulier entre Chambéry et Turin, le montaient et le descendaient aussi vite que la chaise de poste la mieux at-

1. *Note du traducteur.* J'abrège, en le modifiant, ce chapitre dont les détails, intéressants d'ailleurs, mais un peu longs et trop techniques, sur le chemin de fer Fell, sont connus depuis longtemps. Le voyage de M. Whymper au Mont-Cenis date en effet de 1861.

telée. La partie la plus curieuse du trajet était celle qui se trouvait comprise entre Lanslebourg et Suse. Dès que la véritable montée commençait, on attelait à la diligence douze à quatorze mules, et le postillon et ses aides marchaient à leur côté armés de longs fouets qu'ils maniaient habilement. Les voyageurs, mettant aussi pied à terre pour la plupart, s'amusaient à *couper* les zigzags. On montait lentement, mais d'une allure égale, et on s'élevait de 650 mètres presque sans s'arrêter.

Quelles clameurs, quels *clics-clacs* à chaque tournant! Aux cris de leurs conducteurs et aux claquements des fouets, les mules redoublaient d'ardeur, agitant leur tête animée et faisant une bruyante musique avec leurs grelots. Enfin on atteignait le col. L'attelage dételé redescendait, en folâtrant, la montagne qu'il venait de gravir, tandis que la diligence, attelée de chevaux frais, traversait la plaine au galop. Le  petit postillon qui montait le premier cheval faisait claquer joyeusement son fouet à tous les tournants taillés dans le roc, et, quand les échos de la montagne répétaient son assourdissante musique, il se retournait vers les voyageurs en quête de sourires et de petits sous.

L'air était vif et souvent froid, mais on avait bien vite franchi le col et on descendait rapidement dans une atmosphère plus chaude. Un grand changement s'opérait tout à coup. Les chevaux, réduits au nombre de deux ou de trois, descendaient les pentes les plus raides avec une rapidité qui n'inspirait aucune inquiétude tant ils étaient éprouvés et solides, tant ils avaient le pied sûr! Malheur cependant à la diligence s'ils se fussent abattus! Aussi à chaque contour le conducteur serrait-il sa mécanique et le postillon ralentissait-il l'allure de son attelage, qui bientôt excité par les *hue*, les *ha* et le fouet, repartait de plus belle.

Aujourd'hui tout est changé. Le chemin de fer Victor-Emmanuel a remplacé dans la vallée de l'Arc une grande partie de la route construite par Napoléon, et le chemin de fer Fell s'est établi sur la montagne même entre Saint-Michel et Suse.

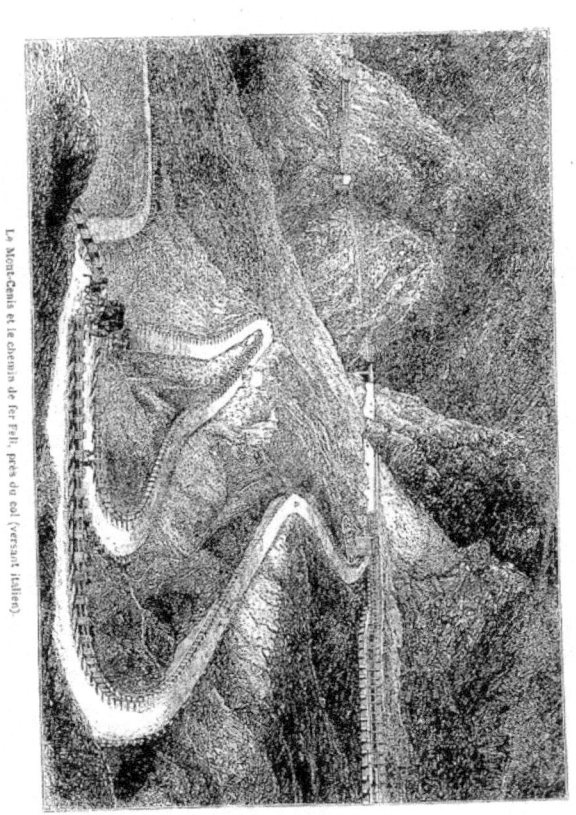

Le Mont-Cenis et le chemin de fer Fell, près du col (versant italien).

CHAPITRE III.

Ce chemin de fer est ou plutôt était une merveille. Il suivait la route de terre dont il ne s'écartait que pour éviter la traversée des villages ou pour diminuer la raideur des pentes. De

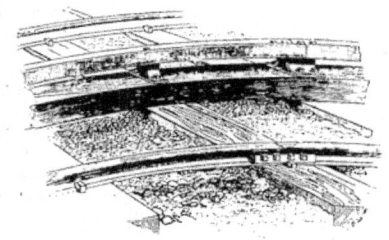

Rail central dans une courbe.

Saint-Michel au col il montait de 1360 mètres, et, du col à Suse, il descendait de 1588 mètres. Sur certains points il s'élevait de 8 cent. par mètre. Cette sorte de miracle s'accomplissait grâce à un troisième rail placé au milieu de la voie entre les deux rails ordinaires et à une plus grande hauteur comme le montrent les dessins ci-joints, qui nous dispensent de toute description.

C'était un curieux et intéressant spectacle que de suivre du regard un train de chemin de fer Fell montant de Lanslebourg

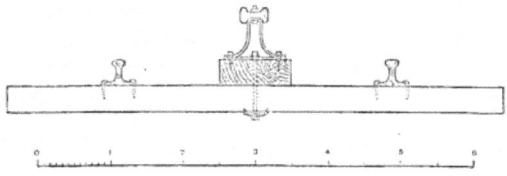

Échelle de pieds anglais (le pied anglais vaut 30 centimètres).

au col du Mont-Cenis. Des bouffées de vapeur s'élançaient au-dessus des arbres, parfois dans une direction opposée, puis disparaissaient tout à coup sous les parties de la voie que des constructions en planches et des toitures en fer protégeaient contre la neige, pour reparaître au sortir de ces tunnels d'un nouveau genre. La locomotive qui gravissait 11 kilomètres à l'heure malgré la raideur des pentes, suivait tous les zigzags de la route de terre, si ce n'est dans les détours trop brusques où le chemin de fer était obligé de décrire une courbe plus étendue.

Le plateau du col, de la station du sommet à celle de la Grande-Croix, long d'environ 8 kilomètres, était bientôt traversé. Alors commençait la terrible descente sur la ville de Suse, pendant laquelle le chemin de fer, en grande partie couvert, ressemblait à un monstrueux serpent. A l'intérieur

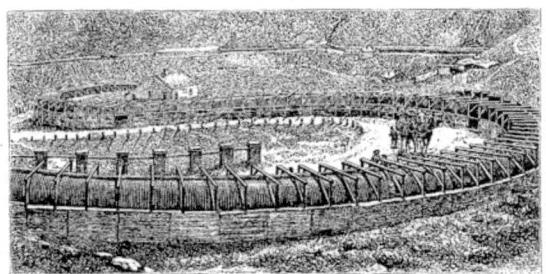

Parties couvertes du chemin de fer Fell (versant italien).

des galeries on ne voit qu'à 4 ou 5 mètres en avant de la locomotive tant les courbes sont fortes. A peine aperçoit-on les rails. La machine vibre, oscille, bondit; il est difficile de s'y maintenir en équilibre. On lâche la vapeur, on serre les freins, car peu de minutes après avoir quitté le col, le train descend par son propre poids. Au sortir d'un tunnel, on aperçoit tout à coup d'un côté un précipice de 1000 à 1200 mètres et de l'autre une montagne à pic.

Les voitures du chemin de fer Fell, espèces d'omnibus où l'air et la lumière manquaient trop souvent, offraient une grande solidité. Les fortes secousses y étaient rares. Cette solidité, elles la devaient surtout au rail central et à une paire de roues horizontales qui, sur les parties droites de la voie, touchaient seulement ce rail qu'elles pressaient plus ou moins fortement selon le rayon des courbes.

Mais le chemin de fer Fell, si ingénieux qu'il fût, ne devait pas survivre et n'a pas survécu à l'ouverture du tunnel des Alpes qui a eu lieu le 17 septembre 1871.

Ce fut en 1832 que M. Médail, de Bardonnèche, proposa au roi Charles-Albert de percer un tunnel entre son village et Modane, car, disait-il, c'était le point où les deux versants des Alpes se trouvaient, à la même altitude, les plus rapprochés l'un de l'autre; mais ni M. Médail, ni personne à cette époque ne savait si cette heureuse idée était réalisable, et comment elle pouvait être exécutée.

En 1845, M. Maus, l'habile ingénieur qui venait de construire le beau plan incliné de Liége, reçut de Charles-Albert la mission d'étudier, avec le professeur Sismonda, le problème de la percée des Alpes. D'après leur rapport combiné, l'entreprise était possible, mais les procédés de perforation connus étaient insuffisants. Il fallait en effet percer un tunnel d'une longueur approximative de 13 kilomètres sans pouvoir creuser des puits pour accélérer le travail. « Ces puits, a dit M. Conte, ingénieur en chef des ponts et chaussées, dans ses *conférences* faites à l'École des ponts et chaussées, auraient dû avoir les profondeurs suivantes : à 650 mèt. de l'entrée sud, 333 mèt.; à 3000 mèt. du même point, 1078 mèt.; à 5700 mèt., 1620 mèt. Or, le forage d'un puits de 1620 mètres, si on avait osé l'entreprendre, n'aurait pas exigé moins de quarante ans.

« On présenta divers projets, les uns ayant pour objet de réduire la longueur de la galerie, en relevant le niveau des entrées; les autres proposant des moyens d'accélération dans les procédés de forage. Ils furent tous écartés comme impossibles ou insuffisamment étudiés.

« Le premier projet que l'administration des États sardes considéra comme sérieux, et qui devint l'objet d'un examen approfondi, fut celui de M. Maus, ingénieur belge. M. Maus proposait de construire une galerie de 12 230 mètres de longueur, entre Bardonnèche et Modane, avec une pente unique de 0ᵐ 019 par mètre. L'avancement en petite galerie aurait été fait au moyen d'une machine composée de ciseaux, mis en mouvement par des ressorts et qui auraient découpé la roche en blocs, adhérents seulement en arrière. Ces blocs auraient été détachés à l'aide de coins qu'on aurait introduits dans les interstices, qui auraient été ménagées par les ciseaux : le mouvement aurait été donné au moyen de roues hydrauliques établies sur les cours d'eau qui existent dans les deux vallées.

« Ce projet, examiné peut-être trop sommairement, fut repoussé comme inexécutable. M. Colladon, de Genève, émit alors l'idée de faire agir les outils de la machine de M. Maus au moyen de l'air comprimé, mais il n'indiquait aucune manière spéciale de comprimer l'air et de l'utiliser comme moteur. La gloire de cette belle découverte devait appartenir tout entière à M. Sommeiller de Saint-Jeoire (Faucigny), qui, si l'on doit en croire les amis de sa jeunesse, s'occupait déjà du problème de la compression de l'air à l'époque où il était étudiant à l'université de Turin.

« Le gouvernement sarde avait fait construire le chemin de fer de Turin à Gênes, et étudier par ses ingénieurs les moyens de remorquer les trains sur les rampes de Pontedecimo à Busalla, dont l'inclinaison atteint 0ᵐ 035 par mètre. La ville de Gênes avait profité de l'ouverture du tunnel de Giovi, qui débouche sur le versant nord de la vallée de la Scrivia, pour dériver les eaux de ce torrent et les employer à son alimentation. MM. les ingénieurs Grandis, Grattoni et Sommeiller eurent l'idée de se servir des chutes que présentait la conduite d'eau de la Scrivia, pour comprimer de l'air au moyen du *compresseur à choc* qui a servi au percement du tunnel des Alpes. Cet air devait être employé à remorquer les convois sur les rampes de Busalla. L'invention des locomotives accouplées rendit d'abord leur idée inutile, mais elle ne devait pas rester stérile.

« M. Bartlett, ingénieur anglais, attaché au chemin de fer Victor-Emmanuel, avait inventé une machine destinée à faire des trous de mine et mise en mouvement au moyen de la vapeur : malgré les imperfections de cette machine on s'en servit en substituant l'air comprimé à la vapeur, et pendant les expériences, M. Sommeiller qui était déjà parvenu à comprimer l'air inventa la belle machine perforatrice qui remplaça immédiatement celle de M. Bartlett.

« Dès lors le problème de la traversée des Alpes parut résolu. »

Il ne nous appartient pas de raconter ici l'histoire déjà faite et bien faite du tunnel des Alpes [1]. Voté le 15 août 1857, commencé le 31 août de la même année par le Piémont seul, auquel la France s'associa le 7 mai 1862, cet important travail a été terminé en 13 années; la rencontre des deux galeries se fit le 26 décembre 1870, aux cris de vive l'Italie! vive la France! en plein schiste calcaire à 5153 mètres 30 centimètres de Modane et à 7080 mètres 25 centimètres de Bardonnèche.

Par la convention internationale du 7 mai 1862, la France prenait à sa charge 19 millions, mais payables seulement dans le cas où les travaux seraient achevés dans le délai de vingt-cinq ans à partir du 1er janvier 1862. Une prime de 500 000 francs était promise pour chaque année gagnée sur les vingt-cinq ans de délai, et cette somme augmentée de 100 000 francs pour chaque année gagnée sur quinze ans.

Le travail ayant été terminé en huit ans à partir de 1862, l'apport financier de la France dans l'entreprise se cotera en définitive par une somme d'environ 28 millions. Les dépenses totales ne sont pas évaluées à moins de 75 millions.

« Le tunnel des Alpes, ajoute M. Henri de Parville, a été percé tout entier à coups de poudre. Le retentissement mérité qu'a eu la perforatrice Bartlett et Sommeiller a fait supposer à beaucoup de personnes que l'on avait broyé la roche mécaniquement. Il n'en est rien. Tout le travail s'est exécuté à la pince, comme par les méthodes de perforation ordinaire, avec cette différence essentielle, il est vrai, qui à elle seule constitue une révolution

---

1. Voir dans l'*Année géographique* 1871-1872 de M. Vivien de Saint-Martin, un excellent article emprunté à M. Henri de Parville.

dans l'art du mineur, que les trous pour déposer les cartouches ont été forés à la mécanique.

« On ne pouvait guère avancer que de 17 mètres par mois en minant à la main ; la perforatrice a permis de quintupler l'avancement. La machine peut être transportée avec une extrême facilité, et il est possible d'aligner dix fleurets contre le front de taille dans l'espace réduit où deux ouvriers se seraient gênés dans leur travail commun.

« La barre à mine frappe, en outre, le rocher vingt fois plus vite que ne le fait un homme expérimenté ; l'invention de la perforatrice mit à la disposition des ingénieurs un mineur mécanique infatigable, d'une étonnante dextérité et d'une puissance incomparable. De décembre 1857 à la fin de 1860, on creusa les trous de mine à la main. Du côté de Bardonnèche, on ne fora que 725 mètres ; à Modane, le travail à la main se poursuivit jusqu'en 1862, et l'on n'avança que de 924 mètres pendant ces cinq ans, ce qui fait à peine 14 mètres de progression par mois. Au contraire, lorsque la perforatrice fut introduite dans la galerie, l'avancement, d'abord lent parce que les brigades avaient besoin d'apprendre à manier l'outil, s'accrut dans une proportion inespérée. Les 10 587 mètres restant encore à percer furent creusés avec une vitesse d'avancement qui, dans les dernières années, atteignit 890 mètres, soit 74 mètres environ par mois, le quintuple de la progression par le mode ordinaire.

« Voici, au surplus, le tableau exact des progrès réalisés aux deux embouchures, variables, on le comprend, avec l'expérience acquise des ouvriers et la dureté de la roche :

AVANCEMENT A LA MAIN.

Bardonnèche :

Années 1857	27 mètres	28 cent.
1858	257 —	57 —
1859	236 —	35 —
1860	203 —	80 —
Total	725 mètres	» cent.

CHAPITRE III.

Modane :

Années	1857	10 mètres	80 cent.
	1858	201 —	95 —
	1859	132 —	75 —
	1860	139 —	50 —
	1861	193 —	» —
	1862	243 —	» —
	Total	921 mètres	» cent.

Total général : 1646 mètres.

AVANCEMENT A LA MÉCANIQUE.

Bardonnèche :

Années	1861	170 mètres	» cent.
	1862	380 —	» —
	1863	426 —	» —
	1864	621 —	20 —
	1865	765 —	30 —
	1866	812 —	70 —
	1867	824 —	30 —
	1868	638 —	60 —
	1869	827 —	70 —
	1870	889 —	45 —
	Total	6355 mètres	25 cent.

Modane :

Années	1863	376 mètres	» cent.
	1864	466 —	65 —
	1865	458 —	40 —
	1866	212 —	29 —
	1867	687 —	81 —
	1868	681 —	55 —
	1869	603 —	75 —
	1870	745 —	85 —
	Total	4232 mètres	30 cent.

Total général : 10 587 mètres 55 cent.

« Total, le 26 décembre 1870, pour Bardonnèche, 7080 mètres 25 cent.; pour Modane, 5153 mètres 30 cent. — Total général, 12 233 mètres 55 cent.

« Le ralentissement observé en 1866 tient au banc de quartzite que l'on rencontra du côté de Modane.

« La série des opérations effectuées en galerie comprenait le forage des trous, la charge, l'explosion et l'enlèvement des débris. En six heures, le front de la roche était criblé de 90 à 100 trous de 80 centimètres de profondeur et de 4 centimètres de diamètre, dont on ne chargeait qu'une portion, les autres trous n'ayant d'autre rôle que d'affaiblir le rocher par leur vide et de faciliter sa désagrégation. On faisait en moyenne

Déblaiement des débris dans le tunnel des Alpes.

avec la poudre 1 mètre 80 cent. à 2 mètres par vingt-quatre heures dans la petite galerie d'attaque de 3 mètres 40 cent. de largeur et de 2 mètres 40 cent. de hauteur. Après le poste des mineurs venait le poste des déblayeurs, qui chargeaient les déblais sur des wagons et les transportaient jusqu'à la bouche du souterrain.

« On employa uniquement la poudre de guerre, qui donne moins de fumée que la poudre de mine. 1 kilogramme de poudre dégage par la combustion 49 centigrammes d'acide carbonique, 10 d'azote et 4 de sulfure de potassium; pour diluer ces gaz, on jugea qu'il fallait bien 250 mètres cubes d'air pur. Aussi, à la tempête de feu faisait-on succéder un ouragan d'air. On ouvrait le robinet de la conduite qui amenait l'air depuis les compresseurs installés sur chaque versant jusqu'au fond du souterrain, et immédiatement il se produisait une tourmente qui chassait et diluait les gaz nuisibles. L'atmosphère se refroidissait; mais, quand on pénétrait pour la première fois dans cette galerie préparatoire, l'ouïe était désagréablement affectée par l'air comprimé. A côté de la conduite qui aérait se trouvait également le tuyau qui apportait la force motrice aux outils perforateurs[1].

« On s'est souvent demandé comment cette percée gigantesque avait pu être faite aussi rectiligne. Ce n'est qu'en 1862 que le tracé définitif fut achevé par MM. Borelli et Copello, ingénieurs de chaque section respective du souterrain. Il fallut établir à travers la montagne un réseau géodésique de 28 triangles, et, comme ce réseau montait par degrés jusqu'à la plus haute cime, à 3100 mètres au-dessus du niveau de la mer, il est facile de se figurer les difficultés de toutes sortes qu'eurent

---

[1]. Les accidents qui ont eu lieu pendant toute la durée des travaux ont été au nombre de 34, sur le versant français seulement.

Intérieur.

Chutes de rochers	8 morts.
Accidents de wagons	14 —
Explosions	5 —
	25 morts.

Extérieur.

Chutes dans la montagne	2 morts.
Chutes de rochers	4 —
Explosions	5 —
	11 morts.

Comme on le voit par ce tableau, presque la moitié des hommes tués furent écrasés par les wagons, car malgré les prescriptions des ingénieurs, les mineurs ne voulurent jamais suivre les sentiers pratiqués de chaque côté du tunnel. Ils marchaient presque toujours sur les rails. Aussi 14 périrent-ils écrasés sous les roues des wagons. Du reste, on a lieu de s'étonner que le nombre des accidents ait encore été si minime, quand on pense au temps employé pour le percement du tunnel et au nombre des ouvriers occupés.

à vaincre les ingénieurs dans ces régions visitées par les avalanches. On montait pendant cinq heures au milieu de la neige ; puis le brouillard, en cachant les hauts sommets, rendait inutile cette excursion périlleuse. Il est certains angles du réseau qu'il a fallu mesurer jusqu'à soixante fois. L'instrument dont on se servit pour faire le tracé était exact, à cinq secondes près par 10 kilomètres. Le maximum de déviation ne pouvait dépasser dix secondes, soit un écart qui se traduirait au milieu du tunnel par 29 cent. Les faits ont vérifié depuis la précision de cette opération géodésique.

« Pour contrôler la rectitude de l'avancement, on avait établi un petit observatoire en face de chaque bouche du tunnel, et un observateur, muni du théodolithe, visait tour à tour les différents sommets du réseau trigonométrique et une lumière placée au fond du tunnel. Si l'œil tombait sur la lumière, après avoir visé les points de repère, c'est que l'axe de la galerie était bien compris dans le plan vertical adopté.

« Lorsque le 26 décembre les deux galeries d'attaque se rejoignirent, on ne constata qu'un désaccord de 30 centimètres environ dans l'axe de chaque tronçon ; seulement, les deux galeries se trouvèrent au point de jonction à un niveau un peu différent. Ce résultat inespéré, d'une précision admirable, fait le plus grand honneur aux ingénieurs du tunnel.

« Selon le projet primitif le souterrain devait avoir 12 220 mètres ; on a trouvé, après le percement, qu'il avait une longueur de 12 223 mètres 50 cent. Les altitudes indiquées aussi sur le plan paraissent devoir être modifiées.

« Ainsi, l'entrée en galerie à Modane ne serait pas de 1202 mètres 82 cent. au-dessus de la mer, mais de 1158 mètres 96 cent. A Bardonnèche, elle ne serait pas de 1335 mètres 38 cent., mais de 1291 mètres 52 cent. Enfin, le col de Fréjus serait non pas à 1610 mètres, mais à 1294 mètres 59 cent.

« Il existe, comme on voit, une différence de niveau de 132 mètres entre l'ouverture du souterrain à Modane et l'ouverture à Bardonnèche. On a racheté cette hauteur par une rampe qui monte avec une pente de 22 millimètres par mètre

Machine perforatrice employée au tunnel des Alpes.

CHAPITRE III.

jusque vers le milieu de la galerie, sur un parcours de 6273 mètres. Au delà, la voie descend par une pente insensible de 5 millimètres par mètre, suffisante pour l'écoulement des eaux jusqu'à Bardonnèche.

« Le tunnel n'offre aux regards, quand on y pénètre, aucune différence appréciable avec les autres tunnels. Il contient deux voies; sa section est d'apparence tubulaire. C'est en effet une courbe à sept centres dont la largeur maximum se trouve un peu au-dessus des rails, à 1 mètre 26 cent.; elle atteint là 8 mètres, et elle a seulement 7 mètres 87 cent. au niveau du ballast, y compris deux trottoirs latéraux de 70 centimètres chacun. La hauteur au-dessus de ce niveau, pour atteindre la clef de voûte, est de 6 mètres.

« Toute la paroi est muraillée; le revêtement en blocs de granit cimentés a une épaisseur de 0 mètre 55 cent. à 1 mètre, suivant la poussée du terrain. On a ménagé sous la voie, au centre du souterrain, un aqueduc de 1 mètre de haut et de 1 mètre 20 cent. de large, pour laisser écouler les eaux d'infiltration et de condensation, et pour, au besoin, s'assurer un chemin de sauvetage, si, par impossible, il se produisait un effondrement partiel de la voûte.

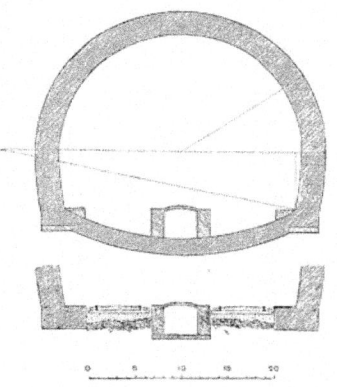

Échelle en pieds anglais (1 pied 30 centimètres).
Profil du tunnel des Alpes.

« Jamais tunnel ne fut aussi sec. Les craintes qui s'étaient élevées au début de l'entreprise sont bien loin de s'être justifiées. On ne rencontra aucune faille, aucun amas d'eau et aucun filon métallique.

« Du côté de Modane, on remarque, à deux kilomètres environ de l'entrée, une petite source, froide, ferrugineuse, dont le débit ne dépasse pas un demi-litre par seconde; l'eau est excellente à boire et a servi à désaltérer les ouvriers. Au delà de cette source, on ne trouve plus que quelques suintements sans importance. La voûte reste sèche sur la plus grande partie du parcours.

« Il avait été stipulé que si, pendant le travail, on rencontrait quelque mine exploitable, la possession en reviendrait de droit au gouvernement italien. Bien que la montagne renferme quelques filons de plomb argentifère, la galerie, dans son trajet, n'a coupé que des veines de spath, de quartz hyalin, et accidentellement un peu de galène en druse. Voici, du reste, selon les profils externes et internes, la puissance des couches traversées par ce véritable sondage horizontal :

	Extérieur.		Intérieur.	
Terrain à anthracite, puissance.....	1772 mèt.	» c.	2096 mèt.	50 c.
Quartzites......................	537 —	»	388 —	50
Calcaires compactes, plâtre et dolomie	306 —	»	355 —	60
Schistes calcaires.	9618 —	55	9392 —	25

« Si la voûte n'était pas muraillée, on verrait, pendant la plus grande partie du chemin, la roche noire, feuilletée, ardoisée, avec veines quartzeuses, qui forment tout le versant italien.

« A pied, il faut trois heures pour traverser le souterrain; il est inutile d'ajouter que le chemin est monotone. Le couloir est sombre; quelques becs de lumière placés de loin en loin, et des transparents lumineux indiquant les distances kilométriques, tranchent seuls sur l'obscurité de la galerie. On avance entre deux murailles qui vous défendent contre l'écroulement des roches et qui se déroulent en ligne droite jusqu'au versant opposé. Au milieu du tunnel, on rencontre seulement une excavation assez large de la roche; elle a été muraillée et l'on en a fait un bureau télégraphique pour correspondre avec les bureaux de Bardonnèche. De là, on n'aperçoit ni l'extrémité nord ni l'extrémité sud du souterrain. L'atmosphère chargée des fumées des lampes n'est pas assez transparente pour que la lumière du jour puisse la traverser sur une épaisseur d'une lieue et demie.

« Les trains font la traversée en vingt-cinq minutes, en descendant la rampe d'Italie en France ; il leur faut, au contraire, quarante-trois minutes environ pour remonter de France en Italie : trois quarts d'heure de tunnel !

« La préoccupation des hommes de science depuis le commencement des travaux s'était principalement portée sur la question d'aération. Respirerait-on sous cette voûte si longue, au fond de ce trou gigantesque ? Les uns étaient pour la négative, les autres pour l'affirmative ; certains, enfin, loin de croire au peu de renouvellement de l'air, craignaient une tempête dans le souterrain : les deux extrémités se trouvant à une différence de niveau de 132 mètres, on pouvait effectivement supposer qu'il se manifesterait un violent courant d'air.

« La vérité est que l'air dans le tunnel, loin de rester en repos, s'écoule, en effet, avec des vitesses quelquefois très-appréciables, quelquefois aussi presque nulles ; mais ce dernier cas s'offre rarement.

« Il est facile de se rendre un compte exact de ce qui se passe en galerie. Dans beaucoup de tunnels, dans celui de la Nerthe, par exemple, il arrive que la fumée des locomotives sort mal du souterrain, malgré ses vingt-quatre puits d'aérage : le tunnel est de niveau ; c'est, en somme, une longue cave avec soupiraux. Les puits ont des hauteurs comprises entre 20 mètres et 180 mètres, et créent par cela même des courants variables en direction qui rabattent souvent la fumée dans la galerie. Le tirage ne s'effectue guère que par les puits les plus profonds.

« Aux Alpes, au contraire, il n'y a aucun puits d'aérage, sauf à l'entrée du tunnel du côté italien ; la galerie constitue une seule et unique grande cheminée inclinée de France en Italie.

« Le tirage s'y fait donc, comme dans toutes les cheminées possibles, en vertu des différences de pression et de température. La pression est plus forte sur le versant français de 13 millimètres de mercure en moyenne ; aussi, en général, l'air va de France en Italie.

« Cependant, et c'est un point qui avait échappé aux théoriciens, le courant se retourne quelquefois et balaye le tunnel en sens inverse, d'Italie en France. Il suffit pour cela que la température sur le versant italien devienne plus basse que la température sur le versant français; le tirage se fait de haut en bas, au lieu de se faire de bas en haut, comme il arrive souvent dans nos appartements pendant l'été, lorsque la pièce, hermétiquement close, est plus fraîche que l'air extérieur. Dans tous les cas, le tirage reste faible, et c'est un inconvénient pour la ventilation.

« Aux deux entrées la température est de 12 à 14°; l'impression quand on pénètre sous la voûte est celle de la fraîcheur. Au milieu, la température atteint 24°. Il s'établit donc forcément un appel vers le point le plus chaud, et un courant de retour dans les couches supérieures du souterrain. Ces différents courants coexistent. On ne peut malheureusement pas dire qu'ils concourent tous à l'aération du tunnel, car souvent ils se gênent mutuellement et font tourbillonner la vapeur sous la voûte.

« En général, cependant, le courant dominant conserve assez de vitesse pour que tout l'air du tunnel puisse voyager d'une extrémité à l'autre en deux heures.

« Lorsqu'une locomotive entre sous la montagne, elle laisse sa vapeur derrière elle; et, si le courant va dans le même sens qu'elle, il est évident que fumée et vapeur s'engouffrent dans le souterrain. Le train pousse l'air en avant comme un piston et crée un vide derrière lui. Pour ces nouvelles raisons encore, la vapeur chemine comme le train.

« Le voyageur n'est d'ailleurs nullement gêné. Si un peu de vapeur pénètre dans son wagon, il lui suffit de fermer la portière; il emporte avec lui dans la voiture une provision d'air largement suffisante pour la longueur du parcours. D'ailleurs, jusqu'à ce que le train parvienne vers le sommet de la rampe, l'effet produit ne diffère pas de celui auquel on est habitué dans tous les tunnels.

« Vers le kilomètre 5, on se rapproche du maximum de température, de ce que l'on pourrait appeler l'équateur de la galerie. On traverse une sorte de région de calme et la vapeur emplit le souterrain; elle adhère au revêtement et le couvre entièrement d'une couche mate et opalisée. On dirait que l'on avance sous une voûte entre deux murailles d'albâtre. Les lumières du tunnel illuminent d'un éclat doux et doré cette paroi translucide, et, pour faire cesser toute illusion, on est, malgré soi, porté à étendre le bras hors du wagon.

« La main est brusquement saisie par un courant d'air froid; on ne croirait jamais qu'un couloir de vapeur vous entoure. C'est qu'en effet, entre le train et la vapeur qui adhère à la voûte et au muraillement, reste toute une épaisseur d'air. On passe au milieu de cette galerie vaporeuse sans en ressentir d'autre inconvénient.

« Puis, le sommet de la rampe franchi, la vapeur se condense, entraînée par le courant qui s'accuse de nouveau. On commence à distinguer très-bien le revêtement du tunnel; l'impression de chaleur disparaît peu à peu, et, vers le kilomètre 9, en se penchant hors du wagon, on aperçoit déjà un premier reflet de la lumière du jour. Les rayons se réfléchissent sur la vapeur de proche en proche depuis l'entrée, et on voit, derrière le léger nuage vaporeux qui sépare le train de la paroi, naître une première lueur pâle et blanche. Le tunnel s'éclaire comme la terre au lever du soleil; lui aussi a son aurore. Bientôt la clarté brillante du jour tranche sur la lumière rougeâtre des lampes : c'est la fin de la traversée. On franchit l'ouverture, et devant nous les Alpes se dressent de nouveau superbes au delà du pli qui forme la vallée de la Dora Riparia.

« Suivant le sens du tirage dans le tunnel on voit, à Modane ou à Bardonnèche, s'échapper en dehors par la bouche du souterrain la fumée et la vapeur que la locomotive a semées sur sa route. De loin, on dirait que la montagne est en feu ; les bois de pins disparaissent derrière des nuages de vapeur. Au bout d'une heure et demie à peu près, le tunnel ne fume plus ; il est de nouveau à peu près vidé des produits de la combustion. »

Ainsi les questions qui préoccupaient à juste raison les ingénieurs depuis si longtemps semblent aujourd'hui éclaircies; le succès incontestable obtenu dans les Alpes Cottiennes permet d'espérer que la science a définitivement résolu le problème si complexe du percement des grandes montagnes.

On ne saurait trop le rappeler, ce brillant succès a été dû surtout à M. Germain Sommeiller, l'inventeur du compresseur à choc et de la machine perforatrice, et aux deux ingénieurs qui l'ont aidé à appliquer ses deux belles découvertes, MM. Grandis et Grattoni. Sommeiller n'a pas eu la satisfaction de voir son œuvre complétement achevée. Épuisé de fatigue, il était allé prendre un peu de repos dans son village natal, à Saint-Jeoire en Faucigny (Haute-Savoie). Il y est mort à l'âge de cinquante-six ans, le 11 juillet 1871, deux mois et six jours avant l'inauguration solennelle de ce tunnel qui doit immortaliser son nom.

Germain Sommeiller.

Jean-Antoine Carrel (1869).

CHAPITRE IV.

MA PREMIÈRE GRIMPADE SUR LE CERVIN.

« Quelle force n'a-t-il pas fallu pour rompre et pour balayer tout ce qui manque à cette pyramide! Car on ne voit autour d'elle aucun entassement de fragments ; on n'y voit que d'autres cimes qui sont elles-mêmes adhérentes au sol et dont les flancs, également déchirés, indiquent d'immenses débris, dont on ne voit aucune trace dans le voisinage. Sans doute ce sont ces débris qui, sous la forme de cailloux, de blocs et de sable, remplissent nos vallées et nos bassins, où ils sont descendus, les uns par le Valais, les autres par la vallée d'Aoste, du côté de la Lombardie. »
(DE SAUSSURE, *Voyage dans les Alpes.*)

Parmi les sommets des Alpes, qu'aucun pied humain n'avait encore foulés, deux surtout excitaient mon admiration. L'un avait été très-souvent attaqué sans succès par les plus hardis montagnards ; l'autre, que la tradition déclarait inaccessible, restait encore presque vierge de toute tentative. Ces montagnes étaient le Weisshorn et le Cervin.

Après avoir visité en 1861 le grand tunnel des Alpes, je rôdai pendant dix jours dans les vallées voisines, résolu de tenter sans retard l'ascension de ces deux pics. Le premier venait, disait-on, d'être conquis, et le second allait être bientôt attaqué. Ces bruits se confirmèrent à mon arrivée à Châtillon, à l'entrée du Val Tournanche. L'intérêt que m'avait inspiré le Weisshorn s'affaiblit, mais, quand j'appris que le professeur Tyndall était au Breuil, dans l'intention de couronner sa première victoire par une autre plus grande encore, je désirai plus vivement que jamais escalader le Cervin.

Les guides que j'avais employés jusqu'à ce jour dans mes courses ne m'avaient guère satisfait, et je me sentais alors disposé, bien à tort, à en rabaisser singulièrement la valeur. Dans mon opinion erronée ce n'étaient que des limiers hors de la piste, de robustes consommateurs de provisions solides ou liquides. Mes souvenirs du mont Pelvoux m'eussent fait de beaucoup préférer la société d'un couple de mes compatriotes à n'importe quel nombre de guides. Quand je demandai un guide à Châtillon, je vis défiler une longue série d'individus, dont la physionomie exprimait la malice, l'orgueil, l'envie, la haine, enfin toutes les variétés de la friponnerie, et qui semblaient dépourvus de toute bonne qualité. L'arrivée de deux touristes avec un guide, qu'ils me présentèrent, non-seulement comme l'incarnation de toutes les vertus, mais comme le guide spécial qu'il me fallait pour monter au Cervin, me dispensa d'engager à mon service aucun de ces coquins. Au physique, mon nouveau guide était un mélange de Chang et d'Anak; s'il ne réalisait pas complétement tous mes désirs, les voyageurs qui venaient de me le céder arrivèrent au moins à leurs fins, car j'endossai sans le savoir la responsabilité de lui payer ses journées de retour, ce qui dut soulager leur conscience aussi bien que leurs bourses.

En remontant vers le Breuil, nous demandâmes un second guide à tous ceux qui pouvaient en connaître, et tous furent unanimes à proclamer que Jean-Antoine Carrel de Val-Tournanche était le coq de la vallée. Nous nous mîmes donc à la recherche de Carrel. C'était un gaillard bien bâti, à l'air résolu, et même un peu fier, ce qui ne me déplut pas. Il consentirait à m'accompagner pour vingt francs par jour, quel que fût le résultat; tel était son prix. J'y consentis. Mais il fallait aussi engager son camarade. « Pourquoi? » Oh ! il était absolument impossible de se passer d'un second guide. A ces mots, un individu de mauvaise apparence sortit de l'ombre où il se tenait caché et se présenta comme le camarade exigé. J'élevai quelques objections; les négociations furent rompues, et nous montâmes au Breuil. Cet endroit, qui sera fréquemment nommé dans les chapitres suivants, se trouvait tout à fait en vue du pic extraordinaire dont nous allions tenter l'ascension.

Ai-je besoin de faire ici une description détaillée du Cervin, après tout ce qui a été écrit sur cette montagne célèbre? Les lecteurs de ce livre n'ignorent pas que ce pic a 4482 mètres d'altitude, qu'il se dresse presque à pic à cette hauteur par une série d'escarpements qui méritent les noms de précipices, à 1500 mètres environ au-dessus des glaciers qui entourent sa base. C'était, ne le savent-ils pas aussi? le dernier des grands pics des Alpes qui n'eût point été escaladé, moins encore pour les difficultés que son ascension pouvait offrir que pour la terreur qu'inspirait son apparence invincible. Il semblait environné d'une espèce de *cordon*, qu'on pouvait peut-être atteindre, mais non dépasser. Au delà de cette ligne invisible, l'imagination surexcitée plaçait des esprits malfaisants, — le Juif errant et les damnés. Les superstitieux habitants des vallées voisines (beaucoup d'entre eux croient fermement que cette montagne est la plus haute, non-seulement des Alpes, mais bien du monde entier) parlaient d'une cité en ruine, bâtie sur le sommet et habitée par des êtres surnaturels. Se moquait-on de leur erreur, ils secouaient gravement la tête, et vous disaient de regarder vous-même les châteaux forts et les murailles ; ils vous avertissaient de ne pas vous en approcher témérairement, de peur que les démons irrités ne se vengeassent de votre mépris en vous précipitant du haut de leurs hauteurs imprenables. Telles étaient les traditions locales. Des esprits plus robustes subissaient l'influence de la forme merveilleuse du Cervin, et des hommes qui parlaient et écrivaient généralement comme des êtres raisonnables, semblaient, quand ils étaient soumis à cette influence mystérieuse, perdre leur bon sens, divaguaient comme à plaisir, et oubliaient momentanément toutes les formes ordinaires du langage. De Saussure lui-même, d'habitude si réservé, se sentit enthousiasmé à la vue de cette montagne, et, inspiré par ce spectacle, il devança les spéculations des géologues modernes, en exprimant les opinions remarquables placées en tête de ce chapitre.

Le Cervin offre un aspect également imposant de quelque côté qu'on le contemple; il ne paraît jamais vulgaire; à ce double point de vue, il est une exception presque unique parmi les montagnes. Sans rival dans les Alpes, il n'a qu'un petit nombre de rivaux dans le monde entier.

Le pic actuel, haut de 2000 ou 2500 mètres, a plusieurs arêtes bien marquées et beaucoup d'autres moins définies[1]. La plus continue est celle du nord-est; le sommet en est l'extrémité supérieure, et le petit pic appelé le Hörnli l'extrémité inférieure. Une autre arête très-prononcée descend du sommet jusqu'à celle qu'on appelle Furgen-Grat. La pente de la montagne comprise entre ces deux arêtes en forme la face orientale. Une troisième arête, un peu moins continue que les autres, descend dans la direction du sud-ouest, et la partie de la montagne que l'on découvre du Breuil se trouve limitée entre cette troisième arête et la seconde. Cette section ne forme pas une grande face comme la face orientale; elle est interrompue par une série d'immenses précipices, tachetée de pentes de neige et sillonnée de couloirs de neige. L'autre moitié de la montagne, celle qui fait face au glacier de Z'mutt, ne saurait se contenter d'une définition aussi simple. Il y a de ce côté des précipices plus apparents que réels; des précipices absolu-

---

1. Voir la carte du Cervin et de ses glaciers.

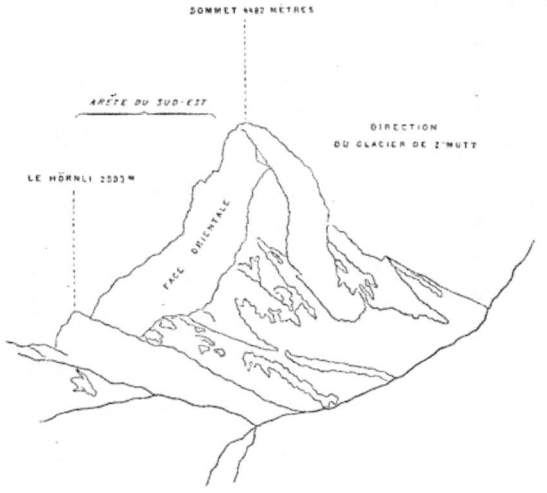

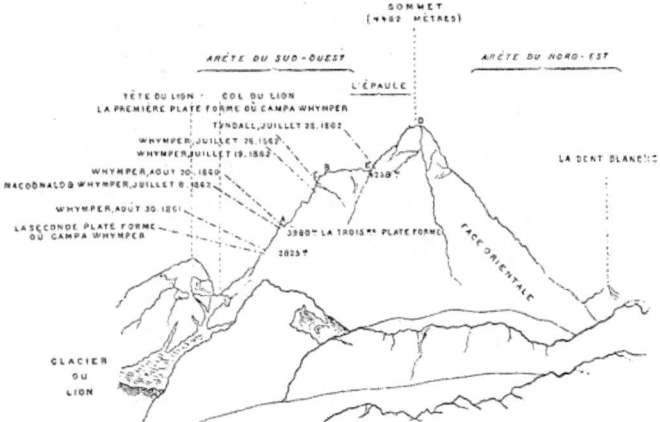

ment perpendiculaires, des précipices qui surplombent; il y a des glaciers ordinaires et des glaciers suspendus; il y a des glaciers dont les grands *séracs* s'écroulent par-dessus des rochers plus grands encore, et dont les débris, en se consolidant, forment un nouveau glacier; il y a des arêtes que la gelée a fendues, que la pluie et la neige fondue ont transformées peu à peu en tours et en aiguilles; partout on y entend les bruits d'un travail incessant, constatant que les mêmes causes qui agissent depuis l'origine du monde continuent à agir et dégradent peu à peu la puissante masse qu'elles réduiront en atomes.

La plupart des touristes voient pour la première fois le Cervin de la vallée de Zermatt ou du Val Tournanche. De la vallée de Zermatt on découvre la base de la montagne sous son aspect le plus étroit; ses faces et ses arêtes paraissent prodigieusement escarpées. Le touriste qui se fatigue à remonter la vallée cherche vainement de loin à l'horizon la belle vue qui doit le récompenser de ses peines, car le Cervin n'est visible qu'à un kilomètre et demi au nord de Zermatt. Mais tout à coup il lui apparaît au point où le sentier contourne un rocher. Qui se fût attendu à le voir où il se présente? Il faut lever la tête pour le regarder, car il semble vous dominer. Malgré cette impression, le sommet du Cervin, vu de ce point, fait avec l'œil un angle de moins de $16°$, tandis que le Dom, vu du même point, fait un angle plus large, mais n'attire pas l'attention. On doit donc n'avoir que peu de confiance dans le seul témoignage des yeux.

Du Breuil, dans le Val Tournanche, le Cervin offre un aspect aussi saisissant; cependant l'impression n'est pas d'ordinaire aussi vive, parce que le spectateur s'y habitue peu à peu soit en montant soit en descendant la vallée. Dans cette direction, la montagne paraît formée d'une série de masses pyramidales, semblables à des coins gigantesques; du côté de Zermatt au contraire, elle se fait remarquer par la vaste et uniforme étendue de ses parois à pic, et par la simplicité de ses contours. On pouvait donc naturellement supposer qu'on trouverait plus aisément un chemin pour atteindre le sommet du côté qui était entièrement bouleversé que dans toute autre direction. La face orientale, regardant Zermatt, paraissait, de la base au sommet, une falaise escarpée et polie, impossible à gravir. Les épouvantables précipices qui dominent le glacier de Z'Mutt interdisaient toute tentative de ce côté. Il ne restait donc que le côté du Val Tournanche. Aussi les premières tentatives faites pour escalader la montagne eurent-elles toujours le Breuil pour point de départ.

Ces premières tentatives, celles du moins dont j'ai entendu parler, furent faites par les guides ou plutôt par les chasseurs de Val Tournanche[1]. Partis du Breuil en 1858 et 1859, le point le plus élevé qu'ils atteignirent était à peu près à la même altitude que le passage appelé maintenant la « Cheminée, » c'est-à-dire à une hauteur de 3846 mètres. Ceux qui prirent part à ces expéditions, sur lesquelles je n'ai pu obtenir d'autres détails, étaient Jean-Antoine Carrel, Jean-Jacques Carrel, Victor Carrel, l'abbé Gorret, et Gabrielle Maquignaz.

La tentative suivante fut très-remarquable, mais aucune relation n'en a été publiée. Elle fut faite par MM. Alfred, Charles, et Sandbach Parker, de Liverpool, en juillet 1860. MM. Parker entreprirent, sans guides, d'enlever la citadelle en l'attaquant par la face orientale[2], celle-là même dont il vient d'être parlé comme d'une muraille de roches polies absolument impraticables. M. Sandbach Parker, d'après les notes qu'il m'a fournies, gravit avec ses frères l'arête située entre le Hörnli et le Cervin, jusqu'à ce qu'ils fussent arrivés au point où l'inclinaison devient beaucoup plus forte. Ce point est marqué 3298 mètres sur la carte de la Suisse par le général Dufour. MM. Parker furent alors obligés d'incliner un peu à gauche pour gravir la face même de la montagne, puis ils tournèrent à droite et s'élevèrent encore de 213 mètres, se tenant aussi près que possible du

---

1. A proprement parler, il n'y avait pas de guides à cette époque dans cette vallée, à l'exception d'un ou deux Pessions et Pelissiers.

2. La face orientale est représentée sur la grande gravure placée en regard de cette page. Elle est aussi représentée d'une manière plus accentuée sur la gravure du chap. xv.

Le Cervin (vue prise du sommet du col de Saint-Théodule).

tranchant de l'arête, mais se portant de temps à autre un peu
à gauche, — c'est-à-dire sur la face de la montagne. Partis de
Zermatt, ils y revinrent passer la nuit. Le manque de temps,
les nuages et un vent violent les forcèrent de redescendre. Le
point le plus élevé qu'ils eussent atteint était de 3650 mètres
environ.

La troisième tentative date de la fin d'août 1860; elle fut faite
par M. Vaughan Hawkins[1] du côté du Val Tournanche. M. Hawkins a publié dans *Vacation Tourists* un récit animé de son expédition[2]; le professeur Tyndall en a parlé à diverses reprises
dans les notes nombreuses dont il a enrichi la littérature Alpine. Je vais donc la résumer le plus brièvement possible.

M. Hawkins avait examiné la montagne en 1859 avec le
guide J. J. Bennen, et, dans son opinion, c'était par l'arête du
sud-ouest[3] que l'on pouvait monter au sommet. Il engagea
Jean-Jacques Carrel qui avait fait partie des premières tentatives, et, accompagné de Bennen et du professeur Tyndall qu'il
avait invité à prendre part à l'expédition, il essaya d'abord de
monter à la brèche située entre le petit pic et le grand[4].

Bennen était un guide dont on commençait à parler en Suisse.
Pendant presque toute sa trop courte carrière il resta au service
de Wellig, le maître de l'hôtel bâti sur l'Æggischhorn qui le
louait aux touristes. Bien que son expérience fût limitée, il avait
acquis une bonne réputation; son livret de certificats que j'ai
sous les yeux[5] prouve qu'il fut très-estimé par ceux auxquels
il servit de guide. C'était un homme d'un extérieur agréable, aux
manières polies et distinguées, adroit et hardi, qui aurait fini

---

1. M. Hawkins ignorait les tentatives antérieures, et il parle de la sienne comme si elle eût été la première.
2. *Macmillan*, 1861.
3. Cette arête se voit sur la gauche de la grande gravure qui accompagne ce chapitre; en étudiant cette gravure, les profils et les cartes, le lecteur pourra se former une idée très-nette des points qui furent atteints dans cette tentative et dans celles qui la suivirent.
4. Depuis lors, le pic inférieur a reçu le nom de Tête du Lion. La brèche s'appelle maintenant le col du Lion, le glacier qui est à sa base le glacier du Lion, et le couloir qui les relie le couloir du Lion.
5. Grâce à l'obligeance du propriétaire de ce livret, M. F. F. Tuckett.

par s'élever au premier rang parmi les guides, s'il eût eu plus de prudence. Il périt misérablement au printemps de 1864, à peu de distance de sa maison, sur une montagne du Valais, nommée le Haut de Cry.

J. J. Bennen (1862).

L'expédition de M. Hawkins, conduite par Bennen, escalada les rochers qui enserrent le couloir du Lion, du côté du sud, et atteignit, non sans difficultés, le col du Lion. Suivant alors l'arête du sud-ouest, elle dépassa le point où s'étaient arrêtés les derniers explorateurs (la Cheminée)[1] pour s'élever à 94 mètres plus haut. Là, M. Hawkins et J. J. Carrel s'arrêtèrent, mais Bennen et le professeur Tyndall montèrent encore de quelques mètres. Ils revinrent cependant en moins d'une demi-heure, trouvant qu'il leur restait trop peu de temps ; puis, descendus au col par le chemin qu'ils avaient suivi en y montant, ils gagnèrent le Breuil, en passant par le couloir au lieu de passer sur les rochers. Le point où s'arrêta M. Hawkins est facile à déterminer d'après cette description ; il est situé à 3960 mètres au-dessus du niveau de la mer. Bennen et Tyndall n'ont guère pu monter qu'à 15 ou 18 mètres plus haut pendant les quelques minutes que dura leur absence, car ils escaladaient une des parties les plus difficiles de la montagne. Cette expédition atteignit donc une altitude plus élevée de 105 à 121 mètres que les précédentes.

M. Hawkins ne renouvela point, que je sache, sa tentative ; celle qui suivit fut faite par MM. Parker, au mois de juillet 1861. Ils

---

1. V. le dessin du chap. v.

partirent encore de Zermatt, suivirent la route qu'ils avaient ouverte l'année précédente et dépassèrent un peu le point qu'ils avaient atteint la première fois ; mais l'approche de la nuit les força de redescendre à Zermatt, d'où le mauvais temps les chassa bientôt, et ils ne renouvelèrent plus leur tentative. D'après leurs déclarations, MM. Parker n'avaient pas monté chaque fois aussi haut qu'ils l'auraient pu. Du point où ils se trouvaient quand ils furent obligés de songer au retour, ils constatèrent que l'ascension eût été encore facile pendant une centaine de mètres, mais au delà les difficultés semblaient augmenter. Je sais du reste que ces deux expéditions eurent surtout pour but de s'assurer si l'on devait faire avec des chances de succès une tentative plus décisive du côté du nord-est.

J'arrivai au Breuil avec mon guide le 28 août 1861 et j'y appris que le professeur Tyndall y était venu un jour ou deux auparavant, mais qu'il n'avait rien entrepris. J'avais examiné le Cervin presque sous toutes ses faces, et, bien que très novice encore en pareille matière, j'avais compris qu'un jour ne pouvait suffire pour en faire l'ascension.

Je résolus donc de passer la nuit sur la montagne à la plus grande hauteur possible, et de tâcher d'atteindre le sommet le jour suivant. Nous essayâmes, mais sans succès, de persuader à un autre guide de nous accompagner. Mathias zum Taugwald et d'autres guides bien connus refusèrent nettement mes offres. Seul, un vieillard encore vert, — Pierre Taugwalder, — dit « Qu'il irait bien ! » — « Pour quel prix ? » — « Pour deux cents francs. » — « Comment, que nous fassions ou non l'ascension ? » — « Oui, pas un sou de moins. »

En somme, tous les hommes plus ou moins capables manifestaient une grande répugnance à m'accompagner, ou me répondaient par un refus positif (leur répugnance étant proportionnée à leur capacité) ou demandaient un prix dérisoire. Telle était, je le dis une fois pour toutes, la raison qui rendit inutiles tant de tentatives. Tous les bons guides se décidaient l'un après l'autre à monter sur les pentes inférieures de la montagne, mais, sourds à toutes les sollicitations, ils refusaient de tenter sérieusement l'escalade des parties supérieures ; ils saisissaient la première occasion qui s'offrait à eux d'y renoncer, car cette entreprise leur était plus qu'indifférente[1]. En réalité, ils étaient tous persuadés, excepté un seul d'entre eux dont je parlerai tout à l'heure, que le sommet du Cervin était absolument inaccessible.

Nous résolûmes de partir seuls ; mais, prévoyant que nous aurions froid à notre bivouac, je priai l'hôtelier de me prêter deux couvertures. Il me les refusa, alléguant cette curieuse raison que nous avions acheté une bouteille d'eau-de-vie à Val-Tournanche, et que nous ne lui en avions pas acheté, à lui ! Pas d'eau-de-vie, pas de couvertures ! telle était sans doute sa règle de conduite. Du reste, nous n'en eûmes pas besoin cette nuit-là, car nous la passâmes dans les chalets les plus élevés de la vallée, c'est-à-dire à une heure de marche de l'hôtel. Les chaletiers, rarement visités par les touristes, étaient de braves gens. Ils nous accueillirent avec joie, nous installèrent de leur mieux, partagèrent avec nous leurs modestes provisions de bouche, et, quand nous fûmes tous assis autour de la grande marmite de cuivre suspendue sur le feu, ils nous avertirent d'une voix rude, mais bienveillante, de nous méfier des précipices hantés par les esprits. A la tombée de la nuit, nous aperçûmes près des chalets Jean-Antoine Carrel et son camarade qui y montaient. « Oh ! oh ! leur criai-je, vous vous êtes ravisés ? » — « Du tout, vous vous trompez, » répondirent-ils. — « Alors, pourquoi êtes-vous venus ici ? » — « Parce que, nous aussi, nous allons demain sur la montagne. » — « Alors il n'est donc pas nécessaire d'être plus de trois ? » — « Pas pour *nous*. » J'admirai leur ruse, et j'eus grande envie de les engager tous les deux ; mais, après réflexion, je n'en fis rien. Le *camarade* était J. J. Carrel, proche parent d'Antoine, qui avait accompagné M. Hawkins.

Tous deux étaient de hardis montagnards ; mais Jean-Antoine,

1. Il faut en excepter le guide Bennen.

bien supérieur sans comparaison à Jean-Jacques, était le plus beau grimpeur de rochers que j'aie jamais vu. Seul de tous les guides, il crut obstinément au succès définitif, et, malgré les échecs successifs qui semblaient lui donner tort, il persista à soutenir que le Cervin pouvait être escaladé, et qu'il le serait un jour du côté de sa vallée natale.

Le repos de la nuit ne fut troublé que par les puces, dont une troupe folâtre exécuta un fandango animé sur ma joue, au son de la musique qu'une de leurs virtuoses fit sur mon oreille avec quelques brins de foin. Les deux Carrels se glissèrent sans bruit hors du chalet avant l'aube. Quant à nous, nous ne partîmes guère qu'à sept heures, laissant notre petit bagage au chalet, et nous les suivîmes sans nous presser. Nous gravîmes lentement les pentes parsemées de gentiane qui s'étendent entre le chalet et le glacier du Lion; nous eûmes bientôt dépassé les vaches et leurs pâturages; puis nous traversâmes des éboulis de pierres pour arriver au glacier. Grâce à d'anciennes couches de neige durcie qui s'étendaient sur sa rive droite (à notre gauche), et sur lesquelles nous montâmes, nous en atteignîmes sans peine la partie inférieure. Mais, à mesure que nous nous élevions, le nombre des crevasses augmenta, et nous fûmes à la fin arrêtés par quelques crevasses trop larges pour être franchies à l'aide des moyens dont nous disposions. Nous cherchâmes donc une route plus facile, et nous inclinâmes naturellement vers les rochers inférieurs de la Tête du Lion dominant le glacier vers l'ouest. Donnant quelques bons coups de collier, nous nous élevâmes en peu de temps sur la crête de l'arête qui descend vers le sud. Un long escalier naturel, qui n'exigeait pas l'usage des mains, montait de là au col du Lion; nous l'appelâmes le *Grand escalier*. Il nous fallut alors contourner les roches escarpées de la Tête du Lion, au-dessus du couloir. Ce passage change beaucoup suivant les années; en 1861, il était très-difficile, car le temps avait été tellement beau pendant cette année que les masses de neige qui s'y entassent d'ordinaire étaient considérablement fondues, et les rochers restés à découvert au-dessus du niveau de la neige ne nous offraient qu'un petit nombre de fissures ou d'aspérités auxquelles nous puissions nous cramponner. Cependant, à dix heures et demie, nous étions parvenus au col, et nos regards plongeaient au-dessous de nous sur le magnifique bassin d'où découle le glacier de Z'Mutt. Il fut aussitôt décidé que nous passerions la nuit sur le col, car ses avantages nous charmèrent, bien qu'il ne faille pas y prendre trop de libertés. D'un côté, une muraille de rochers à pic surplombait le glacier de Tiefenmatten; de l'autre, des pentes de neige durcie, escarpées et polies, descendaient au glacier du Lion, sillonnées par de petits ruisseaux et par des avalanches de pierres; au nord, se dressait le grand pic du Cervin[1]; au sud, nous étions dominés par les parois abruptes de la Tête du Lion. Si l'on jette une bouteille sur le glacier de Tiefenmatten, on n'entend le bruit de sa chute que dans une douzaine de secondes. Cependant aucun danger ne pouvait nous menacer de ce côté ni du côté opposé; nous n'avions probablement rien à craindre non plus de la Tête du Lion, car plusieurs saillies de rochers protégeaient en la surplombant la place où nous nous proposions de nous installer pour la nuit. Nous nous reposâmes pendant quelque temps, nous réchauffant au soleil, surveillant et écoutant les Carrels que nous voyions ou que nous entendions par moments bien au-dessus de nous, sur l'arête qui conduit au sommet. A midi, nous redescendîmes au chalet pour y prendre la tente et d'autres objets, et, quoique lourdement chargés, nous étions avant six heures de retour au col. Cette tente avait été établie sur un mauvais modèle fourni par M. Francis Galton. Elle paraissait très-jolie à Londres quand elle était dressée, mais, dans les Alpes, elle n'était d'aucun usage. Fabriquée avec une toile légère, elle s'ouvrait comme un livre. Un des bouts ne devait jamais s'ouvrir, l'autre était fermé par des rideaux de toile; deux bâtons ferrés (alpenstocks) la supportaient, et les deux côtés étaient assez longs pour pouvoir se retourner en dessous. Des

---

1. La gravure est faite d'après une esquisse prise des rochers du Cervin, juste au-dessus du col.

cordes nombreuses avaient été cousues aux bords inférieurs, afin d'y attacher des pierres ; mais sa solidité dépendait surtout d'une corde qui passait au-dessous du faîte à travers des anneaux de fer vissés à l'extrémité supérieure des alpenstocks, et dont les deux bouts étaient attachés à de fortes chevilles. Le

Le col du Lion.

vent assez violent qui jouait autour des rochers environnants s'engouffra dans notre brèche comme s'il fût sorti d'un énorme soufflet ; les portes de la tente voltigeaient dans tous les sens, les chevilles étaient sans cesse arrachées, et la tente paraissait éprouver un si vif désir de s'envoler au sommet de la Dent Blanche que nous crûmes plus prudent de la plier et de nous asseoir dessus. La nuit venue, nous nous en servîmes comme d'une couverture, et nous rendîmes notre installation aussi confortable que les circonstances voulurent bien le permettre. Le silence était si profond qu'il causait une grande impression. Aucun être vivant ne se trouvait auprès de notre bivouac solitaire. Les Carrels étaient revenus sur leurs pas et nous ne pouvions plus les entendre; les avalanches de pierres avaient cessé de tomber, et l'eau de couler même goutte à goutte. Le froid était très-vif; l'eau gelait dans une bouteille placée sous ma tête. Quoi d'étonnant? nous étions couchés sur la neige, dans un endroit exposé à tous les vents. Cependant nous nous assoupîmes pendant quelque temps, mais vers minuit une explosion épouvantable se fit entendre à une grande hauteur au-dessus de notre campement. Une seconde de calme terrible la suivit. Une énorme masse de rochers détachée de la montagne descendait vers nous. Mon guide se leva en sursaut et s'écria les mains jointes : « O mon Dieu! nous sommes perdus! » Nous entendions les blocs de cette avalanche tomber l'un après l'autre par-dessus les précipices, bondissant et rebondissant de terrasse en terrasse; les plus rapprochés s'entrechoquaient avec un fracas étourdissant dans leur chute. Ils semblaient être tout près de nous, bien qu'ils en fussent probablement éloignés; mais quelques petits fragments qui au même moment glissèrent sur nous des saillies situées au-dessus de notre tête augmentèrent nos alarmes, et mon compagnon, démoralisé, passa le reste de la nuit à trembler et à marmotter des exclamations, parmi lesquelles revenaient souvent le mot « terrible » et d'autres adjectifs.

Dès l'aube nous étions en marche pour commencer l'ascension de l'arête du sud-ouest. Il ne s'agissait plus de flâner les mains dans les poches; il nous fallait conquérir chaque pas en avant en grimpant à pic; mais c'était le mode d'escalade le plus agréable; les rochers très-solides n'étaient pas encombrés de débris, les fissures étaient nettes, quoique peu nombreuses, et il n'y avait rien à craindre que de soi-même. Telle fut au moins notre opinion, et nous nous mîmes à crier pour éveiller les échos de la montagne. Ah! aucune réponse! Pas encore? mais attendez un peu, tout se passe ici sur une grande échelle; comptez jusqu'à douze, et les parois de la Dent d'Hérens, éloignée de plusieurs kilomètres, vous renverront des paroles, des sons d'une irréprochable pureté, doux et mélodieux. Arrêtons-nous un instant pour contempler la vue! Nous dominons la Tête du Lion et aucun obstacle n'arrête nos regards de ce côté, excepté la Dent d'Hérens dont le sommet est encore à plus de 300 mètres au-dessus de nous; nous embrassons d'un coup d'œil les Alpes Grecques — un océan de montagnes — d'où émergent leurs trois grands pics : le Grivola, le Grand Paradis et la Tour de Saint-Pierre. Comme à cette heure matinale leurs formes pourtant si aiguës offrent de doux contours! Les brouillards du milieu du jour n'ont pas commencé à s'élever; aucun objet n'est voilé par aucune vapeur; le cône pointu du Viso lui-même se dessine parfaitement net à l'horizon, bien qu'il soit éloigné de plus de cinquante kilomètres.

Tournez-vous vers l'est, et suivez les rayons obliques du soleil levant, pendant qu'ils s'avancent rapidement sur les champs de neige du Mont-Rose. Regardez les parties qui restent encore dans l'ombre, mais qui rayonnent elles-mêmes d'une lumière réfléchie, et brillent d'un éclat tel que l'homme ne saurait le dépeindre. Regardez : voyez comment, là aussi, les plus faibles ondulations produisent des ombres dans les ombres, et comment partout où des pierres ou des fragments de glace ont laissé leur trace en tombant sur le glacier, les ombres qui se projettent sur les ombres ont un côté sombre et un côté clair avec des gradations infinies d'une incomparable délicatesse. Remarquez ensuite comme la lumière du soleil, qui s'étend incessamment, fait surgir de l'obscurité une foule de contours imprévus : révélant des crevasses cachées par de légères ondulations, et des vagues de neige; produisant à chaque instant de nouveaux jeux d'ombre et de lumière, étincelant sur les arêtes, scintillant sur les extrémités des aiguilles de glace, brillant sur les hauteurs, illuminant les profondeurs jusqu'à ce que tout ce que le regard embrasse resplendisse d'un tel éclat que l'œil ébloui soit forcé de se reposer en contemplant quelque masse de rochers noirâtres.

Une heure s'était à peine écoulée depuis que nous avions quitté le col quand nous arrivâmes près de la « Cheminée. » Elle ne ressemblait en rien ce jour-là au passage que j'ai décrit à la page 5. C'était une grande roche plate et polie, resserrée entre deux autres roches non moins plates et non moins polies, avec lesquelles elle formait un angle considérable[1]. Mon guide essaya de l'escalader, mais, quand il eut tordu sa longue personne dans une foule de postures grotesques, il s'écria qu'il ne voulait pas l'entreprendre parce qu'il était sûr de n'y pas réussir. Lorsque je fus monté jusqu'au sommet, sans aucun secours, il s'attacha au bout de notre corde et je m'efforçai de le hisser. Mais il était si maladroit qu'il ne s'aidait en rien, et si lourd que je ne pouvais le soulever; après plusieurs essais inutiles, il se détacha lui-même et me déclara tranquillement qu'il allait s'en retourner. Je le traitai de poltron et il se permit à son tour d'exprimer son opinion sur moi. Je lui ordonnai de retourner au Breuil et d'y raconter qu'il avait abandonné son *monsieur* sur la montagne; mais, comme il fit mine de partir, je me vis obligé de lui adresser mes humbles excuses, et de le prier de ne pas m'abandonner. En effet, si l'escalade de la Cheminée, peu difficile d'ailleurs, n'offrait aucun danger, avec un guide placé au-dessous, il n'en était pas de même de la descente, car le bord inférieur du rocher surplombait d'une manière inquiétante.

Le jour était superbe; le soleil versait à flots une chaleur bienfaisante; le vent était tombé; le chemin paraissait tout tracé; aucun obstacle insurmontable ne s'offrait à ma vue : mais que pouvais-je faire seul? Je restais juché au sommet du passage, vivement contrarié de ce contre-temps imprévu, et je demeurai quelque temps irrésolu; mais, comme je m'aperçus que cette Cheminée était ramonée plus fréquemment qu'il n'était

---

1. Selon la description de M. Hawkins, ce passage lui offrit les plus grandes difficultés; à la vérité, il le trouva couvert de glace, et nous l'en trouvâmes complétement débarrassé.

CHAPITRE IV.

nécessaire (c'était un couloir naturel pour les avalanches de pierres), je me décidai au retour; je descendis à l'aide de mon guide, et nous revînmes au Breuil vers midi.

Les Carrels ne se montrèrent pas. A en croire les autres guides, ils n'étaient pas montés très-haut [1], et le « camarade » qui, pour être plus à l'aise, avait ôté ses souliers et les avait attachés autour de sa ceinture, en avait laissé glisser un; il avait dû redescendre avec un morceau de corde tourné autour de son pied nu. Malgré cela, il avait résolûment glissé par le couloir du Lion, J. J. Carrel ayant attaché son mouchoir autour de son pied déchaussé.

Le Cervin ne fut pas attaqué de nouveau en 1861, et je quittai le Breuil convaincu qu'un touriste avait grand tort d'en tenter seul l'escalade, si grande était l'influence qu'il exerçait sur l'esprit des guides. Dans mon opinion bien arrêtée, il fallait être au moins deux, afin de se seconder mutuellement quand les circonstances l'exigeraient. Je passai avec mon guide [2] le col Saint-Théodule, plus désireux que jamais de faire l'ascension du Cervin, et déterminé à revenir avec un compagnon, s'il était possible, pour l'assiéger jusqu'à ce que l'un de nous deux fût vaincu.

---

1. J'ai appris plus tard de Jean-Antoine Carrel qu'ils atteignirent une hauteur beaucoup plus considérable que dans leurs tentatives précédentes, c'est-à-dire, qu'ils montèrent à 75 ou 90 mètres plus haut que M. Tyndall, en 1860. En 1862, je vis les initiales de J. A. Carrel, gravées sur le roc à la place d'où il avait été forcé de redescendre avec son camarade.

2. Cet homme, plein de bonne volonté, savait se rendre utile dans des conditions moins difficiles, car il m'accompagna spontanément à une distance considérable en s'écartant de son chemin, sans vouloir accepter ni salaire ni récompense.

Au Breuil (Giomen).

CHAPITRE V.

ENCORE LE CERVIN. — NOUVELLES TENTATIVES D'ASCENSION.

L'année 1862 était bien jeune encore et le Cervin, couvert de son manteau glacé, ne ressemblait guère au Cervin de l'été, quand un nouvel assaut lui fut livré dans une autre direction. M. T. S. Kennedy, de Leeds, conçut un jour l'idée singulière que cette montagne devait être moins impraticable au mois de janvier qu'au mois de juin, et, l'année à peine commencée, il arriva à Zermatt pour mettre son idée à exécution. Accompagné de l'intrépide Pierre Perrn et du robuste Pierre Taugwalder, il alla passer la nuit dans la petite chapelle du Schwarzsee, et, le lendemain matin, il suivit, comme MM. Parker, l'arête située entre le pic nommé le Hörnli et le Cervin. Mais il ne tarda pas à constater qu'en hiver la neige obéissait aux lois ordinaires, et que le vent et le froid n'étaient pas moins rigoureux que l'été. « Non content, dit-il, de nous souffler au visage d'épais flocons de neige et de véritables aiguilles de glace, le vent faisait voler autour de nous des plaques de glace de 30 centimètres de diamètre qu'il avait enlevées en passant au glacier inférieur. Cependant aucun de nous ne semblait vouloir lâcher pied le premier, quand une rafale plus violente que les précédentes nous força de nous abriter pendant quelque temps derrière un rocher. A dater de ce moment, il fut tacitement convenu que notre expédition n'irait pas plus loin, mais nous résolûmes en même temps de laisser aux touristes futurs quelque souvenir de notre visite, et, après être descendus à une distance considérable, nous trouvâmes une place convenable, avec des pierres détachées, pour y construire un *cairn*. En une demi-heure, nous érigeâmes une pyramide haute de 2 mètres. Une bouteille, contenant la date de notre tentative, fut placée à l'intérieur, et nous battîmes en retraite le plus promptement possible [1]. » Ce *cairn* avait été élevé au point marqué 3298 mètres sur la carte de la Suisse par le général Dufour, et il n'était guère que de 60 à 80 mètres au-dessous de l'altitude qu'avait atteinte M. Kennedy.

Peu de temps après, le professeur Tyndall expliqua, dans son petit livre intitulé *Mountaineering en* 1861, pourquoi il avait quitté le Breuil au mois d'août 1861 sans rien tenter. Il avait, à ce qu'il paraît, envoyé Bennen reconnaître le terrain, et à son retour son guide lui avait fait le rapport suivant : « Monsieur, j'ai examiné la montagne avec soin et je l'ai trouvée plus difficile et plus dangereuse que je ne l'avais pensé. Il n'y a aucune place où nous puissions passer convenablement la nuit. Peut-être pourrions-nous camper sur ce col couvert de neige, mais nous y serions presque complétement gelés et, en tout cas, tout à fait incapables de tenter l'ascension le lendemain. Les rochers ne nous offrent aucune saillie ni aucune crevasse qui puisse nous donner un abri suffisant; et en partant du Breuil il est certainement impossible d'atteindre le même jour le sommet de la montagne. » Je fus tout à fait désappointé par ce rapport, dit Tyndall.... J'éprouvai l'émotion d'un homme

---

1. *Alpine Journal* 1863, p. 82.

qui lâche prise et qui se sent tomber dans le vide.... Évidemment Bennen était bien décidé à ne pas tenter l'ascension. « Nous pourrions, dans tous les cas, atteindre le moins élevé des deux sommets, » lui observai-je. — « Cela même est difficile, me répondit-il; et, quand vous l'auriez atteint, qu'en résulterait-il? Ce pic n'a ni nom, ni réputation[1]. »

Ce rapport de Bennen me surprit plus qu'il ne me découragea. Je savais par ma propre expérience que la moitié de ses assertions étaient inexactes. Le col auquel il faisait allusion était le col du Lion, sur lequel nous avions passé une nuit moins d'une semaine après son affirmation si absolue, et de plus, j'avais vu un endroit situé à peu de distance au-dessous de la « Cheminée » et à 150 mètres au-dessus du col, où il paraissait possible de construire un abri pour y bivouaquer. Les idées de Bennen semblaient avoir subi un changement complet. En 1860, il s'était montré plein d'enthousiasme pour une tentative d'ascension, mais, en 1861, il s'y était complétement opposé. Mon ami, M. Reginald Macdonald, notre compagnon dans notre expédition au Pelvoux, à qui nous avions dû une si grande partie de notre succès, ne se laissa pas décourager par ces variations d'opinion; il résolut de tenter avec moi un nouvel assaut du côté du sud. N'ayant pu nous assurer le concours de Melchior Anderegg et de quelques autres guides renommés, nous engageâmes deux hommes déjà connus, Jean Zum Taugwald et Jean Kronig, de Zermatt. Nous nous réunîmes à Zermatt au commencement de juillet, mais le temps était si orageux qu'il nous empêcha de passer de l'autre côté de la chaîne. Nous franchîmes toutefois le col Saint-Théodule le 5, dans de mauvaises conditions. Il pleuvait dans les vallées et il neigeait sur les montagnes. Peu d'instants avant d'atteindre le sommet,

1. *Mountaineering in* 1861, p. 86-7. Tyndall et Bennen se trompaient en supposant que la montagne a deux sommets; elle n'en a qu'un. Ils furent sans doute induits en erreur par l'aspect qu'offre la partie de l'arête sud-ouest qu'on appelle l'*Épaule*, quand on la découvre du Breuil. Vue de cet endroit, en raccourci, son extrémité méridionale ressemble certainement à un pic; mais l'erreur est facile à reconnaître si on la regarde du col Saint-Théodule ou de tout autre point dans la même direction.

nous fûmes désagréablement surpris d'entendre un bruit mystérieux et précipité qui ressemblait tantôt à celui que fait la neige quand elle est balayée par une soudaine rafale de vent, tantôt au claquement d'un long fouet : cependant la neige et l'air étaient parfaitement calmes. Les nuages orageux, épais et noirs, qui nous dominaient, nous donnèrent un instant à craindre que nos corps ne servissent de conducteurs à l'électricité, aussi fûmes-nous enchantés de trouver un abri dans l'auberge du Breuil, sans avoir été soumis à aucune expérience de ce genre[1].

Nous avions besoin d'un porteur. D'après l'avis de notre hôtelier, nous descendîmes au Breuil à la recherche d'un certain Luc Meynet. Sa maison, d'un aspect misérable, était encombrée des ustensiles nécessaires à la fabrication du fromage, et nous n'y trouvâmes que quelques enfants aux yeux brillants. Comme ils nous dirent que l'oncle Luc allait bientôt rentrer, nous l'attendîmes devant la porte du petit chalet. A la fin, nous aperçûmes un point noir qui tournait le coin d'un bouquet de pins, au-dessous du Breuil ; les enfants battirent des mains, abandonnèrent leurs jouets, et coururent de toute la vitesse de leurs petites jambes au-devant de leur oncle. Nous vîmes alors un petit homme gauche et disgracieux se baisser, prendre les enfants dans ses bras, les embrasser sur les deux joues et les mettre ensuite dans les paniers vides de son mulet ; puis nous l'entendîmes chantonner en venant à nous comme si ce monde était un lieu de délices. Cependant, à voir la figure du petit Luc Meynet, le bossu du Breuil, on sentait qu'il avait souvent souffert, et sa voix eut un accent de profonde tristesse quand il me dit qu'il avait dû prendre à sa charge les enfants de son

[1]. Forbes se trouva dans une situation analogue quand il traversa le même passage, en 1842. Il décrit le même bruit comme une espèce de claquement et de sifflement. Voyez ses *Travels in the Alps of Savoy*, seconde édit., p. 323. M. R. Spence Watson fit la même expérience sur la partie supérieure du glacier d'Aletsch, au mois de juillet 1863 ; il parle de sons semblables à un sifflement ou à un chant. Voyez *the Athenæum*, 12 septembre 1863. Ces deux touristes paraissent avoir été fortement électrisés. Forbes dit que ses doigts « rendaient une espèce de sifflement ; » et Watson raconte que « ses cheveux se hérissaient d'une façon très-gênante, mais fort drôle, » et que « le voile placé sur le chapeau d'un de ses compagnons se tenait tout droit en l'air ! »

frère. Toutes les difficultés furent enfin aplanies, et il convint de se joindre à nous pour porter notre tente.

L'hiver précédent j'avais étudié sérieusement la question des tentes, et celle que nous avions apportée était le résultat de mes expériences. J'avais essayé d'en fabriquer une qui fût assez portative pour pouvoir être transportée dans les passages les plus difficiles, et qui réunît la légèreté à la solidité. Sa base avait juste 1 mètre 80 centimètres carrés, et une section transversale perpendiculaire à sa longueur formait un triangle équilatéral dont les côtés avaient également 1 mètre 80 centimètres de longueur. Quatre personnes pouvaient s'y abriter.

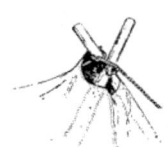

Elle était supportée par quatre bâtons en bois de frêne, d'une longueur de 2 mètres et d'une épaisseur d'environ 3 centimètres, dont la pointe solidement ferrée avait 2 centimètres et demi.

Cette tente se dressait ainsi : les bâtons étaient percés, à environ 12 centimètres de leur extrémité, de trous destinés à recevoir deux boulons en fer forgé, d'une longueur de 7 centimètres et d'une épaisseur de 60 millimètres. Ces boulons vissés, les deux bâtons étaient solidement attachés avec une corde à la distance nécessaire. On posait alors la couverture fabriquée avec ce coton grossier et écru appelé *forfar*, dont la largeur est de 1 mètre 80 centimètres, et qu'on laissait traîner de 60 centimètres sur le sol, de chaque côté. La tente avait en longueur la largeur de l'étoffe, ce qui évitait les coutures au sommet. La toile était cousue autour de chaque bâton, et l'on avait le plus grand soin de ne pas faire de plis et de tenir le tout parfaitement tendu.

Le plancher était alors placé dans l'intérieur et cousu à la partie inférieure de la toile. Ce plancher était en tartan mackintosh ordinaire, d'environ 2 mètres 75 centimètres carrés ; les 90 centimètres qui ne couvraient pas le sol, étaient relevés sur les côtés de manière à éviter les infiltrations. On peut à la rigueur mettre 60 centimètres de ce surplus d'un côté et 30 centimètres de l'autre, cette dernière largeur étant suffisante pour le côté où se trouvent les pieds. Une des extrémités de la tente était constamment fermée par un morceau de toile triangulaire, cousu par son extrémité inférieure à celui qui était déjà fixé. L'autre extrémité, destinée à l'entrée, se fermait avec deux morceaux de toile triangulaires, qui retombaient l'un sur l'autre et qu'on attachait à l'intérieur par des galons de fil. Enfin la toile était clouée dans le bas aux bâtons pour empê-

Tente alpestre.

cher la tente de se déformer. La corde qui servait à la montée était utilisée pour la tente; passée au-dessus des bâtons croisés, elle contribuait à soutenir le toit, et ses deux extrémités, en avant et en arrière, étaient facilement assurées à des quartiers de rocher.

Cette tente coûte à peu près quatre guinées (une centaine de francs) et ne pèse guère que 8 kilogrammes 300 grammes, elle ne dépasse même pas 7 kilos et demi, si l'on emploie la toile la plus légère.

Roulée et emballée, elle offrait l'aspect qu'elle présente dans le portrait de Meynet au chapitre XV; deux personnes pouvaient aisément la dérouler et la dresser en trois minutes, point essentiel quand le temps est mauvais [1].

Cette tente est surtout propre aux campements dans les altitudes élevées ou dans les climats froids. Si elle n'est pas, telle que je viens de la décrire, complétement imperméable, on peut lui donner cette propriété en la couvrant avec du *mackintosh*, ce qui n'augmente guère le poids que d'un kilogramme, et ce qui la rendrait propre à tous les usages. Je le ferai en outre remarquer, elle ressemble sous tous les rapports essentiels à celle que sir Léopold M'Clintock a perfectionnée après une longue expérience pour les entreprises arctiques; l'emploi fréquent qu'en ont fait un grand nombre de personnes dans des conditions très-variées a démontré qu'elle est d'un usage aussi commode que pratique [2].

Le dimanche 6 juillet fut une journée pluvieuse, et il tomba de la neige sur le Cervin; cependant je me mis en route le 7 au matin avec nos trois hommes, et nous suivîmes ma route de l'année précédente. On me pria de marcher en tête de la colonne, puisque j'étais le seul qui eût déjà essayé de gravir la montagne; mais je me distinguai peu en cette occasion, car je conduisis mes compagnons presque au sommet du petit pic avant d'avoir reconnu mon erreur. Ma petite troupe étant prête à s'insurger, une exploration eut lieu vers la droite, et il fut constaté

---

1. J'ai décrit cette tente en détail parce qu'on s'est très-souvent adressé à moi pour me demander des renseignements. Je dois donc recommander très-fortement à toute personne qui désirera en avoir une, pour s'en servir souvent et longtemps, de la faire fabriquer sous ses yeux et d'éprouver avec un soin tout particulier la solidité des bâtons. L'expérience me l'a démontré, les bâtons qui pourront supporter (soutenus par leurs extrémités) un poids mort de 37 kilogrammes, suspendu à leur centre, résisteront à tous les vents auxquels ils seront exposés. Le bois du frêne est peut-être le meilleur que l'on puisse choisir.

2. Ce modèle a été employé, entre autres, par M. Freshfield, Moore et Tucker, dans le Caucase; par le Rév. W. H. Hawker, en Corse; et par moi-même dans le Groënland.

que nous avions escaladé sans le savoir les rochers escarpés qui dominent le col du Lion. La partie supérieure du petit pic ne ressemble en rien à la partie inférieure; les rochers, beaucoup moins solides, y sont ordinairement couverts de neige ou de plaques de neige et, çà et là, de verglas; leur inclinaison est aussi plus forte. En descendant une petite pente de neige, pour reprendre la bonne voie, Kronig glissa sur une bande de glace et descendit avec une vitesse effrayante. Heureusement il parvint à se maintenir sur ses pieds, et, faisant un violent effort, il put s'arrêter en deçà de quelques rochers qui se dressaient au-dessus de la neige et contre lesquels il se serait infailliblement brisé. Quand nous le rejoignîmes peu de minutes après, nous le trouvâmes hors d'état de marcher et même de se tenir debout; il tremblait violemment; sa figure avait la pâleur d'un cadavre. Il resta dans cet état pendant plus d'une heure; aussi la journée était-elle très-avancée lorsque nous arrivâmes à notre campement sur le col. Profitant de l'expérience de l'année précédente, nous ne dressâmes pas la tente sur la neige, mais je fis ramasser une grande quantité de débris tombés des rochers voisins, et, après avoir construit une espèce de plate-forme, à l'aide des plus grosses pierres, nous la nivelâmes avec les plus petites et avec de la boue.

Meynet s'était montré un inappréciable porteur de tente; car, malgré la forme plus pittoresque que symétrique de ses jambes, et bien qu'il parût construit de fragments dissemblables, il savait tirer parti de ses difformités elles-mêmes; il avait, nous le découvrîmes bientôt, un esprit d'un ordre relevé, et nous eussions trouvé parmi les paysans de la vallée peu de compagnons plus agréables ou meilleurs grimpeurs que le petit Luc Meynet, le porteur bossu du Breuil. Il réclama humblement les œufs suspects et les morceaux de viande cartilagineux dédaignés par le guides; et il parut considérer comme une faveur particulière, sinon comme un régal délicieux, qu'on lui permît de boire le marc du café. Ce fut avec une sorte de ravissement qu'il prit la plus mauvaise place à la porte de la tente et qu'il exécuta toute la besogne malpropre dont les guides le chargèrent ; il se montrait toujours aussi reconnaissant que le chien habitué à être battu, quand son maître lui fait une caresse.

Un vent violent s'éleva tout à coup du côté de l'est pendant la nuit, et le matin nous fûmes menacés d'un véritable ouragan. La tente se comporta magnifiquement et nous y restâmes abrités pendant plusieurs heures après le lever du soleil, ne sachant trop ce qu'il y avait de mieux à faire. Une accalmie nous décida à nous mettre en route, mais nous avions à peine monté de 30 mètres que la tempête nous assaillit avec une furie plus violente encore. Impossible d'avancer ni de reculer : tous les débris étaient balayés sur l'arête où nous nous trouvions et nous dûmes nous cramponner de toutes nos forces aux rochers en voyant des pierres grosses comme le poing emportées horizontalement dans l'espace. Nous n'osions pas tenter de nous tenir debout et nous restions tous quatre immobiles, collés pour ainsi dire aux rochers. Le froid était intense, car la rafale avait passé tout le long de la chaîne principale des Alpes Pennines et traversé tous les immenses champs de neige que domine le Mont-Rose. Notre courage s'évapora aussi rapidement que notre calorique, et, au premier moment de calme, nous battîmes en retraite sous la tente, obligés même de faire halte plusieurs fois pendant ce court trajet. Taugwald et Kronig, déclarant alors qu'ils en avaient assez, refusèrent obstinément d'avoir aucun rapport avec la montagne. Meynet aussi nous informa que la fabrication de ses fromages rendait pour le lendemain sa présence nécessaire dans la vallée. Il devint donc urgent de retourner au Breuil, et nous y arrivâmes à 2 heures 30 minutes de l'après-midi, extrêmement désolés de notre défaite ; elle était en effet complète.

Jean-Antoine Carrel, attiré par les bruits qui couraient dans la vallée, était monté jusqu'à l'auberge pendant notre absence, et, après quelques négociations, il consentit à nous accompagner au premier beau jour, avec un de ses amis nommé Pession.

Nous nous réjouîmes de ce résultat, car bien évidemment Carrel considérait la montagne comme une sorte de propriété réservée, et par conséquent notre dernière expédition était à ses yeux un acte de braconnage[1]. Le vent tomba pendant la nuit et nous repartîmes, à huit heures du matin, par un temps irréprochable, avec nos deux guides et un porteur. Carrel nous fit l'agréable proposition d'aller camper beaucoup plus haut que la veille; aussi continuâmes-nous à monter sans nous reposer au col jusqu'à ce que nous eussions atteint le sommet de la Tête-du-Lion. Y ayant découvert un endroit abrité, près de la Cheminée, un peu au-dessous du sommet de l'arête, sur son versant oriental, nous parvînmes à y construire une plate-forme d'une grandeur suffisante et d'une solidité remarquable, sous la direction de notre guide, qui était maçon de profession. Elle se trouvait à une hauteur d'environ 3825 mètres d'altitude, et je crois qu'elle existe encore à présent[2].

La journée était si belle que nous continuâmes à monter, et, après avoir grimpé pendant une petite heure, nous atteignîmes le pied de la Grande-Tour, c'est-à-dire le point le plus élevé où était parvenu M. Hawkins, puis nous regagnâmes notre bivouac.

Nous nous remîmes en marche le lendemain matin à quatre heures, et, à cinq heures quinze minutes, par un temps superbe et avec le baromètre à 28°, Carrel escaladait la Cheminée; Macdonald et moi le suivîmes, Pession monta le dernier, mais, quand il se trouva au sommet, il se sentit, dit-il, très-malade, et, se déclarant absolument incapable d'aller plus loin, il nous signifia qu'il voulait redescendre. Nous attendîmes quelque temps, mais il ne se remit pas, et nous ne pûmes deviner la nature de son mal. Carrel refusa nettement de continuer l'ascension seul avec nous. Nous étions donc abandonnés par nos

---

1. Les habitants du Val Tournanche manifestent maintenant de meilleurs sentiments à l'égard des étrangers. En 1862, leur jalousie contre leurs voisins de la Suisse était quelquefois extrêmement amusante, quoique embarrassante.
2. Les hauteurs indiquées sur le dessin du Cervin qui accompagne le chap. IV, sur la section géologique de cette montagne placée dans l'Appendice, et celles qui sont données dans le courant du livre, ont été relevées, à l'aide du baromètre à mercure, par M. F. Giordano, en 1866 et en 1868. Je me suis hasardé à les contredire, seulement à l'égard de la seconde plate-forme de la tente, à laquelle j'ai donné une altitude moindre que celle qu'il lui attribue.

guides. Macdonald, toujours le plus calme parmi les plus calmes, me proposa d'essayer ce que nous pourrions faire sans eux; mais notre bon sens l'emporta, et, finalement, nous retournâmes tous ensemble au Breuil. Le lendemain, mon ami partit pour Londres.

J'avais donc essayé trois fois d'escalader le Cervin, et trois fois j'avais ignominieusement échoué. Je n'avais pas dépassé d'un mètre l'altitude atteinte par mes prédécesseurs. Nulle difficulté extraordinaire ne se rencontrait jusqu'à la hauteur d'environ 3950 mètres; jusque-là, la montée pouvait même être considérée comme « un jeu ». Il ne restait donc à gravir que 550 mètres environ; mais cet espace, qui n'avait pas encore été parcouru par un pied humain, pouvait offrir les plus formidables obstacles. Aucun montagnard, si hardi et si habile qu'il fût, ne pouvait songer à le gravir tout seul. Un simple fragment de rocher haut de deux mètres pouvait à chaque instant, s'il était perpendiculaire, faire échouer sa tentative. Un pareil passage était à la rigueur praticable pour deux hommes; pour trois, c'était une *bagatelle*. Toute expédition raisonnable devait donc se composer de trois hommes au moins. Mais où trouver les deux autres? Carrel était le seul qui montrât quelque enthousiasme pour une telle entreprise, et, en 1861, il avait absolument refusé de m'accompagner, à moins que l'expédition ne fût composée de quatre personnes. L'obstacle véritable venait donc du manque d'hommes et non de la montagne même.

Le temps s'étant gâté de nouveau, j'allai à Zermatt, dans l'espoir d'y dénicher un guide, et j'y restai pendant une semaine, c'est-à-dire tant que dura la tempête[1]. Je ne pus déterminer un seul bon guide à me suivre, et je retournai au Breuil le 17, dans l'espoir de combiner l'adresse de Carrel avec la bonne volonté de Meynet pour faire une nouvelle tentative en suivant le même chemin, car l'arête du Hörnli que j'avais examinée avec soin me semblait entièrement impraticable. Ces deux hommes se montrèrent assez disposés à m'accompagner, mais

---

1. Je fis cependant l'ascension du Mont-Rose pendant ce séjour forcé.

leurs occupations les empêchèrent de partir quand je l'aurais voulu (ils n'étaient pas des guides de profession).

Ma tente avait été laissée roulée sur la seconde plate-forme, et, tandis que j'attendais que Carrel et Meynet fussent libres, il me vint à l'esprit qu'elle aurait bien pu être emportée par le vent pendant les dernières tempêtes. Je partis donc le 18 pour aller m'en assurer. Le chemin m'était familier cette fois, et je montai rapidement, au grand étonnement de mes bons amis les chaletiers, qui me firent des signes de reconnaissance quand ils me virent m'élever, comme un trait, bien au-dessus d'eux et de leurs vaches, car j'étais seul, faute d'un homme disponible. Mais les pâturages dépassés, je dus ralentir le pas et bien remarquer la ligne que je suivais dans le cas où je serais surpris par le brouillard ou par la nuit. Un des très-rares avantages des courses de montagnes faites par un touriste seul (exercice peu recommandable en lui-même) c'est qu'elles tiennent en éveil toutes les facultés de l'homme et le rendent forcément observateur. Quand on ne doit compter que sur sa propre tête et sur ses propres bras pour se diriger et se tirer des mauvais pas, on doit absolument prendre note des plus petits détails, car il ne faut pas risquer de perdre la moindre chance. Ainsi dans ma *grimpade* solitaire, quand j'eus dépassé la limite des neiges, au delà des limites ordinaires des plantes qui fleurissent, il m'est arrivé, en examinant autour de moi, pour les graver dans ma mémoire, certains accidents de terrain qui pouvaient me servir de points de repère, il m'est arrivé, dis-je, de laisser tomber mes regards sur les chétives plantes que je rencontrais et qui n'avaient parfois qu'une seule fleur sur une seule tige, humbles pionnières de la végétation, atomes de vie dans un monde de désolation, montées si haut, de si loin et de si bas, qui saurait dire comment? et qui trouvent une maigre subsistance dans quelques recoins privilégiés de ce sol aride. Ces rocs bien connus m'inspiraient un intérêt nouveau, quand je pensais à la lutte acharnée que les survivantes — où beaucoup avaient déjà dû périr — soutenaient, pour l'escalader, contre la grande montagne. Ainsi qu'on pouvait s'y attendre, la gentiane était là, suivie de près par les saxifrages et par la *Linaria alpina*, mais dépassée par le *Thlaspi rotundifolium*, dernière plante que j'aie pu cueillir à cette hauteur, bien qu'elle fût elle-même dominée par une petite fleur blanche qui m'était inconnue et qu'il me fut impossible d'atteindre [1].

La tente était en bon état, bien que recouverte de neige. Ras-

---

1. Voici celles que je recueillis : *Myosotis alpestris*, Gm.; *Veronica alpina*, L.; *Linaria alpina*, M.; *Gentiana Bavarica*, L.; *Thlaspi rotundifolium*, Gaud.; *Silene acaulis*, L. (?); *Potentilla*, sp.; *Saxifraga*, sp.; *Saxifraga muscoides*, Wulf. C'est à M. William Carruthers, du British Museum, que je suis redevable de ces dénominations.

Ces plantes se trouvaient réunies dans un espace compris entre 3200 mètres et un peu moins de 3960 mètres; c'est la plus grande hauteur où je les ai vues dans toutes les Alpes. On peut, je n'en doute pas, recueillir dans ces limites un plus grand nombre d'espèces différentes. Mon intention n'était pas de collectionner la *flore* du Cervin, mais d'obtenir les plantes qui atteignent la hauteur la plus considérable. On ne trouve guère de lichens dans les parties les plus élevées de cette montagne. Leur rareté doit certainement être attribuée à l'incessante désagrégation des rochers qui découvre de nouvelles surfaces. La plante que de Saussure trouva à la plus grande altitude, dans ses voyages dans les Alpes, est le *Silene acaulis*. Il raconte (§ 2018) qu'il en cueillit une touffe près de l'endroit où je dormis (à mon retour de l'ascension du Mont-Blanc), à environ 1780 toises (3471 mètres) au-dessus du niveau de la mer.

M. William Mathews et M. Charles Packe, qui ont tous deux herborisé dans les Alpes et dans les Pyrénées pendant de longues années, ont bien voulu me donner les noms des plantes qu'ils ont rencontrées aux plus grandes altitudes. Bien que peu considérables, leurs listes sont intéressantes parce qu'elles déterminent les limites extrêmes atteintes par quelques-unes des plantes alpestres les plus vigoureuses.

Voici celles que mentionne M. Mathews :

Campanula cenisia (recueillie sur le Grivola, 3670 mètres); *Saxifraga bryoides* et *Androsace glacialis* (sur les sommets du Mont-Emilius, 3560 mètres, et du Ruitor, 3500 mètres); *Ranunculus glacialis*, *Armeria alpina* et *Pyrethrum alpinum* (sur le Mont-Viso, entre 3048 mètres et 3200 mètres); *Thlaspi rotundifolium* et *Saxifraga biflora* (Mont-Viso, à environ 2900 mètres de hauteur); *Campanula rotundifolia* (?), *Artemisia spicata* (Wulf); *Aronicum doronicum* et *Petrocallis Pyrenaica* (col de Seylières, 2820 mètres).

M. Packe recueillit, tout près du sommet, sinon sur le sommet lui-même du Pic de Mulhahacen, dans la Sierra Nevada de Grenade, élevé d'environ 3550 mètres, *Papaver alpinum* (var. *Pyrenaicum*), *Artemisia Nevadensis* (dont on se sert pour donner du bouquet au Sherry de Manzanilla), *Viola Nevadensis*, *Galium Pyrenaicum*, *Trisetum glaciale*, *Festuca clementei*, *Saxifraga Grœnlandica* (var. *Mista*), *Erigeron alpinum* (var. *glaciale*) et *Arenaria tetraquetra*. Les mêmes plantes furent recueillies, excepté la première, sur le Picacho de Veleta (3487 mètres) et sur l'Alcazaba (3458 mètres).

M. Packe recueillit sur ces mêmes montagnes, à une altitude de 3400 mè-

suré sur son sort, je me mis à contempler la vue dont on jouit de la plate-forme et qui, dans la solitude complète où je me trouvais, m'offrit tout l'attrait et tout le charme de la nouveauté[1]. En face se dressaient les pics les plus élevés de la chaîne des Alpes Pennines : le Breithorn (4148 mètres), le Lyskamm (4638 mètres) et le Mont-Rose (4638 mètres); en me tournant à droite, j'embrassais d'un coup d'œil le massif entier des montagnes qui séparent le Val Tournanche du Val d'Ayas, dominé par son sommet le plus élevé, le Grand Tournalin (3400 mètres)[2]. Derrière s'étendaient les chaînes comprises entre le Val d'Ayas et la vallée de Gressoney, dominées par de plus hautes sommités. Plus à droite encore, le regard, après avoir suivi le Val Tournanche dans toute sa longueur, se reposait sur les Alpes Grecques aux pics innombrables, pour s'arrêter aux dernières limites de l'horizon, sur la pyramide isolée du Viso (3840 mètres). Venaient ensuite, en tournant toujours les regards à droite, les montagnes situées entre le Val Tournanche et le Val Barthélemy. Le mont Rouss (sommet neigeux à la cime arrondie, qui paraît si important vu du Breuil, mais qui n'est en réalité qu'un contre-fort d'une montagne plus élevée, le Château des Dames) s'était abaissé depuis longtemps, et la vue, passant par-dessus, le remarquait à peine pour contempler la Becca Salle (ou Bec de Sale, suivant la carte), Cervin en miniature, et bien d'autres sommets plus importants encore. L'énorme masse

---

tres, *Ptilotricum purpureum*, *Lepidium stylatum* et *Biscutella saxatilis*; et à 3048 mètres, *Alyssum spicatum* et *Syderitis scordiodes*. Il cite les plantes suivantes comme se rencontrant dans les Pyrénées à des altitudes de 2750 à 3050 mètres. *Cerastium latifolium*, *Draba Wahlenbergii*, *Hutchinsia alpina*, *Linaria alpina*, *Oxyria reniformis*, *Ranunculus glacialis*, *Saxifraga nervosa*, *S. oppositifolia*, *S. Grœnlandica*, *Statice Armeria*, *Veronica alpina*.

La petite brochure du chanoine G. Carrel, intitulée la *Vallée de Valtornenche en 1867*, contient quelques détails sur la flore du Val Tournanche; et l'on trouvera dans le livre de M. Dollfus-Ausset : *Matériaux pour l'étude des glaciers* (tome VIII, première partie, 1868), une liste des plantes recueillies jusqu'à présent sur l'arête entourée de glaciers (Furggen-Grat) qui relie le Cervin au col de Saint-Théodule.

1. Voyez la carte de la vallée de Zermatt, etc.; celle de la Valpelline, etc.; et la carte générale.
2. D'après l'autorité du chanoine Carrel.

de la Dent d'Hérens (4180 mètres) barrait alors la vue ; magnifique montagne incrustée sur son versant nord d'énormes glaciers suspendus, dont des tranches immenses se détachaient vers le milieu du jour et tombaient avec le fracas du tonnerre sur le glacier de Tiefenmatten. Enfin, la plus splendide de toutes ces montagnes, la Dent Blanche (4364 mètres), s'élançait dans les airs au-dessus du bassin du grand glacier de Z'mutt. Il est extrêmement rare de pouvoir contempler, tel que j'en jouis ce jour-là, sans qu'un nuage l'obscurcisse, cette admirable vue qui n'a peut-être pas d'égale dans les Alpes[1].

Le temps s'était écoulé sans que je m'en fusse aperçu, et les petits oiseaux qui avaient fait leurs nids sur les rochers environnants avaient commencé à gazouiller leur hymne du soir avant que j'eusse pensé au retour. Je revins presque machinalement vers la tente, que je déroulai et que je dressai. Elle contenait des provisions pour plusieurs jours, et je résolus d'y passer la nuit. J'avais quitté le Breuil sans rien emporter et sans même dire à Favre — l'aubergiste habitué à mes courses vagabondes — de quel côté je comptais me diriger. J'allai de nouveau contempler le panorama. Le soleil se couchait et la lumière rose de ses rayons, se mêlant aux tons bleuâtres de la neige,

---

1. J'ai eu plusieurs fois l'occasion de mentionner les brusques changements de temps qui ont lieu dans les Alpes, à une altitude considérable, et j'en citerai de nouveaux exemples dans les chapitres suivants. Personne plus que moi ne regrette le temps variable qui règne sur cette chaîne de montagnes, d'ailleurs si magnifique, et l'obligation où je suis d'en parler à chaque instant. On dirait vraiment que leurs cimes ont à supporter plus que leur part légitime de vents et de tempêtes. Les troubles de l'atmosphère ne devraient pas être, on pourrait le croire, une des conditions nécessaires des régions élevées. Un calme presque continu favorise, dit-on, certaines contrées privilégiées. Telle est, par exemple, la Sierra Nevada de Californie, où se trouvent de nombreux sommets ayant une hauteur de 3950 à 4500 mètres.

M. Whitney, de San Francisco, écrit dans son *Guide de la vallée de Yosemite et de la région adjacente* : « Pendant l'été, le temps est presque toujours aussi beau que possible pour voyager partout dans ces montagnes, aux plus grandes altitudes. Quelques tempêtes éclatent par moments sur les hautes montagnes, mais elles sont rares dans la saison des voyages, et ces temps si incertains, qui gâtent si souvent les plaisirs du voyage dans les Alpes, y sont presque inconnus. »

Une étude plus complète de ces régions modifierait probablement cette opinion; il est, en effet, fort difficile de juger l'état de l'atmosphère sur les som-

jetait sur tous les objets, aussi loin que le regard pouvait s'étendre, un voile violet d'une teinte pâle et transparente ; les vallées disparaissaient dans une vapeur empourprée, tandis que les sommets étincelaient d'une lumière éclatante et presque surnaturelle. Assis à la porte de la tente, je regardais le crépuscule se transformer en obscurité ; la terre, perdant son aspect terrestre, devenait presque sublime ; l'univers semblait mort et n'avoir plus que moi pour habitant. Cependant la lune, à mesure qu'elle s'éleva sur l'horizon, fit de nouveau apparaître les hauteurs, et, en supprimant les détails, sa douce lumière rendit encore plus magnifique le spectacle que j'admirais. Au sud, un immense ver-luisant restait suspendu dans les airs ; il était trop grand pour être une étoile, trop immobile pour être un météore ; et pendant longtemps je ne pus constater la réalité du fait incroyable dont j'étais le témoin étonné et ravi : ce que je voyais était bien la lumière de la lune scintillant sur les immenses pentes de neige qui couvrent au nord les flancs du Viso, éloigné de 160 kilomètres à vol d'oiseau. Tremblant de froid, je rentrai dans la tente pour y faire mon café. Je passai la nuit très-confortablement, et, le lendemain matin, tenté par un temps

---

mets d'après celui des vallées ; souvent une tempête terrible se déchaîne sur les sommets, à 3 ou 4 kilomètres de distance, tandis qu'un calme plat règne dans les vallées. Le chapitre VII en offrira un exemple, et je puis en citer un autre ici. J'étais un jour sur le Cervin, à 3825 mètres, d'où je contemplais la Dent Blanche. Au même instant, M. T.-S. Kennedy faisait la première ascension de la Dent Blanche, ascension dont il a publié une relation pittoresque dans l'*Alpine Journal* (1863). J'appris ainsi qu'il avait eu un temps affreux : « Le vent rugissait sur l'arête que nous gravissions et faisait entendre une musique sauvage dans les hauts rochers désolés qui nous entouraient.... Nous ne nous entendions plus parler et on ne pouvait rien distinguer au delà de 50 mètres.... Le vent chassait sur nous une brume épaisse et des tourbillons de neige. » Le thermomètre descendit à six degrés centigrades, et les cheveux de son compagnon se chargèrent de givre. A ce même moment, M. Kennedy n'était éloigné de moi que de 6 kilomètres. Dans mon voisinage immédiat, l'air était parfaitement calme et la température agréablement chaude ; pendant la nuit le thermomètre ne descendit qu'à deux ou trois degrés au-dessous de zéro. La Dent Blanche fut pendant la plus grande partie du jour parfaitement dégagée de nuages, cependant il y eut un moment où quelques vapeurs légères voltigèrent au-dessus de son sommet à une altitude de plus de 600 mètres ; mais rien, d'après l'aspect du ciel, ne pouvait me faire supposer que mon ami se trouvait assailli par une tempête semblable à celle qu'il a décrite.

splendide, je continuai à monter à la recherche d'une autre place plus élevée pour y dresser ma tente.

Mes excursions solitaires dans des espaces aussi vastes m'ont démontré qu'un homme seul est exposé à de nombreuses difficultés qui n'embarrassent guère un groupe de deux ou trois individus, et que le désavantage de l'isolement est bien plus sensible à la descente qu'à la montée. Dans l'intention de parer à ces inconvénients, j'avais inventé deux petits engins dont j'allais me servir pour la première fois. L'un était une espèce de crochet double ou de grappin, long d'environ 12 centimètres, en acier bien trempé, épais de 50 millimètres. Il devait me servir dans les passages difficiles où il n'y aurait aucun point d'appui à la portée de la main, mais où je trouverais à peu de distance au-dessus une fissure ou une aspérité quelconque. Solidement fixé à l'extrémité du bâton ferré (alpenstock), on pouvait le placer aux endroits les plus favorables, et, dans les circonstances extrêmes, je devais le lancer jusqu'à ce qu'il restât accroché à quelque obstacle suffisant pour l'arrêter. Les pointes tranchantes qui le retenaient aux rochers étaient dentelées afin d'avoir plus de prise; enfin l'autre extrémité de ce grappin se terminait par un anneau dans lequel une corde était passée. Cet instrument ne peut servir que sur une très-faible étendue de terrain, mais il était utile à la montée, pour gravir des escarpements de quelques mètres et on pouvait l'employer dans la descente, à la condition d'être très-prudent, pour une plus grande hauteur, parce qu'il était facile de donner une plus grande solidité aux crochets. En ce cas il devenait nécessaire de tenir la corde tendue en ligne droite, sinon le grappin avait une tendance à se détacher.

Ma seconde invention consistait en une simple modification d'un procédé employé par tous les grimpeurs. Dans les descentes, un homme seul (ou celui qui forme l'arrière-garde d'une expédition) est souvent forcé de faire à une extrémité de sa corde une boucle qu'il accroche à quelque rocher pour se laisser glisser en tenant l'extrémité qui est restée libre. On décroche la boucle en lançant la corde en l'air et en la secouant fortement, et l'opération peut être recommencée plusieurs fois. Mais souvent on n'a pas à sa portée de rochers qui permettent l'emploi de ce moyen; il faut alors recourir au nœud coulant qui serre fortement la corde. Ne pouvant donc plus reprendre sa corde en la secouant, on est obligé de la couper et de l'abandonner. Pour remédier à cet inconvénient, j'avais attaché solidement à l'un des bouts de ma corde un anneau en fer forgé (de 5 centimètres environ de diamètre, et d'une épaisseur d'un centimètre).  Je pouvais aisément former une boucle en passant l'autre bout de la corde dans l'anneau qui remontait et s'arrêtait solidement contre une anfractuosité du roc, pendant que je descendais à l'aide de ce bout resté libre. Parvenu au bas de la pente, je tirais une petite corde très-solide, qui était en outre attachée à l'anneau; celui-ci redescendait et je défaisais très-facilement la boucle que j'avais faite.

Grâce à ces deux inventions fort simples, je parvenais à monter et à descendre des parois de rochers qui sans cela eussent été pour moi complétement inaccessibles.

Les rochers de l'arête du sud-ouest, je l'ai déjà constaté plus haut, n'offrent aucune difficulté sur une certaine étendue au-dessus du col du Lion. Cela est vrai de ceux qu'il faut gravir pour atteindre la Cheminée; mais le niveau de la Cheminée dépassé, les rochers, plus escarpés et presque polis, ne présentent qu'un petit nombre de fractures, et, s'inclinant de plus en plus, deviennent assez dangereux, surtout quand ils sont recouverts de glace. Arrivé à ce point (juste au-dessus de la Cheminée), on est obligé de suivre le côté sud de l'arête, celui du Breuil; mais, à quelques mètres plus haut, il faut passer sur le côté nord (celui de Z'mutt), où la nature, plus bienveillante, offre, presque toujours, une pente de neige. Cet obstacle surmonté, on peut retourner de nouveau sur le tranchant de l'arête, et le suivre, par des rochers faciles à escalader, jusqu'au pied de la Grande Tour. C'était le point le plus élevé qu'eût atteint M. Hawkins, en 1860, et ce fut également celui auquel nous parvînmes le 9 juillet.

La Grande Tour est une des particularités les plus saisissantes de cette arête. Elle se dresse comme une tourelle à l'angle d'un château fort; par derrière, un mur crénelé monte jusqu'à la citadelle[1]. Vue du col Saint-Théodule, elle a l'air d'un contre-fort insignifiant; mais, lorsqu'on s'en approche en suivant l'arête, elle semble s'élever à mesure que l'on monte; et quand on est à sa base, elle cache complétement la partie supérieure de la montagne. J'y trouvai une place très-convenable pour la tente. Moins bien abritée que la seconde plate-forme, elle avait l'avantage d'être à 90 mètres plus haut. Séduit par la beauté du temps, fasciné par l'aspect sauvage des rochers, je continuai à monter pour découvrir ce qu'il y avait derrière leurs parois escarpées.

Je rencontrai tout d'abord une grande difficulté : l'arête était devenue si étroite qu'on pouvait à peine s'y tenir en équilibre, et, à son point le plus resserré, un grand rocher à pic me barrait le passage. Je ne trouvai à la portée de ma main aucune aspérité qui me permît de m'y accrocher. Il me fallait donc sauter et me retenir par un vigoureux effort sur le tranchant aigu de l'arête. Monter ensuite directement était impossible. D'immenses précipices, d'une profondeur effrayante, descendaient sur la gauche jusqu'au glacier de Tiefenmatten, mais je pouvais à la rigueur tenter l'escalade du côté droit. Cependant les obstacles se succédaient sans interruption et je passai un temps considérable à chercher un passage. J'ai surtout gardé un

---

1. V. la gravure « Rochers du Cervin » qui accompagne le chapitre VII.

souvenir très-vif d'un certain couloir situé à côté de la Grande Tour et dont les étroites saillies et les parois escarpées me causèrent une anxiété vraiment extraordinaire ; les saillies diminuaient, puis cessaient complétement, et je finis par me trouver les bras et les jambes écartés, cloué sur place comme un crucifié, pressant le rocher contre ma poitrine au point de la sentir battre quand je respirais, me tordant le cou pour découvrir un point d'appui, n'en apercevant aucun, et forcé de m'élancer obliquement de l'autre côté de l'abîme.

On tenterait en vain de décrire de semblables passages. Qu'on les esquisse d'une main légère ou qu'on en fasse avec soin ressortir tous les détails, on s'expose également à n'être pas compris. Ce qui plaît en eux au grimpeur, c'est qu'ils l'obligent à faire appel à toutes ses forces physiques, à toutes ses facultés intellectuelles et morales, c'est qu'ils lui procurent le plaisir de triompher des obstacles qu'ils opposent à sa vigueur et à son adresse. Le lecteur qui n'a jamais fait de courses dans les montagnes ne saurait me comprendre, et d'ailleurs il s'intéresse peu à la description de semblables passages, à moins qu'il ne les suppose très-dangereux. Ils ne le sont pas pourtant nécessairement, mais je crois qu'il est impossible à un écrivain de ne pas produire cette impression pour peu qu'il insiste sur les difficultés vaincues.

Un auteur consciencieux s'expose donc au moins de deux manières à n'être pas bien compris. S'il passe sous silence les difficultés, par crainte d'ennuyer son lecteur, il risque de paraître un fort mauvais observateur ou un être tout à fait stupide ; s'il raconte avec détail chacun de ses pas, s'il s'étend complaisamment sur chaque obstacle, il court la chance d'être accusé ou d'une effroyable exagération ou d'avoir été se placer sottement dans les situations les plus injustifiables. Comme je désire ne pas être rangé dans ces deux catégories, je vais m'expliquer plus complétement.

Les passages du genre de ce couloir conservent leur charme pour un montagnard tant qu'il se sent capable d'en surmonter les difficultés, mais ils le perdent tout à fait, dès que ces difficultés lui paraissent au-dessus de ses forces et lui offrent des dangers réels. Si la ligne qui sépare la difficulté du danger est quelquefois presque insaisissable, elle n'est point du tout imaginaire. C'est une ligne véritable, sans la moindre étendue. Il est souvent facile de la dépasser et très-difficile de l'apercevoir. Parfois on la dépasse sans s'en douter et on le reconnaît trop tard. Tant qu'on n'entreprend rien qui soit au-dessus de ses forces, on ne s'expose pas à franchir cette ligne, ni par conséquent à se trouver dans une situation très-dangereuse, bien qu'elle puisse devenir très-difficile. Ce qu'il est au pouvoir d'un homme d'exécuter varie naturellement en raison du temps qu'il a à dépenser, de l'endroit où il se trouve et d'une foule de circonstances; mais je pose en principe qu'on peut toujours très-bien savoir ce qu'on est encore capable de faire; et s'il est très-difficile en pareil cas de déterminer pour un autre, même approximativement, quelles sont les limites qu'il est prudent de ne pas dépasser, on peut sans peine se les fixer à soi-même. Toutefois, selon moi, quand la ligne douteuse est dépassée sciemment et volontairement, on cesse de faire ce qui est raisonnable pour tenter ce qui ne l'est pas.

Je m'attends à la question que vont m'adresser tous les critiques intelligents : « Avez-vous réellement la prétention d'affirmer que les dangers des courses de montagnes ne consistent que dans les difficultés extraordinaires, et que le parfait montagnard ne s'expose absolument à aucun risque? » Je ne suis pas préparé à soutenir une pareille thèse, car il y a un péril auquel les *grimpeurs* des Alpes sont inévitablement exposés, et qui ne menace jamais les piétons dans les rues de Londres. Je veux parler des rochers qui tombent des montagnes; et je tâcherai, dans le courant de ce volume, de faire comprendre au lecteur que c'est un danger très *réel*, contre lequel le courage, l'adresse et la force sont complétement inutiles. Il se présente au moment où l'on s'en inquiète le moins et presque partout. Le critique peut répondre : « Il vous suffit d'admettre ce danger pour détruire tout le reste de votre argument. » J'en conviens avec lui, il aurait raison si ce danger menaçait toujours sérieusement la vie, mais il n'en est rien. On ne peut citer qu'un très-petit nombre d'accidents occasionnés par des chutes de rochers, et je n'ai entendu parler d'aucun touriste tué par une pierre dans les Alpes supérieures[1]. Peu de personnes soutiendront, je le suppose donc, qu'il est déraisonnable de faire le moindre exercice du corps tant qu'il y a un risque à courir; car il serait aussi déraisonnable de traverser Fleet Street au milieu du jour.

Si c'était pour nous tous un devoir absolu d'éviter toute espèce de danger, nous serions condamnés à passer notre vie dans l'intérieur de nos appartements. Dans mon opinion, le plaisir que l'on prend aux courses des montagnes dépasse les périls auxquels on s'expose, et la crainte de ces périls ne les empêchera jamais. Cependant je tiens à constater qu'ils sont très-réels et de nature à menacer la vie du montagnard le plus expérimenté.

Il n'y a donc qu'un seul danger positif dans les excursions de montagnes, et encore n'est-il pas très-redoutable. Cependant, nombreux sont les dangers *négatifs* qui ont coûté la vie à un grand nombre de personnes. Les mots positif et négatif sont employés dans l'acception suivante : le danger *positif* est celui qu'il nous est impossible d'éviter, et le danger *négatif* celui qui exige de notre part une participation quelconque pour qu'il devienne un danger positif. Exemple : Un précipice est un danger négatif, mais c'est un danger positif pour un homme qui y tombe; une pente de neige fraîche et escarpée possède des propriétés dangereuses, mais elle ne devient *positivement* dangereuse que si, son équilibre détruit, elle descend comme une avalanche; les blocs de rochers entassés sur une crête éboulée ne sont dangereux que lorsqu'ils perdent leur point d'appui; enfin une crevasse cachée peut être périlleuse au dernier point, mais elle ne le sera pour vous que si vous y glissez. Cette distinction n'est pas aussi subtile qu'elle le paraît au pre-

---

1. Le contraire est vrai pour les Alpes inférieures. On peut citer, entre autres, une dame qui eut le crâne fracturé par un fragment de roche, pendant qu'elle était assise à la base de la Mer de Glace.

mier abord, et il est essentiel de bien s'en souvenir si l'on veut comprendre clairement ce que les excursions dans les montagnes ont de bon et de mauvais. S'il était impossible de ne pas tomber dans les crevasses, de ne pas faire rouler de gros blocs de rochers éboulés ou glisser des avalanches, enfin de ne pas se laisser choir dans les précipices, les courses de montagnes seraient, au point de vue de l'exercice, absolument injustifiables, et, suivant les principes déjà posés, elles sont injustifiables si, par maladresse ou par négligence, on transforme leurs dangers négatifs et inactifs en dangers positifs et actifs. Remarquons ici, par parenthèse, que l'on emploie fréquemment et légèrement le mot de témérité en parlant des accidents qui arrivent dans les Alpes. De ce qu'un touriste est blessé ou tué dans les montagnes ou ailleurs, il ne faut pas en conclure qu'il a été téméraire. En passant en revue les accidents arrivés dans ces dernières années, le mot de témérité serait, il me semble, inapplicable à la plupart d'entre eux. Se livre-t-on à un exercice qui, selon toute probabilité, ne doit pas réussir ou doit avoir un dénoûment fatal, dans ce cas seulement on peut être à juste titre qualifié de téméraire.

Une glissade qui provient d'un moment d'imprudence, ou un accident causé par un excès de fatigue, ne sauraient guère être rangés parmi ces fatalités qui sont les résultats directs d'imprudences absolument inexcusables.

On ne saurait le nier cependant, il est arrivé des accidents pour lesquels aucune excuse ne saurait être valable. Dans l'opinion des juges les plus compétents, la plupart de ces accidents sont dus à deux genres de témérités qui méritent une énergique réprobation. La première consiste à tenter de traverser la partie supérieure des glaciers (celle qui est couverte de neige) sans se servir d'une corde, et la seconde à ignorer l'instabilité de la neige fraîchement tombée. Chaque année, l'une ou l'autre de ces sottes imprudences coûte la vie à plusieurs personnes. Dans ces deux cas, les dangers sont parfaitement connus et l'on peut prédire le résultat avec une certitude presque absolue. Celui qui essaye de traverser seul, ou avec plusieurs compagnons, les parties supérieures des glaciers, sans être attaché à une corde, n'est pas nécessairement la victime d'un accident la première fois qu'il fait cette folie; mais il peut en être certain, s'il la renouvelle, il en sera puni tôt ou tard. Quoi qu'il lui arrive, il est téméraire, parce qu'il brave un danger auquel on ne s'expose qu'en négligeant de prendre les précautions les plus élémentaires. La seconde hypothèse n'admet pas malheureusement le même raisonnement, car elle comprend trois éléments différents qui sont chacun sujets à de continuelles variations. Le premier est la qualité de la neige, le second est sa quantité, le troisième est le degré d'inclinaison de la pente sur laquelle elle repose. Malgré tout, il n'est pas très-difficile, dans la pratique, de déterminer quand une neige fraîchement tombée est dangereuse ou non à traverser. Par exemple, on peut poser comme règle générale qu'il est imprudent de s'aventurer sur toute pente qui excéderait trente degrés d'inclinaison, plusieurs jours après que la neige est tombée en abondance. Chaque année, le fait est également certain, des touristes inexpérimentés ou imprudents traversent ou tentent de traverser des pentes qui dépassent de beaucoup cet angle, vingt-quatre heures seulement après la chute d'une neige abondante.

Les touristes qui commettent ces imprudences songent-ils qu'ils risquent leur vie? C'est une question qu'il est permis de s'adresser. Quelquefois ils ont probablement failli par pure ignorance; mais, d'autres fois, les clameurs et les protestations qui s'étaient élevées contre leur départ ne leur avaient pas permis d'ignorer l'opinion des juges les plus compétents. Ces sortes d'actions peuvent donc être justement qualifiées de téméraires, qu'elles soient faites par ignorance ou par entêtement.

Trois causes possibles d'accident ont donc été mentionnées. La première ne fait pas courir un grand risque, mais elle constitue un danger inévitable tout le temps que durent les courses de montagnes; les autres exposent les touristes aux plus graves périls, mais une petite dose de sens commun suffit pour les éviter. Cependant la plus grande partie des accidents qui ont lieu dans les Alpes ne sauraient être rangés dans ces différentes catégories; ils ont principalement pour causes des étourderies momentanées ou des imprudences faites par des individus qui n'ont pas su calculer leurs forces. Deux accidents sont rarement pareils; le plus grand nombre est occasionné par la difficulté qu'éprouve un touriste inexpérimenté à se maintenir en équilibre dans les endroits glissants. Ils dépendent non des dangers de la montagne, mais des faiblesses du voyageur. On remplirait aisément un volume d'exemples à l'appui de cette vérité; tous prouveraient que, si on n'avait pas fait *cela*, ou si on avait fait *ceci*, le résultat eût été différent. Dans bien des cas, les règles, dont l'observation est nécessaire dans les courses de montagnes, ont été violées, et, dans tous les cas, c'est l'homme et non la montagne qui est le coupable.

J'ai tâché d'établir d'abord ce qui est simplement difficile et ce qui est absolument dangereux, en second lieu de distinguer les dangers inévitables de ceux que l'on peut éviter, et troisièmement de classer tant bien que mal les différentes causes d'accidents. Si je ne me suis pas trompé, je suis autorisé à conclure que les dangers des Alpes ont été ridiculement exagérés, et l'on doit souhaiter non que l'accès des montagnes devienne plus facile, mais que les touristes tâchent de devenir plus robustes et plus prudents. Cependant il ne faut guère s'attendre à voir cesser, ni même diminuer de nombre, les accidents dans les Alpes, tant que des touristes novices essayeront d'imiter les hauts faits des montagnards exercés, et que des *gentlemen*, d'un âge mûr, aux genoux raidis par l'âge, tenteront des ascensions qui doivent être réservées aux hommes jeunes et actifs; ces audacieux sont peut-être plus à plaindre qu'à blâmer, mais on doit toujours désirer vivement qu'ils méditent un peu plus sérieusement cette vérité : « Ce qui est un jeu pour l'un peut causer la mort d'un autre, » au lieu de s'appliquer à eux-mêmes la maxime : « Ce que l'un a fait, l'autre peut le faire. »

Un innocent couloir, que je crains d'avoir représenté comme dangereux, a amené cette longue digression. Ce vestibule, où jamais être humain n'avait posé le pied avant moi, conduisait à un paysage si sauvage que la description la plus simple en paraîtrait exagérée. La qualité du roc changeait comme l'aspect de l'arête. Les rochers (du gneiss talqueux) situés au-dessous de ce couloir avaient une fermeté singulière ; rarement il était nécessaire d'en éprouver la solidité ; le pied posait sur le roc nu et non sur des fragments épars. Mais là, tout portait l'empreinte de la ruine et de la destruction. La crête de l'arête était crevassée et émiettée ; le pied s'enfonçait dans les débris pulvérisés qui en étaient tombés ; au-dessus, des blocs énormes, taillés et creusés par la main du temps, se dressaient fièrement vers le ciel, semblables aux pierres tombales de géants. Ma curiosité étant excitée au plus haut degré, j'escaladai une brèche de l'arête, entre deux immenses masses de rochers vacillantes ; à les voir, on eût cru qu'un léger poids, ajouté d'un côté ou de l'autre, les eût fait tomber à l'instant ; leur équilibre était si parfait qu'elles eussent pu se balancer au moindre souffle du vent, car elles s'ébranlaient sous mon doigt ; elles reposaient sur une base si fragile que je m'étonnai de ne pas les voir s'affaisser à mes yeux. Dans toutes mes excursions alpestres, aucun lieu ne m'a offert un aspect plus saisissant que cette crête désolée, ruinée, crevassée, située derrière la Grande Tour. J'ai vu bien des formes plus étranges dans les montagnes, des rochers aux figures monstrueuses et grimaçantes, imitant la forme humaine, des aiguilles isolées, plus hautes et plus aiguës, mais je n'ai jamais étudié un exemple plus frappant des résultats prodigieux que peuvent produire la gelée et l'action longue et incessante de forces dont les effets individuels sont imperceptibles.

Ai-je besoin d'ajouter qu'il est impossible de gravir sur ce point la crête de l'arête ; on est pourtant forcé de s'en tenir tout près, car il n'y a pas d'autre passage. En général, le Cervin a des angles d'inclinaison trop aigus pour qu'il puisse s'y former des couches de neige très-épaisses, mais il se trouve dans cette partie de la montagne un coin qui permet à la neige de s'y accumuler ; ce dont il faut lui être très-reconnaissant, car, grâce à son secours, on peut grimper quatre fois plus vite que sur les rochers.

J'avais presque perdu de vue la Tour, et je contemplais par-dessus les Alpes Pennines centrales, le Grand-Combin et la chaîne du Mont-Blanc. La Dent d'Hérens, ma voisine, ne s'élevait plus qu'à une faible hauteur au-dessus de moi, ce qui m'aidait à mesurer l'altitude que j'avais atteinte. Jusque-là, j'étais sûr de pouvoir redescendre tout l'espace que j'avais escaladé ; mais bientôt après, en regardant au-dessus de moi, je m'aperçus que les rochers devenaient par trop escarpés, et je rebroussai chemin (car si j'avais continué mon ascension, j'aurais rencontré d'inextricables difficultés), heureux de penser que je pourrais les gravir quand je remonterais avec plusieurs compagnons, et fier d'avoir pu m'élever seul, presque à la hauteur de la Dent d'Hérens, par conséquent beaucoup plus haut qu'aucun être humain avant moi[1]. Ma joie était un peu prématurée.

Vers 5 heures du soir, je quittais de nouveau la tente, et déjà je me croyais au Breuil. Ma corde et mon crochet m'avaient aplani toutes les difficultés. Je descendis cependant la Cheminée en attachant la corde à un rocher et je me laissai glisser jusqu'en bas, puis je coupai la corde que j'abandonnai, ce qui me restait me suffisant. Ma hache m'avait beaucoup gêné dans la descente et je l'avais laissée dans la tente. C'était une vieille hache d'abordage, qui n'était pas fixée au bâton ferré. Quand je taillais des pas dans la neige pour monter, mon bâton traînait derrière moi, attaché à la corde ; lorsque je grimpais, je portais ma hache derrière moi, passée dans la corde enroulée autour de ma taille, ce qui l'empêchait de me gêner ; mais à la descente, quand j'avais le dos tourné au rocher (ce qui est toujours préférable si c'est possible), la hache ou son manche s'accrochait souvent aux rochers, et plusieurs fois ce choc imprévu avait manqué de me faire tomber. Je laissai donc ma hache dans la

---

[1]. Une très-remarquable bande de neige (désignée sous le nom de « Cravate » dans le plan du Cervin, vue du col Saint-Théodule) entoure les rochers dans cette partie de la montagne. Le point le plus élevé que j'eusse atteint dépassait un peu la partie inférieure de cette bande de neige, et se trouvait par conséquent à près de 4080 mètres au-dessus de la mer.

tente, soit pour éviter ce danger, soit par excès de paresse. Cette imprudence me coûta cher.

J'avais dépassé le col du Lion, et, 50 mètres plus bas, j'allais me trouver sur le « Grand Escalier, » que l'on peut descendre

La Cheminée du Cervin.

en courant. Mais, arrivé à un angle des grands rochers escarpés de la Tête du Lion, je m'aperçus, en longeant la partie supérieure de la neige qui s'y appuie, que la chaleur des deux jours précédents avait fait presque disparaître complétement les degrés que j'avais dû tailler pour monter. Les rochers étant impraticables sur ce point, il me fallait donc absolument tailler de nouveaux degrés. La neige était trop dure pour que je pusse m'y frayer un chemin, et, près de l'angle où je me trouvais, il n'y avait que de la glace. Une demi-douzaine de marches devaient me suffire pour gagner les rochers. Me tenant de la main droite au rocher, je creusai la neige avec la pointe de mon bâton jusqu'à ce que j'eusse établi une marche suffisante; alors je m'appuyai contre l'angle pour en faire autant de l'autre côté. Tout allait bien jusque-là, mais, en essayant de tourner cet angle (je ne puis encore dire comment cela arriva), je glissai et tombai dans l'abîme.

La pente, très-raide sur ce point, formait l'extrémité supérieure d'un couloir qui descendait le long de deux contreforts inférieurs, vers le glacier du Lion, que l'on apercevait à 330 mètres au-dessous. Ce couloir, se rétrécissant de plus en plus, finissait par n'être plus qu'un filet de neige resserré entre deux murailles de rochers qui se terminaient brusquement au haut d'un précipice à pic au-dessus du glacier. Que l'on se figure un entonnoir coupé en deux dans le sens de sa longueur et incliné à 45 degrés, la pointe en bas et la partie concave en haut, et l'on aura une idée exacte de l'endroit où je venais de perdre l'équilibre.

Le poids de mon sac m'entraîna en arrière et je tombai d'abord sur quelques rochers situés à 3 ou 4 mètres au-dessous, et qui me relancèrent dans le couloir la tête la première ; mon bâton s'échappa de mes mains et je descendis en tournoyant par une série de bonds de plus en plus longs, rebondissant tantôt sur la glace, tantôt sur les rochers, me frappant la tête quatre ou cinq fois avec une violence plus grande. Un dernier bond me fit faire dans l'espace un saut de 18 à 20 mètres d'un côté à l'autre du couloir ; par bonheur, mon côté gauche tout entier heurta contre le roc, où mes vêtements s'accrochèrent un instant, et je tombai en arrière sur la neige avec la conscience que ma chute était arrêtée. Heureusement ma tête se trouva tournée du bon côté ; je me cramponnai à plusieurs reprises avec des contractions frénétiques aux aspérités du rocher, et je finis par m'arrêter tout à fait à l'entrée du couloir et sur le bord même du précipice. Bâton, chapeau et voile passèrent au-dessus de moi en m'effleurant et disparurent dans l'abîme; et quand j'entendis se briser avec fracas, sur le glacier, les fragments de rochers que j'avais déplacés, je compris toute la gravité du danger auquel je venais d'échapper presque par miracle. En effet, j'avais franchi près de 70 mètres en sept ou huit bonds. Trois mètres de plus et je tombais sur le glacier en faisant un saut gigantesque de 280 mètres.

La situation était déjà suffisamment sérieuse. Je ne pouvais lâcher un instant le rocher auquel je m'étais cramponné et mon sang coulait par plus de vingt blessures. Les plus graves étaient celles de la tête, et j'essayai en vain de les fermer d'une main tout en me cramponnant de l'autre au rocher. Tous mes efforts furent inutiles; à chaque pulsation, le sang jaillissait en flots qui m'aveuglaient. A la fin, par une inspiration subite, je détachai d'un coup de pied un gros bloc de neige que j'appliquai sur ma tête en guise d'emplâtre; l'idée était bonne, car le sang coula dès lors moins abondamment. Je me mis aussitôt à grimper et j'atteignis à temps une place plus sûre où je m'évanouis. Le soleil se couchait quand je revins à moi, et l'obscurité était complète avant que j'eusse pu descendre le Grand Escalier; mais, grâce à ma bonne chance et à ma prudence, je descendis au Breuil, c'est-à-dire de 1700 mètres, sans glisser et sans me tromper de chemin une seule fois. Honteux et confus de l'état où m'avait mis ma maladresse, je passai à la dérobée près de la cabane des vachers que j'entendais rire et causer, et je me glissai rapidement dans l'auberge, espérant atteindre ma chambre sans être vu. Mais Favre me rencontra dans le corridor et demanda : « Qui est là ? » Quand il eut apporté de la lumière, il poussa des cris d'effroi et réveilla toute la maison. Deux douzaines de têtes tinrent alors un conseil solennel au sujet de la mienne, en faisant naturellement plus de bruit que de besogne. Les gens du pays recommandèrent à l'unanimité l'emploi du vin chaud (lisez vinaigre) bien salé, pour laver et panser mes blessures. En vain je protestai contre ce traitement, il fallut le subir. Je ne reçus pas d'autres soins médicaux. Est-ce à ce remède fort simple ou bien à mon robuste tempérament que je dois attribuer ma rapide guérison ? C'est une question que je ne puis résoudre ; mais enfin mes blessures se cicatrisèrent très-rapidement et j'étais sur pied quelques jours après[1].

Ces quelques jours me parurent déjà suffisamment tristes. Ma principale occupation consistait à méditer sur la vanité des choses humaines et à surveiller la lessive de mes vêtements enfermés dans un tonneau que faisait tourner le petit torrent qui coulait devant la maison ; je formais des vœux sincères pour que, si jamais un Anglais venait à tomber malade dans le Val Tournanche, il ne se sentît pas aussi seul que je le fus pendant ces longues heures de tristesse et d'ennui[2]?

La nouvelle de mon accident avait fait accourir, au Breuil, Jean-Antoine Carrel ; le fier chasseur était accompagné d'un de ses parents, jeune garçon robuste et adroit, nommé César. Je partis donc de nouveau le 23 juillet, avec ces deux hommes et Meynet. Nous atteignîmes la tente sans aucune difficulté. Le lendemain matin nous avions dépassé la Tour, et, par un temps charmant, nous gravissions avec les plus grandes précautions les rochers éboulés qui se trouvent par derrière et où je retrouvais les traces de mon passage, lorsqu'eut lieu un de ces changements de temps abominables et presque instantanés auxquels

---

1. Je reçus en outre des soins empressés d'une excellente dame anglaise qui se trouvait dans l'auberge.
2. Comme il est assez rare que l'on survive à une telle chute, il peut être intéressant de rappeler les sensations que j'éprouvai en tombant. J'avais parfaitement conscience de ce qui m'arrivait, et je comptai chaque coup ; mais, comme un malade chloroformé, je ne ressentis aucune douleur. Chaque coup était naturellement plus violent que le précédent, et je me souviens d'avoir pensé très-nettement : « que si le prochain était encore plus violent, ce serait la fin ! » Comme l'ont éprouvé certains individus retirés de l'eau au moment où ils allaient se noyer, le souvenir d'une multitude de choses traversa mon esprit ; beaucoup n'étaient que des trivialités ou des absurdités oubliées depuis longtemps : ce qui est plus remarquable encore, c'est que mes bonds à travers l'espace n'avaient rien de désagréable. Cependant, si la distance eût été un peu plus considérable, j'aurais perdu, je crois, complétement connaissance ; aussi, d'après ma conviction, fort improbable en apparence, la mort causée par une

Je glissai et je tombai.

CHAPITRE V.

le Cervin est si fréquemment sujet sur son versant méridional. Des vapeurs, jusqu'alors invisibles, formèrent tout à coup d'épais brouillards, et, en quelques minutes, la neige tomba abondamment. L'endroit où nous nous trouvions, offrant de très-sérieuses difficultés, nous dûmes nous arrêter, et ne voulant pas battre en retraite, nous attendîmes pendant plusieurs heures un autre changement de temps. Notre espérance fut trompée ; aussi finîmes-nous par redescendre à la base de la Tour, où nous commençâmes une troisième plate-forme, à une altitude de 3950 mètres. La neige continuant à tomber, nous nous réfugiâmes sous la tente. Carrel prétendait que le temps était tout à fait dérangé et que la montagne, couverte de verglas, rendrait inutile toute tentative d'escalade ; je prétendais, moi, que le temps se remettrait et que les rochers étaient trop échauffés par le soleil pour permettre à la glace de s'y former. Je voulais rester jusqu'à ce que le temps s'améliorât ; malheureusement mon guide, ne pouvant point souffrir de contradiction, devint plus positif dans ses affirmations et insista pour nous faire redescendre. Je dus lui céder, mais, parvenus au-dessous du col, nous constatâmes à notre grand regret qu'il avait tort ; les nuages ne s'abaissaient que de 900 mètres au-dessous du sommet ; cette limite dépassée, le temps était superbe.

Carrel n'avait pas un caractère facile. Il savait très-bien qu'il

---

chute faite d'une hauteur considérable est une des moins douloureuses que l'on puisse subir.

Aucun de mes os ne fut brisé, malgré la violence des chocs. Les deux blessures les plus graves étaient, l'une, longue de 10 centimètres, au sommet de la tête, et l'autre, longue de 7 centimètres, à la tempe droite : cette dernière saigna d'une manière effroyable. La paume de la main gauche avait reçu une troisième entaille d'un aspect formidable et de la même grandeur que la précédente ; chacun de mes membres était plus ou moins gravement écorché ou entamé.

Le bout des oreilles avait été arraché et une roche tranchante avait découpé un morceau circulaire de ma botte gauche, de mes chaussettes et de ma cheville. La perte de mon sang ne paraissait pas devoir être inquiétante pour ma santé future, bien qu'elle eût été très-considérable. Le seul effet sérieux de ma chute a été de remplacer une mémoire excellente par une mémoire fort ordinaire ; et, quoique mes souvenirs de faits bien plus anciens soient restés intacts, j'eusse oublié complètement les événements de ce jour mémorable si quelques notes prises avant l'accident ne me les eussent rappelés.

était le coq du Val Tournanche et il commandait aux autres hommes de la vallée comme par un droit naturel. Se sentant en outre indispensable, il ne prenait aucune peine pour me le cacher. Voulait-on l'arrêter? ni ordre ni prière n'avaient d'effet sur lui. Mais, je le répète encore, il était le seul *grimpeur* de premier ordre que je pusse trouver convaincu que le Cervin n'était pas inaccessible. Avec lui, j'avais de l'espoir; sans lui, je n'en avais aucun; je le laissais donc forcément faire ce qui lui plaisait. Sa conduite, en cette circonstance, fut incompréhensible. Certes on ne pouvait l'accuser de poltronnerie, car il n'existe guère de montagnard plus audacieux; les obstacles ne le faisaient pas non plus reculer, puisque nous n'avions encore rencontré aucun passage qui pût lui paraître difficile, et il éprouvait évidemment un désir très-vif de faire l'ascension. Le manque de provisions ne nous obligeait pas à redescendre, car, en prévision de cet incident, nous avions emporté des vivres pour une semaine, et il n'y avait aucun danger à rester sous la tente, où du reste on n'était pas trop mal à l'aise. Dans mon opinion, il s'efforçait de faire traîner l'ascension en longueur, suivant ses vues personnelles, et, bien qu'il désirât vivement arriver le premier au sommet, bien qu'il ne se refusât pas à être accompagné par n'importe quel touriste animé du même désir, il ne lui convenait pas de laisser qui que ce fût réussir trop vite, peut-être pour donner au succès final plus d'éclat et de retentissement. Ne craignant aucun rival, il pensait peut-être que plus il susciterait de difficultés, plus son concours serait apprécié : du reste, il faut lui rendre cette justice, jamais il ne se montra avide d'argent. Il demandait un prix élevé, mais qui n'était pas excessif; il loua toujours ses services à la journée et il n'eut pas tort.

Bien que très-contrarié de voir mon temps gaspillé de la sorte, je fus cependant enchanté quand il voulut bien me proposer de repartir le lendemain matin, si la journée était favorable. Nous devions monter la tente jusqu'au pied de la Grande Tour, fixer des cordes au delà dans les endroits les plus difficiles, et faire un grand effort le lendemain pour atteindre le sommet.

Le lendemain matin (vendredi 25), à mon réveil, je trouvai le bon petit Meynet tout prêt, qui m'attendait; les deux Carrels, m'apprit-il, étaient partis depuis quelque temps en le priant de me dire qu'ils avaient l'intention de chasser la marmotte, car le temps était très-favorable ce jour-là[1].

Mon congé était près d'expirer, et on ne pouvait évidemment pas compter sur ces deux hommes : je proposai donc, en dernier ressort, au petit bossu de m'accompagner seul pour tenter de monter encore un peu plus haut, bien qu'il n'y eût, pour ainsi dire, aucun espoir d'atteindre le sommet. Il n'hésita pas, et, quelques heures après, nous nous trouvions tous deux pour la troisième fois sur le col du Lion. C'était la première fois que Meynet contemplait cette vue sans un seul nuage. Le pauvre petit paysan difforme la regarda dans un respectable silence, puis, se laissant tomber spontanément sur un genou, dans l'attitude de l'adoration, il croisa les mains et s'écria avec extase : « Oh les belles montagnes ! » Ses actes étaient aussi justes que ses paroles étaient naturelles et ses larmes témoignaient de la sincérité de son émotion.

Nous n'étions pas assez forts pour monter la tente plus haut, aussi passâmes-nous la nuit à notre ancienne station ; le lendemain matin, partis de très-bonne heure, nous eûmes bientôt dépassé le point où nous avions battu en retraite le 24, puis le point le plus élevé que j'eusse atteint le 19. La crête de l'arête était si peu sûre, que nous dûmes, bien malgré nous, escalader les rochers sur la droite. Nous triomphâmes lentement des premières difficultés, mais à la fin nous nous trouvâmes perchés comme deux aigles sur le flanc escarpé de la montagne, sans pouvoir avancer et presque sans pouvoir descendre. Nous retournâmes donc à l'arête, mais elle était presque aussi difficile et infiniment moins sûre ; aussi, après avoir atteint les limites que la prudence nous défendait de dépasser, je me décidai à revenir au Breuil, pour m'y munir d'une échelle légère qui pût

---

[1]. Un incident semblable fait apprécier les *règlements* de Chamonix et d'autres localités. Il n'eût pas eu lieu à Chamonix, ni au Breuil, s'il y avait eu au Breuil un *bureau des guides*.

nous aider à escalader les endroits les plus escarpés[1]. J'espérais aussi que pendant ce temps Carrel satisferait sa passion pour la chasse à la marmotte et qu'il daignerait encore nous accompagner.

Nous descendîmes très-vite, car la montagne nous était devenue familière et nous savions d'avance quand il fallait nous entr'aider ou nous abandonner à nos propres forces. Les rochers étaient entièrement débarrassés de verglas. Meynet se montrait toujours le plus gai de nous deux dans les passages difficiles, et, dans les passages dangereux, il se donnait du courage en répétant : « Après tout, on ne meurt qu'une fois. » Pensée consolante qui semblait lui procurer une satisfaction infinie. Nous arrivâmes d'assez bonne heure dans la soirée à l'auberge du Breuil, et mes projets y furent brusquement renversés de la façon la plus inattendue.

Le professeur Tyndall, arrivé pendant mon absence, avait engagé César et Jean-Antoine Carrel, ainsi que Bennen et un Valaisan de ses amis, homme très-robuste et très-actif, nommé Antoine Walter. Leur échelle et leurs provisions étaient toutes prêtes et ils avaient l'intention de partir le lendemain matin (dimanche). Cette nouvelle expédition me prit au dépourvu. Bennen, on doit se le rappeler, avait refusé carrément, en 1861, de conduire le professeur Tyndall sur le Cervin. « Il refusait obstinément de faire aucune tentative pour escalader la montagne, » dit Tyndall. Maintenant il était plein d'ardeur pour le départ. Le professeur Tyndall n'a pas expliqué comment s'était opérée cette révolution dans l'esprit de son guide. J'étais également étonné du manque de foi de Carrel et je l'attribuai à son amour-propre ; il avait sans doute été piqué de la présomption

---

[1]. Cet endroit paraissait être la partie la plus difficile de la montagne. On était obligé de se tenir sur la crête de l'arête ou tout près ; au point où nous nous étions arrêtés (point qui était presque aussi élevé que la partie la plus haute de la « Cravate » et peut-être à 30 mètres au-dessus du point que j'avais escaladé le 19), se dressaient dans toutes les directions des murs hauts de 2 mètres environ, polis comme une glace, impraticables pour un homme seul, et qu'on ne pouvait franchir qu'à l'aide d'échelles ou en se servant de ses compagnons en guise d'échelle.

que nous avions eue de pouvoir nous passer de lui. Il était inutile de vouloir rivaliser avec le professeur Tyndall et ses quatre guides qui se tenaient prêts à partir dans quelques heures ; j'attendis donc pour voir quel serait le résultat de leur tentative.

Tout semblait la favoriser ; ils partirent frais et dispos par une belle matinée, me laissant dévoré par l'envie et m'abandonnant aux pensées les moins charitables. S'ils réussissaient, ils m'enlevaient le prix pour lequel j'avais prodigué tant d'efforts ; s'ils échouaient, je n'aurais pas le temps de faire une autre tentative, car je devais être de retour à Londres sous peu de jours. Quand ma situation ne me laissa plus aucun espoir, je résolus de quitter le Breuil à l'instant même ; mais, en faisant mon paquet, je m'aperçus que 'avais laissé dans la tente quelques objets indispensables. Je partis donc vers midi pour aller les chercher ; je rejoignis la petite troupe du professeur, car elle montait très-lentement, au moment où elle allait atteindre le col ; je l'y laissai (elle s'y arrêtait pour déjeuner) et je continuai à monter vers la tente. J'en étais déjà tout près, quand un bruit soudain se fit entendre au-dessus de moi ; levant les yeux, j'aperçus une grosse pierre de 30 centimètres cubes au moins qui dégringolait droit sur ma tête. Je me baissai brusquement et me tapis sous l'abri protecteur d'un aimable rocher, tandis que la pierre passait à côté avec un fracas étourdissant. C'était l'avant-garde d'une véritable tempête de pierres qui descendaient en faisant un vacarme infernal le long de la crête de l'arête, suivies d'une traînée de poussière dont la forte odeur de soufre trahissait assez l'origine. M. Tyndall et ses compagnons étaient sur le qui-vive, mais les pierres ne se dirigèrent pas de leur côté ; se heurtant contre les rochers, elles allèrent tomber sur le glacier.

J'attendis le professeur sous ma tente pour lui souhaiter la bienvenue, et, quand il fut arrivé, je redescendis au Breuil. Le lendemain matin, de très-bonne heure, on accourut pour m'apprendre qu'on voyait flotter un pavillon au sommet du Cervin. Il n'en était rien. Je constatai cependant que Tyndall et ses compagnons avaient dépassé le point d'où nous avions été obligés de rétrograder le 26. Je ne doutais plus maintenant de leur succès final, puisqu'ils étaient montés au-dessus du point que Carrel avait toujours considéré, ainsi que moi, comme le plus difficile de toute la montagne. Il n'y avait pas deux passages pour y monter, car, entre cette place et le col il n'était pas possible de s'éloigner d'une douzaine de pas, soit à droite soit à gauche; mais au-dessus c'était bien différent, et, dans nos discussions à ce sujet, nous étions toujours tombés d'accord que, ce point dépassé, le succès était certain. Le profil ci-joint, fait d'après une esquisse prise à la porte de l'auberge du Breuil, aidera à me faire mieux comprendre. La lettre A indique la

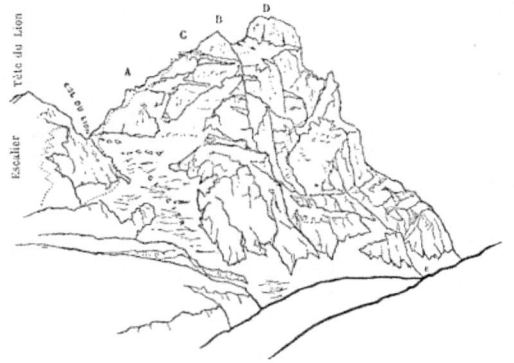

position de la Grande Tour; la lettre C, la « Cravate » (la bande de neige fortement accusée dont il a été parlé page 122, et que nous avions presque atteinte le 26); la lettre B, la place où nous voyions maintenant un objet qui avait l'air d'un drapeau. Derrière le point B, une arête presque plane conduit jusqu'au pied du dernier pic; on s'en rendra mieux compte encore, en jetant les yeux sur le profil de la montagne placé à la page 79, et sur lequel les mêmes lettres indiquent les mêmes endroits. Or, comme je l'ai dit plus haut, dans notre opinion, le point C dépassé, le succès était certain. Tyndall se trouvait au point B le matin de très-bonne heure, et je ne doutais pas qu'il n'atteignît

Une canonnade dans le Cervin.

le sommet, bien que la possibilité de stationner sur la cime la plus élevée restât toujours fort problématique.

Le sommet était évidemment formé d'une longue crête, surmontée de deux points d'une hauteur presque égale, — si égale même qu'on ne pouvait dire quel était le plus élevé, — et il paraissait exister entre ces deux cimes une dépression profonde, marquée D sur le profil, et qui pouvait faire échouer l'ascension au dernier moment.

Mon sac était bouclé ; j'avais bu un dernier verre de vin avec Favre tout rayonnant de joie à l'idée du grand succès qui allait faire la fortune de son auberge ; mais je ne pouvais me décider à partir avant de connaître le résultat de l'expédition, et je languissais dans l'attente, comme l'amant insensé qui rôde autour de l'objet de ses affections, même après en avoir été dédaigneusement repoussé. Le soleil était déjà couché quand on vit l'expédition descendre à travers les pâturages. Leur démarche n'annonçait pas un triomphe.... Eux aussi, ils étaient vaincus ! Les Carrels baissaient la tête en silence ; mais les autres soutenaient, suivant la coutume des vaincus, que la montagne était horrible, impossible, etc. Le professeur Tyndall me dit qu'ils étaient arrivés à un jet de pierre du sommet, et m'exhorta à ne plus jamais rien avoir à démêler avec cette cime ensorcelée. Après l'avoir entendu déclarer qu'il renonçait à toute tentative nouvelle, je descendis en courant au village de Val Tournanche, presque persuadé que le Cervin était réellement inaccessible ; j'abandonnai à Favre la tente, les cordes et tous mes ustensiles, pour qu'il les mît à la disposition de tous ceux qui désireraient faire l'ascension, et j'agissais ainsi, je le crains vraiment, plus par ironie que par générosité. Quelques touristes, convaincus que le Cervin pouvait être escaladé, sont peut-être allés à Zermatt ; mais leur conviction ne les a pas déterminés à tenter d'y monter. Personne ne l'essaya de nouveau en 1862.

Des affaires me conduisirent dans le Dauphiné avant mon retour à Londres ; et, une semaine après la déconfiture de Tyndall, je me trouvais couché, à la fin d'une journée brûlante, dans une de ces *abominations* qui servent de lits à l'auberge tenue par M. le maire de Ville Vallouise ; je me tournais et me retournais très-agité en regardant, à moitié endormi, une lueur étrange et rougeâtre qui se projetait sur le plafond. C'était, pensais-je, quelque effet d'électricité produit par l'irritation que me causaient des myriades de puces. Tout à coup la grande cloche de l'église voisine de l'auberge sonna à toute volée. Je sautai à bas de mon lit, car les voix et les allées et venues des gens de la maison me firent à l'instant penser au feu. C'était bien le feu en effet. Je voyais de ma fenêtre, de l'autre côté de la rivière, de grandes langues de flammes s'élancer dans le ciel, des points noirs suivis de longues ombres courir au lieu où sévissait l'incendie, et les cimes des montagnes, éclairées par les reflets des flammes, se dresser comme des spectres. Toute la population de la vallée était sur pied, car les habitants des villages voisins, réveillés par la cloche de Vallouise, sonnaient l'alarme. Je m'habillai à la hâte et je courus au pont. Trois grands chalets étaient en feu, entourés d'une foule de paysans qui apportaient des poêles, des casseroles, des marmites, tout ce qui pouvait contenir de l'eau. Ils formèrent plusieurs grandes chaînes à deux rangs, aboutissant au ruisseau le plus rapproché, se passant l'eau sur un rang et les ustensiles vides sur l'autre. Mon ancien ami le maire était là, dans toute sa majesté, frappant la terre de son bâton et vociférant : « Travaillez ! travaillez ! » mais les hommes se rangèrent avec beaucoup de présence d'esprit du côté des seaux vides, et laissèrent la chaîne pénible à leurs chères moitiés. Leurs efforts furent inutiles ; les chalets brûlèrent jusqu'au sol.

Le lendemain matin, je visitai ces ruines encore fumantes et je vis les pauvres familles sans abri assises en rangs lugubres devant leurs propriétés détruites. L'une des maisons avait été, disait-on, avantageusement assurée et son propriétaire avait tâché de toucher la prime. Il avait tout disposé pour faire de sa maison un feu de joie, et, après avoir allumé l'incendie dans les pièces du bas, il s'était prudemment retiré, laissant femme et enfants dans les chambres du haut, sans s'inquiéter le moins du monde s'ils seraient ou non rôtis. Ses plans ne réussirent qu'à moitié, et nous eûmes la satisfaction de voir ce misérable incendiaire ramené au village sous l'escorte de deux robustes gendarmes. Trois jours après j'étais à Londres.

Qu'est-ce que c'est que cela?

CHAPITRE VI.

LE VAL TOURNANCHE. — UN PASSAGE DIRECT ENTRE LE BREUIL ET ZERMATT (LE BREUILJOCH). — ZERMATT. — ASCENSION DU GRAND-TOURNALIN, ETC.

Je traversai le Canal le 29 juillet 1863, assez embarrassé de deux échelles longues de 3 mètres 60 centimètres chacune, pouvant se réunir comme celles dont se servent les pompiers, et se fermant comme un *pied de roi*.

Mon bagage me donnait assez l'aspect d'un voleur avec effraction, car j'emportais en outre plusieurs rouleaux de cordes et de nombreux outils d'une apparence fort suspecte, aussi ne l'admit-on pas volontiers en France; mais, grâce à une judicieuse dépense de quelques francs, la douane le laissa passer plus facilement que je ne l'avais espéré.

Je ne suis pas très-épris de la douane. C'est le purgatoire des voyageurs, où doivent se mêler des esprits d'espèces absolument opposées avant d'être séparés en deux classes, le riche et le pauvre. Les douaniers considèrent les touristes comme leurs ennemis naturels : aussi avec quelle vivacité fondent-ils sur les portemanteaux ! L'un d'eux a découvert quelque chose d'extraordinaire ! Jamais il n'a vu un objet semblable, et il le brandit en l'air sous le nez de son propriétaire, avec une curiosité inquisitoriale. « Mais, qu'est-ce que c'est que cela ? » L'explication n'est qu'à moitié satisfaisante. « Mais *ça, ça*, qu'est-ce que c'est donc que cela ? » dit-il en s'emparant d'une petite boite : « De la poudre. — Mais il est défendu de transporter de la poudre sur les chemins de fer de l'État. — Bah ! dit un de ses collègues plus âgé, laisse donc passer les effets de Monsieur. » Et notre compatriote, qui commençait à sentir le rouge lui monter aux joues sous les regards effarés et inquiets de ses compagnons de voyage, est autorisé à partir avec sa brosse à dents à moitié usée, tandis que le douanier déconfit proteste par un haussement d'épaules caractéristique contre les habitudes excentriques des voyageurs « que leur situation d'insulaires laisse en dehors de la marche des idées continentales. »

Mes tourments sérieux commencèrent à Suse. Les douaniers italiens, plus honnêtes et plus bornés que les Français, refusèrent à la fois de se laisser gagner et de laisser passer mon bagage jusqu'à ce que je leur eusse fourni des explications satisfaisantes. Comme ils restaient incrédules à la démonstration de la vérité, je ne savais plus que dire, quand je fus enfin tiré d'embarras par un de ces braves gens plus intelligent que ses camarades. J'allais à Turin, leur dit-il, pour faire des tours de force dans les rues ; je montais au haut de l'échelle et je m'y balançais ; alors j'allumais ma pipe, je posais l'extrémité de mon bâton dans le godet, et je faisais manœuvrer le bâton autour de ma tête ; la corde devait servir à tenir les spectateurs à distance, et un Anglais qui m'accompagnait était mon directeur. « Monsieur est donc acrobate ? » me demandèrent les camarades de cet excellent homme. « Oui certes ! » répondis-je. « Laissez passer les effets de monsieur l'acrobate ? »

Ces malheureuses échelles me causèrent des ennuis sans fin. Je passe sous silence les hésitations des propriétaires de l'hôtel de l'Europe (Trombetta), qui ne crurent pas d'abord qu'il était très-prudent d'admettre dans leur respectable maison un étranger porteur d'un bagage si singulier, et j'arrive sans transition à Châtillon, à l'entrée du Val Tournanche. Je dus fréter un mulet pour transporter mes échelles, et, comme elles étaient trop longues pour être mises en travers de son bât, il fallut les placer le long de son échine, un des bouts dépassant sa tête et l'autre sa queue. Un mulet qui monte ou qui descend dans les montagnes se livre constamment à des mouvements fort saccadés ; aussi mes échelles frappèrent-elles plusieurs fois leur porteur assez fortement entre les oreilles et sur les flancs. Cet animal, ne pouvant deviner quelle était l'étrange créature installée sur son dos, se mit naturellement à secouer la tête et à ruer, ce qui lui valut des coups encore plus violents. A la fin il s'enfuit de toute la vitesse de ses jambes, et il se fût élancé dans un précipice, si les hommes qui m'accompagnaient ne l'eussent rattrapé par la queue. Je mis un terme aux tourments de la pauvre bête en la faisant suivre par un homme qui soutenait l'extrémité des échelles, ce qui l'obligeait à lever et à baisser incessamment les bras et à saluer les parties postérieures de l'animal d'une façon qui le réjouissait beaucoup moins que ses camarades.

J'étais donc encore une fois en route pour le Cervin, car, ayant appris au printemps de 1863 la cause de l'insuccès du professeur Tyndall, je savais que le cas n'était pas aussi désespéré qu'il me l'avait paru au premier abord. Mon rival n'était parvenu qu'à l'extrémité septentrionale de « l'Épaule, » le point dont il parle ainsi[1] : « nous étions assis désespérés, car le sommet se montrait à un jet de pierre de nous, semblant toujours nous défier de l'atteindre, » ce point n'était pas la brèche indiquée sur le dessin de la page 78, par la lettre D (et qui est littéralement à un jet de pierre du sommet), mais bien une autre brèche plus formidable, comprise entre l'extrémité septentrionale de « l'Épaule » et la base de la plus haute cime ; il est désigné par la lettre E dans le dessin. Carrel et tous ceux qui m'avaient accompagné connaissaient l'existence de cette dépression et de l'Aiguille qui se dressait entre elle et le pic terminal[2], et nous avions fréquemment discuté les meilleurs

---

1. *Saturday Review*, 8 août 1863.
2. Cette Aiguille avait un nom : L'*Ange Anbé* (l'Enjambée ?).

moyens de l'escalader. Nous n'étions pas d'accord entre nous sur ce sujet, mais nous pensions tous deux que, une fois arrivés à « l'Épaule, » il serait nécessaire de se porter peu à peu sur la droite ou sur la gauche, pour éviter d'arriver sur la partie supérieure de la brèche. Cependant Tyndall, après avoir atteint « l'Épaule, » fut conduit par ses guides tout le long de la crête de l'arête, et par conséquent, quand ils en eurent atteint l'extrémité septentrionale, ils se trouvèrent, au grand désappointement de tous, excepté des Carrels, en haut de la brèche, au lieu d'être au fond. « L'arête, dit Tyndall, était interrompue sur ce point par une brèche profonde qui la séparait du dernier précipice, et, plus nous en approchions, plus nous désespérions d'atteindre le véritable sommet. » Le professeur ajoute : « La montagne a 4482 mètres de hauteur, et 4440 mètres ont été escaladés. » Il se trompait de beaucoup ; d'après les mesures barométriques, prises par M. Giordano, la brèche n'est pas à moins de 243 mètres au-dessous du sommet. Le guide Walter (dit le Dr Tyndall) déclara qu'il était impossible de monter plus haut, et les Carrels, appelés à donner leur opinion (je copie leur propre récit), répondirent : « Nous ne sommes que vos porteurs, demandez à vos guides. » Bennen, ainsi abandonné à lui-même, « fut à la fin forcé d'accepter sa défaite. » Tyndall avait néanmoins dépassé de près de 120 mètres, sur l'une des parties les plus difficiles de la montagne, la limite atteinte par ses devanciers.

Des différences très-importantes existent entre les récits publiés par le professeur Tyndall[1] et les rapports verbaux des Carrels. A en croire Tyndall, il lui fallut « exciter » les guides ; « ils se prononcèrent nettement contre la possibilité de franchir le dernier précipice ; ils abandonnèrent complétement la partie, » et Bennen dit en réponse à un dernier appel qui lui fut adressé : « Que puis-je faire, monsieur ? aucun d'eux ne me suivrait. » C'était là l'exacte vérité. D'après Jean-Antoine Carrel, au contraire, quand le professeur Tyndall donna l'ordre du re-

---

1. *Saturday Review*, 1863, et *Macmillan's Magazine*, 1869.

tour, *lui*, Carrel, se serait avancé pour examiner de plus près la partie de la montagne qui restait encore à gravir, car il n'en regardait pas l'ascension comme impossible, mais il fut arrêté par le professeur, et naturellement il dut suivre ses compagnons[1].

On peut laisser à ceux qu'elles concernent le soin d'éclaircir ces contradictions. Tyndall[2], Walter et Bennen ne figureront plus désormais dans ce récit.

Le Val Tournanche est une des plus charmantes vallées des Alpes italiennes ; pour un artiste, c'est un vrai paradis, et, si j'avais plus d'espace à ma disposition, j'aimerais à décrire longuement ses bois de châtaigniers, ses ruisseaux aux eaux limpides et aux doux murmures, ses torrents mugissants, ses belles vallées supérieures dont on ne soupçonne pas l'existence, et enfin ses magnifiques rochers. Le chemin monte avec une pente assez raide, à partir de Châtillon, mais il est bien ombragé, et l'ardeur d'un soleil d'été y est tempérée par la fraîcheur que répand dans l'air l'écume des torrents glacés[3].

---

1. Je me suis étendu un peu sur ce sujet, parce qu'on a paru surpris que Carrel eût pu franchir sans grande difficulté, en 1865, ce passage où échoua en 1862 une expédition aussi forte que celle de Tyndall. Tyndall échoua dans sa tentative parce que son second guide (Walter) refusa d'aider Bennen, lorsqu'il en fut requis, et parce que les Carrels *ne voulurent pas lui servir de guides après avoir été engagés comme porteurs*. Non-seulement J. A. Carrel connaissait parfaitement cette brèche avant d'y arriver, mais il avait toujours cru qu'il était possible de la franchir, et de faire ensuite l'ascension de la montagne ; et, s'il eût été ce jour-là guide-chef, je ne doute point qu'il n'eût fait monter Tyndall au sommet du Cervin. Mais, quand il fut prié d'assister Bennen (un Suisse et le chef reconnu de l'expédition), était-il vraisemblable que lui (un Italien, un porteur), qui avait la prétention de faire le premier l'ascension du Cervin par une route qu'il regardait tout particulièrement comme la sienne, pût se décider à lui rendre aucun service.

On ne comprend guère que le docteur Tyndall et Bennen aient pu ignorer l'existence de cette brèche, car on la voit de plusieurs points et surtout du versant méridional du col Saint-Théodule. Il est encore plus difficile d'expliquer comment Tyndall a pu se croire si près du sommet du Cervin (à la distance d'un jet de pierre), car, lorsqu'il fut parvenu à l'extrémité de l'Épaule, il a dû parfaitement savoir qu'il lui restait tout le pic supérieur à escalader.

2. Le docteur Tyndall fit l'ascension du Cervin en 1868. V. l'Appendice.

3. On trouvera d'intéressants détails sur le Val Tournanche dans les *Voyages dans les Alpes*, par de Saussure, vol. IV, pages 373-81, 406-9, dans la brochure

CHAPITRE VI.

Du sentier, on aperçoit en plusieurs endroits, sur la rive droite de la vallée, des arches qui ont été construites à une grande hauteur le long des rochers. Les Guides répètent — d'après je ne sais quelle autorité — que ce sont les restes d'un aqueduc romain. Elles ont bien en effet la hardiesse d'une construction romaine, mais elles n'en ont pas la solidité ordinaire. Ces arches m'ont toujours paru être les débris d'un travail qui *n'a pas été achevé*, et, si j'en dois croire Jean-Antoine Carrel, il existe encore beaucoup d'autres arches qui offrent toutes le même aspect et qu'on n'aperçoit pas du sentier. On peut se demander si celles que l'on voit près du village d'Antey sont romaines ; plusieurs sont en plein cintre, tandis que d'autres ont un cintre brisé, presque ogival. Le dessin ci-joint représente une de ces dernières qui peut appartenir au quatorzième siècle, et même à une époque postérieure ; c'est une arche en maçonnerie grossière dont le cintre est brisé et dont les voussoirs sont fort communs. Ces arches méritent l'attention des archéologues, mais il est assez difficile de s'en approcher.

Nous remontâmes la vallée en flânant, et tous les habitants du Breuil étaient endormis quand nous y arrivâmes. Le halo qui entourait la lune nous annonçait un temps pluvieux, aussi ne fûmes-nous pas désappointés en nous réveillant le lendemain (1er août), car la pluie tombait à torrents. Quand les nuages s'éclaircirent un moment, nous vîmes qu'une neige fraîche et très-épaisse couvrait toutes les montagnes au-dessus de 2750 mètres. J. A. Carrel était tout prêt à partir avec moi (je m'étais décidé à offrir une nouvelle chance à ce hardi montagnard), et il n'eut pas besoin de me dire que le Cervin allait être inabordable pendant plusieurs jours après cet ouragan de neige, même si le temps se levait. Notre première journée de courses

---

du chanoine Carrel, la *vallée du Valtornenche*, en 1867, et dans les *Italian Valleys of the Alps*, de King, pages 220, 221.

fut donc employée à l'escalade d'un sommet voisin, les Cimes Blanches, montagne en décomposition bien connue pour le beau panorama que l'on y découvre. Nous ne vîmes, hélas! qu'une bien faible partie de ce panorama, car des masses confuses de nuages épais arrêtaient nos regards dans toutes les directions, excepté au sud, et, de ce côté, la vue était interceptée par un pic plus élevé que les Cimes Blanches, le Grand Tournalin[1]. En revanche nous prîmes un plaisir bien innocent à regarder les gambades folâtres d'un troupeau de chèvres qui devinrent bientôt nos amies quand nous leur eûmes donné quelques poignées de sel. Cette liaison, si prompte et trop vive, nous causa d'assez graves ennuis pendant la descente. « Carrel, » dis-je en entendant siffler à mes oreilles une quantité de pierres qu'elles faisaient tomber sur nous, « il faut absolument mettre fin à cette dangereuse conduite. — Diable! grommela-t-il, c'est bon à dire, mais comment feriez-vous? » Je lui répondis que j'allais essayer. Je m'assis en effet, et, après avoir versé un peu d'eau-de-vie dans le creux de ma main, j'attirai la chèvre la plus rapprochée en lui faisant les signes d'amitié les plus trompeurs. C'était celle qui avait avalé avec gloutonnerie le papier dans lequel le sel avait été apporté, une bête d'un caractère très-entreprenant; s'avançant donc bravement, elle lécha avec avidité toute l'eau-de-vie. Je n'oublierai pas facilement sa surprise. Elle s'arrêta court, toussa et me regarda d'un air qui signifiait clairement : « Oh le traître ! » puis elle cracha et s'enfuit à toutes jambes, s'arrêtant de temps à autre pour tousser et cracher. Grâce à ma ruse, nous cessâmes d'être inquiétés par ces chèvres.

La neige continua à tomber pendant la nuit, aussi notre ascension du Cervin fut-elle retardée indéfiniment. Comme il n'y avait rien à entreprendre au Breuil, je me décidai à faire le tour du Cervin et je commençai par découvrir un passage entre le Breuil et Zermatt[2], pour remplacer l'éternel col Saint-Théodule. En jetant un simple coup d'œil sur la carte, on constate que

---

1. Je ne dirai rien ici de cette montagne dont je parlerai plus loin.
2. V. la carte du Cervin et de ses glaciers.

ce dernier passage fait un détour considérable vers l'est et s'éloigne de la véritable direction qu'il devrait suivre. Dans mon opinion, il était possible de découvrir une route plus courte, abrégeant tout à la fois le temps et la distance, et nous partîmes le 3 août pour réaliser mon idée. Nous suivîmes pendant quelque temps le chemin du col Saint-Théodule; mais, le quittant à l'endroit où il incline vers l'est, nous montâmes en ligne droite à la moraine du glacier du Cervin. Nous continuâmes à marcher droit devant nous en gravissant le centre de ce glacier jusqu'au pied d'une grande aiguille rocheuse qui forme une saillie très-proéminente en dehors de l'arête (Furggen-Grat) qui relie le Cervin au pic Saint-Théodule. Le glacier était rattaché, dans sa partie supérieure, à ce petit pic par un couloir de neige très-raide; mais nous pûmes continuer à monter en ligne directe et nous franchîmes le col à son point le plus bas, un peu sur la droite (c'est-à-dire à l'est) du Théodulhorn. Le versant nord offrait une pente de neige correspondante à celle qui existait sur le versant sud. Une demi-heure nous suffit pour en atteindre la base. Nous nous dirigeâmes alors sur le plateau, presque plat, du glacier de Furggen, marchant en ligne droite sur le Hörnli, d'où nous descendîmes à Zermatt par un des chemins ordinaires. Ce col a été honoré par les ingénieurs suisses du nom de Breuiljoch. Plus élevé de quelques mètres que le col Saint-Théodule, il mérite d'être recommandé aux touristes auxquels ce dernier passage est familier, car on y découvre d'aussi belles vues et il est accessible en tout temps. Cependant il ne sera jamais aussi fréquenté que le col Saint-Théodule, parce que, à certaines époques de l'année, on doit employer la hache à tailler des pas dans la pente de neige qui en forme le sommet. Nous mîmes six heures et un quart pour aller du Breuil à Zermatt, c'est-à-dire une heure de plus que par le col Saint-Théodule, bien que la distance effective soit plus courte.

D'après les notes manuscrites de feu J. D. Forbes, la dépression, maintenant appelée le Breuiljoch, était autrefois le passage ordinaire entre le Val Tournanche et Zermatt; des changements survenus dans les glaciers¹ lui firent préférer le col Saint-Théodule. M. Forbes n'indique pas l'autorité sur laquelle il s'appuye. Il se base, je le suppose, sur une tradition locale, mais je lui accorde toute confiance; car, suivant toute probabilité, les pentes de neige escarpées dont j'ai parlé plus haut n'existaient pas avant que les glaciers se fussent retirés sur une si grande étendue ; à cette époque, les glaciers, conduisant vraisemblablement jusqu'au sommet par des pentes douces, rendaient les communications faciles entre les deux vallées. Si les glaciers continuent à diminuer aussi rapidement qu'ils diminuent actuellement², il ne serait pas impossible que le col Saint-Théodule lui-même, le plus facile et le plus fréquenté de tous les passages des hautes Alpes, devînt assez difficile d'ici à quelques années; et, dans ce cas, la prospérité de Zermatt en souffrirait probablement beaucoup³.

Je me promenai encore avec Carrel dans l'après-midi, et nous

---

1. C'est M. Adams-Reilly qui attira mon attention sur cette note.

2. Le point culminant du col Saint-Théodule est à 3322 mètres au-dessus du niveau de la mer. On a évalué dernièrement à mille le nombre des touristes qui le traversent chaque année. Pendant l'hiver, quand la neige forme des ponts sur les crevasses qu'elle remplit partiellement, et quand le temps est favorable, les vaches et les moutons vont de Zermatt à Val Tournanche, et *vice versa*, par le col Saint-Théodule.

Au milieu du mois d'août 1792, comme dans un précédent voyage fait à la même époque, de Saussure paraît avoir pris des mulets au Breuil pour monter par le glacier du Val Tournanche au col Saint-Théodule. Le glacier, dit-il (§ 2220), était complètement couvert de neige, et aucune crevasse n'y était visible. Dans mon opinion, des mulets n'auraient pas pu, durant les dix dernières années, être conduits au mois d'août sur le col Saint-Théodule, sans de très-grandes difficultés. A cette époque de l'année le glacier est généralement dépouillé de neige et bon nombre de crevasses sont ouvertes. Les piétons évitent facilement ces crevasses, mais on aurait beaucoup de peine à les faire franchir à des mulets.

Peu de jours avant que j'eusse passé le Breuiljoch, en 1863, M. F. Morshead découvrit un passage parallèle. Il traversa la chaîne sur le versant occidental du petit pic et s'ouvrit une route un peu plus difficile que la nôtre. En 1865 j'essayai de passer par le col qu'avait découvert M. Morshead, mais il me fut impossible de descendre à Zermatt, car, pendant les deux dernières années, le glacier s'était tellement retiré qu'il ne couvrait plus le point culminant du passage, et nous ne parvînmes pas à descendre les rochers qu'il avait laissés à découvert.

3. Bien que son admirable situation soit célèbre depuis près de trente ans,

CHAPITRE VI.   149

allâmes tout d'abord visiter un endroit cher aux touristes, situé près du glacier de Gorner (ou pour parler plus exactement, le glacier de Boden). C'est une petite prairie verte, parsemée d'*euphrasia officinalis*, les délices de nombreux essaims d'abeilles qui récoltent sur ces fleurs le miel servi plus tard à la table d'hôte.

A notre droite, le torrent qui s'échappe du glacier se précipitait avec fracas dans la vallée à travers une gorge sauvage aux versants escarpés d'un abord peu facile, car le gazon qui en garnit le sommet était très-glissant et les rochers avaient été partout arrondis et polis par le glacier qui s'étendait autrefois bien au delà de ses limites actuelles. Cette gorge paraît avoir été creusée surtout par le torrent postérieurement à la retraite du glacier. Non-seulement, en effet, ses parois portent les traces visibles du passage de l'eau, mais, dans les rocs arrondis qui forment leur extrémité supérieure à une hauteur de 21 ou 25 mètres au-dessus du niveau actuel du torrent, on remarque quelques-unes de ces concavités bizarres que les torrents rapides sont seuls capables de produire dans la pierre.

Un petit pont, d'aspect fragile, est suspendu au-dessus du torrent juste au-dessus de son entrée dans la gorge; de ce pont on aperçoit, dans les rochers inférieurs, des concavités semblables à celles des rochers supérieurs. Le torrent descend avec

---

Zermatt n'est devenu un point central dans les Alpes que depuis douze ou quatorze ans. Il y a trente ans, le col Saint-Théodule, le Weissthor et le col d'Hérens étaient, je crois, les seuls passages connus par lesquels les touristes partant de Zermatt pouvaient traverser les Alpes Pennines. Maintenant (en comprenant ces passages et la route de la vallée), vingt-quatre directions différentes s'offrent à eux. Les sommets de quelques-uns de ces nombreux cols sont à une hauteur de plus de 4250 mètres au-dessus du niveau de la mer, et plusieurs ne sauraient être recommandés ni comme faciles ni comme étant les voies les plus courtes entre Zermatt et les vallées et les villages auxquels ils conduisent.

Zermatt n'est encore qu'un modeste village de cinq cents habitants (dont une trentaine exercent la profession de guides) composé de maisons de bois pittoresques noircies par le temps. Tous les hôtels, y compris celui du Riffel, appartiennent à un seul propriétaire, M. Alexandre Seiler, auquel le village et la vallée doivent en grande partie leur prospérité, — la providence des touristes qui ont besoin de renseignements ou d'un aide quelconque.

rapidité, non pas partout cependant. Dans quelques endroits, l'eau se heurte à des angles saillants du rocher qui la rejettent en arrière; elle reste alors un moment stationnaire, puis tourbillonne sur elle-même : ailleurs des obstacles la lancent incessamment en jets puissants contre les voûtes des rochers qui surplombent; quelquefois ces jets frappent non-seulement le dessous des rochers, mais encore leurs contours anguleux, de telle sorte qu'ils minent aussi des surfaces qui ne s'opposent

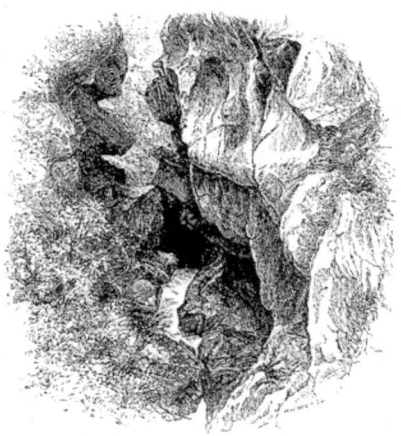

Rochers usés par les eaux dans la gorge située au-dessous du glacier de Gorner.

pas à la direction générale du courant. Dans toutes ces diverses circonstances il se produit des *concavités*. Les angles aigus se trouvent arrondis, il est vrai, et sont plus ou moins convexes, mais la prédominance des formes concaves empêche de les remarquer.

La cause et l'effet s'aident mutuellement ici. Les inégalités du lit du torrent et de ses parois l'obligent à tourbillonner, et les tourbillons creusent les concavités. Plus ces dernières deviennent profondes, plus l'eau est agitée. La destruction des rochers suit une progression continue ; car plus la surface exposée est considérable, plus les alternatives de chaleur et de froid y causent de ravages.

Sous la forme solide, c'est-à-dire à l'état de glace, l'eau ne peut pas creuser dans les rochers des concavités semblables ni exercer une action quelconque sur des surfaces qui ne sont pas

Stries produites par le frottement des glaciers à Grindelwald.

opposées à la direction du courant. Sa nature se trouve changée ; elle opère d'une manière différente et laisse des traces faciles à distinguer de celles que produit l'action des torrents.

Ce sont généralement les formes plus ou moins *convexes* qui résultent de l'action des glaciers. En dernier lieu, tous les angles et toutes les courbes sont effacés, ce qui produit de grandes surfaces planes. Rarement on trouve des exemples d'une érosion aussi parfaite, excepté dans des localités qui ont été soumises à un frottement beaucoup plus énergique que celui dont les Alpes peuvent offrir l'exemple.

En général, l'opinion du respectable géologue Studer est indubitablement vraie[1]. Non-seulement les bosses de rochers appelées, dans le langage populaire, les *roches moutonnées*, permettent de suivre en détail les divers effets produits par des glaciers qui n'existent plus, mais la répétition incessante de ces formes convexes fournit le moyen de les constater en masse sur une chaîne de montagnes ou sur une contrée entière à une distance de 25 kilomètres.

Il ne sera pas sans intérêt d'étudier pendant quelques instants l'action des glaciers sur les roches moutonnées, mais, avant tout, il nous faut reculer jusqu'à l'époque où elles n'existaient pas encore.

§ 1. Si jamais la surface de la terre fut aussi unie que si elle eût été soumise à l'action d'un tour, ce ne fut pas, à moins que la géologie ne soit un mensonge, à l'époque où les grands glaciers, dont il reste actuellement de si pauvres débris dans les Alpes, commencèrent à descendre des montagnes sur les basses terres de la Suisse et sur la plaine du Piémont. A moins que les raisonnements géologiques ne soient des erreurs ou des piéges, bien des siècles s'étaient écoulés avant que ce phénomène se produisit. Les rochers avaient été réduits en poussière, et leurs parcelles avaient reformé d'autres rochers. La foudre avait frappé les pics, la gelée avait fendu leurs arêtes, des avalanches avaient sillonné leurs pentes, des tremblements de terre avaient entr'ouvert le sol, les torrents en avaient transporté au loin tous les débris, élargi les fentes, entaillé les pentes, creusé les fissures pendant une période de temps indéfini. Ce n'était donc pas un nouveau monde, un globe sorti du moule, que celui sur lequel les glaciers commencèrent leur travail. Les intempéries

---

[1]. Un des faits les mieux constatés est que l'érosion des glaciers se distingue de celle des eaux en ce que la première produit des roches convexes ou moutonnées, tandis que la seconde donne lieu à des concavités. — Prof. B. Studer, *Origine des Lacs suisses.*

de l'atmosphère avaient fait à la terre de profondes blessures ; elle était couverte d'un nombre considérable de collines et de vallées, d'escarpements et de précipices, d'aspérités et de dépressions, qu'avaient formés la chaleur et le froid, et dont les eaux avaient augmenté les énormes proportions. Le monde était incalculablement vieux lorsque cette période glaciaire moderne commença ses opérations, et, bien qu'elle ait duré un nombre considérable de siècles, les glaciers ne purent faire disparaître les effets de forces plus anciennes et plus puissantes. Les *roches moutonnées* doivent certainement leurs formes particulières au frottement de la glace, mais elles existaient déjà telles qu'elles sont aujourd'hui avant la création des glaciers. La glace en a seulement poli les aspérités, sans exercer pour ainsi dire aucune action sur leurs parties creuses. Un effort d'imagination est donc nécessaire pour se représenter l'état des *roches moutonnées* antérieurement à la période glaciaire, mais nous pouvons affirmer avec certitude que leurs formes ressemblaient à celles qu'elles nous présentent encore aujourd'hui malgré l'action de la glace sur leurs surfaces polies.

§ 2. La glace d'un glacier est plastique et la pression peut lui faire prendre presque toutes les formes que l'on désire lui donner. Aussi, si un glacier pouvait rester parfaitement stationnaire, il se moulerait par son propre poids sur la surface qui le supporterait. Mais les glaciers ont un mouvement propre, et, par conséquent, leurs parties inférieures ne prennent jamais complétement la forme des couches de rochers sur lesquelles elles reposent. Le mouvement d'un glacier s'oppose à la pression qu'exerce le poids de la glace, et la glace est poussée au delà des dépressions qu'elle rencontre avant de pouvoir se mouler sur elles. Par exemple, la figure 1 du dessin ci-joint représente une section d'une partie de la couche inférieure d'un glacier commençant à agir par le frottement sur les rochers préalablement soumis aux intempéries de l'atmosphère qui le supportent. G G indiquent le glacier et la flèche la direction dans laquelle le glacier se meut. La glace, après avoir dépassé les éminences A, B, C, ne remplit pas complétement les creux D, E, F.

Ces faits peuvent être observés sur les côtés des glaciers les plus considérables et particulièrement en divers endroits sur le côté nord du glacier de Gorner. A de certaines places, comme au point marqué D dans la figure 1, on peut s'avancer sous le glacier, voir la glace recouvrant les creux des rochers ainsi

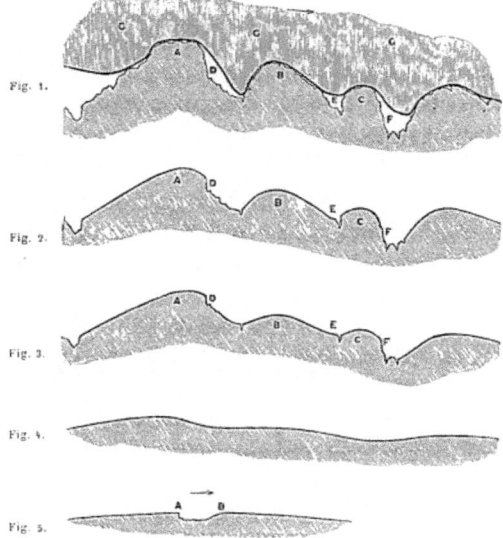

qu'un pont, et constater non-seulement qu'elle se meut, mais qu'elle se moule partiellement aux rochers dans les aspérités de leurs éminences.

§ 3. Il est donc évident que quand un glacier passe sur un terrain semblable à celui que représente la figure 1 il se trouve supporté par un certain nombre de parties saillantes, et qu'il en franchit, comme des ponts, les parties creuses. Les parties du rocher que la glace touche, supportant tout le poids et tout le frottement du glacier, sont seules enlevées ou polies, tandis que les parties creuses restent intactes.

§ 4. Mais, tandis que le mouvement du glacier le pousse par-dessus les dépressions, le poids de la glace le fait descendre dans ces dépressions, et la glace vient frapper la seconde éminence plus bas que la première. Ainsi, après avoir dépassé le creux D, la glace frappe l'éminence B à un degré inférieur à celui qu'elle a atteint contre l'éminence A (fig. 1).

§ 5. L'effet immédiat est le suivant : les plus petites aspérités du rocher sont atteintes et surtout celles qui se trouvent opposées à la direction du mouvement du glacier ; elles sont écrasées, et les fragments qui en étaient déjà détachés sont balayés ou emportés ; en tout cas elles disparaissent (fig. 2).

§ 6. En conséquence le glacier est supporté par une plus grande surface, et son action s'exerce sur une plus vaste étendue. En outre l'épaisseur de la matière enlevée diminue constamment, bien que la force qui agit continue d'être la même.

§ 7. Le frottement incessant de la glace ou des matières étrangères qu'elle renferme finit à la longue par abaisser le niveau des éminences du rocher ; mais les surfaces des fractures ou des dépressions du rocher qui ne sont pas opposées à la direction du mouvement du glacier ne subissent aucune altération si elles sont perpendiculaires ou à peu près perpendiculaires à la direction du mouvement ; elles continuent d'exister (quoique en diminuant de plus en plus) jusqu'à ce que le lit entier du glacier (c'est-à-dire la surface des rochers) ait été réduit sur une grande étendue presque à l'état de surface plane.

Les rochers arrondis par l'action des glaciers (voir les figures 2 et 3) s'appellent des *roches moutonnées* et les surfaces intactes des *roches moutonnées* (voir les points d, f, dans les figures 2 et 3) s'appellent des *lee-sides* (mot à mot côtés sous le vent). Les *lee-sides* fournissent souvent d'utiles indications sur les directions qu'ont suivies les glaciers qui n'existent plus.

§ 8. Si les glaciers continuent d'agir sur les *roches moutonnées*, les effets qu'ils produisent ne sont qu'une extension de ceux qui ont été décrits au paragraphe 7. Les points les plus élevés des rochers sont de plus en plus polis, tandis que les côtés des dépressions échappent entièrement ou en partie à l'action de la glace selon qu'ils sont ou ne sont pas opposés à la direction du mouvement du glacier. Les éminences sont entièrement enlevées dans un certain laps de temps, et leurs positions, de même que celles des dépressions, ne sont plus indiquées que par des convexités ou concavités à peine visibles (figure 4). Ces dernières peuvent à la fin disparaître et de vastes superficies de rochers se trouver réduites à l'état de surfaces planes.

De telles surfaces sont communes au Groënland dans le voisinage immédiat ou au-dessous des glaciers actuels. Je propose de les appeler *roches nivelées* pour les distinguer des roches moutonnées[1].

§ 9. Le passage des glaciers sur les rochers y produit souvent des stries (voir la gravure de la page 154). Ces rayures sont faites par des corps étrangers fixés dans les couches inférieures des glaciers ou roulant et glissant entre la glace et les rochers. Ces corps étrangers sont des fragments de rochers tombés des parois supérieures ou enlevés par le glacier lui-même au lit rocheux sur lequel il repose.

En général, les stries sont communes sur les roches qui

---

1. C'est de Saussure qui a employé le premier l'expression de *roches moutonnées*, et, dans le paragraphe 1061 de ses *Voyages dans les Alpes*, il en a donné l'explication suivante : Plus loin, derrière le village de Juviana ou Envionne, on voit des rochers dans la forme que j'appelle *moutonnée*. Les montagnes auxquelles j'applique cette expression se composent d'un groupe de têtes arrondies.... Ces rondeurs contiguës et fréquentes donnent comme ensemble l'impression d'une toison bien fournie ou de l'une de ces perruques qu'on appelle *moutonnées*.

sont seulement *moutonnées ;* elles sont plus rares ou manquent complétement sur les roches *nivelées*. Elles indiquent une période comparativement primitive de l'action des glaciers.

§ 10. Il coule toujours une plus ou moins grande quantité d'eau sous les glaciers. Dans les premières périodes de l'action glaciaire, cette eau, produite par diverses causes, trouve un libre cours parmi les dépressions des rochers sous la glace; mais, à mesure que les rochers deviennent plus polis et plus plats, elle éprouve plus de difficulté à se frayer un passage, et, en rendant le frottement de la glace moins fort et plus uniforme, elle contribue à la production des surfaces parfaitement polies.

Après avoir ainsi expliqué comment les glaciers créent les surfaces *moutonnées* et *nivelées*, il n'est peut-être pas inutile de faire deux ou trois remarques sur les faits qui viennent d'être constatés et d'en tirer une ou deux conclusions.

1° La production des *roches moutonnées* doit être attribuée tout à la fois à la lenteur qui caractérise le mouvement des glaciers et à la plasticité de la glace.

2° Si les glaciers se mouvaient avec rapidité, les surfaces anguleuses ne seraient pas, on est autorisé à le croire, arrondies comme dans la figure 3 de la page 154, mais nivelées dès le début comme dans la figure 4.

Le professeur Streenstrup, de Copenhague, me lut, en 1867, dans un manuscrit qu'il possédait, une description très-intéressante de quelques effets extraordinaires produits en Islande dans l'année 1721 par un glacier dont les mouvements avaient été rapides. Près de la montagne Kötlugja, vers l'extrémité méridionale de l'île, des cours d'eau se formèrent sous ou dans les glaciers, soit par la chaleur intérieure de la terre, soit par d'autres causes, et acquirent une telle force qu'ils emportèrent, sur une étendue de plus de 12 kilomètres, de prodigieuses masses de glace dans la mer. Le sol, laissé à découvert, offrait l'aspect d'un parquet qui vient d'être raboté. Tout en admettant que les faits constatés dans ce vieux manuscrit aient été exagérés, on doit reconnaître que les effets produits sur les rochers par un glacier dont le mouvement est rapide sont identiques à ceux que produit dans une longue série d'années un mouvement ordinaire.

3° Ces résultats ne doivent pas sembler surprenants quand on se rappelle que les glaciers exercent toujours leur action en ligne droite, fait prouvé par les traces qu'ils laissent de leur passage, et qui, selon l'observation d'Agassiz, sont toujours plus ou moins rectilignes. Cette disposition, qui leur est propre, combinée avec leur impuissance à agir dans les dépressions (excepté sur une étendue limitée), montre pourquoi, par la destruction de tous les angles ainsi que de toutes les courbes, de vastes surfaces planes se trouvent enfin produites.

Il importe de le remarquer, les *roches moutonnées* ne peuvent pas avoir été usées à une grande profondeur par les glaciers durant l'époque glaciaire moderne[1].

Le degré d'égalité des *roches moutonnées* est en raison directe des forces qui les ont polies ; leurs formes d'abord rondes ne deviennent unies et plates que beaucoup plus tard. La rondeur des *roches moutonnées* démontre qu'elles n'ont pas été beaucoup diminuées par les glaciers, et leurs *lee-sides* corroborent fortement ce témoignage d'ailleurs incontestable.

4° En effet, à moins qu'il ne puisse être démontré que leur formation est postérieure à la retraite de la glace, même une *seule lee-side* dans un rocher jadis recouvert par un glacier nous démontre que nous voyons une surface qui a été exposée à l'action de l'atmosphère avant que le glacier eût commencé son œuvre de destruction ; et de *nombreuses lee-sides*, trouvées l'une après l'autre sur une superficie de quelques mètres carrés, prouvent que la surface entière de cette masse rocheuse a été diminuée par le frottement de la glace, mais d'un petit nombre de mètres.

---

1. Les géologues commencent à parler de périodes glaciaires bien plus éloignées que celle à laquelle je fais ici allusion.

CHAPITRE VI.

Les roches altérées sur une petite échelle, par les intempéries de l'atmosphère, ne prennent pas des formes pareilles à celles que représente le dessin ci-joint, mais ressemblent plutôt à celles qui sont figurées dans le dessin 1 de la page 154. On ne trouve jamais des cavités ou des rigoles profondes produites dans des rochers (quelles que soient leur nature ou leur composition) par les intempéries  de l'atmosphère ou par tout autre phénomène naturel. On ne trouve pas non plus un grand nombre de ces cavités ou rigoles rapprochées l'une de l'autre. Aussi, lorsque nous voyons des *lee-sides* comme celles qui sont marquées D et F dans la figure 3, page 154 (séparées peut-être par une distance de 3 mètres 50 cent., et représentant, ainsi que je l'ai déjà constaté, les restes de creux et de déchirures qui existaient avant que l'action du glacier se fît sentir), nous devons tenir pour certain que les éminences B, C, situées entre elles, n'ont été abaissées que d'un mètre au plus ; et, selon toute probabilité, l'épaisseur du rocher enlevé par le frottement ne dépasse pas la longueur d'une ligne tirée du point D au point F.

Les *lee-sides* intactes des *roches moutonnées* ont donc une valeur spéciale en ce qu'elles témoignent, bien qu'imparfaitement, de l'épaisseur de la roche enlevée par les glaciers qui ont exercé leur action au-dessus et à l'entour.

5° J'ai posé en fait dans le paragraphe 6 que la quantité de roche usée par le frottement de la glace diminue constamment, si la force qui agit sur la roche reste la même. En d'autres termes, si un glacier épais de 300 mètres, descendant dans une vallée avec une vitesse de 90 mètres par an, peut dans le cours d'une année enlever deux centimètres et demi à toutes les surfaces qu'il touche, l'année suivante (en admettant que son épaisseur et sa vitesse restent les mêmes) son action n'aura plus exactement les mêmes effets, car elle s'exercera sur une plus grande superficie.

6° L'action d'un glacier sur des rochers doit-elle être considérée comme destructive ou conservatrice ? A cette question, je répondrais sans hésiter : elle est surtout conservatrice. Elle est certainement destructive dans de certaines limites ; toutefois, comme un maçon qui élève une colonne destinée à être polie, le glacier enlève une légère couche au rocher sur lequel s'exerce son frottement, afin de préserver plus efficacement les parties restantes. En en effaçant les inégalités, et par conséquent en diminuant l'étendue des surfaces exposées aux intempéries de l'atmosphère, le glacier, quand il se retire, laisse le rocher dans une meilleure condition pour résister aux attaques de la chaleur, du froid et de l'eau.

Ceux-là mêmes qui accusent d'ordinaire les glaciers des plus épouvantables destructions ont souvent constaté que les surfaces polies, qu'ils laissent à découvert, semblent impérissables. Des siècles, que dis-je, des milliers d'années se sont écoulées et les *roches moutonnées* conservent leur forme sans altération.

Ainsi donc, je l'affirme de nouveau, les glaciers, pendant leur vie comme après leur mort, considérés en eux-mêmes, ou comparés à d'autres forces naturelles, doivent être regardés comme éminemment conservateurs dans leurs actes et dans leurs intentions.

La journée du 3 août se termina par une promenade sur le glacier de Findelen. Nous revînmes à Zermatt plus tard que nous n'en avions eu l'intention, tous deux accablés de sommeil (ce détail n'est intéressant que pour les conséquences qu'il eut). Nous devions passer le lendemain le col de Valpelline, et il nous fallait partir de bonne heure. M. Seiler, toujours excellent, le savait ; aussi vint-il en personne nous réveiller. Quand il frappa à ma porte, je répondis : « Très-bien, Seiler, je vais me lever. » Puis je me tournai immédiatement sur l'autre oreille, en me disant : « Commençons par dormir encore dix petites minutes. » Mais Seiler attendit, écouta et frappa de nouveau à la porte, se doutant bien de ce qui se passait. « Monsieur Whymper, avez-vous de la lumière ? — Non, » lui dis-je sans penser aux conséquences de ma réponse ; aussitôt le digne homme n'hésita pas à forcer la serrure de sa propre porte pour me donner une bougie allumée. C'est par de semblables actes, aussi bienveillants que désintéressés, que M. Seiler a acquis une réputation vraiment digne d'envie.

A quatre heures du matin, nous quittions l'hôtel du Mont-Rose, et bientôt nous marchions à grands pas le long des bouquets de vieux aunes qui bordent le sentier de la délicieuse petite vallée conduisant au glacier de Z'mutt[1].

Aucune montagne ne peut sembler ou être plus inaccessible que le Cervin de ce côté; même quand on est de sang-froid, on retient son haleine à la vue de ses prodigieux escarpements. Il y en a peu dans les Alpes qui puissent les égaler en grandeur, et aucun ne mérite plus réellement le nom de *précipice*. Le plus grand de tous est l'immense paroi septentrionale, celle qui s'incline du côté du glacier de Z'mutt. Les pierres qui se détachent du sommet de ce mur prodigieux tombent d'une hauteur de 450 mètres avant de rencontrer aucun point d'appui; et celles qui, tombées des parois supérieures de la montagne, rebondissent par-dessus, lancées à une profondeur bien plus considérable, roulent à environ 300 mètres au delà de sa base. Ce côté de la montagne a toujours offert un aspect sombre, désolé, terrible; il n'inspire que de douloureuses pensées de destruction, de ruine, de mort; et maintenant, hélas! les sinistres souvenirs qui s'y rattachent l'ont rendu plus que terrible.

« Les escarpements du Cervin ne présentent aucun aspect de destruction, » dit le professeur Ruskin. D'accord, quand on les voit de très-loin : cependant approchez un peu, asseyez-vous près du glacier de Z'mutt et vous entendrez le bruit de leur destruction lente, mais incessante. Vous l'*entendrez*, mais vous ne la *verrez* pas; quand bien même les masses de rochers qui s'éboulent retentiraient dans leur chute avec un fracas semblable aux détonations d'une artillerie formidable, quand bien même

---

[1]. Le sentier du côté droit de la vallée (côté sud) est beaucoup plus pittoresque que celui du côté gauche. Pour notre route, voyez les cartes de la vallée de Zermatt et de la vallée de Valpelline.

les échos de l'Ébihorn vous renverraient en face ces décharges assourdissantes, vous ne croiriez voir que des pointes d'épingles rouler sur les flancs de la vieille montagne, tant les proportions en sont grandioses.

Souhaitez-vous assister à « des scènes de destruction ? » Approchez-vous-en plus près encore, escaladez-en les rochers escarpés et les arêtes, ou montez sur le plateau du glacier du Cervin, constamment déchiré et labouré par ces projectiles lancés de si haut, et dont la surface est parsemée de leurs plus petits fragments; car les masses énormes, tombant avec une effrayante vitesse, plongent sous la neige et disparaissent à la vue.

Le glacier du Cervin, lui aussi, fait rouler ses avalanches, comme s'il voulait rivaliser avec les escarpements qui le dominent. Son côté septentrional ne se termine pas, comme dans les autres glaciers, par des pentes douces, il est coupé brusquement au sommet de rochers abrupts qui le séparent du glacier de Z'mutt; rarement une heure se passe sans qu'une immense tranche de glace s'en détache et tombe avec un fracas effroyable sur les pentes situées au-dessous, où elle forme un nouveau glacier.

Les pins à l'aspect désolé, qui dépassent les lisières des forêts de Z'mutt, dépouillés de leur écorce et blanchis par les frimas, forment le premier plan d'une scène dont la grandeur solennelle ne saurait guère être surpassée. C'est un sujet digne du pinceau d'un grand peintre et l'un de ceux qui pourraient donner la mesure des facultés du plus grand de tous les artistes.

Au-dessus du glacier, le Cervin offre un aspect moins sauvage, mais il n'est pas moins impraticable. Trois heures plus tard, quand nous arrivâmes à l'îlot rocheux appelé *le Stockje* (qui marque la fin du glacier de Z'mutt proprement dit, et qui sépare le glacier plus élevé qui l'alimente, le glacier de Stock, de celui de Tiefenmatten qui est situé au-dessous, mais qui est plus grand encore), Carrel lui-même, un des hommes les moins démonstratifs que j'aie connus, ne put s'empêcher d'exprimer son étonnement en en contemplant les colossales parois si prodigieusement escarpées, et en pensant à l'audace qui nous avait déterminés à camper sur l'arête du sud-ouest, et dont on distingue très-bien le profil du Stockje. Carrel voyait alors pour la première fois les flancs nord et nord-ouest de la montagne, et plus que jamais il était fermement persuadé que l'ascension du Cervin n'était possible que du côté du Breuil.

Trois ans après, je passais au même endroit avec le guide Franz Biener, quand une bouffée de vent nous apporta soudain une odeur très-désagréable. En cherchant autour de nous d'où provenait cette odeur, nous découvrîmes un chamois mort à mi-chemin des escarpements méridionaux du Stockje. Nous y grimpâmes et nous vîmes qu'il avait été victime d'un accident aussi rare qu'extraordinaire. Ayant glissé sur les rochers supérieurs, il avait roulé tout le long d'une pente de débris sans pouvoir reprendre pied, puis il était tombé sur un petit îlot de rochers qui se dressait au milieu des éboulis. Les pointes de ses deux cornes s'étaient accrochées à une toute petite saillie, large à peine de 2 centimètres et demi, et d'où il n'avait pu atteindre que les débris situés au-dessous des rochers qu'il avait labourés et rejetés avec ses pieds jusqu'à ce qu'il n'eût plus trouvé que le vide. Évidemment il était mort de faim, et nous trouvâmes le pauvre animal presque flottant dans les airs, la tête rejetée en arrière, la langue pendante, et les yeux tournés vers le ciel, comme s'il implorait son secours.

Nous n'eûmes aucune aventure de ce genre en 1863 et nous nous rendîmes par ce passage facile aux chalets de Prarayen, sans nous donner la moindre peine. Du sommet à Prarayen, descendons d'un seul pas. Le chemin a déjà été décrit, et ceux de nos lecteurs qui désireront de plus amples renseignements pourront consulter la description de M. Jacomb, qui a découvert ce passage [1]. Nous n'avions pas besoin non plus de nous ar-

---

1. *Peaks, Passes, and Glaciers*, seconde série.
Le sommet du col de Valpelline est à environ 3550 mètres d'altitude. Le passage est un des plus faciles des Alpes à cette hauteur, et (si on suit la meilleure direction) on peut le traverser par un beau temps et dans des circonstances favorables sans tailler un seul degré. Ajoutons cependant que, si l'on ne prend

rêter à Prarayen, si ce n'est pour faire remarquer que le propriétaire des chalets, que l'on prend d'ordinaire pour un simple berger, ne doit pas être jugé sur les apparences. C'est un personnage important, qui possède un grand nombre de troupeaux ; quand on l'aborde avec politesse, il est plein de courtoisie; mais il peut (et il le voudra sans doute) se montrer le *maître* de Prarayen, si sa position n'est pas *reconnue*, et se donner toute l'importance d'un homme qui paye à son gouvernement plus de 500 fr. d'impôts par an.

Les hauteurs qui dominent Prarayen étaient couvertes de nuages, quand nous quittâmes notre lit de foin le 5 août au matin. Nous résolûmes de ne pas continuer immédiatement le tour du Cervin, et nous remontâmes notre chemin de la veille jusqu'au chalet le plus élevé sur le versant gauche de la vallée[1], dans l'intention d'attaquer la Dent d'Hérens le lendemain matin.

Nous tenions surtout à en faire l'ascension pour la vue très-complète que l'on y découvre sur l'arête du sud-ouest et sur le pic supérieur du Cervin.

A cette époque, l'ascension de la Dent d'Hérens n'avait pas encore été faite, et le 4 nous nous étions éloignés de notre route pour gravir jusqu'à une certaine hauteur la base du mont Brûlé, afin d'examiner si les pentes du sud-ouest en étaient accessibles. Nous différions d'opinion sur la meilleure direction à prendre pour en atteindre le sommet. Carrel, fidèle à son habitude

---

pas le bon chemin, il peut offrir des difficultés de premier ordre. On s'épargnera donc beaucoup de temps et de peine en suivant constamment le côté gauche (côté oriental) du glacier de Zardesan. M. Jacomb suivit le côté droit.

On découvre une très-belle vue du point situé à peu près à un kilomètre au sud-est du sommet du col. Ce point, marqué 3813 mètres sur la carte de la vallée de Zermatt, ne porte aucun nom. Il est relié au col par un glacier couvert de neige dont la pente n'est pas très-forte, et on voit très-bien par-dessus la Tête-Blanche, dont l'élévation est inférieure de 60 mètres. J'en fis l'ascension en 1866.

1. V. la carte de la vallée de Valpelline. Le chalet y est marqué « la vieille. » — Le lecteur remarquera probablement les différences qui existent entre cette partie de la carte de la vallée de Zermatt et celle de la vallée de Valpelline. Cette dernière est correcte. La première a été dressée d'après la carte du gouvernement suisse, qui est très-exacte pour le versant suisse de la frontière, mais qui ne peut pas prétendre au même éloge pour le versant italien.

de suivre les rochers de préférence à la glace, me conseillait de monter par le long contre-fort de la tête de Bella Cia (qui descend vers l'ouest, et forme la limite méridionale du dernier glacier qui se déverse dans le glacier de Zardesan), puis, de là, de traverser, dans leur partie supérieure, tous les tributaires du Zardesan jusqu'à l'arête rocheuse et occidentale de la Dent d'Hérens. De mon côté, je proposais de suivre le glacier de Zardesan dans toute sa longueur, et de nous diriger du plateau d'où il descend (là, ma route croisait celle que proposait Carrel) en droite ligne vers le sommet, en remontant la pente du glacier couverte de neige, au lieu d'escalader l'arête occidentale. Le petit bossu Meynet, qui nous accompagnait dans ces excursions, se déclara en faveur de la route de Carrel, et cette route fut en conséquence adoptée.

La première partie du programme eut un succès complet; le 6 août, à 10 h. 30 du matin, nous étions assis à califourchon sur l'arête occidentale, à une hauteur d'environ 3800 mètres, contemplant au-dessous de nous le glacier de Tiefenmatten. Suivant toute apparence, une heure seulement devait nous suffire pour atteindre le sommet; mais, deux heures après, nous reconnûmes tous que nous devions forcément échouer dans notre tentative. Comme toutes les crêtes rocheuses des grands pics que j'ai escaladés, l'arête, complétement réduite en morceaux par la gelée, n'offrait plus qu'un amas de fragments superposés. Partout elle était étroite, et les points les plus étroits se trouvaient les moins solides et les plus difficiles. Nous ne pouvions monter ni d'un côté ni de l'autre en nous tenant un peu au-dessous de la crête même; le versant du glacier de Tiefenmatten était trop escarpé, et sur les deux versants un seul bloc dérangé eût détruit l'équilibre de tous ceux qui le dominaient. Ainsi forcés de nous tenir constamment sur la crête même de l'arête, sans qu'il nous fût permis de dévier d'un seul pas soit à droite, soit à gauche, nous étions contraints de nous confier à des masses mal assises, qui tantôt tremblaient sous nos pieds, tantôt se tassaient après s'être heurtées avec un bruit sourd et sinistre, et qui toutes semblaient prêtes, au moindre ébranlement, à se précipiter avec fracas au bas de la montagne, en formant une effroyable avalanche.

Je suivais mon guide, qui ne disait mot, et qui ne protesta pas jusqu'à ce que nous fussions arrivés à un endroit où un bloc de rochers posé en équilibre en travers de l'arête nous barra le passage. Carrel ne pouvait ni l'escalader sans aide, ni monter plus haut avant que je l'eusse gravi à mon tour. Quand il passa de mon dos sur cette masse chancelante, je la sentis trembler et se pencher sur moi. Elle n'eût pas pu évidemment supporter le poids d'un autre homme sans rouler dans l'abîme. Alors je refusai de continuer. Il n'y avait ni gloire à persévérer, ni déshonneur à ne pas franchir un passage trop difficile pour n'être pas dangereux. Nous retournâmes donc à Prarayen, car nous n'avions plus assez de temps pour pouvoir remonter par l'autre direction qui était, comme le démontra plus tard l'expérience, la seule par laquelle il fût possible d'escalader la Dent d'Hérens[1].

---

1. J'ai constaté (p. 10 du livre) qu'il n'existait aucun passage entre Prarayen et le Breuil, en 1860, et c'était vrai alors. Le 8 juillet 1868, le plus entreprenant de mes guides, J. Antoine Carrel, partit du Breuil à deux heures du matin, avec un camarade bien connu, — J. Baptiste Bich, de Val Tournanche, — pour tâcher d'en découvrir un. Ils se dirigèrent vers le glacier qui descend de la Dent d'Hérens au sud-est. Arrivés à sa base, ils commencèrent à monter sur des pentes de neige situées entre le glacier et les rochers qui se dressent au sud, puis ils suivirent les rochers eux-mêmes. (Ils nommèrent ce glacier le glacier du Mont-Albert, d'après le nom local du pic qui est appelé « les Jumeaux » sur la carte de la Valpelline, par M. Reilly. Sur cette carte de M. Reilly, le glacier est appelé « Glacier d'Hérens ».) Après avoir escaladé les rochers jusqu'à une hauteur considérable, ils traversèrent le glacier en remontant dans la direction du nord, jusqu'à un petit « rognon » (îlot de rochers isolé, qui occupe presque le centre du glacier). Ils passèrent entre le rognon et les grands *séracs*. Continuant à monter vers la Dent d'Hérens, ils arrivèrent à la base de son pic principal en escaladant un *couloir* rempli de neige et les rochers au pied desquels le glacier prend son origine. Ils atteignirent le sommet du passage à une heure de l'après-midi, et, redescendant par le glacier de Zardesan, ils arrivèrent à Prarayen à six heures trente minutes du soir.

Comme la route qu'ils suivirent rejoint celle que prirent MM. Hall, Grove et Macdonald dans leur ascension de la Dent d'Hérens, en 1863, cette montagne peut évidemment être escaladée en partant du Breuil. Carrel assure que la route qu'il a prise avec son camarade Bich est susceptible d'améliorations; s'il en est ainsi, on pourra probablement faire l'ascension de la Dent d'Hérens en partant du Breuil en moins de temps qu'en partant de Prarayen. Le Breuil est de beaucoup préférable comme point de départ.

Quatre jours plus tard, une expédition anglaise (dont faisaient partie mes amis, W. E. Hall, Craufurd, Grove et Reginald Macdonald) arriva dans la Valpelline. Ignorant notre tentative, elle fit le 12, sous l'habile direction de Melchior Anderegg, la première ascension de la Dent d'Hérens par la route que j'avais proposée. Cette montagne est la seule, parmi celles dont j'ai tenté l'ascension, que je n'aie pas réussi à escalader tôt ou tard. Notre insuccès était mortifiant, mais, dans ma conviction, nous avions eu raison de battre en retraite, et, si nous avions persisté dans notre tentative, en suivant la route de Carrel, les Alpes auraient gardé le souvenir d'un grave accident. Aucune autre ascension de la Dent d'Hérens n'a, que je sache, eu lieu jusqu'à ce jour.

Le 7 août, nous traversâmes le col du Va Cornère[1]; et en descendant le Val de Chignana, nous jouîmes d'une très-belle vue sur la montagne nommée le Grand Tournalin. On apercevait cette montagne de tant de points différents, elle dépassait tellement tous les autres pics qui l'entourent, qu'elle devait nécessairement offrir un vaste et magnifique panorama. Je m'arrangeai donc avec Carrel pour l'escalader le lendemain (le temps continuait à n'être pas favorable à l'ascension du Cervin), et je l'envoyai tout droit au village de Val Tournanche y faire les préparatifs nécessaires. Pendant ce temps, je descendais au Breuil, avec Meynet, par le plus court chemin, en passant derrière le mont Panquero, c'est-à-dire par un petit passage connu dans le pays sous le nom de col de Fenêtre. Le même soir, je rejoignais Carrel à Val Tournanche, que nous quittâmes le 8, avant 5 heures du matin, pour aller attaquer le Tournalin.

Meynet fut laissé à Val Tournanche ce jour-là. Ce fut bien malgré lui que le pauvre petit bossu se sépara de nous; il nous supplia avec instance de lui permettre de nous accompagner. « Ne me payez pas, mais laissez-moi aller avec vous, disait-il,

---

1. V. p. 11. Suivant le chanoine Carrel, ce passage est à 3150 mètres d'altitude.

— je n'ai besoin que d'un peu de pain et de fromage, et encore je n'en mangerai pas beaucoup ; — j'aimerais bien mieux aller avec vous que de transporter n'importe quoi dans la vallée? » Tels étaient ses arguments, et je fus véritablement contrarié que la rapidité de nos mouvements nous obligeât à abandonner le brave petit homme.

Carrel me fit d'abord passer à travers les pâturages qui dominent au sud et à l'est le village de Val Tournanche. Nous prîmes ensuite un sentier en zigzag qui traversait une longue et sombre forêt, mais nous montâmes souvent tout droit à travers les fourrés les plus épais, ce qui me prouvait qu'il avait une parfaite connaissance du chemin. Quand nous revîmes la lumière du jour, nous suivîmes en la remontant une de ces petites vallées latérales qui restent cachées à tous les regards et qui sont si nombreuses sur les flancs des montagnes qui environnent le Val Tournanche.

Cette vallée, la Combe de Ceneil, se dirige généralement vers l'est et ne contient qu'un petit groupe de maisons (Ceneil). Le Tournalin se dresse à son extrémité supérieure presque juste à l'est de Val Tournanche, mais de ce point on ne peut l'apercevoir. Au delà de Ceneil seulement, il devient visible au fond de la vallée, au-dessus d'un cirque de hauts escarpements sillonnés çà et là par plusieurs belles cascades. Pour éviter ces rochers, le sentier incline un peu vers le sud, en suivant le versant gauche de la vallée. A environ 1050 mètres au-dessus de Val Tournanche, à 450 mètres au-dessus de Ceneil et à 1 kilomètre à peu près à l'est de ce hameau, il atteint la base de quelques moraines, qui ont une largeur remarquable relativement aux dimensions des glaciers qui les ont formées. De ce point on découvre déjà une très-belle vue sur les chaînes de montagnes qui forment le versant occidental du Val Tournanche; mais là finit le sentier et le chemin devient de plus en plus abrupt.

Parvenus à ces moraines, nous eûmes à choisir entre deux routes. L'une se dirigeait à l'est, en franchissant les moraines, les débris qui les dominent et une large couche de neige plus élevée, pour aboutir, au sud du pic, à une sorte de col ou de dépression d'où une arête facile conduit au sommet. L'autre passait sur un étroit glacier, situé pour nous au nord-est (il n'existe plus probablement aujourd'hui), qui conduisait à un *col* très-bien indiqué au *nord* du pic, d'où une arête moins facile montait directement au point le plus élevé. Nous suivîmes la première de ces deux routes, et, en moins d'une grande demi-heure, nous parvînmes au col, d'où l'on découvre une vue splendide sur le versant méridional du Mont-Rose, ainsi que sur les chaînes de montagnes qui s'étendent à l'est du Mont-Rose et du Val d'Ayas.

Pendant que nous prenions un instant de repos sur ce col, une troupe nombreuse de chamois errants arrivèrent au sommet de la montagne par son versant nord. Quelques-uns, immobiles comme des statues, semblaient apprécier la beauté du panorama grandiose qui les environnait, tandis que d'autres s'amusaient à faire rouler des pierres par-dessus les rochers, tout comme des touristes à deux jambes auraient pu s'en passer la fantaisie. Au bruit de ces fragments de roche, nous levâmes la tête. Les chamois étaient si nombreux autour du sommet où ils s'étaient groupés, sans se douter de notre présence, que nous ne pouvions les compter. Ils se dispersèrent en un clin d'œil, pris de panique comme si une bombe eût éclaté au milieu d'eux, quand mon compagnon les salua de ses cris bruyants, se précipitant effarouchés dans toutes les directions, sûrs d'eux-mêmes dans leurs bonds les plus audacieux, si rapidement et avec tant de grâce, que nous nous sentîmes pénétrés de respect et d'admiration pour leurs facultés alpestres.

L'arête qui conduisait du col au sommet était singulièrement facile, bien que très-fendillée par la gelée, et, dans l'opinion de Carrel, il ne serait pas difficile d'établir un sentier pour les mulets entre les blocs de rochers[1]; mais, en arrivant au sommet de cette crête, nous nous trouvâmes séparés du point le plus élevé

---

1. Un chemin de mulets a été ouvert à l'aide d'une souscription de Val Tournanche au sommet du Grand Tournalin.

par un précipice qui nous avait été caché jusqu'à ce moment. Son versant méridional était presque perpendiculaire; il n'avait toutefois que 7 ou 8 mètres de profondeur. Carrel m'y descendit avec la corde, puis il descendit lui-même à l'aide de ma hache, sur mes épaules, avec une adresse qui était aussi éloignée de ma gaucherie que ses propres efforts l'étaient de la légèreté des chamois. Quelques degrés, faciles à escalader, nous conduisirent alors au point culminant. Jamais aucun être humain n'y était monté; aussi élevâmes-nous, en souvenir de cet événement mémorable, un énorme *cairn*, qui se voyait à plusieurs kilomètres de distance et qui eût duré bien des années si le chanoine Carrel ne l'eût fait jeter par terre parce qu'il gênait une chambre obscure qu'il avait installée en 1868 sur le sommet inférieur, afin d'en photographier le panorama. Suivant ce célèbre montagnard, le sommet du Grand Tournalin est à 1821 mètres au-dessus du village de Val Tournanche, et à 3400 mètres au-dessus du niveau de la mer. Y compris les haltes, l'ascension ne nous prit que quatre heures.

Je recommande l'ascension du Grand Tournalin à tous les touristes qui auraient une journée à dépenser dans le Val Tournanche. Qu'on ne l'oublie pas cependant (si l'on fait cette ascension pour la vue), les Alpes Pennines méridionales sont rarement libres de nuages dans l'après-midi, et très-souvent elles sont enveloppées de vapeurs dès dix ou onze heures du matin. Vers le coucher du soleil, l'atmosphère retrouve son équilibre et les nuages disparaissent très-généralement.

Je conseille l'ascension de cette montagne non pour sa hauteur ou pour la plus ou moins grande facilité de son accès, mais simplement pour l'immense et splendide panorama dont on jouit sur son sommet. Sa situation est superbe, et la liste des pics que l'on y découvre comprend presque l'ensemble des principales montagnes des groupes des Alpes Cottiennes, Dauphinoises, Grecques, Pennines et Oberlandaises.

Cette vue réunit au plus haut degré de perfection les éléments pittoresques qui manquent le plus souvent aux vues purement panoramiques de sommités plus élevées. Elle se divise en trois parties principales, dont chacune offre un point central ou dominant, vers lequel le regard se trouve naturellement attiré. Toutes trois forment en outre un tableau magnifique, différant absolument des deux autres. Au sud s'étend, adoucie par les vapeurs de la vallée d'Aoste, la longue ligne des Alpes Grecques, dont les cimes s'étagent jusqu'à plus de 3650 mètres d'altitude. Malgré le bel aspect de plusieurs d'entre elles, le regard, les dépassant, va s'arrêter sur le Viso, situé bien au delà à l'arrière-plan. A l'ouest et vers le nord, la chaîne du Mont-Blanc et quelques-unes des plus hautes cimes des Alpes Pennines centrales (y compris le Grand Combin et la Dent Blanche) forment le fond du tableau, mais elles sont surpassées par les chaînes plus grandioses encore que domine le Cervin. A l'est et au nord, ni les belles pentes gazonnées qui conduisent doucement jusqu'au Val d'Ayas, ni les glaciers et les champs de neige qui les surmontent, ni l'Oberland lointain n'attirent longtemps l'attention, quand, juste en face, à quelques kilomètres en avant, mais semblant être à la portée de la main, se dressent, sur l'azur si pur du ciel, les crêtes étincelantes du Mont-Rose.

Que ceux qui regrettent de ne pouvoir escalader les cimes les plus élevées des Alpes se consolent en apprenant qu'elles n'offrent pas généralement les vues qui laissent dans la mémoire l'impression la plus forte et la plus durable. Assurément quelques-uns des panoramas que l'on découvre du sommet des pics les plus hauts sont merveilleux ; mais ils ne sauraient présenter ces points isolés et centraux qui ont une si grande valeur au point de vue pittoresque. L'œil erre sur une multitude d'objets (dont chacun a peut-être sa grandeur individuelle), et, distrait par l'embarras des richesses qu'il découvre, il court de l'un à l'autre, effaçant, dans la contemplation de l'un, l'effet que l'autre a produit. Lorsque ces heureux moments, qui s'enfuient toujours avec une trop grande rapidité, sont passés, on quitte le sommet avec une impression rarement durable, parce qu'elle est d'ordinaire très-vague.

Les vues qui laissent des impressions profondes sont surtout celles que l'on ne fait qu'entrevoir, quand un voile de nuages, se déchirant brusquement, découvre une aiguille ou un dôme isolé. Les pics qu'on aperçoit alors ne sont peut-être ni les plus grands ni les plus majestueux; mais leur souvenir survit dans la mémoire à bien des vues panoramiques, parce que ce tableau, photographié par l'œil, a le temps de sécher, au lieu d'être effacé, tandis qu'il est encore humide, par le contact d'autres impressions. Le contraire a lieu pour les vues panoramiques à vol d'oiseau que l'on découvre du haut des grands pics, et qui embrassent quelquefois une étendue de 125 kilomètres dans toutes les directions. La multitude des détails trouble le regard et le rend incapable de distinguer la valeur relative des objets qu'il aperçoit. Il est presque aussi difficile, sans instrument, d'apprécier avec justesse les hauteurs respectives d'un certain nombre de pics quand on les contemple d'une haute sommité, que si on les regarde du fond d'une vallée. Selon moi, les points les plus favorables pour jouir pleinement des grands paysages des montagnes sont ceux dont l'élévation permet d'éprouver l'impression de la profondeur et de la hauteur, et, tout en offrant des points de vue étendus et variés, n'abaisse pas tout ce qui l'entoure au niveau du spectateur trop haut placé. La vue du Grand Tournalin est un exemple excellent de ce modèle accompli de vue panoramique.

Nous descendîmes du sommet par la route du nord que nous trouvâmes passablement raide jusqu'au col; du col au glacier, nous suivîmes une ligne droite et nous rejoignîmes le chemin que nous avions choisi pour la montée, au pied de la crête qui

CHAPITRE VI.

conduit vers l'est. Nous étions de retour au Breuil dans la soirée.

A trois kilomètres environ au nord du village de Val Tournanche, se dresse un escarpement abrupt, et, juste au-dessus de ce degré de la vallée, le torrent a tellement rongé la pierre pour se creuser un lit qu'il a formé un gouffre extraordinaire, connu depuis longtemps sous le nom de gouffre de Busserailles. Nous allâmes rôder à l'entour pour écouter le fracas des eaux que nous ne pouvions voir, et pour contempler leur bouillonnement tumultueux à leur sortie de cette gorge aussi obscure que profonde, dans laquelle nous essayâmes en vain de pénétrer. Au mois de novembre 1865, l'intrépide Carrel décida deux de ses camarades, — les Maquignaz de Val Tournanche, — hommes sûrs et adroits, à le descendre à l'aide d'une corde au fond de l'abîme, au-dessus de la cataracte. Ce tour de force exigeait des nerfs d'acier, des muscles et un sang-froid peu ordinaires ; il suffirait à lui seul pour prouver la résolution et le courage de Carrel. L'un des Maquignaz descendit ensuite de la même manière ; ces deux hommes furent si étonnés de ce qu'ils virent qu'immédiatement ils se mirent à l'œuvre à coups de marteau et de ciseau afin d'ouvrir un passage dans cet abîme pittoresque. En peu de jours ils eurent construit une galerie en planches, rustique mais commode, qui conduit jusqu'au centre du gouffre en en suivant les parois. Tous les touristes peuvent maintenant pénétrer dans le gouffre des Busserailles, moyennant une redevance de 50 centimes.

Je ne saurais donner au lecteur une idée exacte de cette étonnante curiosité de la nature, sans le secours d'un plan et d'une ou deux coupes. Il a quelques traits de ressemblance avec la gorge représentée page 150, mais il est un témoignage bien plus frappant de l'action caractéristique et de la force extraordinaire des eaux dont le cours est rapide. L'abîme ou le gouffre a environ 96 mètres de longueur et 33 mètres à peu près de hauteur, entre le bord supérieur des parois et la surface de l'eau. On ne peut d'aucun point en saisir d'un seul coup d'œil la longueur ni la profondeur totale ; la vue est limitée par la sinuosité des parois, bien que, à de certaines places, la largeur atteigne ou dépasse 4 mètres 50 centimètres. Ces parois offrent partout une surface brillante et polie comme du verre. Par endroits, le torrent, minant le roc en dessous, a formé des ponts naturels. Toutefois, la plus grande singularité du gouffre de Busserailles sont encore les cavernes (ou *marmites*, comme on les appelle dans le pays), que l'eau a creusées dans le cœur même du rocher. Le sentier de planches, construit par Carrel, conduit dans une des plus grandes. C'est une grotte qui a près de 8 mètres dans son diamètre le plus large et 5 mètres environ de hauteur ; le torrent roule en grondant au fond d'une fissure, au-dessous de la voûte du rocher. Il faut de la lumière pour visiter cette caverne, et on ne peut s'y parler que par signes à cause du bruit assourdissant de l'eau.

Je visitai l'intérieur du gouffre de Busserailles en 1869, et ma surprise à la vue des cavernes s'augmenta encore quand j'eus remarqué la dureté du roc dans lequel elles avaient été creusées. Carrel en fit sauter, avec un ciseau, un grand éclat qui est actuellement sous mes yeux. Sa surface, parfaitement unie, ressemble à du verre et pourrait être prise un instant pour une roche polie par un glacier. Mais l'action de l'eau en a extrait les atomes les moins durs, et sa surface est pointillée de petits trous comme la figure d'un individu qui a eu la petite vérole. Le bord de ces petits creux est arrondi, et leur intérieur tout entier est presque aussi bien poli que la surface générale du fragment[1]. L'eau a creusé, dans quelques veines de stéatite, bien plus profondément que dans les autres parties, et probablement la présence de la stéatite peut servir à expliquer la formation du gouffre.

J'arrivai au Breuil, après une absence de six jours, très-satisfait de mon tour du Cervin, excursion que la bonne volonté

---

1. Les trous qui existent dans les roches polies par les glaciers (qui ne sont pas rongées par les eaux) sont plus ou moins anguleux.

de mes guides et la bienveillance des paÿsans avaient rendue très-agréable. Mais, il faut d'abord l'admettre, les habitants du Val Tournanche sont très-arriérés. Leurs chemins restent en aussi mauvais état (peut-être même se sont-ils encore détériorés) que du temps de de Saussure, et leurs auberges sont bien inférieures à celles du versant suisse des Alpes. S'il en était autrement, leur vallée deviendrait à coup sûr une des vallées les plus populaires et les plus fréquentées des Alpes; mais, telle qu'elle est, à peine les touristes y sont-ils entrés qu'ils ne pensent qu'à en sortir; aussi est-elle beaucoup moins connue qu'elle ne mérite de l'être pour ses beautés naturelles.

Dans mon opinion, le plus grand obstacle qui existe à l'amélioration des chemins dans les vallées italiennes, est surtout l'idée généralement répandue que les aubergistes seuls profiteraient de ce progrès. Cette idée est juste jusqu'à un certain point; mais, comme en définitive la prospérité des habitants se lie à celle des aubergistes, leurs intérêts sont presque absolument identiques. Tant qu'ils n'auront pas rendu leurs chemins moins difficiles et moins marécageux, les Italiens devront se résigner à voir la Suisse et la Savoie récolter la plus belle partie de la moisson d'or qu'apportent chaque été les étrangers. Que les aubergistes s'inquiètent aussi un peu plus de la question si importante des vivres. Très-souvent leurs provisions sont insuffisantes, et, d'après ma propre expérience, d'une qualité déplorable.

Je ne me risquerai pas à critiquer en détail les plats servis sur la table, car je suis parfaitement ignorant de ce qui peut entrer dans leur composition. Il est généralement admis parmi les touristes des Alpes que la viande de chèvre représente celle du mouton, et que le mulet figure le bœuf et le chamois. Je réserve mon opinion à ce sujet jusqu'à ce qu'on m'ait expliqué ce que deviennent les mulets quand ils sont morts. Mais je puis le dire sans blesser, je l'espère, les susceptibilités des aubergistes italiens que je connais, leurs relations avec leurs hôtes seraient fort adoucies s'il leur arrivait moins fréquemment de considérer comme criminelles les plus humbles requêtes qui leur sont adressées pour obtenir une nourriture un peu plus substantielle. Les airs d'étonnement dédaigneux avec lesquels ils accueillent toujours de semblables réclamations me rappellent un aubergiste du Dauphiné qui me disait un jour :

« Il y a, à ce qu'on m'a dit, un très-grand nombre de touristes en Suisse.

— En effet, répondis-je, il y en a beaucoup.

— Combien ? me demanda-t-il.

— Ma foi, répondis-je, j'en ai vu souvent plus de cent assis ensemble à la même table d'hôte. »

Il leva les bras au ciel :

« Comment, dit-il ; mais en ce cas il faudrait donc leur servir de la viande tous les jours ?

— Mais c'est assez probable.

— Oh, alors, répondit-il, *je crois qu'il vaut mieux pour nous qu'ils ne viennent pas ici.* »

M. Favre.

CHAPITRE VII.

SIXIÈME TENTATIVE POUR ESCALADER LE SOMMET DU CERVIN[1].

Carrel avait carte blanche pour engager des guides ; il choisit son parent César, Luc Meynet et deux autres individus dont je ne sais plus les noms. Ces hommes se trouvaient réunis et nos préparatifs s'achevaient quand le temps parut vouloir se remettre au beau.

Nous nous reposâmes le dimanche 9 août, surveillant avec anxiété la diminution progressive des nuages autour du Cervin, et, le 10, nous partîmes avant l'aube par une matinée calme et sans nuages, qui semblait promettre un heureux succès à notre entreprise.

Marchant sans nous arrêter, mais sans nous presser, nous arrivâmes au col du Lion avant neuf heures. Des changements y avaient eu lieu. Des saillies bien connues avaient disparu ; la plate-forme, sur laquelle ma tente avait été dressée, offrait un aspect désolé ; la moitié des pierres qui la composaient avaient

---

1. Un récit succinct de cette excursion a été publié dans l'*Athenæum* du 29 août 1863.

disparu, dispersées ou détruites par le vent et la gelée ; le sommet du col lui-même, qui, en 1862, avait toujours présenté une largeur respectable recouverte de neige, était maintenant plus aigu que le toit d'une église et formé de glace dure. Le mauvais temps de la semaine précédente avait, nous ne l'avions déjà que trop constaté, produit son effet. A plus de cent mètres au-dessous du col, les rochers étaient revêtus d'une glace brillante. Une neige inconsistante recouvrait les anciennes couches durcies et son apparence perfide faillit nous faire perdre notre guide. Il avait mis le pied sur une couche qui paraissait solide, et levait sa hache pour y tailler un degré, mais, au moment où il allait abaisser son bras, la croûte de la pente sur laquelle il s'était avancé se rompit brusquement et glissa en longues traînées, laissant à découvert de grandes bandes d'une glace polie qui étincelait au soleil. Avec une promptitude admirable, Carrel se rejeta en arrière sur le rocher qu'il venait de quitter et où il n'avait aucun danger à craindre. Il se contenta de faire simplement cette remarque : « Il est temps de nous attacher ; » et, quand nous fûmes tous liés à la corde, il reprit son travail comme s'il ne fût rien arrivé[1].

Les deux heures qui suivirent nous fournirent des preuves nombreuses de l'utilité d'une corde pour les *grimpeurs* des Alpes. Nous étions attachés à une certaine distance l'un de l'autre et nous avancions en général deux par deux. Carrel, qui tenait la tête, était suivi de près par un autre homme qui lui prêtait son épaule ou plaçait une hache sous ses pieds, selon la nécessité ; quand ils occupaient tous deux une bonne position, le second couple, puis le troisième, avançait de la même

---

1. Cet incident eut lieu près de l'endroit représenté dans la gravure qui fait face à la page 127. La neige nouvelle et sèche était extrêmement gênante, car, retombant comme de la farine, elle comblait les degrés qui venaient d'être taillés le long de la pente. Le guide placé en tête s'avançait en conséquence aussi loin que possible et s'ancrait pour ainsi dire aux rochers. On lui jetait alors une corde qui était fixée à chaque extrémité, et que chacun tenait comme une rampe pendant la traversée du mauvais pas. Ne voulant pas nous fier à cette seule corde, nous étions en outre attachés comme à l'ordinaire. La seconde corde avait surtout pour but et pour résultat de nous garantir contre les glissades.

manière. Cette méthode était lente, mais sûre. Un homme seul se mettait en mouvement à la fois, et s'il glissait (ce qui nous arrivait fréquemment), il était presque immédiatement arrêté par les autres. La sûreté de notre marche donnait toute confiance à celui qui faisait un pas en avant, et non-seulement lui permettait d'employer toutes ses forces, mais soutenait encore son courage dans les mauvais pas. Ces rochers, assez commodes à escalader, comme je l'ai déjà dit, dans les circonstances ordinaires, étaient devenus d'un accès extrêmement difficile. La neige, depuis bien des jours déjà, avait commencé à fondre et à couler en petits filets d'eau qui avaient suivi naturellement la pente même que nous voulions remonter, et qui, regelés pendant la nuit, avaient recouvert les rochers qu'il nous fallait gravir d'une couche glacée, tantôt aussi fine qu'une feuille de papier, tantôt si épaisse que nous devions presque y tailler des degrés. Le temps était superbe, les hommes supportaient patiemment la fatigue et poussaient de grands cris pour réveiller les échos de la Dent d'Hérens.

Nous avancions donc gaiement, et, quand nous eûmes dépassé la seconde plate-forme de la tente, la Cheminée et d'autres endroits qui nous étaient familiers, nous espérions déjà passer la nuit sur le sommet de « l'Épaule; » mais, avant que nous fussions arrivés au pied de la Grande Tour, un courant d'air froid vint soudain nous avertir de nous tenir sur nos gardes.

D'où venait ce courant d'air? il était difficile de le déterminer. Il ne soufflait pas comme une brise, mais il semblait plutôt descendre comme l'eau dans un bain de pluie. Tout redevint tranquille; rien dans l'atmosphère ne dénotait le moindre trouble; il y régnait un calme plat et on ne pouvait apercevoir nulle part même l'apparence d'un nuage. Mais ce calme ne dura guère; l'air froid se fit de nouveau sentir, et cette fois il était difficile de dire d'où il ne soufflait pas. Nous n'avons que le temps d'enfoncer nos chapeaux sur nos têtes, car il vient fouetter l'arête et mugir dans les rochers. Des nuages s'étaient déjà formés au-dessus et au-dessous de la Tour, avant que nous eussions pu en gagner la base. On les voyait d'abord apparaître par petits groupes isolés (au même moment sur plusieurs points); ballottés, secoués, puis dispersés par le vent, ils se reformaient toujours et s'épaississaient de plus en plus, tantôt réunis, tantôt séparés, nous montrant tout à coup l'azur du ciel, qu'ils nous cachaient de nouveau presque aussitôt, augmentant sans cesse de nombre et d'étendue, jusqu'à ce que le ciel entier se trouva pour nous rempli de nuées agitées et tourbillonnantes. Avant d'avoir pu nous débarrasser de nos fardeaux et trouver un abri, un ouragan de neige venant de l'est fondit sur nous. La neige tombait si abondamment qu'en peu d'instants l'arête s'en trouva couverte. « Que faire? » criai-je à Carrel. « Monsieur, répondit-il, le vent est très-mauvais, le temps est changé, nous sommes lourdement chargés. Nous avons ici un gîte excellent, restons-y; si nous continuons à marcher, nous serons à moitié gelés. Voilà *mon* avis. » Personne ne le contredit; nous préparâmes le plus vite possible une place pour la tente, et nous achevâmes en deux heures la plate-forme commencée en 1862. Pendant ce temps, les nuages étaient devenus très-sombres et notre tâche était à peine terminée qu'une tempête effroyable se déchaîna sur nous avec fureur. De nombreux éclairs dessinèrent leurs bizarres zigzags sur les rochers escarpés qui nous dominaient et que nous dominions. Des dards de feu passaient si près de nous qu'ils semblaient nous roussir; nous en étions plus émus que nous n'osions le dire, car nous nous trouvions au foyer même de l'orage. Le tonnerre et l'éclair étaient simultanés. Le bruit court et aigu de la foudre ressemblait à celui d'une porte qui eût été violemment fermée mille fois de suite.

Quand je dis que le tonnerre et l'éclair étaient *simultanés*, mon expression est inexacte. Je veux dire qu'il m'était impossible d'apprécier la durée qui s'écoulait entre la lueur et le son. Je tiens à être aussi précis que possible, et il y eut dans cet orage deux faits dont je puis parler avec quelque exactitude. Le premier se rapporte à la distance qui nous séparait de l'éclair. S'il s'était écoulé une seconde entre l'apparition de l'éclair et l'éclat du tonnerre, nous aurions dû en être éloignés de

350 mètres environ ; et un observateur inexact ne saurait apprécier la valeur d'une seconde. Nous étions donc par moments, j'en suis certain, à une distance moindre de l'éclair, car je le vis souvent passer devant plusieurs points bien connus de l'arête, au-dessus et au-dessous de nous, dont nous étions éloignés de moins (parfois de beaucoup moins) de 300 mètres.

Le second fait est relatif à la difficulté que l'on éprouve à distinguer le son qui se produit en même temps que la lueur de sons qui sont simplement les échos du tonnerre véritable. Arago a traité ce sujet d'une manière assez longue dans ses *Essais météorologiques*, et il semble douter qu'il soit toujours possible de déterminer si les échos sont *toujours* la cause de ces roulements appelés vulgairement tonnerre. Je ne tenterai pas de démontrer si les roulements doivent ou ne doivent pas être considérés comme le tonnerre réel, mais je veux seulement constater que pendant cette tempête, dont je fus le témoin sur le Cervin, il était parfaitement possible de distinguer le bruit du tonnerre lui-même des sons (roulements ou éclats) qui étaient simplement l'écho du coup originel.

De notre campement, on pouvait entendre un écho très-remarquable (si remarquable que partout où il existerait on accourrait en foule pour l'écouter). Dans mon opinion, il nous était renvoyé par les parois escarpées de la Dent d'Hérens. Crier pour lui faire répéter nos cris, était notre amusement favori ; car il répétait chaque note aiguë, plusieurs fois, d'une manière très-distincte, environ douze secondes après. La tempête, qui dura près de deux heures, redoubla de violence à plusieurs reprises ; à peine un éclair avait-il brillé que les montagnes voisines nous renvoyaient les roulements prolongés du tonnerre, et de nouveaux coups, qui éclataient presque en même temps, se confondaient avec ceux que nous entendions encore ; de sorte qu'il n'y avait presque jamais un instant de calme et de silence.

Si je n'avais pas connu précédemment l'existence de cet écho, j'en aurais pris les répétitions successives pour les premières répétitions d'explosions que je n'avais pas entendues, car elles égalaient presque en intensité le bruit du tonnerre véritable qui, pendant cet orage, me parut chaque fois consister en un seul son instantané et dur.

Dans les nombreux orages dont j'ai été témoin dans les Alpes, il m'a été prouvé, ce jour-là seulement, que les roulements du tonnerre sont des échos, et qu'ils ne sont pas, par conséquent, les bruits de décharges successives et nombreuses qui éclatent sur une longue ligne à des distances variées de l'auditeur et qui ne peuvent arriver à son oreille au même instant, quoiqu'elles se succèdent de manière à produire un son plus ou moins continu[1].

Pendant tout ce temps, le vent semblait souffler de l'est avec assez de force. Quoique la tente fût en partie protégée par les rochers, le vent la secouait avec tant de violence que nous craignîmes plusieurs fois de la voir emportée avec nous dans l'espace ; aussi, profitant de quelques moments de calme, nous nous glissâmes en dehors pour élever un petit mur qui pût nous servir d'abri. Vers trois heures et demie, le vent sauta au nord-ouest et les nuages disparurent. Nous saisîmes immédiatement ce moment favorable pour renvoyer un des porteurs (que ses camarades escortèrent un peu au delà du col du Lion); car la tente ne pouvait abriter que cinq personnes. Le temps varia à partir de ce moment jusqu'au coucher du soleil. Tantôt régnait un calme plat, tantôt le vent soufflait avec violence et la neige tombait en flocons serrés. La tempête ne sévissait évidemment que sur le Cervin, car, dès que les nuages se dissipaient, nous distinguions parfaitement tout ce qu'on pou-

---

[1]. M. J. Glaisher a souvent constaté que tous les sons que l'on entend en ballon, quand on est à quelque distance de la terre, sont remarquables par leur brièveté. « On n'entend qu'un seul son; *il n'y a ni récerbération ni réflexion*, et c'est là un phénomène caractéristique, quand on est en ballon, on ne perçoit de tous les bruits qu'un son clair, dont les vibrations continuent un instant, puis cessent subitement. (Good Words, 1863, p. 224.)

Dans l'opinion de M. Glaisher, les coups de tonnerre qu'il a entendus pendant ses « Voyages aériens » n'ont pas fait exception à la règle générale, et l'absence de roulements l'a confirmé dans sa conviction que les sons roulants prolongés qui accompagnent le tonnerre sont des échos, et ne sont que des échos.

Un orage sur le Cervin (10 août 1863).

vait apercevoir de notre gîte. A cent vingt-cinq kilomètres de distance, le mont Viso se montrait dégagé de nuages et le soleil se couchait avec un éclat superbe derrière la chaîne du Mont-Blanc. Nous passâmes très-confortablement la nuit dans nos couvertures-sacs, mais les sifflements du vent, les roulements du tonnerre et les chutes des rochers, rendaient tout sommeil impossible. Je pardonnai au tonnerre en faveur des éclairs. Les rochers du Cervin, illuminés par les reflets de la foudre, m'offrirent le spectacle le plus splendide dont je jouirai pendant toute ma vie.

C'est entre minuit et l'aube qu'ont lieu d'ordinaire les avalanches de pierres les plus considérables. J'ai constaté ce fait pendant les sept nuits que j'ai passées sur l'arête du sud-ouest, à des hauteurs variant de 3600 mètres à 4000 mètres.

Je puis cependant me tromper en supposant que pendant la nuit les pierres tombent du Cervin en plus grand nombre que pendant le jour, parce qu'un bruit quelconque produit bien plus d'effet pendant l'obscurité que lorsqu'on peut en reconnaître la cause. Dans le profond silence de la nuit, un simple soupir peut causer une impression profonde. Durant le jour, l'attention se partage probablement entre le bruit et le mouvement des pierres qui tombent, ou bien elle se trouve distraite par d'autres objets; toutefois les chutes les plus considérables qui se produisirent pendant la nuit eurent certainement lieu après minuit, et ce phénomène peut s'expliquer ainsi : le maximum froid qui se produit en vingt-quatre heures est ordinairement constaté entre minuit et l'aurore.

Le 11, nous nous levâmes à 3 heures 30 minutes du matin, et nous vîmes, à notre grande consternation, qu'il neigeait toujours. A 9 heures, la neige cessa de tomber, et le soleil se montra, mais bien faible encore. Nos paquets faits, nous nous remîmes en marche pour tâcher d'atteindre le sommet de « l'Épaule. » Nous grimpâmes péniblement jusqu'à 11 heures. A ce moment, la neige recommença à tomber. Nous tînmes conseil, et il fut déclaré à l'unanimité que toute tentative nouvelle, dans de telles circonstances, serait inutile; je dus donc ordonner la retraite.

En deux heures, nous n'avions pas monté de 90 mètres, et nous n'étions pas même arrivés à la corde que l'expédition de Tyndall avait abandonnée attachée aux rochers en 1862. Nous aurions donc mis quatre ou cinq heures pour atteindre « l'Épaule. » Aucun de nous ne se souciait de tenter une telle escalade par un temps pareil ; nous avions non-seulement à hisser nos propres personnes, déjà fort gênantes, sur cette partie de l'arête, mais il nous fallait encore transporter un bagage très-lourd : tente, couvertures, provisions, échelle, et 135 mètres de cordes, sans compter d'autres menus objets. Ce n'étaient pas là cependant les plus sérieuses considérations qui nous arrêtaient. En supposant que nous pussions atteindre le sommet de « l'Épaule, » nous nous voyions exposés à y rester plusieurs jours, sans pouvoir ni monter ni descendre[1].

Je ne pouvais, quant à moi, risquer une si longue détention, car j'étais obligé d'être à Londres à la fin de la semaine.

Nous redescendîmes au Breuil dans l'après-midi ; il y faisait un temps magnifique, et les gens de l'auberge écoutèrent nos récits avec une incrédulité évidente. Ils paraissaient tout étonnés d'apprendre que nous avions été exposés à une tempête de neige qui avait duré vingt-six heures. « Comment, dit Favre l'aubergiste, mais il n'a pas neigé *ici* ; il a fait beau pendant tout le temps que vous avez été absents, et on n'a même vu qu'un seul petit nuage sur la montagne. » Ah! un petit nuage! Ceux-là seuls qui l'ont vu de près peuvent dire quel obstacle formidable il leur a opposé.

Pourquoi donc le Cervin est-il sujet à ces abominables variations de temps? A cette question, la réponse est toujours prête : « Oh! la montagne est si isolée, elle attire les nuages. » Mais cette réponse ne suffit pas. Si la montagne est en réalité très-isolée, elle n'est pas tellement plus isolée que d'autres pics voisins qu'elle doive nécessairement attirer les nuages quand aucun autre n'exerce sur eux une semblable influence. Cette

---

[1]. Depuis lors (une fois au moins) plusieurs personnes se sont trouvées dans cette position pendant cinq ou six jours consécutifs !

réponse n'explique pas d'ailleurs le nuage dont il vient d'être question, qui ne se forme pas par l'agrégation de petites nuées isolées, attirées l'une vers l'autre d'une certaine distance (comme l'écume se rassemble dans l'eau autour du loch), mais qui prend naissance contre la montagne même, et surgit soudain là où l'on ne voyait d'abord même aucun brouillard. Ce nuage naît et demeure suspendu principalement contre le versant méridional de la montagne, et plus particulièrement contre le versant sud-est. En général il ne monte pas jusqu'au sommet et il descend rarement jusqu'au glacier du Lion et au glacier du mont Cervin. Il se forme par le plus beau temps qu'on puisse souhaiter et dans des journées sans vent et sans nuage.

Dans mon opinion, on doit expliquer ce fait plutôt par des différences de température que par la hauteur ou la situation isolée de la montagne. Je serais donc porté à attribuer les désordres qui se produisent dans l'atmosphère des versants méridionaux du Cervin, pendant les beaux jours[1], principalement à ce fait que la montagne est essentiellement *rocheuse ;* elle reçoit donc une très-forte dose de chaleur[2], et non-seulement elle est plus chaude, mais elle est environnée d'une température bien plus chaude que d'autres pics, tels que le Weisshorn et le Lyskamm, qui sont des montagnes éminemment *neigeuses*.

Dans certains états, la température de l'atmosphère peut se maintenir assez égale sur de grandes surfaces et à de grandes élévations. J'ai vu le thermomètre monter à 21° à l'ombre, au sommet d'un pic alpestre, haut de plus de 3950 mètres, et ne pas s'élever beaucoup plus haut à 1800 ou 2000 mètres au-dessous. D'autres fois, il y aura une différence de 4 ou 10 degrés entre deux stations, dont la plus élevée ne dépasse pas l'autre de plus de 1800 ou 2000 mètres.

Aucun nuage ne se formerait probablement sur le Cervin, si la température était égale ou presque égale sur tous les

---

[1]. Je parle exclusivement des troubles qui se produisent le jour pendant les beaux temps.
[2]. Les rochers sont quelquefois tellement chauds que l'on éprouve une certaine douleur quand on les touche.

versants de la montagne et à une distance considérable au-dessus de son sommet. Mais, dès que l'atmosphère qui l'enveloppe devient plus chaude que les couches d'air contiguës, il se forme nécessairement « un courant local ascendant; » l'air adjacent qui est plus froid est naturellement attiré vers la montagne où il condense promptement l'humidité de l'air chaud qui se trouve en contact avec lui. Je ne puis m'expliquer autrement les soudaines bouffées d'air froid qui se font sentir sur le Cervin, quand tout à l'entour paraît parfaitement calme. Les nuages sont formés par le contact des deux couches d'air (ayant chacune une température très-différente), chargées d'une humidité invisible, aussi inévitablement que le mélange de certains fluides incolores produit un liquide blanchâtre et trouble. Ce phénomène s'accomplit dans l'ordre suivant : vent froid, — nuage, — pluie, — neige ou grêle[1].

Les phénomènes qui se passent sur les montagnes voisines du Cervin confirment jusqu'à un certain point cette opinion. Le Dom (4454 mètres) et la Dent Blanche (4364 mètres) ont tous deux leur flanc méridional formé de hautes parois de roches dénudées, et les nuages se forment et stationnent ordinairement contre ces parois en même temps que sur le Cervin; tandis que le Weisshorn (4512 mètres) et le Lyskamm (4538 mètres), deux montagnes qui ont une altitude à peu près égale et qui occupent une situation correspondant à celle des deux premières, restent d'ordinaire parfaitement dégagées.

Le 11, j'arrivais à minuit à Châtillon, vaincu et désolé; mais, comme le joueur qui perd à chaque coup et qui n'en est que plus ardent à tenter la fortune pour tâcher de faire tourner la chance en sa faveur, je retournai à Londres tout prêt à rêver de nouvelles combinaisons et à former de nouveaux plans.

---

1. Les brouillards trompent étrangement les touristes qui sont sur le Cervin. Quelquefois ils semblent se former à une *distance considérable*, comme si toute l'atmosphère voisine subissait un changement complet, quand en réalité le phénomène n'a lieu que dans le voisinage immédiat de la montagne.

Le vallon des Étançons.

CHAPITRE VIII.

DE SAINT-MICHEL, SUR LA ROUTE DU MONT-CENIS, A LA BÉRARDE, PAR LE COL DES AIGUILLES D'ARVE, LE COL DE MARTIGNARE ET LA BRÈCHE DE LA MEIJE[1].

Quand, en 1864, nous atteignîmes le sommet le plus élevé du mont Pelvoux dans le Dauphiné, nous vîmes à notre grande surprise et à notre grand désappointement qu'il n'était pas le point culminant de la contrée, et qu'une autre montagne — éloignée de quelques kilomètres et séparée de nous par un abîme infranchissable — réclamait cet honneur. J'avais l'esprit très-préoccupé de notre découverte, et bien souvent mes pensées se reportaient vers cette haute cime aux flancs taillés à pic, qui

---

1. Pour les routes décrites dans ce chapitre, voir la carte générale et le plan qui est dans le texte à la page 194.

ne pouvait se comparer qu'au Cervin pour son apparence inaccessible. Elle avait encore un droit de plus à mon attention : c'était la plus haute montagne *de la France*[1].

L'année 1862 s'écoula sans que j'eusse pu en tenter l'escalade, et, en 1863, mon congé fut trop court pour que je pusse même y penser; mais, en 1864, l'entreprise devint possible, et je résolus de rendre le repos à mon esprit en achevant la tâche que j'avais laissée incomplète en 1861.

D'autres touristes, cependant, avaient pendant ce laps de temps dirigé leur attention sur le Dauphiné. En première ligne (1862), je dois citer M. F. F. Tuckett, — le célèbre montagnard, dont le nom est si connu sur toute l'étendue des Alpes, — accompagné des guides Michel Croz, Peter Perrn et Bartolomeo Peyrotte. De grands succès avaient récompensé ses efforts. Mais M. Tuckett s'arrêta devant la Pointe des Écrins, et, découragé par son aspect, il battit en retraite pour aller remporter ailleurs des victoires moins dangereuses.

Son expédition jeta toutefois une certaine lumière sur la question de l'ascension des Écrins. Il désigna la direction dans laquelle une expédition nouvelle avait le plus de chance de réussir; aussi, M. William Mathews et le Rév. T. G. Bonney, auxquels il communiqua le résultat de ses travaux, suivirent ses indications dans la tentative qu'ils firent pour escalader la Pointe des Écrins, accompagnés des frères Michel et J. B. Croz. Mais tous deux échouèrent, ainsi que je vais le raconter avec plus de détails.

Michel Croz ayant pris part à ces deux expéditions dans le Dauphiné, je pensai naturellement à lui pour guide. M. Mathews, auquel je demandai des renseignements sur son compte, me répondit que c'était « un grand caractère » et conclut en me disant : « Il n'est heureux que quand il se sent à plus de 3000 mètres d'altitude. »

Je sais maintenant ce que voulait dire mon ami. Plus Croz

---

1. *Note du traducteur*. Pas en 1861 toutefois, puisque en 1860 l'annexion de la Savoie nous avait donné le Mont-Blanc.

pouvait déployer toutes ses facultés, plus il était heureux. Les endroits où vous et moi eussions « peiné, et sué bien que gelés jusqu'aux os », n'étaient pour lui que *bagatelles*. Quand il s'élevait au-dessus de la foule des hommes ordinaires, dans les circonstances qui exigeaient l'emploi de sa force prodigieuse et de la connaissance incomparable qu'il avait des glaces et des neiges, alors seulement on pouvait dire que Michel Croz se sentait complétement et réellement heureux.

De tous les guides avec lesquels j'ai voyagé, Michel Croz est celui que j'ai préféré. Il faisait son devoir de tout cœur. Nul besoin de le presser ou de lui répéter deux fois le même ordre. Il suffisait de lui dire ce qu'il fallait faire, comment il fallait le faire, et ce qu'on

Michel-Auguste Croz (1864).

lui avait demandé était fait si cela était possible. De tels hommes ne sont pas communs, et, quand on les rencontre, on les apprécie à leur juste valeur. Michel n'avait pas une grande réputation, mais ceux qui le connaissaient revenaient toujours à lui. L'inscription placée sur sa tombe rappelle avec vérité qu'il était « aimé de ses camarades, estimé des voyageurs. »

Dans le même moment où je traçais le plan de mon voyage, mes amis MM. A. W. Moore et Horace Walker dressaient aussi leur programme, et, comme nos intentions étaient à peu près semblables, nous convînmes de réunir nos deux expéditions pour n'en former qu'une seule. Les excursions décrites dans ce chapitre et dans les deux chapitres suivants ont été exécutées, d'un commun accord, d'après nos inspirations mutuelles.

Notre programme fut réglé de manière à éviter de passer la nuit dans les auberges et à pouvoir découvrir, du point le plus élevé que nous pourrions atteindre en un jour, une grande partie de la route qu'il nous faudrait suivre le lendemain. Ce dernier point était très-important pour nous, car toutes nos excursions projetées étaient nouvelles, et devaient nous conduire dans des localités sur lesquelles les livres publiés jusqu'alors contenaient bien peu de renseignements.

Mes amis avaient très-heureusement engagé Christian Almer, de Grindelwald, comme guide. Réunir Croz et Almer était un vrai coup de maître. Tous deux étaient dans la force de l'âge[1], doués d'une force et d'une activité bien au-dessus de la moyenne ordinaire; leur courage et leur expérience étaient également incontestables. Le caractère d'Almer était de ceux que rien ne saurait rebuter; intrépide mais sûr, on le trouvait toujours plein de patience et d'obligeance. Ce qui lui manquait comme vivacité, comme élan, Croz qui, à son tour, était modéré par Almer, le possédait. Il est agréable de se rappeler avec quel touchant accord ils s'entendaient ensemble, et comment chacun d'eux venait à son tour nous confier qu'il se plaisait *si bien* avec l'autre, parce qu'il travaillait *si bien;* mais il est triste, très-triste, pour ceux qui les ont connus, de savoir que jamais ils ne *retravailleront* ensemble.

Nous nous trouvâmes réunis à Saint-Michel, sur la route du Mont-Cenis, le 20 juin 1864 à midi, et nous nous dirigeâmes dans la journée par le col de Valloires sur le village du même nom. Le sommet de cet agréable petit passage est à près de 1065 mètres au-dessus de Saint-Michel; nous y découvrîmes une belle vue sur les Aiguilles d'Arve, groupe formé de trois pics d'une forme singulière et qui était l'objet spécial de nos investigations[2]. Elles avaient été vues par nous, ainsi que par d'au-

---

1. Croz était né au village du Tour, dans la vallée de Chamonix, le 22 avril 1830; Almer était plus âgé d'un an ou deux.
2. Du sommet du col de Valloires on découvre aussi la Pointe des Écrins

CHAPITRE VIII.

tres touristes, de bien des points éloignés, et elles avaient toujours paru très-élevées et inaccessibles ; mais nous n'avions pu obtenir sur aucune d'elles d'autre renseignement que les quelques mots contenus dans l'*Itinéraire du Dauphiné* (1ᵉʳ volume, *Isère* ; 2ᵉ volume, *Drôme*, *Pelvoux*, *Viso*, *Vallées vaudoises*), par Adolphe Joanne. Du col de Valloire, il nous sembla qu'on pourrait en approcher par la vallée de Valloire ; en conséquence, nous nous hâtâmes de descendre dans cette vallée, afin d'y chercher un lieu convenable pour y passer la nuit, aussi rapproché que possible de l'entrée de la petite vallée latérale qui remontait jusqu'aux Aiguilles.

Nous arrivâmes vers la fin du jour à l'entrée de cette petite vallée (vallon des Aiguilles d'Arve), et nous y trouvâmes quelques maisons situées juste à l'endroit où nous les cherchions. La propriétaire nous reçut avec bienveillance, et mit une vaste grange à notre disposition, sous la condition qu'on n'y allumerait aucune allumette et qu'on n'y fumerait pas une seule pipe ; dès que nous le lui eûmes promis, elle nous invita à entrer dans son propre chalet, alluma un grand feu, fit chauffer quelques pintes de lait et nous traita avec la plus cordiale hospitalité.

Le lendemain matin, nous reconnûmes que le vallon des Aiguilles d'Arve remontait à l'ouest de la vallée de Valloire, et que le village de Bonnenuit se trouvait situé, dans cette dernière vallée, presque en face de la jonction des deux torrents.

Le 21, à 3 heures 55 minutes du matin, nous nous mîmes en route pour remonter le vallon, traversant d'abord des pâturages, puis un désert pierreux, profondément raviné par les eaux. A 5 heures 30 minutes, nous découvrions parfaitement les deux Aiguilles principales et nous constations en même temps que les officiers chargés de lever la carte de l'état-major sarde avaient fait sur ce point, comme à peu près partout, un travail tout à fait fantastique.

Il nous fallut donc tenir conseil.

Trois questions furent posées : 1° Quelle est la plus élevée de

qui se dresse au-dessus du col du Galibier. C'est le point le moins élevé d'où j'ai vu le sommet des Écrins.

ces Aiguilles? 2° Au sommet de laquelle devons-nous monter?
3° Par où passerons-nous?

Les officiers d'état-major français avaient donné aux deux plus élevées les altitudes suivantes : 3509 mètres, 3513 mètres; mais nous ne savions pas quelles étaient celles qu'ils avaient mesurées. Joanne nous apprenait à la vérité (mais sans spécifier si ce renseignement s'appliquait aux trois Aiguilles

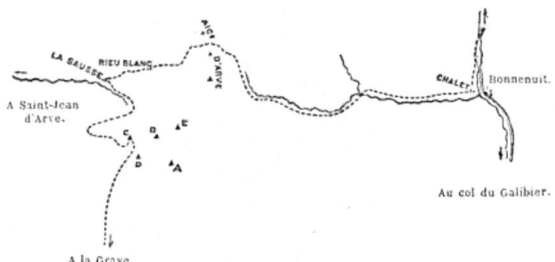

que l'ascension en avait été faite plusieurs fois, et il mentionnait comme particulièrement facile à gravir celle qui a 3509 mètres[1].

Nous nous dîmes alors : « Nous allons monter sur le pic qui a 3513 mètres d'altitude. » Mais cette décision ne résolvait pas la seconde question. Le pic « relativement facile à escalader » de Joanne était évidemment, d'après sa description, le plus septentrional des trois. Le *nôtre* devait donc être un des deux autres; — mais lequel? Nous penchions en faveur du plus central; mais nous étions embarrassés, tant leur hauteur paraissait égale. Cependant, quand le conseil vint à examiner la troisième question : Par où y monterons-nous? il fut voté à l'unanimité que l'ascension était sans aucun doute relativement

---

1. Ces montagnes, on doit le remarquer, faisaient partie du territoire récemment cédé à la France. La carte sarde, dont il a été question ci-dessus, était la vieille carte officielle. La carte française à laquelle il sera fait allusion dans ce chapitre, est celle qui doit continuer la grande carte officielle de l'état-major français.

difficile par les côtés oriental et méridional, et qu'il fallait contourner la montagne pour atteindre le côté septentrional.

Ce mouvement tournant fut donc exécuté. Après avoir gravi quelques pentes de neige extrêmement raides (inclinées à plus de 40 degrés), nous nous trouvâmes, à 8 heures 45 minutes du matin, dans une espèce de brèche située entre l'Aiguille centrale et celle qui est la plus septentrionale; nous nous mîmes alors à étudier la face septentrionale de ce pic que nous voulions gravir, et nous finîmes par conclure qu'il était *relativement* impraticable. Croz, haussant ses épaules de géant, s'écria : « Ma foi! je crois que vous ferez bien de le laisser à d'autres. » Almer, plus explicite encore, affirma qu'il n'essayerait pas, même pour 1000 francs. Nous revînmes alors au pic le plus septentrional, mais son versant méridional paraissait encore plus inaccessible que les flancs nord du pic central. Nous nous accordâmes en conséquence le luxe, bien rare pour nous, d'un repos de trois heures au sommet de notre col; car nous avions décidé que ce devait être un col.

Nous aurions pu avoir une plus mauvaise idée. Nous nous trouvions en effet à 3200 ou 3230 mètres au-dessus du niveau de la mer et nous découvrions une vue très-pittoresque sur les montagnes de la Tarentaise; vers le sud-est, nous voyions le roi du massif du Dauphiné, avec lequel nous avions l'intention de faire plus ample connaissance. Trois heures s'écoulèrent ainsi au soleil et nous pensâmes à la descente. Nous apercevions au-dessous de nous les pâturages éloignés d'une vallée (que nous supposions être le vallon du ravin de la Sausse) ; une longue pente de neige y descendait. Mais des rochers à pic nous empêchèrent d'atteindre cette pente de neige, et, d'après notre première impression, nous pensâmes qu'il nous faudrait nous en retourner par le même chemin. Cependant, en rôdant çà et là, l'un de nous découvrit deux petits couloirs, remplis de petits filets de neige; la descente fut résolue par le plus septentrional des deux. C'était un chemin escarpé, mais sûr, car ce couloir était si étroit, que nous pouvions appuyer nos épaules sur un de ses côtés et nos pieds sur l'autre; en outre, les derniers restes des neiges de l'hiver, très-durcies, adhéraient fortement au fond du couloir et nous offraient un point d'appui solide quand les rochers nous le refusaient. Nous

Les Aiguilles d'Arve; vue prise au-dessus du chalet de Rieublanc.

atteignîmes en une demi-heure la partie supérieure de la grande pente de neige.

Walker dit alors :

« Nous pouvons descendre en glissant. »

« — Non, la pente est trop raide, » répondirent les guides.

Cependant, notre ami s'élança en se laissant glisser debout, et, pendant un moment, il descendit avec beaucoup d'adresse, mais il perdit bientôt l'équilibre et se balança avec une si grande rapidité que nous craignions à chaque seconde de le voir tomber la tête la première. Il laissa échapper sa hache, qui le suivit et le frappa rudement; il descendit ainsi avec elle, pendant plus de cent mètres, et finit par s'arrêter dans les rochers situés au bas de la pente. Nous fûmes bientôt rassurés sur son compte, car il nous pria ironiquement de ne pas le faire attendre trop longtemps.

Nous suivîmes donc le chemin qu'il nous avait ouvert et qui est tracé sur la gravure ci-jointe par une ligne de points (en faisant des zigzags pour éviter les petits îlots rocheux qui émergeaient hors de la neige et par lesquels Walker avait été à demi renversé); mais, pour plus de sûreté, nous nous laissâmes glisser *assis* et nous rejoignîmes, sans accident, notre ami. Alors, nous tournâmes de suite à gauche pour suivre l'arête d'une vieille moraine très-élevée. Les boues de cette moraine étaient extrêmement dures, car nous étions obligés d'y tailler des pas avec nos haches à glace quand nous rencontrions de grands blocs erratiques perchés sur leur crête.

Guidés par des mugissements éloignés, nous eûmes promptement découvert les chalets les plus élevés de la vallée, nommés les chalets de Rieublanc. Trois vieilles femmes les habitaient; elles semblaient appartenir à quelque chaînon transitoire que les naturalistes cherchent à retrouver, car elles étaient dépourvues de toute idée qui ne concernât pas les vaches, et elles parlaient un patois barbare presque inintelligible pour le Savoyard Croz. Elles refusèrent obstinément de croire que nous avions passé entre les Aiguilles.

« C'est impossible, *les vaches* n'y vont jamais.

— Pouvons-nous arriver à la Grave en passant par-dessus l'arête qui est là-bas?

— Oh oui! *les vaches* l'ont souvent traversée.

— Pourriez-vous nous montrer le chemin?

— Non; mais vous pourriez suivre les traces laissées par *les vaches*. »

Nous nous reposâmes un moment près de ces chalets, pour examiner les flancs occidentaux des Aiguilles d'Arve, et, d'un avis unanime, celle du centre fut déclarée aussi inaccessible de ce côté que par l'est, le nord ou le sud. Le lendemain, nous l'étudiâmes de nouveau du côté du sud-est, d'une hauteur de 3350 mètres, et notre opinion resta la même.

Du 20 au 22 juin, l'Aiguille centrale fut l'objet d'un nouvel examen sous toutes les faces; nous contournâmes presque entièrement aussi les deux autres; seulement, nous ne pûmes voir du côté du nord l'Aiguille la plus méridionale (justement celle dont Joanne dit l'ascension relativement facile). Nous n'osons donc émettre aucune opinion sur son ascension, excepté en ce qui concerne le sommet actuel. Ce sommet est formé par deux rochers en forme de cornes ou de pointes singulières, et, nous l'avouons, nous ne comprenons pas comment on peut les gravir toutes les deux ou seulement l'une d'elles; aussi, ne serions-nous pas surpris d'apprendre un jour que cette ascension n'a été faite qu'en imagination, comme la célèbre ascension du Mont-Blanc qu'on n'avait pas accomplie « tout à fait jusqu'au sommet, mais seulement jusqu'au Montanvert ! »

Les trois Aiguilles *peuvent* peut-être être escaladées, mais je n'ai jamais vu aucune montagne qui parût plus inaccessible. Leurs cimes sont les sommets les plus élevés de la chaîne qui sépare la vallée de la Romanche et celle de l'Arc; elles se dressent un peu au nord du point de partage des eaux entre ces deux vallées, et une ligne tirée sur leurs pointes va presque exactement du nord au sud.

Nous descendîmes par un sentier difficile de Rieublanc aux chalets de la Sausse, qui donnent son nom au vallon ou ravin dans lequel ils sont situés. C'est une des nombreuses branches de la vallée qui descend par Saint-Jean d'Arve à Saint-Jean de Maurienne.

Deux passages, plus ou moins connus, conduisent de cette vallée au village de la Grave (sur la route du Lautaret) dans la vallée de la Romanche. Ce sont : le col de l'Infernet et le col de Martignare.

Il y a trente ans, le professeur J. D. Forbes a franchi le premier de ces cols qu'il a mentionné dans son ouvrage, *la*

Norvége et ses Glaciers. L'autre col, qui s'ouvre au nord du premier, est rarement traversé par les touristes; mais, comme il nous convenait mieux, nous nous mîmes en route pour y monter le matin du 22, après avoir passé dans le foin, à la Sausse, une nuit suffisamment confortable, mais sans faste; du reste, la simplicité primitive de notre installation y fut plus que compensée par la bienveillance et l'hospitalité de nos hôtes[1].

[Nous voulions maintenant nous rendre à la Grave (situé sur la grande route de Briançon) en traversant les montagnes, et faire en chemin l'ascension de quelque point suffisamment élevé pour nous offrir une belle vue sur les Alpes du Dauphiné en général et sur la grande chaîne de la Meije en particulier. Avant de quitter l'Angleterre, une étude approfondie de l'itinéraire de « Joanne » nous avait démontré que la route la plus courte de la Sausse à la Grave était le col de Martignare; et qu'il était possible de faire, en partant de ce col, l'ascension d'une pointe élevée que l'auteur du guide appelle le *Bec-de-Grenier* et qui porte aussi le nom d'*Aiguille de Goléon*. Cependant, en étudiant la carte sarde, nous y trouvâmes marqués, à l'est du col de Martignare, non pas un *seul* pic portant ces deux noms, mais *deux sommets distincts* : l'un, situé juste au-

---

1. En 1869, pendant que je m'étais arrêté à l'hospice sur le col du Lautaret, je fus accosté par un paysan entre deux âges, qui me demanda si je voulais bien lui faire l'honneur de monter dans sa voiture jusqu'à Briançon. Il parut très-curieux de savoir si je connaissais la contrée et finit par me demander : « Êtes-vous allé à la Sausse? » — « Oui. » — Eh bien alors, je puis vous dire *que vous y avez vu* quelques individus comme il y en a peu en ce monde. » — « Oui, répondis-je, ils sont certainement très-primitifs. » — Mais il parlait sérieusement et il continua en ces termes : « Oui, de très-braves gens; » et, tapant sur son genou avec emphase, il ajouta : « *et il n'en existe pas de pareils pour savoir soigner les vaches!* »

Il devint alors plus communicatif. « Quand je vous ai offert de vous prendre dans ma voiture pour descendre avec moi la vallée, vous avez sans doute pensé que j'étais un pauvre diable, n'ayant pas un sou vaillant; mais je vas vous dire... c'était ma montagne, *ma montagne à moi!*... que vous avez vue à la Sausse; c'étaient *mes* vaches! il y en a bien une centaine en tout. » — « Ainsi, vous êtes riche? » — « Passablement riche. Je possède une autre montagne sur le col du Galibier, et une autre à Villeneuve. » Bien qu'à le juger sur son apparence extérieure on l'eût pris pour un paysan ordinaire, il m'avoua qu'il possédait une centaine de mille francs.

dessus du col — le Bec-de-Grenier (dont la hauteur n'était pas indiquée) ; l'autre, — situé plus loin à l'est, et un peu au sud du point de partage des eaux — l'Aiguille de Goléon (haute de 3430 mètres), puis un glacier très-considérable, — le glacier Lombard, qui s'étendait entre les deux pics. D'un autre côté, la carte française ne portait aucun des deux noms mentionnés par la carte sarde [1], mais un pic appelé Aiguille de la Sausse (3312 mètres) y occupait la place assignée sur la carte sarde au Bec-de-Grenier ; tandis que plus loin à l'est il s'y trouvait un second pic sans nom (3317 mètres) qui n'occupait pas du tout la position donnée à l'Aiguille de Goléon, qui n'était du reste pas plus indiquée que le glacier Lombard. Tous ces renseignements, on le voit, sont confus et peu satisfaisants ; mais, comme nous nous étions convaincus que nous pourrions escalader une des pointes situées à l'est du col de Martignare (qui dominait le ravin de la Sausse), nous résolûmes de prendre ce col pour base de nos opérations [2].]

Nous quittâmes les chalets à 4 heures 15 minutes du matin, sous une pluie de bons souhaits que répandaient sur nous nos hôtesses. Nous nous dirigeâmes d'abord vers l'extrémité supérieure du ravin, puis nous dûmes, pour monter au col de Martignare, contourner un long contre-fort formant une saillie extraordinaire dans la vallée ; mais, avant d'en atteindre le point culminant, il nous fallut encore doubler un autre chaînon qui nous barrait le passage [3]. A 6 heures du matin, nous étions parvenus à la ligne de faîte qui est le point de partage des eaux et que nous suivîmes pendant quelque temps dans

---

1. Nous avions vu une épreuve des feuilles de la carte française qui n'étaient pas encore publiées.
2. Les passages renfermés entre des crochets dans les chapitres VIII, IX et X, sont extraits du journal de M. A. W. Moore.
Il serait sans aucun intérêt et sans aucun profit d'engager ici une discussion sur la confusion de ces noms. Il suffira d'ajouter qu'ils étaient confondus de la manière la plus embarrassante pour nous, non-seulement par toutes les autorités que nous pouvions consulter, mais aussi par les gens du pays.
3. Une grande partie de la route gravissait des schistes sans consistance et très-désagréables, qui étaient sans doute la continuation des couches bien connues du col du Galibier et du col du Lautaret.

la direction de l'est; mais nous dûmes ensuite nous détourner un peu vers le sud pour éviter une autre aiguille assez considérable, qui nous empêchait de nous avancer en droite ligne vers le pic que nous voulions escalader. A 9 heures 15 minutes, nous avions enfin atteint le sommet de ce pic, d'où nous pouvions nous rendre parfaitement compte de la configuration de la contrée voisine.

Il entourait avec trois autres un plateau que remplissait un glacier. Désignons-les par les lettres A, B, C, D (voir le plan, p. 494). Nous étions sur la pointe C, qui avait presque la même altitude que la pointe B, mais qui était plus élevée que la pointe D et plus basse que la pointe A. La pointe A, la plus élevée des quatre, avait près de 60 mètres de plus que les pointes B et C; nous reconnûmes que c'était l'Aiguille de Goléon (carte française, 3430 mètres). La pointe D devait être le Bec-de-Grenier; et, à défaut d'autres noms, nous donnâmes à B et à C le nom d'Aiguilles de la Sausse. Le glacier qui descendait dans la direction du sud-est était le glacier Lombard.

Les pics B et C dominaient le ravin de la Sausse, ainsi qu'une autre aiguille (E) à laquelle ils étaient reliés.

La chaîne au-dessus de laquelle se dressaient ces trois Aiguilles se continuait au delà de leur base et allait rejoindre les Aiguilles d'Arve. L'extrémité supérieure du ravin de la Sausse était donc entourée de six pics, dont trois devaient être appelés les Aiguilles de la Sausse, et les trois autres les Aiguilles d'Arve.

Nous avions été fort heureux dans le choix de notre sommet. Sans parler de ses autres avantages, il nous offrait une vue superbe sur la chaîne dont le point culminant est le pic de la Meije (3987 mèt.) que les touristes désignent ordinairement sous le nom d'Aiguille du Midi de la Grave.

Vue du village de la Grave, cette montagne excite, à juste titre, l'admiration de tous ceux qui ont le bonheur de la contempler en allant de Grenoble à Briançon par le col du Lautaret. Les grandes routes des Alpes ne présentent guère de plus beaux paysages; seule l'Orteler Spitze, vue du Stelvio, peut lui être comparée, et les voyageurs qui les ont admirées toutes deux préfèrent généralement la première. Mais on n'est pas plus capable d'apprécier de la Grave les proportions majestueuses et l'élégance de l'Aiguille de la Meije que de comprendre l'admirable symétrie du dôme de Saint-Paul quand on le voit du cimetière.

Je ne tenterai pas de décrire la Meije. Les mêmes mots et les mêmes phrases doivent être employés pour décrire bien d'autres montagnes; leur répétition devient fatigante; et on se sent d'ailleurs découragé à la pensée qu'aucune description, si exacte et si consciencieuse qu'elle soit, ne pourrait donner une idée de la réalité.

Malgré tout, la Meije mérite mieux qu'une simple mention sommaire. C'est le dernier — le seul — grand pic alpestre qui n'ait pas encore été foulé par le pied de l'homme, et on ne pourra jamais être accusé d'exagération en célébrant ses arêtes dentelées, ses glaciers torrentiels et ses effroyables précipices [1]. Mais si je voulais décrire ces merveilles sans le secours du crayon ou du pinceau, je tenterais l'impossible, car on ne saurait exprimer par des mots la grâce d'une *courbe*, la beauté d'une *couleur*, ou l'harmonie d'un *son;* je réussirais tout au plus à faire sentir vaguement que les choses dont je parle ont pu être

---

1. La chaîne qui porte le nom de Meije court de l'E. S. E. à l'O. N. O.; elle est couronnée par de nombreuses Aiguilles d'une hauteur assez égale. Les deux plus élevées sont situées vers les extrémités orientale et occidentale de la chaîne et s'en trouvent éloignées de plus d'un kilomètre. Les ingénieurs français assignent à la première une hauteur de 3879 mètres, et à la seconde celle de 3985 mètres. Dans notre opinion, l'Aiguille occidentale peut à peine dépasser de 60 mètres l'Aiguille orientale. Sa hauteur peut avoir diminué depuis qu'elle a été mesurée.

En 1869, j'ai examiné avec beaucoup de soin, du col du Lautaret, l'extrémité orientale de la chaîne, et j'ai vu que la cime qui la domine peut être escaladée en suivant un long glacier qui en descend au N. E., dans la vallée d'Arsine. Le point le plus élevé peut offrir des difficultés, mais il n'est pas inaccessible. Toutes les tentatives que l'on pourrait faire pour l'escalader devront avoir lieu par le versant septentrional.

La feuille 189 de la carte française est extrêmement inexacte pour les montagnes qui environnent la Meije, et en particulier pour le versant septentrional. Les arêtes et les glaciers qui y sont indiqués peuvent à peine être reconnus sur le terrain.

agréables à voir ou à entendre, bien qu'à la lecture elles soient absolument incompréhensibles.

Pendant notre station au sommet de l'Aiguille de la Sausse, notre attention se concentra sur un point situé immédiatement vis-à-vis de nous, — sur une brèche ou entaille qui s'ouvrait entre la Meije et la montagne appelée le Rateau. Nous avions surtout tenu à faire l'ascension de cette Aiguille pour bien voir cette brèche de son sommet. Mes compagnons le remarquèrent comme moi, elle avait tout à fait l'aspect d'un véritable col. Jamais aucun être humain ne l'avait traversée, mais elle eût dû l'avoir été; aussi, les gens du pays l'appelaient-ils très-justement : la Brèche de la Meije.

J'avais bien remarqué cette espèce de col en 1860 et en 1861, mais à cette époque l'idée d'y passer ne m'était pas venue; nous ne la connaissions guère que par une reproduction photographique de la feuille 189 de la grande carte de France, feuille qui n'était pas publiée à cette époque, et que M. Tuckett avait, avec sa générosité ordinaire, mise à ma disposition. D'après cette carte, il était bien évident que, si nous réussissions à traverser la Brèche, nous aurions trouvé la route la plus directe entre le village de la Grave et celui de la Bérarde dans le département de l'Isère; la distance entre ces deux villages serait ainsi d'un tiers moins longue que par la route ordinaire qui traverse les villages de Freney et de Venosc.

Quelques-uns de mes lecteurs pourront me demander pourquoi aucun touriste, ni même aucun habitant du pays n'avait déjà essayé de franchir cette brèche? Par l'excellente raison que le versant méridional de la vallée (Vallon des Étançons) est inhabité, et que la Bérarde elle-même est un misérable village, sans intérêt, sans commerce et presque sans population. Pourquoi donc voulions-nous donc traverser ce fameux col? Parce que nous nous proposions de faire l'ascension de la Pointe des Écrins, dont la Bérarde était l'endroit habité le plus rapproché.

Vue de l'Aiguille de la Sausse, la Brèche nous paraissait réunir les difficultés les plus formidables. Aussi désespérionsnous presque de pouvoir l'escalader. Évidemment une seule direction permettait d'en approcher. Nous distinguions au sommet du passage un mur de neige ou de glace très-raide (si raide qu'il devait être de la glace) protégé à sa base par une grande crevasse ou fossé qui le séparait des champs de neige situés au-dessous. En descendant du regard la montagne, nous apercevions des champs de neige ondulés qui aboutissaient à un grand glacier. Ces champs de neige offraient un passage facile, mais le glacier était comme labouré dans tous les sens. D'immenses crevasses semblaient le traverser d'un bord à l'autre dans quelques endroits; partout il présentait cet aspect étrange et tourmenté qui indique le mouvement inégal de la glace. Comment pourrions-nous parvenir même jusqu'à lui? A sa base, il se terminait brusquement au haut d'un rocher à pic par-dessus lequel il déversait périodiquement ses avalanches, comme nous en témoignait une vaste couche triangulaire de débris amassée au-dessous. Impossible de nous aventurer de ce côté; il fallait donc prendre le glacier en flanc. Mais de quel côté? Pas par le côté ouest, assurément; qui eût pu tenter d'escalader de tels escarpements? S'il était possible d'y monter, ce ne pouvait être que par les rochers de l'est qui avaient bien *eux-mêmes* l'apparence de *roches moutonnées*.

Nous descendîmes donc bien vite vers la Grave, pour savoir ce que Melchior Anderegg aurait à nous dire sur notre expédition future, car il venait justement de traverser ce village avec la famille de notre ami Walker. Qu'est-ce que Melchior Anderegg? Ceux qui me font cette question n'ont certes pas voyagé dans les Alpes suisses, où le nom de Melchior est aussi connu que celui de Napoléon. Melchior, lui aussi, est un empereur dans son genre, — un véritable prince parmi les guides. Son empire, à lui, ce sont « les neiges éternelles » et son sceptre est une hache à glace.

Melchior Anderegg, plus familièrement et peut-être plus généralement connu sous le simple nom de Melchior, est né à Zaun, près de Meiringen, le 6 avril 1828. La petite notice de

CHAPITRE VIII.

Hinchcliff, l'*Été dans les Alpes*[1], le fit pour la première fois connaître aux touristes, car, au moment où ce livre parut, un très-petit nombre de personnes en avaient entendu parler. En 1855, il était préposé au nettoyage *des bottes* à l'hôtel du Grimsel. Quand à cette époque il accompagnait quelque expédition, c'était au bénéfice de son maître, le propriétaire de l'hôtel : Melchior lui-même n'avait droit qu'au *trinkgelt* (pourboire). En 1856, il alla à l'auberge du Schwarenbach sur la Gemmi, où il employait son temps à sculpter les menus objets en bois qu'il vendait aux voyageurs. Il fit en 1856 de nombreuses excursions avec MM. Hinchcliff et Stephen, et leur prouva qu'il possédait au plus haut degré une adresse rare, un courage indomptable et un admirable caractère. Depuis lors il a joui d'une réputation incontestée, et pendant longtemps il n'y eut pas de guide plus recherché. Il est ordinairement retenu une année à l'avance. Dire ce qu'il n'a pas fait, serait peut-être une tâche plus facile que d'énumérer ses exploits. Un succès continu l'accompagne, quoi qu'il entreprenne; partout où il va, il conduit ceux qui le suivent à la victoire, mais non à la mort. Aucun accident n'est arrivé, que je sache, aux voyageurs dont il a été le guide. Ainsi que son ami Almer, il peut être appelé un homme *sûr*. C'est le plus grand éloge qui puisse être accordé à un guide de premier rang.

Melchior Anderegg en 1864.

Nous arrivâmes de bonne heure dans l'après-midi à la petite

---

1. *Summer Months in the Alps.*

auberge de la Grave, sur la grande route du Lautaret; c'était une espèce de petit caravansérail à peine bâti, à demi écroulé, où rien n'est solide et garanti si ce n'est la mauvaise odeur, comme le remarqua spirituellement mon ami Moore[1]. Melchior était parti, nous laissant une note ainsi conçue : « Le passage de la Brèche est, je crois, possible, mais il sera très-difficile. » Son opinion était la nôtre; aussi allâmes-nous nous coucher, nous attendant bien à marcher le lendemain dix-huit ou vingt heures.

Nous quittâmes la Grave le lendemain matin à 2 heures 40 minutes; nous traversâmes la Romanche quelques minutes après notre départ, et à 4 heures nous avions atteint la moraine de la branche orientale du glacier qui descend de la Brèche[2]. Entre les deux bras de ce glacier se dressaient les rochers que nous devions gravir; ils nous paraissaient toujours aussi polis; en outre, aucune fissure ne s'y montrait. A 5 heures, nous les avions attaqués. De loin, leur aspect nous avait tout à fait trompés. Le plus habile charpentier n'aurait pu construire un escalier plus commode et mieux raboté; l'aspect poli, qu'ils présentaient à une certaine distance, provenait simplement de leur singulière solidité.

[C'était un vrai plaisir d'escalader ces délicieux rochers. On y marchait avec tant de sécurité qu'il eût été presque impossible de glisser, à moins d'y mettre de la bonne volonté.]

En une heure nous nous étions élevés au-dessus de la partie la plus crevassée du glacier et nous commencions à chercher un chemin pour y entrer. Une plaque de vieille neige s'étendait

---

1. La justesse de cette observation sera appréciée par tous les voyageurs qui ont passé une nuit à la Grave avant ou pendant l'année 1864. A cette époque, les écuries des chevaux du courrier qui y relayait, en allant de Grenoble à Briançon et *vice versâ*, se trouvaient situées juste au-dessous de la salle à manger et des chambres à coucher. Une vapeur âcre et puante, montant à travers les fentes du plancher, infectait constamment la maison entière. Depuis 1864, cette mauvaise auberge, m'a-t-on dit, a reçu quelques améliorations bien nécessaires.

2. On peut suivre sur la carte qui accompagne le texte notre route de la Grave à la Bérarde.

justement à l'endroit où elle pouvait nous être utile ; grâce à elle, au lieu de gagner le glacier en exécutant des tours de force désespérés, nous passâmes des rochers sur la glace aussi facilement qu'un marin marche sur un passe-avant. A 6 heures et demie nous étions au centre du glacier. Les habitants de la Grave, sortis en masse sur la route, nous suivaient des yeux avec stupéfaction en constatant que leurs trop confiantes prédictions se trouvaient démenties. Ils pouvaient, en effet, ouvrir de grands yeux, car cette petite caravane, semblable de loin à une file de mouches montant sur un mur, grimpait de plus en plus haut sans aucune hésitation, sans aucune halte, disparaissant un instant quand elle s'enfonçait dans quelque crevasse, et reparaissant de l'autre côté. Plus nous nous élevions, plus l'ascension devenait facile. Les pentes diminuaient; aussi accélérions-nous le pas. La neige n'avait pas encore reçu les rayons du soleil et nous y marchions aussi facilement que sur une grande route ; quand, à 7 heures 44 minutes, nous aperçûmes le sommet de la Brèche, nous nous y élançâmes avec furie comme sur une brèche ouverte dans la muraille d'une forteresse; prenant notre élan, nous franchîmes d'un bond le fossé, nous escaladâmes par un dernier effort la pente raide qui le domine, et à 8 heures 50 minutes nous étions au sommet de la petite entaille ouverte dans la chaîne, à 3369 mètres d'altitude. La Brèche était conquise ! Les gens de la Grave avaient bien le droit d'être étonnés; nous avions gravi 1700 mètres en cinq heures et un quart[1].  Nous poussâmes des cris de triomphe quand ils rentrèrent chez eux pour déjeuner.

---

1. On monte généralement de 300 mètres par heure dans les grandes ascensions alpestres.

Tous les touristes montagnards savent combien il est avantageux d'étudier à l'avance, et d'une hauteur qui la domine, la route que l'on doit parcourir, surtout dans une contrée inconnue. Seuls, les étourdis négligent cette précaution qui est d'une importance capitale. Règle générale, plus on se rapproche de la base terminale d'un pic, plus il est difficile de choisir son chemin avec intelligence. On attribue une importance exagérée à des sommets inférieurs; des crêtes secondaires semblent les crêtes principales; et des pentes plus ou moins raides dérobent à la vue les points qui les dominent. C'est un miracle si les plus grandes difficultés ne s'opposent pas à une ascension trop légèrement entreprise sans une étude préliminaire de l'importance et de la situation relative des différentes parties du trajet.

L'examen d'une route projetée, fait d'une hauteur plus ou moins rapprochée, sera très-utile à tous ceux qui ont déjà acquis l'habitude d'escalader les montagnes, et leur permettra d'éviter bien des obstacles qui eussent été presque insurmontables; mais il ne leur fournira pas les éléments nécessaires pour décider avec certitude si toute la route sera ou non praticable. Par exemple, personne ne peut se prononcer positivement à distance sur la nature des rochers. Ceux dont il a été parlé plus haut offrent une preuve de cette vérité. Trois des guides les plus habiles et les plus expérimentés des Alpes s'accordèrent à penser qu'ils présenteraient les plus grandes difficultés, et ils n'en présentèrent aucune.

En réalité, plus les rochers sont entiers et en bon état de conservation, plus ils paraissent impraticables quand ils sont vus de loin; tandis que des rochers d'une pierre tendre et par conséquent trop facile à briser, et qui sont souvent les plus périlleux et les plus difficiles à gravir, semblent parfois à distance devoir être d'un accès si facile qu'un enfant les escaladerait aisément.

On risque moins de se tromper en décidant à l'avance si un glacier est ou non praticable. On en juge la traversée *possible* quand il offre peu de crevasses découvertes (ce qui se voit même à une grande distance), mais on ne peut pas savoir jusqu'à quel point ce glacier ou un glacier sillonné par un grand nombre de crevasses sera difficile; cela dépend absolument de la profondeur et de la largeur de ses crevasses ainsi que de son inclinaison. Si nombreuses que soient les crevasses d'un glacier, on les traverse parfois sans dévier de la ligne droite lorsqu'elles sont étroites; au contraire, si rares qu'elles soient, elles deviennent infranchissables quand la pente est trop forte. En théorie, un homme armé d'une bonne hache va partout sur un glacier; mais, en pratique, pour y avoir la liberté de ses mouvements, il faut que les angles d'inclinaison ne soient pas trop prononcés. Aussi est-il nécessaire de connaître approximativement les angles de la surface d'un glacier avant de pouvoir déterminer s'il offrira une traversée facile, difficile ou même impossible. Or, on ne peut résoudre cette question préliminaire en regardant les glaciers à distance et de face; il faut les voir de profil, et souvent de face et de profil, d'abord pour pouvoir étudier la direction des crevasses, ensuite pour remarquer sur quels points elles sont plus ou moins nombreuses, enfin pour constater l'inclinaison plus ou moins prononcée des angles. Les pentes sont-elles trop raides, il vaut mieux les éviter et monter par les rochers même les plus difficiles à escalader; mais on monte toujours plus rapidement par les glaciers qui offrent peu de crevasses découvertes, et qui ont une pente douce, que par les rochers les plus faciles à gravir.

Ces explications doivent faire comprendre pourquoi nous nous trompions quand nous contemplions la Brèche de la Meije du haut de l'Aiguille de la Sausse. Nous prîmes note de toutes les difficultés, mais nous ne remarquâmes pas assez la distance où se trouvait la Brèche au sud de la Grave. Le dessin de la page 210 me fera mieux comprendre. La figure 1, tracée d'après les indications fournies par les ingénieurs français, servira aussi à démontrer combien l'œil seul est insuffisant pour apprécier les angles de hauteur.

Le village de la Grave est situé à 1524 mètres d'altitude, et le sommet le plus élevé de la Meije a 3987 mètres de hauteur absolue. Leur niveau présente donc une différence de 2453 mètres. Mais le sommet de la Meije est, au sud de la Grave, à une distance de 4494 mètres; par conséquent, une ligne tirée de la Grave au sommet de la Meije ne forme pas une pente

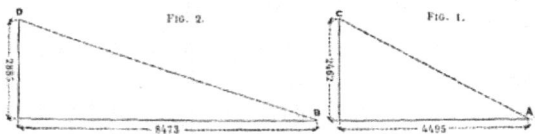

plus raide que la ligne de points tirée de A à C, fig. 1; en d'autres termes, si l'on pouvait se rendre en ligne directe de la Grave au sommet de la Meije, la montée aurait une inclinaison de moins de 30°. En se plaçant au sommet de l'Aiguille de la Sausse, neuf personnes sur dix estimeraient probablement cet angle double de ce qu'il est en réalité[1].

La Brèche est à 609 mètres au-dessous du sommet de la Meije, et à 1828 mètres seulement au-dessus de la Grave. En conséquence, si l'on pouvait monter en ligne droite du village à la Brèche, la pente ne dépasserait guère 20°. Mais, étant donnée l'impossibilité de monter comme les oiseaux volent, il faut bien suivre une route moins directe et beaucoup plus longue. Le chemin que nous avions pris avait probablement deux fois la longueur d'une ligne droite tirée entre les deux points opposés. En doublant la longueur des angles on diminue leur inclinaison de moitié. Ce raisonnement fort simple aboutit à cette conclusion singulière : dans ce passage, un des plus raides des Alpes, la moyenne de tous les angles ne dépasse pas 11 ou 12°. Je dis la moyenne, car, dans certains passages, les angles étaient beaucoup plus inclinés s'ils l'étaient moins dans d'autres.

Tranquillement assis au sommet de la Brèche, nous ne nous inquiétions guère de tous ces beaux raisonnements. Notre journée nous semblait terminée, car MM. Mathews et Bonney nous avaient affirmé que le versant opposé de la montagne n'offrait aucune difficulté; aussi nous abandonnions-nous tout à loisir

---

1. La figure 2 représente de la même manière la distance et la hauteur du Cervin par rapport à Zermatt.

CHAPITRE VIII.

aux douceurs du repos. En regardant le Rateau et les Écrins, nous nous demandions avec étonnement comment l'une de ces montagnes pouvait encore se tenir debout, et si l'autre résisterait à nos efforts pour la conquérir. La première paraissait tellement en décomposition qu'elle semblait devoir s'écrouler à la plus légère bouffée de vent, ou tomber en morceaux au plus petit coup de tonnerre; tandis que la seconde se dressait fièrement comme la reine du groupe, dépassant de sa cime élancée tous les autres pics qui forment le grand fer à cheval du Dauphiné. Un abominable courant d'air glacé vint tout à coup nous donner le frisson, et nous obliger à nous transporter sur une petite terrasse gazonnée, à 900 mètres plus bas, — une oasis dans un désert; — nous y passâmes près de quatre heures à admirer la muraille splendide qui protége de ce côté le sommet de la Meije contre toute tentative d'escalade[1]. Nous nous mîmes donc à descendre un peu à l'aventure le vallon des Étançons[2], désert horrible et sauvage, abomination de la désolation, également dépourvu de vie animale ou végétale, privé de tout sentier, ne donnant guère que l'idée du chaos, couvert dans toute sa longueur de débris variant entre la grosseur d'une noix et celle d'une maison. A le contempler, on eût dit qu'une demi-douzaine de moraines de première classe y avaient été transportées et précipitées en des milliers de débris.

Tant de piéges s'ouvraient sous nos pas que notre humeur s'en ressentait. Impossible de ne pas regarder constamment ses pieds; si quelque infortuné se hasardait à se moucher sans s'arrêter, il était sûr de tomber à l'instant même, de s'écorcher les jambes ou de se démettre à moitié la cheville. C'était toujours à recommencer, nous nous sentions à bout de patience;

---

1. On peut donner une idée de cette muraille en la comparant à la Gemmi, vue des bains de Louèche et exagérée. Du sommet le plus élevé de la Meije jusqu'au bas du Glacier des Étançons (c'est-à-dire à une profondeur de 975 mètres), le rocher absolument à pic semble être tout à fait inaccessible. Les dimensions de ces pages sont insuffisantes pour que je puisse y représenter convenablement cette magnifique muraille, la plus imposante de ce genre que j'aie vue dans tous mes voyages.
2. Voir la gravure de la page 189.

chacun de nous jurait à l'envi qu'aucune puissance humaine ne l'obligerait jamais à descendre ou à remonter cette insupportable vallée.

Cependant, le vallon des Étançons, entouré de montagnes splendides, inconnues il est vrai, mais dignes d'une haute réputation, ne méritait pas nos malédictions; dans une contrée moins désagréable, ces montagnes eussent été très-visitées et vantées comme des types parfaits de hardiesse et de grâce.

Il n'y a peut-être pas bien longtemps, le vallon des Étançons offrait un aspect moins désolé. Un grand nombre des vallées des Alpes françaises ont subi, à une époque tout à fait récente, par suite du déboisement des montagnes, les transformations les plus regrettables[1]. L'abus du droit de pacage et la destruction totale des forêts ont privé le sol des arbres, des plantes et des mousses, et les rayons brûlants du soleil lui ont donné, après l'avoir desséché, la dureté de la pierre; l'eau des pluies ou des neiges fondues n'étant plus retenue par aucun obstacle, au lieu de s'écouler lentement, forme en quelques instants de profonds ruisseaux, entraîne dans ses flots torrentiels des pierres ou des blocs de rochers qui en quintuplent la force, enlève toutes les terres cultivables et recouvre d'une couche énorme de débris, que les populations ruinées, condamnées à l'émigration, ne peuvent même pas tenter de déblayer, les plaines désormais stériles.

---

1. *Note du traducteur.* On consultera avec intérêt, sur ce triste sujet, le remarquable ouvrage publié par M. Surell, sons ce titre : *Etude sur les torrents des Hautes-Alpes.* — 2 vol. in-8°. Paris, 1870-1872.

Une nuit avec Croz.

CHAPITRE IX.

ASCENSION DE LA POINTE DES ÉCRINS.

Le 23 juin, à 5 heures du soir, nous descendîmes à grands pas le sentier abrupt qui conduit à la Bérarde. Là nous rendîmes visite au chasseur-guide Rodier, affable et souriant selon son habitude; puis, la liste des civilités épuisée, nos conventions arrêtées, nous allâmes hors du village guetter l'arrivée d'un individu nommé Alexandre Pic, que nous avions chargé de transporter nos bagages par Freney et Venose; il devait arriver à la Bérarde vers le soir. Mais la nuit vint et Pic ne parut pas. Force nous fut donc de modifier nos plans, car ce porteur attardé était indispensable à notre existence, puisqu'il portait notre nourriture, notre tabac, toutes nos provisions, en un mot. Après une courte discussion, nous résolûmes de renoncer à une partie de notre programme, de passer la nuit du

24 au sommet du glacier de la Bonne-Pierre, et de tenter le 25 l'ascension du sommet des Écrins. Cette résolution prise, nous allâmes nous étendre sur des bottes de paille.

Le lendemain matin, maître Pic fit son apparition d'un air agréable et dégagé; chacun sauta aussitôt sur sa brosse à dents, puis on chercha les cigares qui ne se firent remarquer que par leur absence. « Holà! monsieur Pic, où sont nos cigares, s'il vous plaît? — Messieurs, s'écria-t-il, vous voyez un homme au désespoir! » Alors, d'un air bonasse, il se mit à nous débiter une kyrielle d'histoires sur une prétendue attaque dont il avait été victime au beau milieu de la route; des brigands, des voleurs avaient pillé nos sacs pendant que lui, l'infortuné Pic, gisait sans connaissance sur la route; quand il avait repris ses sens, les scélérats avaient disparu. « Ah! monsieur Pic, nous devinons bien la vérité, c'est vous qui avez fumé nos cigares! — Oh! messieurs, je ne fume jamais, jamais! » Informations prises en secret, nous apprîmes qu'il était un fumeur. Malgré tout, il affirma n'avoir jamais rien dit de plus vrai; c'est bien possible, car il a la réputation d'être le plus grand menteur du Dauphiné.

Enfin nous pouvions partir; nous nous mîmes donc en route à 1 heure 45 minutes de l'après-midi, pour aller bivouaquer sur le glacier de la Bonne-Pierre : Rodier nous accompagnait, courbé sous une énorme charge de couvertures. Il nous fallut gravir bien des pentes, franchir bien des torrents, décrits par M. Tuckett[1]. Cependant nous évitâmes les difficultés que les torrents lui avaient présentées, en les traversant beaucoup plus haut aux points de leur cours où ils sont divisés. Mais, quand nous atteignîmes la moraine du côté droit du glacier (ou, à proprement parler, l'une des moraines, car il y en a plusieurs), des brouillards, qui descendirent sur nous, nous causèrent quelques embarras. Il était 5 heures 30 minutes lorsque nous arrivâmes à l'endroit où nous nous proposions de camper.

Chacun se choisit son gîte pour la nuit, puis nous nous réuni-

1. *Alpine Journal*, décembre 1863.

mes autour d'un grand feu allumé par nos guides. Le potage concentré de Fortnum et Mason fut coupé en tranches, délayé dans de l'eau chaude et trouvé excellent; mais je dois ajouter que, avant de devenir excellent, il absorba trois fois la quantité indiquée dans le prospectus. Un certain art est nécessaire pour boire cette soupe aussi bien que pour la faire; le point essentiel est de toujours laisser boire ses amis les premiers : d'abord c'est plus poli, ensuite on évite de se brûler la bouche si le potage est trop chaud, enfin le dessous vaut deux fois le dessus, car le meilleur reste au fond du vase.

[Pendant que nous étions occupés à ces diverses opérations, le brouillard qui enveloppait le glacier et les pics supérieurs commença à s'éclaircir. L'azur du ciel se montra çà et là. Nous regardions la partie supérieure du glacier, quand soudain apparut, à une prodigieuse hauteur au-dessus de nous, dans une petite déchirure d'un bleu foncé, la plus merveilleuse des Aiguilles, illuminée par les rayons d'un magnifique soleil couchant. Cette vue superbe nous causa une telle impression que plusieurs secondes se passèrent avant que nous nous fussions rendu compte de ce que nous venions de voir. Cette cime extraordinaire, qui paraissait s'élancer dans le ciel à plusieurs kilomètres du sol, était bien l'un des sommets les plus élevés des Écrins. Avant qu'un autre soleil vînt le dorer de ses rayons, nous espérions bien nous reposer sur un pic même plus élevé. Les nuages montaient, puis retombaient comme un immense rideau, nous dévoilant par moments des séries de vues grandioses; enfin, disparaissant entièrement, ils nous montrèrent le glacier et les immenses précipices qui le bordaient sur un ciel d'un bleu pâle d'une nuance exquise, libre de l'apparence même d'un nuage.]

La nuit se passa sans aucun incident digne d'une mention, mais, au matin, nous eûmes l'occasion d'observer un exemple curieux de l'évaporation que l'on peut remarquer fréquemment dans les Alpes. La veille au soir, nous avions suspendu à une aspérité du rocher l'outre imperméable qui contenait cinq bouteilles du mauvais vin de Rodier. Le matin, quoique l'outre ne parût pas avoir été débouchée pendant toute la nuit, les quatre cinquièmes du contenu s'étaient évaporés. C'était fort étrange ; ni mes amis ni moi nous n'avions bu une goutte de vin, et les guides déclarèrent l'un après l'autre qu'ils n'avaient vu personne en goûter. Évidemment, la seule explication de ce phénomène devait être la sécheresse de l'air. Cependant il importe de remarquer que la sécheresse de l'air (ou l'évaporation du vin) est toujours plus considérable quand un étranger fait partie d'une expédition, et la sécheresse causée par la présence d'un seul porteur de Chamonix est même tellement grande que ce ne sont plus les quatre cinquièmes qui s'évaporent, mais bien le tout à la fois. J'éprouvai pendant un certain temps une grande difficulté à combattre ce phénomène singulier, mais je finis par découvrir que, lorsque je me servais de l'outre de vin en guise d'oreiller, aucune évaporation n'avait lieu.

A 4 heures du matin, nous entreprîmes la traversée du glacier, nous dirigeant sur une seule file vers la base d'un grand couloir conduisant des pentes supérieures du glacier de la Bonne-Pierre au point le plus bas de la chaîne qui relie les Écrins à la montagne nommée Roche Faurio. Rodier salua de cris de joie la vue de ce couloir, car il fut alors renvoyé à la Bérarde avec toutes ses couvertures. Ce goulet ou *couloir* avait été découvert par M. Tuckett qui le descendit; aussi devons-nous revenir pendant quelques instants sur les explorations antérieures de ce montagnard accompli.

En 1862, M. Tuckett eut la bonne fortune d'obtenir du Dépôt de la Guerre à Paris une copie manuscrite de la feuille 189 de la carte de France, qui n'avait pas encore été publiée. Cette feuille à la main, il parcourut en tous sens les Alpes Dauphinoises, sans être embarrassé par aucun de ces doutes sur l'identité des pics, qui nous avaient causé, à Macdonald et à moi, tant de perplexités en 1867. Grâce à ce guide précieux, il put constater, à n'en pouvoir douter, que nous avions confondu les Écrins avec une autre montagne, — le Pic sans Nom. Notre connaissance imparfaite de la contrée et les rapports inexacts des gens du pays nous avaient fait commettre une méprise qui n'a rien d'extraordinaire (les deux montagnes se ressemblent beaucoup), si l'on songe à la difficulté que l'on éprouve dans cette région à obtenir, excepté des sommets les plus élevés, une vue complète de ce groupe enchevêtré.

On peut saisir d'un coup d'œil la situation de ces principaux sommets sur la carte qui accompagne le texte, et qui reproduit une partie de la feuille 189. Dans cette section, l'arête principale

LES ALPES CENTRALES DU DAUPHINÉ.

de la chaîne court presque du nord au sud. La Roche Faurio, à l'extrémité septentrionale, est à 3716 mètres au-dessus du niveau de la mer. Le point le plus bas entre cette montagne et les Écrins (le col des Écrins) est à 3353 mètres. L'arête, se relevant de nouveau, dépasse 3961 mètres de hauteur dans le voisinage des Écrins. Le sommet le plus élevé de cette montagne (4102 mètres) est cependant situé un peu à l'est et en dehors de la chaîne principale qui s'abaisse de nouveau et, dans le voisinage du col de la Tempe, tombe peut-être au-dessous de 3350 mètres, mais, immédiatement au sud de ce col, se dresse une pointe à laquelle les ingénieurs français ont assigné une altitude de 3756 mètres. Cette pointe ne porte aucun nom. La chaîne continue à se relever à mesure qu'elle s'étend vers le sud, et son point culminant est la montagne que les ingénieurs français ont appelée le sommet de l'Ailefroide. Dans le pays on l'appelle très-communément l'Aléfroide.

Il règne quelque incertitude sur l'élévation de cette montagne[1]. Les Français lui donnent au maximum 3925 mètres, mais M. Tuckett, qui avait emporté un bon théodolithe au sommet du mont Pelvoux (dont il évalua l'altitude à 3954 mètres) d'accord avec son prédécesseur, constata que le sommet de l'Aléfroide dépassait sa station de 4'; or, comme la distance entre les deux points était de 3799 mètres, il devrait y avoir une différence de 5 mètres d'altitude en faveur de l'Aléfroide. En 1861, quand je vis cette montagne de la cime du Pelvoux, j'hésitai à décider quelle était la plus haute des deux ; et, en 1864, du sommet de la Pointe des Écrins (comme je vais le raconter tout à l'heure) elle me parut vraiment plus élevée que le Pelvoux. Aussi je ne doute guère que M. Tuckett n'ait raison en donnant à l'Aléfroide une altitude d'environ 3961 mètres, au lieu de 3925 mètres que lui assignent les ingénieurs français.

Le mont Pelvoux est situé à l'est de l'Aléfroide et en dehors de la chaîne principale, et le Pic sans Nom (3914 mètres) se dresse entre ces deux montagnes. Le Pic sans Nom est un des pics les plus grandioses du Dauphiné, mais il est tellement renfermé au milieu des cimes qui l'entourent qu'on le voit rarement, si ce n'est d'une grande distance, et alors on le confond ordinairement avec les sommets voisins. Son nom a été par erreur omis sur la carte, mais sa position est indiquée par la grande masse de rochers, presque entourée de glaciers, que l'on remarque entre les mots Ailefroide et mont Pelvoux.

La dépression la plus basse de la chaîne principale, au sud de l'Aléfroide, est le col du Selé qui, suivant M. Tuckett, a 3302 mètres. La chaîne, se relevant de nouveau, rejoint, un peu

---

[1]. On peut la voir dans la gravure de la page 39. Elle offre plusieurs pointes également élevées, qui toutes paraissent accessibles. L'ascension de l'une d'elles a été faite en 1870.

plus loin vers le sud, une autre chaîne qui s'étend presque de l'est à l'ouest. Les Français ont donné à la montagne formant le point de jonction de ces deux chaînes le nom singulier de Crête des Bœufs Rouges! La pointe la plus élevée, voisine de cette montagne, a 3354 mètres ; mais un peu à l'ouest se dresse un autre pic (le mont Bans) dont l'altitude est de 3652 mètres. A partir de ce dernier pic, la chaîne se dirige, en suivant à peu près la direction du nord-ouest, sur les cols de Says, qui dépassent tous deux 3048 mètres.

L'élévation générale de cette chaîne principale égale donc, comme on le voit, presque celle du Mont-Blanc, ou des Alpes Pennines centrales ; et, si nous devions soit en faire une étude plus complète, soit étudier les autres chaînes qui l'entourent ou qui s'en détachent, nous remarquerions qu'il n'existe dans toute la contrée aucune dépression ou brèche basse, et qu'on y compte un nombre extraordinaire de pics d'une élévation moyenne[1]. La difficulté que les explorateurs ont éprouvée à constater l'identité des pics dans le Dauphiné provient en grande partie de ce que l'élévation de la chaîne principale y est généralement plus uniforme que dans les Alpes ; aussi chaque pointe y est-elle facilement cachée par une autre. L'étroitesse des vallées et leur direction irrégulière a encore augmenté cette difficulté.

La copie de la feuille 189 de la carte de France, qu'il avait obtenue, permit à M. Tuckett de visiter, avec sûreté et avec profit, toute cette partie des Alpes Dauphinoises, et, en 1862, il ajouta trois passages intéressants à ceux qui étaient déjà connus. Le premier, de Ville-Vallouise à la Bérarde, par le village de Claux et les glaciers du Selé et de la Pilatte (le col du Selé), le second, de Ville-Vallouise à Villar-d'Arène (sur la route du Lautaret) par Claux et les glaciers Blanc et d'Arsine (le col du glacier Blanc), et enfin le troisième, de Ville-Vallouise à la Bérarde, par le glacier Blanc, le glacier de l'Encula et le glacier de la Bonne-Pierre (le col des Écrins.)

1. On compte plus de vingt pics dépassant 3657 mètres, et trente autres dépassant 3353 mètres, dans la contrée limitée par ces trois rivières : la Romanche, le Drac et la Durance.

Ce dernier passage fut découvert accidentellement. M. Tuckett partit avec l'intention de tenter l'ascension de la Pointe des Écrins, mais les circonstances ne lui furent pas favorables, ainsi qu'il l'a raconté lui-même :

« Arrivés sur le plateau (du glacier de l'Encula) les Écrins nous apparurent tout à coup, dit-il, sous l'aspect le plus saisissant; et un examen rapide nous encouragea dans l'espérance que l'ascension pouvait en être praticable. Comme je l'ai déjà expliqué, ce pic présente, du côté de la Bérarde et du glacier Noir, les parois les plus escarpées et les plus inaccessibles que l'on puisse imaginer ; mais les pentes sont moins rapides dans la direction du glacier de l'Encula, nom sous lequel la carte française désigne le plateau supérieur du glacier Blanc, les pentes sont moins raides, et d'immenses masses de névé ou des seracs couvrent la montagne presque jusqu'à son sommet.

« La neige était très-défavorable, et, comme nous y enfoncions à chaque pas jusqu'au genou, la réalisation de nos espérances devenait évidemment très-douteuse. A mesure que nous avancions, nous découvrions des traces d'avalanches fraîches. Après une mûre délibération et un examen approfondi fait avec le télescope, nous décidâmes que les chances de succès étaient trop faibles pour perdre notre temps à continuer notre tentative....

« En examinant la carte, je m'aperçus que le glacier que l'on découvrait à l'ouest au delà de la brèche (la chaîne qui s'étend entre la Roche Faurio et les Écrins), à une grande profondeur au-dessous, devait être celui de la Bonne-Pierre. Si l'on pouvait descendre au point où il prend son origine, on trouverait probablement un passage pour gagner la Bérarde. Je proposai donc à Croz et à Pernn de renoncer à notre ascension projetée des Écrins — que l'état de la neige rendait impossible — et d'utiliser notre expédition en faisant la découverte d'un nouveau col, découverte aussi intéressante qu'importante. Tous deux y consentirent de grand cœur, et, en quelques minutes, Pernn, planté sur le bord de l'arête, y taillait des pas avec la hache pour descendre le couloir presque formidable, etc., etc.[1]. »

C'est au pied de ce même couloir que nous nous trouvâmes dès l'aube du 25 juin 1864 ; cependant, je dois, avant de commencer le récit de cette journée pleine d'événements mémorables, relater les tentatives faites par MM. Mathews et Bonney en 1862.

Ces deux touristes, accompagnés des deux Croz, essayèrent d'escalader les Écrins peu de semaines après que M. Tuckett eut examiné cette montagne. « Le 26 août, dit M. Bonney[2], nous montions avec ardeur, et nos espérances de succès devenaient de plus en plus vives; le prudent Michel lui-même se permit de crier : « Ah ! malheureux Écrins, vous serez bientôt morts, » au moment où nous attaquions la dernière pente qui conduisait au pied du cône terminal. Mais le vieux proverbe : « Il ne « faut pas vendre la peau de l'ours avant de l'avoir jeté par « terre.... » devait encore se trouver justifié dans cette occasion. Arrivés au sommet de la pente, nous nous vîmes brusquement séparés du pic par une formidable *bergschrund* que traversait le plus fragile des ponts de neige. Nous regardions à droite et à gauche, pour voir si nous pourrions atteindre l'une ou l'autre des arêtes qui en dominaient les extrémités; mais, au lieu de surgir directement de la neige comme on aurait pu le croire en les voyant d'en bas, ces arêtes se terminaient par une muraille de rochers haute de près de 12 mètres. La bergschrund ne présentait qu'un seul endroit assez étroit pour qu'on pût la traverser, et il fallait ensuite escalader une paroi de glace, puis tailler des degrés dans une pente de neige fort raide avant d'atteindre l'arête. Enfin, après avoir cherché en vain un passage pendant quelque temps, Michel nous dit de l'attendre, et il alla seul explorer la brèche qui sépare le pic le plus élevé

1. *Alpine Journal*, décembre 1863.
2. *Alpine Journal*, juin 1863.

du dôme de neige situé à droite, afin de voir s'il était possible d'escalader la muraille rocheuse. Il reparut presque aussitôt sur les rochers qu'il gravissait évidemment avec peine, et il atteignit enfin l'arête. Cette fois encore nous crûmes la partie gagnée, et nous nous élançâmes à sa suite. Tout à coup il nous cria de faire halte, et se mit à redescendre. Bientôt il s'arrêta. Après une longue pause, il cria à son frère qu'il lui était impossible de redescendre par le même chemin. Jean était visiblement inquiet, et pendant quelque temps nous le suivîmes des yeux avec anxiété. A la fin, Michel tailla des degrés dans la neige sur le versant du pic qui nous faisait face. A ce moment, Jean nous quitta, et, se dirigeant vers la paroi de glace dont j'ai parlé, il se mit à y tailler des pas; en un quart d'heure de travail, il parvint à s'y hisser je ne sais comment, puis il tailla de nouveaux degrés pour aller rejoindre son frère. Presque tous ces degrés paraissaient taillés à travers une croûte de neige dans la glace dure qu'elle recouvrait, et un petit torrent de neige commença à descendre en sifflant le long des flancs du pic pendant qu'ils l'entaillaient avec leurs haches. Michel n'était guère à plus de 100 mètres de nous et il s'écoula trois grands quarts d'heure avant que les deux frères se fussent rejoints. Quand ils furent réunis, ils descendirent avec précaution, enfonçant profondément leur hache dans la neige à chaque pas.

« Michel nous raconta alors qu'il avait atteint l'arête avec beaucoup de peine, et constaté qu'elle était praticable jusqu'à une certaine distance et en réalité aussi loin que sa vue s'étendait; mais, ajouta-t-il, la neige était très-dangereuse, car elle n'avait aucune consistance et reposait sur de la glace très-dure; quand il avait commencé à descendre afin de nous en prévenir, il trouva la surface des rochers tellement polie et glissante que le retour n'était pas possible; pendant quelque temps même il courut un véritable danger. Nous aurions donc pu atteindre l'arête par le chemin qu'avaient suivi nos guides pour redescendre; mais évidemment, dans leur opinion, toute nouvelle tentative était impossible; aussi n'insistâmes-nous pas. Nous les connaissions trop bien pour ne pas être sûrs qu'ils ne reculeraient que devant un danger réel; aussi donnâmes-nous le signal de la retraite. »

Un temps magnifique avait favorisé ces deux expéditions, et ni M. Tuckett, ni MM. Mathews et Bonney n'avaient été obligés de se presser pour redescendre, car ils avaient passé la nuit sur la montagne à une élévation considérable, et ils arrivèrent de très-bonne heure à la base du pic terminal des Écrins sans avoir aucunement dépensé leurs forces, ayant tout le temps nécessaire pour poursuivre leur ascension. Dans les deux tentatives, guides et touristes étaient des hommes d'élite, des montagnards expérimentés qui avaient donné de nombreuses preuves d'adresse et de courage, et qui n'étaient pas habitués à renoncer à une entreprise simplement parce qu'elle est difficile.

Ces deux tentatives d'ascension ne furent pas poursuivies parce que dans l'état de la neige à la base et sur les flancs du dernier pic, — état qui devait faire craindre la chute d'une avalanche, — le *danger* était trop *positif;* il eût donc été inexcusable de persister.

Nous avons déjà signalé plusieurs fois dans ce récit l'extrême variabilité du temps sur les sommités des Alpes; aussi n'avions-nous, nous ne l'ignorions pas, qu'une bien faible chance de trouver réunies le 25 juin, ou tout autre jour fixé d'avance, les conditions indispensables pour le succès de notre entreprise. L'opinion de nos amis nous inspirait une confiance tellement absolue que nous convînmes entre nous de ne poursuivre notre entreprise que dans le cas où nous rencontrerions des circonstances manifestement favorables.

A 6 heures 20 minutes, nous avions atteint le sommet du couloir (un couloir de première classe, haut d'environ 300 mètres); et de là nous découvrions parfaitement toutes les difficultés qu'il nous restait à vaincre. La Pointe des Écrins[1], qui nous avait paru de loin si difficile, si effilée, si aiguë, nous sembla

---

1. La vue des Écrins (v. la page suivante) a été prise au sommet du col du Galibier.

bien plus difficile et bien plus aiguë au moment où nous passâmes du sommet du couloir dans la brèche de l'arête. Aucune ombre délicate n'annonçait des arêtes larges et arrondies; la terrible montagne dressait dans un ciel sans nuages ses arêtes pointues, dentelées et brûlées par le soleil.

Nous nous proposions, avons-nous dit, de suivre une des arêtes du pic terminal, mais, aussi ébréchées et aussi déchirées l'une que l'autre, elles offraient toutes deux un aspect également décourageant. Elles me rappelaient mon échec sur la

La Pointe des Écrins.

Dent d'Hérens en 1863, et une certaine partie d'une arête semblable sur laquelle il était aussi difficile d'avancer que de reculer. A supposer cependant que l'une de ces arêtes fût praticable, encore nous fallait-il y arriver, car une énorme bergschrund, entourant complétement la base du pic supérieur, le séparait presque entièrement des pentes qu'il dominait. Évidemment l'ascension ne pouvait pas réussir sans de sérieux efforts, et elle exigerait tout notre temps et l'emploi de toutes nos facultés. Nous étions favorisés à bien des égards; les nuages s'étaient dissipés, l'atmosphère était pure et parfaitement calme; grâce à une longue série de beaux jours, la

CHAPITRE IX.

neige offrait des conditions excellentes, et, ce qui était plus important encore, la dernière neige tombée sur le pic supérieur, manquant de solidité, avait roulé dans le glacier en avalanches gigantesques par-dessus les *schrunds*, les névés, les séracs, les collines et les vallées du glacier, nivelant les unes, comblant les autres jusqu'au col où elle formait d'énormes amas qui ne pouvaient plus nous nuire. Ces avalanches avaient laissé derrière elles, en glissant, une large traînée, presque une route, sur laquelle il nous était facile d'avancer avec rapidité, du moins pendant une partie de notre ascension.

Tout cela vu et apprécié en quelques minutes, comme il n'y avait pas de temps à perdre, nous mangeâmes quelques morceaux à la hâte, nous laissâmes au col nos sacs, nos provisions et tout ce qui eût pu nous gêner, puis nous repartîmes à 6 heures 1/2 en nous dirigeant en droite ligne vers le côté gauche de la *bergschrund*, car sur ce point seulement elle était praticable.

Nous la traversâmes à 8 heures 10 minutes. On peut suivre notre route sur le plan ci-joint. La flèche désignée par la lettre D indique la direction du glacier de la Bonne-Pierre. L'arête située en travers sur le premier plan est celle qui est indiquée en partie au haut de la carte, à la page 217, et qui conduit de la Roche Faurio dans la direction de l'O. N. O. Nous venions du point D quand nous atteignîmes le plateau du glacier de l'Encula, situé derrière cette arête ; et nous nous dirigeâmes presque en ligne droite à la gauche de la bergschrund vers le point A.

Jusque-là, aucun obstacle sérieux ne nous arrêta ; mais tout changea soudain. La Pointe des Écrins se termine par une espèce de pyramide triangulaire de 220 mètres. L'une des trois faces de cette pyramide, qui domine le glacier Noir, est un des précipices les plus abrupts et des plus effroyables de toutes les Alpes. La seconde, moins escarpée et d'une forme moins régulière que la première, domine le glacier du Vallon.

La troisième, celle par laquelle nous nous approchions du sommet, regarde le glacier de l'Encula. Imaginez une surface plane triangulaire, haute de 220 ou 240 mètres, formant un angle de plus de 50°; supposez cette surface polie comme du verre; représentez-vous ses crêtes supérieures dentelées et découpées en longues pointes aiguës, dont chacune a une inclinaison différente; parsemez par l'imagination cette surface polie de menus fragments de roches à peine adhérents, et couverts de verglas : figurez-vous tout cela et vous aurez une faible idée du versant des Écrins sur lequel nous montions. Impossible de ne pas détacher des pierres qui en tombant faisaient pousser des exclamations que je n'oserais pas répéter. En pareille situation les meilleurs amis se diraient des gros mots. Ayant atteint l'arête orientale, nous nous efforçâmes pendant une demi-heure de nous rapprocher du sommet; mais ce fut en vain (chaque mètre de terrain nous coûtait un temps incroyable); force nous fut donc de battre en retraite, et de retourner à la *bergschrund*; car nous n'éprouvions en réalité aucun désir de faire un peu trop promptement connaissance avec le glacier Noir. A la suite d'un nouveau conseil, il fut décidé à l'unanimité que nous échouerions si nous ne parvenions pas à nous tailler un passage le long du bord supérieur de la bergschrund, jusqu'à la base même du sommet, d'où nous tenterions une dernière escalade. Croz ôta donc son habit et se mit à l'ouvrage sur la glace, non pas sur cette glace noire dont il a été si souvent parlé et qui est si rarement vue, mais sur une glace aussi dure que la glace peut l'être. Rude et ennuyeuse besogne pour les guides. Croz tailla des degrés pendant plus d'une demi-heure, et nous ne semblions pas avancer du tout. L'un de nous, placé à l'arrière-garde, voyant combien ce travail était pénible et combien nos progrès étaient lents, insinua qu'après tout nous ferions mieux de retourner sur l'arête. A ces mots tout le sang de Croz lui monta au visage. Indigné du peu de cas qu'on semblait faire de sa vigueur, il laissa là son travail, revint sur ses pas et s'élança vers moi avec une vivacité qui me fit frissonner : « Allons-y donc par tous les moyens, dit-il, le plus tôt sera le mieux. »

On n'avait eu aucune intention de l'offenser, et il reprit son travail. Almer le relaya au bout de quelque temps. Il était dix heures et demie; une heure s'était écoulée, et ils taillaient toujours des pas. Triste occupation pour nous, car il n'y avait guère moyen de gambader à l'aise dans ce maudit passage ; il fallait pour ne pas tomber se tenir par les mains aussi bien que par les pieds; les doigts et les orteils se refroidissaient singulièrement ; la glace détachée par la hache se précipitait au fond de la *bergschrund* avec des bonds qui donnaient à réfléchir; la conversation se trouvait très-limitée, car 6 mètres de corde nous séparaient l'un de l'autre. Une autre heure s'écoula. Nous nous trouvions alors presque immédiatement à la base du sommet, et nous nous arrêtâmes pour le regarder. Il était aussi éloigné de nous (verticalement) que trois heures auparavant. Ce jour-là, tout nous semblait contraire. Les seuls rochers qui fussent à portée de la main étaient des débris épars à peine gros comme des tasses à thé, et, ainsi que nous le reconnûmes plus tard, couverts de verglas pour la plupart. Le temps nous manquait pour tailler des pas en droite ligne dans la direction du sommet quand même ce travail eût été possible. Nous nous décidâmes donc à grimper sur l'arête par les rochers. Pour faire cette tentative, il fallait avoir une certaine confiance l'un dans l'autre : nous étions, en effet, dans une situation telle que non-seulement la moindre glissade pouvait être, que dis-je, devait être fatale à toute l'expédition : et rien n'était plus facile que de glisser. C'était un de ces endroits où tout le monde doit manœuvrer à l'unisson, et où la corde ne doit être ni trop relâchée ni trop tendue. Une heure s'était encore écoulée, et, à midi 30 minutes, nous atteignîmes de nouveau l'arête, mais à un point plus élevé (B), près du sommet. Nos hommes étaient exterminés de fatigue ; la meilleure préparation à une pareille entreprise n'est certes pas de tailler des pas dans un couloir de 300 mètres de hauteur. Nous fûmes donc tous assez contents de pouvoir nous reposer un instant, car nous ne nous étions pas assis une minute depuis que nous avions quitté le col, c'est-à-dire depuis six heures. Cependant Almer ne voulut prendre aucun repos; voyant qu'il était midi passé, et qu'il nous restait fort à faire, il se détacha pour tenter de se rapprocher du sommet. Des couches de neige réunissaient les dents des rochers; Almer en traversait une à quelques mètres de moi, quand, tout à coup, elle s'effondra sous lui et tomba sur le glacier. Il chancela une seconde, un pied levé et l'autre déjà posé sur la masse de neige qui glissait; je le crus perdu, heureusement il tomba sur le côté droit et put s'arrêter. S'il eût posé le pied gauche au lieu du pied droit dans la neige, il fût tombé probablement pendant plusieurs centaines de mètres sans se heurter à aucun obstacle, et ne se fût arrêté que sur le glacier, situé verticalement à plus de 1000 mètres au-dessous.

Nous dûmes encore travailler près d'une heure pour atteindre le sommet dont nous étions séparés par une distance ridiculement faible. Almer était en avant de quelques mètres; avec la modestie qui le caractérise, il hésita à escalader le premier la pointe la plus élevée, et se retira pour nous laisser passer à sa place. Un cri unanime désigna Croz, à qui nous devions la plus grande part du succès, mais Croz déclina cet honneur, et nous nous avançâmes tous ensemble vers le sommet; je veux dire que nous nous serrâmes tout autour, à un mètre ou deux au-dessous, car il était beaucoup trop étroit pour que nous pussions y tenir tous.

Suivant mon habitude, je mis dans mon sac un fragment du rocher le plus élevé (c'était de l'ardoise chlorite), et plus tard je constatai qu'il offrait une similitude frappante avec le pic supérieur des Écrins. J'ai fait, dans d'autres occasions[1], cette remarque curieuse : non-seulement des fragments calcaires, par exemple, présentent souvent les formes caractéristiques des roches dont on les a détachés, mais des morceaux d'ardoises micacées ressemblent d'une manière merveilleuse aux pics dont elles faisaient partie. Pourquoi n'en serait-il pas ainsi, si la masse de la montagne est toujours plus ou moins homogène? Les

---

1. L'exemple le plus frappant que j'aie constaté *de visu* se trouve cité dans le chapitre XXI.

mêmes causes qui produisent les formes les plus petites créent aussi les plus grandes sur le même modèle. Les unes et les autres sont soumises à des influences semblables; la même gelée, la même pluie forment la masse aussi bien que ses parties.

Quand même l'espace ne me manquerait pas, je ne saurais donner qu'une très-faible idée de la vue que l'on découvre du sommet des Écrins. Un panorama qui embrasse un espace presque aussi vaste que l'Angleterre entière mérite bien qu'on prenne un peu de peine pour le regarder, car on n'en rencontre pas fréquemment de pareils dans les Alpes. Pas un nuage n'en dérobait une parcelle à notre vue, et la liste des sommets que nous découvrions comprendrait presque tous les pics les plus élevés de la chaîne. Je voyais maintenant le Pelvoux — de même que j'avais vu les Écrins du Pelvoux trois ans auparavant — par-dessus tout le bassin du glacier Noir. C'est une splendide montagne, quoique sa voisine l'Aléfroide l'égale en hauteur, si même elle ne la surpasse pas.

Fragment du sommet de la Pointe des Écrins.

Nous ne pûmes rester que très-peu de temps sur le sommet de la Pointe des Écrins, et, à deux heures moins un quart, nous nous préparâmes à la descente. En regardant au-dessous de nous et en songeant aux mauvais pas que nous avions dû franchir pour monter, nous hésitâmes tous à repasser par le même chemin. Moore s'écria carrément : non. Walker en dit autant, moi aussi ; les deux guides furent du même avis; cependant nous étions au fond intimement persuadés que nous n'avions pas de choix à faire. Mais nous gardions rancune à « ces maudits rochers de la fin ». S'ils n'avaient eu qu'une étendue modérée, ou s'ils avaient simplement été recouverts de verglas, nous eussions essayé de les descendre, mais ils n'avaient vraiment pas le sens commun; non contents de ne pas nous permettre d'être solides, ils ne savaient pas l'être eux-mêmes. Nous nous tournâmes donc vers l'arête occidentale, nous confiant à notre bonne étoile pour descendre à la bergschrund, et ensuite pour la traverser. Nos physionomies trahissaient nos pensées, et, suivant toute apparence, nos pensées n'étaient pas folâtres. Si quelqu'un m'eût dit : « Il faut que vous soyez fou pour être venu là, » j'aurais répondu en toute humilité : « Ce n'est que trop vrai. » Et si mon censeur eût ajouté : « Jurez que vous ne ferez plus aucune autre ascension si vous réussissez à descendre sain et sauf des Écrins, » j'aurais, je le crois bien, prêté le serment demandé. En réalité, *le jeu ne valait pas la chandelle*. Les guides le sentaient aussi bien que nous, et Almer, en prenant la tête de la petite troupe, dit, avec plus de piété que de logique : « Le bon Dieu nous a permis de monter jusqu'ici sains et saufs, il nous en fera descendre. » Exclamation qui nous révélait trop clairement le fond de sa pensée.

L'arête que nous entreprenions de descendre n'était pas moins difficile que l'autre. Toutes deux étaient si dentelées qu'il était impossible d'y rester constamment, et nous fûmes obligés, à plusieurs reprises, de passer sur la face septentrionale pour remonter ensuite sur l'arête. Toutes deux étaient tellement en décomposition que les plus habiles d'entre nous renversaient à chaque instant, comme les autres, des blocs grands ou petits. Toutes deux étaient si minces et si étroites, que nous nous demandions souvent de quel côté un bloc déplacé allait tomber.

Arrivés à un certain point, nous crûmes que nous serions obligés de remonter au sommet pour redescendre par l'autre arête. Nous étions sur l'étroite crête de l'arête; d'un côté s'enfonçait l'immense précipice qui fait face au Pelvoux, et qui est presque à pic; de l'autre descendait une pente dépassant 50°. Une brèche profonde nous força soudain de faire halte. Almer, qui tenait la tête, s'avança avec précaution jusqu'au bord sur les mains et sur les genoux, puis il plongea un regard curieux dans l'abîme; ces précautions n'étaient pas le moins du monde inutiles, car plusieurs fois les rochers s'étaient brusquement éboulés sous nos pieds.

Après un examen attentif, sans dire une parole, il tourna la tête de notre côté et nous regarda. Sa physionomie, qui aurait pu exprimer l'inquiétude et la crainte, ne témoignait ni joie ni espérance. Il n'était pas possible de descendre, et nous devions, s'il fallait absolument franchir cette brèche, sauter par-dessus pour retomber sur un bloc fort peu solide situé de l'autre côté. On décida de tenter l'aventure; Almer allongea la corde qui le liait à nous et sauta; le bloc vacilla au moment où il retomba dessus, mais il en étreignit un autre dans ses bras et s'y amarra solidement. Ce qui était difficile et dangereux dans ce passage pour le premier qui s'y risquait était assez facile pour les autres, et nous le franchîmes tous avec moins de peine que je ne l'avais craint, stimulés par cette observation parfaitement juste de Croz, que, si nous ne passions pas là, nous n'avions pas plus de chance de descendre par l'autre chemin.

Arrivés au point marqué C, nous ne pûmes plus continuer à suivre l'arête; aussi, commençâmes-nous de nouveau à descendre sur la face même de la montagne. Bientôt nous nous approchâmes de la bergschrund, mais il nous était impossible de la voir parce que le bord supérieur surplombait. Depuis que nous avions quitté le sommet, deux heures s'étaient déjà écoulées, et, selon toute probabilité, il nous faudrait passer la nuit sur le glacier Blanc. Almer, toujours en tête, taillait en vain des pas au bord même de la bergschrund; il ne pouvait encore voir au-dessous de lui; alors, nous avertissant de le tenir solidement, il raidit son corps tout entier, et, debout sur le large degré qu'il avait creusé dans ce but, il pencha sur l'abîme la partie supérieure de son corps jusqu'à ce qu'il eût vu ce qu'il voulait voir. Il nous cria alors que nous étions au bout de nos peines, me dit d'approcher du bord et de me détacher de la corde, fit avancer nos compagnons jusqu'à ce qu'il eût une longueur de corde suffisante, puis, avec un *jödel* retentissant, il s'élança sur la neige molle. Moitié adresse, moitié bonheur, il avait rencontré le point où la crevasse était le plus facile à franchir, et nous n'eûmes qu'à faire un saut de trois mètres environ de hauteur.

Il était quatre heures quarante-cinq minutes de l'après-midi ; nous avions donc mis plus de huit heures et demie à faire l'ascension du pic supérieur, qui n'a que cent soixante mètres de hauteur, suivant les observations faites par M. Bonney, en 1862 [1]. Pendant ces huit heures et demie nous ne nous étions guère arrêtés qu'une demi-heure; nerfs et muscles avaient dû tout le temps supporter la tension la plus extrême. Aussi, on le comprendra aisément, la traversée d'un glacier dans les conditions ordinaires fut-elle acceptée comme un agréable délassement; tout ce qui en d'autres circonstances nous eût paru formidable, nous le traitâmes de pure *bagatelle*. Malgré l'heure avancée et le peu de solidité qu'offrait la neige, nous marchions si vite que nous arrivâmes en moins de quarante minutes au col des Écrins. Nous ne perdîmes pas de temps à emballer notre bagage, car il nous fallait encore traverser un long glacier et nous frayer un chemin à travers deux cascades de glace, avant que la nuit arrivât; la petite troupe se remit donc en marche à cinq heures trente-cinq minutes, sans boire ni manger, et d'un tel pas qu'elle sortit du glacier Blanc à sept heures quarante-cinq minutes [2]. A huit heures quarante-cinq minutes, nous avions dépassé la moraine du glacier Noir juste au moment où la dernière lueur du jour disparaissait. Croz et moi nous étions un peu en avant des autres, fort heureusement pour nous; au moment où ils allaient commencer à descendre la dernière pente du glacier, toute la partie de la moraine qu'elle supportait s'écroula avec un fracas effroyable.

Nous eûmes alors le plaisir de marcher sur une plaine connue sous le nom de Pré de Madame Carle, couverte de cailloux de toutes grandeurs, et sillonnée d'une quantité de petits tor-

---

1. Voir le tome I, p. 73, de l'*Alpine Journal*. La hauteur assignée au pic supérieur par M. Bonney nous parut trop faible; nous pensions qu'il fallait bien y ajouter 60 mètres.
2. Le glacier Blanc se trouve dans la direction indiquée par la flèche placée au-dessus de la lettre E sur le plan, p. 225.

Descente de l'arête occidentale de la Pointe des Écrins.

rents. Trous et pierres s'y confondaient. Trébuchant à chaque pas, nous tombions meurtris de tous côtés, à bout de forces et de bonne humeur. Mes compagnons, tous deux myopes, trouvaient cette promenade finale particulièrement désagréable ; nul d'entre nous ne s'étonna donc quand, arrivés sur un énorme bloc de rochers gros comme une maison, cube régulier, tombé des flancs du Pelvoux, et qui n'offrait pas l'ombre d'un abri, Moore s'écria avec extase : « Oh ! délicieux ! charmant ! juste ce que j'ai toujours rêvé ! Nous allons organiser un bivouac tout à fait original et imprévu. » La nuit — il importe de l'ajouter — nous promettait du tonnerre, des éclairs, de la pluie et bien d'autres jouissances.

Pour Croz et pour moi, les agréments d'un bivouac pareil n'ayant pas le mérite de la nouveauté, nous souhaitions prosaïquement de nous procurer le ridicule abri d'un toit, mais Walker et Almer déclarèrent, avec leur condescendance habituelle, qu'eux aussi ils désiraient bivouaquer en plein air. Le trio enthousiaste résolut donc de faire halte. Nous lui laissâmes généreusement toutes les provisions, — 30 centimètres cubes de jambon gras et une demi-chandelle, — puis nous partîmes au plus vite pour descendre aux chalets d'Ailefroide ; nous croyions du moins nous diriger de ce côté sans en être bien sûrs. Après une demi-heure de marche, nous nous trouvâmes arrêtés par le torrent principal, et Croz disparut subitement. Je m'avançai avec précaution pour tâcher de jeter un coup d'œil inquiet sur l'endroit où je supposais qu'il devait être tombé, mais le pied me manqua et je me trouvai soudain au beau milieu d'une énorme touffe de rhododendrons, la tête en bas, les jambes en l'air. En travaillant, non sans peine, à me tirer de ce mauvais pas, une deuxième culbute par-dessus un bloc de rochers me fit glisser dans une crevasse si voisine du torrent que l'eau m'éclaboussait entièrement.

Le colloque suivant s'engagea alors au milieu du fracas des eaux :

« Ohé, Croz !

— Eh ! monsieur.

— Où diable êtes-vous ?
— Ici, monsieur.
— Où est-ce, *ici* ?
— Je ne sais pas. Et vous, où êtes-vous ?
— Mais, ici, Croz ; » et ainsi de suite.

Impossible de nous rendre compte de notre situation respective, tant le torrent faisait de bruit et si profonde était l'obscurité de la nuit. Cependant, au bout de dix minutes, nous finîmes par nous rejoindre, et, trouvant tous deux que cette promenade devenait trop fantastique, nous allâmes nous établir sous un rocher qui nous promettait un abri plus hospitalier ; il était 10 heures 15 minutes.

Que je me rappelle bien la nuit passée sous ce rocher, en compagnie de Croz dont la belle humeur ne se démentit pas[1] ! Tous deux nous avions les jambes trempées et une faim dévorante ; malgré tout, le temps s'écoula fort agréablement. A minuit nous causions encore assis près d'un grand feu de genévrier, fumant nos pipes et nous racontant des histoires merveilleuses, incroyables, et je dois avouer que, sur ce terrain, mon compagnon me battit complétement. Nous finîmes par nous jeter sur nos lits de rhododendrons pour y dormir d'un paisible sommeil, et nous réveiller le lendemain dimanche par une belle matinée, aussi reposés que nous pouvions l'être, et disposés à jouir avec nos amis d'une journée de *farniente* et d'abondance à Ville Vallouise.

L'ascension de la Pointe des Écrins n'est pas une entreprise ordinaire ; j'espère l'avoir fait comprendre. Chaque jour, les touristes qui écrivent sur les Alpes se montrent de plus en plus portés à diminuer l'importance des difficultés et des dangers qu'ils ont rencontrés ; cette disposition est, selon moi, aussi fâcheuse que celle qui jadis se plaisait à tout exagérer. Si difficile à gravir que fût la Pointe des Écrins, nous avions, dans mon opinion, choisi pour son ascension le meilleur et peut-être

---

1. Voir la gravure placée en tête de ce chapitre.

même le seul bon moment de l'année. La grande pente dont l'escalade nous avait pris tant de temps eût été très-dangereuse si elle n'eût pas été dénudée par l'avalanche dont j'ai parlé : couverte de neige, nous n'eussions pu la gravir sans nous exposer au plus grand péril; notre expédition eût été un désastre au lieu d'un succès. La glace de cette pente reste toujours sous la neige, son angle est très-aigu, et les rochers ne se projettent pas assez loin pour donner à la neige le soutien qui lui est nécessaire quand son inclinaison est aussi forte. Je ne voudrais donc inspirer à personne le désir de recommencer cette expédition, et même ajouterai-je, comme l'expression de ma conviction : quelque malheureux, quelque désolé qu'un individu ait pu être jusqu'alors, il le sera cent fois plus s'il se trouve au sommet de la Pointe des Écrins, quand une neige fraîche vient d'y tomber[1].

---

1. Depuis 1864, l'ascension de la Pointe des Écrins a été faite une fois par un Français du nom de Vincent, accompagné des guides Jean Carrier et Alexandre Tournier. Ils suivirent la même route que nous, mais à rebours, c'est-à-dire ils montèrent par l'arête occidentale et descendirent par l'arête orientale.

Les touristes qui voudraient faire l'ascension de la Pointe des Écrins devront se munir d'une échelle ou employer tout autre moyen pour traverser la bergschrund au milieu, immédiatement au-dessous du sommet. Ils pourraient alors monter en droite ligne, évitant ainsi la fatigue et les difficultés qu'il faut surmonter quand on suit les arêtes.

Voûte de glace.

CHAPITRE X.

DE VALLOUISE A LA BÉRARDE PAR LE COL DE PILATTE[1].

S'il n'existait aucun sentier entre Ailefroide et Claux, il ne serait guère plus facile d'aller de l'une à l'autre de ces localités que de traverser le Pré de Madame Carle[2]. La vallée est parsemée dans toute son étendue d'immenses masses de gneiss dont quelques-unes de la grandeur d'une maison; le roc *in situ* ne se montre qu'à de rares intervalles, tant il est recouvert de débris provenant presque totalement des montagnes voisines.

1. Voir pour cette route, la carte qui se trouve dans le chapitre ix.
2. A 800 mètres environ au-dessus de Claux, la vallée est fermée par une muraille à pic, et l'on peut voir des *roches moutonnées*, partout où la muraille rocheuse est trop abrupte pour permettre aux débris de s'accumuler. Au même endroit, le torrent d'Ailefroide tombe par-dessus quelques parois escarpées dans une gorge profondément encaissée, et l'on peut suivre sur les rochers les cartes qu'y a laissées le travail des eaux.

C'était un dimanche, « une journée éclatante et paisible. » Les rayons dorés du soleil avaient dispersé les nuages et illuminaient les hauteurs; la magnificence de la matinée et la beauté des montagnes nous firent oublier notre faim.

Notre intention était de nous reposer pendant la journée du 26, mais nous ne trouvâmes pas le calme dont nous avions besoin dans le cabaret de Claude Giraud ; il nous fallut fuir cette Babel de bruit qui devenait de plus en plus insupportable à mesure que les hommes descendaient dans l'ivresse à un degré d'abaissement que les brutes ne sauraient atteindre. Les chalets d'Entraigues[1] nous offrirent heureusement la tranquillité que nous n'avions pu trouver à Vallouise.

Nous y reçûmes de nouveau la plus cordiale hospitalité. On nous y servit, en nous pressant de nous en régaler, tout ce qu'on put trouver de bon à boire et à manger ; toutes les petites curiosités furent satisfaites; tous les renseignements demandés furent donnés; enfin, quand nous nous retirâmes pour nous reposer sur notre paille fraîche et propre, nous nous félicitâmes mutuellement de nous être échappés de l'antre immonde ouvert à la place que devrait occuper une bonne auberge, et d'être venus demander l'hospitalité aux braves gens des chalets. Après deux nuits passées sur des cailloux de quartz et sur la boue des glaciers, cette paille nous parut délicieusement confortable. Croyant qu'on nous appelait pour partir, je me sentis donc peu satisfait quand, vers minuit, j'entendis craquer sur ses gonds la lourde porte de bois, et un individu tousser et s'agiter pour attirer l'at-

---

1. Le chemin de Ville Vallouise à Entraigues est bon et bien ombragé par une luxuriante végétation. La vallée d'Entraigues est étroite, bordée par de beaux rochers et fermée à son extrémité occidentale par un superbe groupe de montagnes, qui paraissent beaucoup plus hautes qu'elles ne le sont en réalité. Le point le plus élevé (le Pic de Bonvoisin) a 3505 mètres d'altitude. On cultive à Entraigues (1610 mètres) des pommes de terre, des pois et d'autres légumes, quoique les chalets soient privés de soleil et dans une situation assez froide.

De la combe (ou vallon) de la Selle qui rejoint la vallée principale à Entraigues, on peut passer dans le Val Godemar par le petit col du Loup, qui est peu connu et qui se trouve immédiatement au sud du Pic de Bonvoisin. Deux autres passages, d'une hauteur considérable, conduisent de l'extrémité supérieure du vallon de la Selle dans les vallons de Champoléon et d'Argentière.

tention ; mais je reconnus ma méprise quand il dit à voix basse :
« Monsieur Édouard ! » C'était en effet notre compagnon du Pelvoux, M. Reynaud, l'excellent agent voyer de la Bessée.

Nous avions invité M. Reynaud à nous accompagner dans l'excursion dont ce chapitre contient la description, mais il était arrivé à Vallouise après notre départ, et il avait couru résolûment après nous pendant toute la nuit. Dans notre opinion un passage devait exister sur la haute arête appelée (sur la carte française) la crête des Bœufs-Rouges[1], près du pic nommé les Bans; et cette route devait être la plus courte (pour le temps comme pour la distance), si l'on voulait en partant de Vallouise traverser les Alpes centrales du Dauphiné. De la Brèche de la Meije, nous avions vu le côté septentrional (ou Pilatte) de cette chaîne, et il nous avait paru praticable près de la crête des Bœufs-Rouges. Nous ne pouvions guère en être parfaitement sûrs à une distance de 17 kilomètres. Notre intention était d'atteindre un point de l'arête situé immédiatement au-dessus de la partie qui paraissait offrir l'accès le plus facile.

Le 27 juin nous quittâmes Entraigues à 3 heures 30 minutes du matin, nous dirigeant, par un chemin doucement incliné, vers la base du Pic de Bonvoisin. (En réalité nous suivions la route du col de Célard, qui conduit de Vallouise dans le Val Godemar[2].) A 5 heures, j'envoyai Almer en reconnaissance au-dessus des pentes inférieures du Bonvoisin, car, du fond de la vallée, il nous était impossible d'apercevoir l'arête sur laquelle nous devions nous diriger. Almer nous fit signe de loin que nous pouvions avancer; et, à 5 heures 45 minutes, nous quittions les couches de neige qui remplissaient le fond de la vallée, pour gravir les pentes qui remontaient vers le nord.

Leur direction était celle du N. N. O., et elles étaient prodigieusement raides. *En moins de trois kilomètres de latitude nous*

---

1. De même que bien d'autres noms donnés aux montagnes et aux glaciers sur la feuille 189, ce nom n'est pas un nom du pays, ou du moins, ce n'est pas un de ceux qui sont en usage.
2. Le col de Selar (ou de Celard) est à 3070 mètres d'altitude (d'après Forbes). Des paysans d'Entraigues m'avaient dit que l'on pouvait facilement y faire passer des chèvres et des moutons.

gravîmes un kilomètre de hauteur absolue. Malgré sa raideur, cette pente n'offrait pas de difficultés exceptionnelles, car à 10 heures 45 minutes nous étions au sommet du col, ayant escaladé en cinq heures, y compris les haltes, plus de 1500 mètres.

La feuille 189 de la carte française place au sud de la crête des Bœufs-Rouges un glacier qui s'étend de l'est à l'ouest, tout le long de l'arête à sa base. En 1864, ce glacier n'existait pas tel qu'il était indiqué sur cette feuille, mais au point qu'il eût dû occuper se trouvaient plusieurs petits glaciers séparés l'un de l'autre, à ce que je crois[1].

Nous commençâmes à monter en nous dirigeant à l'ouest du plus occidental de ces petits glaciers, et, ce glacier dépassé, nous quittâmes le Val d'Entraigues par la première grande brèche que nous rencontrâmes dans les rochers. Nous ne passâmes des rochers sur la glace que lorsqu'elle nous offrit un chemin plus aisé ; à ce moment (8 heures 30 minutes), Croz marchait en tête, et nous guidait avec une adresse admirable à travers un labyrinthe de crevasses, en montant vers la base d'un grand couloir de neige, qui se dressait devant nous de l'extrémité supérieure du glacier au sommet de l'arête sur laquelle nous devions passer.

Sans en rien savoir, nous avions décidé à Londres qu'un couloir semblable devait se trouver dans cet angle de la montagne ; mais quand, arrivés dans le Val d'Entraigues, nous constatâmes qu'il nous était impossible de voir l'endroit où nous avions placé notre couloir hypothétique, nous doutâmes de plus en plus de notre perspicacité ; heureusement les signes télégraphiques d'Almer, envoyé à sa découverte sur les pentes opposées, vinrent confirmer notre prophétie.

Les couloirs de neige ne sont ni plus ni moins que des ravins en partie remplis de neige. Ce sont des institutions fort utiles ;

1. Voyez la carte, p. 217. Ces petits glaciers n'en formaient peut-être qu'un seul, mais cela n'est pas probable, à l'époque où la carte de France fut dressée. Depuis, les glaciers du Dauphiné (comme en général dans toutes les Alpes), se sont considérablement retirés. En 1869, une notable diminution eut lieu dans leurs dimensions, ce que les gens du pays attribuaient aux grandes pluies de l'année.

on peut les considérer comme des grandes routes naturelles placées, par une bienveillante Providence, dans une situation favorable pour qu'on puisse atteindre certains endroits qui sans leur secours seraient inaccessibles. Ces couloirs font la joie du montagnard, car, du plus loin qu'il les aperçoit, il sait qu'il peut compter sur un chemin praticable, quand tout ce qui l'entoure est incertain; mais, pour les pauvres voyageurs novices, ils sont une véritable affliction; en effet, quand ils se sentent sur une pente de neige un peu raide, les voyageurs novices sont généralement tourmentés par ces deux idées : 1° la

Un couloir de neige.

neige peut glisser; 2° ceux qu'elle porte pourraient bien glisser en même temps.

Pour ceux qui ne connaissent pas par expérience les qualités précieuses d'un couloir, rien n'a certes l'air moins commode et moins tentant que le passage représenté par notre gravure[1]; si des touristes peu expérimentés se trouvaient obligés de traverser une arête ou d'escalader des rochers où se rencontreraient des couloirs semblables, ils les éviteraient instinctivement. Bien au contraire, les montagnards éprouvés les considéreraient comme un chemin naturel et s'empresseraient de les remonter, à moins qu'ils ne fussent remplis de glace ou balayés par des avalanches de pierres, ou bien encore à moins que les rochers voisins ne fussent, ce qui est rare, plus faciles à gravir que la neige.

Les couloirs ont l'air prodigieusement raides quand on les voit de face, et, en les étudiant ainsi, on peut se tromper de plusieurs degrés sur leur inclinaison. La neige se maintient à des angles beaucoup plus aigus dans les couloirs que dans toute autre situation; une inclinaison de 45° à 50° n'est pas rare. Même à des angles aussi prononcés, deux hommes munis de haches solides peuvent gravir des pentes de neige avec une vitesse moyenne de 225 à 250 mètres par heure. On ne peut franchir la même distance dans le même espace de temps sur des rochers escarpés que s'ils ne présentent aucune difficulté, et, si les rochers étaient difficiles, il faudrait au moins quatre ou cinq heures. On peut donc recommander à tous les touristes les couloirs de neige parce qu'ils font gagner du temps.

Cependant dans tous les couloirs on est d'ordinaire exposé à des chutes de pierres. La plupart des pierres qui tombent des rochers d'un couloir glissent le long de la neige qui le remplit ; comme leur passage est beaucoup plus visible quand elles tombent sur la neige que quand elles rebondissent d'aspérités en aspérités sur les rochers, les touristes doués d'une imagination vive en sont bien plus fortement impressionnés. Les espèces de sillons que l'on remarque généralement tout le long des couloirs de neige sont creusés et même quelquefois produits par les

---

1. Ce dessin a été composé pour *illustrer* les remarques qui l'accompagnent. Il ne représente aucun couloir particulier, mais il donne une idée exacte de celui que nous avons gravi pour monter au col de Pilatte.

pierres qui y tombent; aussi des voyageurs prudents ne croient-ils pas devoir les suivre. Ces sillons ne sont le plus souvent, si je ne me trompe, que des gouttières formées par l'eau qui coule des rochers. En tout cas on doit toujours craindre dans les couloirs la chute des pierres; et, pour diminuer autant que possible ce risque incontestable, il faut monter sur les côtés de la neige, et non au centre. Les pierres qui se détachent des rochers passent généralement alors par-dessus votre tête ou bondissent au milieu du couloir à une distance rassurante.

A 9 heures 30 minutes du matin nous commencions à gravir le couloir qui conduit du glacier Sans Nom à un point de l'arête situé juste à l'est du mont Bans[1]. Jusque-là, notre route était restée resserrée dans une sorte de défilé sans vue; mais maintenant le regard pouvait s'étendre dans plusieurs directions et le chemin commençait à devenir intéressant. Peut-être bien l'était-il beaucoup plus pour nous que pour M. Reynaud, qui n'avait pris aucun repos la nuit précédente, et qui était en outre pesamment chargé. La science a droit à quelques égards; aussi ses poches étaient-elles bourrées de livres. Ne faut-il pas relever les hauteurs et les angles? Son sac était donc rempli d'instruments de toute sorte. Ne doit-on pas en outre prendre ses précautions contre la faim? Ses épaules étaient ornées d'une immense auréole de pain, et un gigot de mouton pendait derrière son sac comme une queue monstrueuse. Son bon cœur lui avait fait apporter toutes ces provisions, croyant que nous pourrions en avoir besoin. Malheureusement pour lui, nous avions pris, nous aussi, toutes nos précautions; et, comme chacun avait son fardeau à porter, nous ne pûmes le soulager de ce poids superflu dont tout naturellement il ne se souciait pas de se débarrasser. A mesure que la montée devenait plus raide, l'effort qu'il faisait devenait plus visible. Il commença par risquer quelques plaintes timides. Ce

---

1. De la grande route qui conduit de Briançon à Mont-Dauphin, on peut apercevoir, entre la 12ᵉ et la 13ᵉ borne kilométrique (en partant de Briançon), la partie supérieure du versant méridional du col de Pilatte, et les petits glaciers dont il a été parlé p. 241.

ne fut d'abord qu'un doux et tendre gémissement ; mais, plus nous montions, plus sa plainte augmentait de ton ; à la fin les échos des rochers répétèrent ses lamentations, et nous ne pûmes nous empêcher de rire.

Pendant toute la montée, Croz nous tailla des pas dans la neige avec une indomptable énergie ; à 10 heures 45 minutes nous étions au sommet du col, où nous nous proposions de nous reposer longtemps ; mais, au moment même où nous y arrivions, un brouillard qui se promenait autour de l'arête, descendant tout à coup sur nous, nous cacha tout le versant septentrional. Seul de nous tous, Croz avait eu le temps d'y jeter un coup d'œil rapide, et nous jugeâmes qu'il était prudent de descendre immédiatement pour profiter de ses souvenirs. Nous ne pouvons donc rien dire de ce col, si ce n'est qu'il se trouve immédiatement à l'est du mont Bans, et que son altitude est d'environ 3444 mètres. C'est le col le plus élevé du Dauphiné. Nous lui donnâmes le nom de col de Pilatte.

Nous commençâmes à descendre vers le glacier de Pilatte par une pente de glace unie qui avait, d'après les observations de M. Moore, une inclinaison de 54° ! Croz tenait toujours la tête, et nous le suivions à des intervalles d'environ 5 mètres ; nous étions tous attachés à la corde, et Almer avait la lourde responsabilité de l'arrière-garde ; les deux guides se trouvaient donc séparés par une distance d'environ 21 mètres. Le brouillard les empêchait de se voir, et pour nous-mêmes ils avaient l'air de deux fantômes. Mais chacun de nous pouvait entendre Croz taillant des pas au-dessous. De temps à autre, sa forte voix perçait le brouillard : « Prenez garde de glisser, mes chers messieurs ; posez bien votre pied ; ne bougez pas que vous ne soyez sûrs de votre appui. »

Nous descendîmes ainsi pendant trois quarts d'heure. Tout à coup la hache de Croz s'arrêta. « Qu'y a-t-il, Croz ? » — « Une *bergschrund*, messieurs. » — « Pouvons-nous la traverser ? » — « Ma foi, je n'en sais rien ; je crois bien qu'il nous faudra la sauter. » Au moment même où il nous parlait, les nuages s'écartèrent à droite et à gauche. L'effet fut saisissant. Ce fut comme un coup de théâtre, destiné à nous préparer au « grand saut à effet » que toute la troupe allait être obligée d'exécuter.

Une cause qui nous était inconnue, peut-être une disposition particulière des rochers situés au-dessous, avait fendu en deux parties le mur de glace que nous descendions ; une profonde fissure s'ouvrait de chaque côté aussi loin que la vue pouvait s'étendre ; en d'autres termes, une immense crevasse séparait la partie supérieure, sur laquelle nous nous trouvions, de la partie inférieure située au-dessous de nous. Quand on taille des pas dans une pente de glace inclinée à 54°, on ne peut guère songer à chercher un passage plus facile à traverser ; c'était sur ce point et sans retard que nous devions franchir cet abîme.

Il nous fallait sauter en même temps de 5 mètres de hauteur et de 2 ou 3 mètres en avant.

Ce n'était pas beaucoup, direz-vous. Sans doute ce n'était pas beaucoup, mais la nature du saut inquiétait bien plus que son étendue. Il s'agissait de tomber juste sur une étroite arête de glace ; si on la dépassait, on risquait de dégringoler indéfiniment dans l'abîme ; si on ne l'atteignait pas, on s'enfonçait dans la crevasse qui s'ouvrait au-dessous, et qui, bien qu'en partie comblée à l'entrée par les fragments de glace et de neige détachés de la pente supérieure, nous offrait encore sur beaucoup de points une large ouverture béante, prête à engloutir tous les corps errant dans l'espace.

Croz détacha d'abord Walker, afin d'avoir une longueur de corde suffisante, puis, nous avertissant de le tenir solidement, il s'élança par-dessus l'abîme. Il tomba avec adresse sur ses pieds, se détacha et rejeta la corde à Walker, qui suivit son exemple. Mon tour étant arrivé, je m'avançai tout au bord de la glace. La seconde qui s'écoula ensuite fut ce qu'on appelle un moment suprême. En d'autres termes, je me sentis souverainement ridicule. Il me sembla que le monde tournait avec une effroyable rapidité et que mon estomac s'envolait à sa suite. Presque au même instant je me trouvai à plat ventre sur la neige ; je m'empressai d'affirmer que ce n'était rien du tout, afin

Nous vîmes un pied qui semblait appartenir à Moore, et Raynaud vola dans l'air.

d'encourager mon brave ami Reynaud. Il s'approcha du bord et se récria aussitôt. Il n'avait pas, j'en suis persuadé, plus de répugnance que les autres à tenter l'aventure, mais il était infiniment plus démonstratif, — en un mot, il était.... Français. Il se tordait les mains en disant: « Oh! quel diable de passage! » — « Ce n'est rien, Reynaud, lui criai-je, rien du tout. » — « Allons, sautez, crièrent les autres, sautez donc! » Mais lui se mit à tourner sur lui-même, autant qu'on peut le faire sur un échelon de glace, puis il se couvrit la figure avec les mains en s'écriant: « Non, sur ma parole, non! non!! non!!! ce n'est pas possible! »

Comment s'en tira-t-il? je n'en sais, ma foi, rien. On aperçut le bout d'un pied qui semblait appartenir à Moore, on vit ensuite Reynaud métamorphosé en oiseau, et descendant sur nous comme s'il eût piqué une tête en pleine eau; ses bras et ses jambes étendus, son gigot de mouton prenant son vol, et son bâton s'échappant de sa main; puis on entendit un bruit sourd comme celui que ferait sur le sol un tapis roulé qui tomberait d'une fenêtre. Quand nous l'eûmes remis sur ses pieds, il offrait un assez triste aspect; sa tête n'était plus qu'une énorme boule de neige; son eau-de-vie s'échappait d'un coin de son sac, sa chartreuse d'un autre coin; tout en le plaignant de cette perte, nous ne pûmes retenir un éclat de rire.

J'ai déjà dépassé dans ce chapitre les limites dans lesquelles j'aurais dû me renfermer; cependant je ne saurais le terminer sans payer un juste tribut d'admiration à l'habileté avec laquelle Croz sut nous guider à travers un épais brouillard jusqu'au bas du glacier de Pilatte. Ni dans les Alpes, ni nulle autre part, il n'a trouvé son maître comme force et comme adresse. Il semblait chez lui sur ce glacier escarpé et inconnu, même au milieu du brouillard. Bien qu'il lui fût impossible de voir à 15 mètres en avant, il marcha toujours avec une complète assurance, sans jamais devoir reculer d'un seul pas; jusqu'à la fin, il déploya la connaissance la plus parfaite des difficultés qu'il devait surmonter. Tantôt il taillait des pas sur l'un des côtés d'un sérac, s'élançait d'un bond de l'autre côté, et nous criait de le suivre; tantôt il abattait les angles trop saillants d'une arête jusqu'à ce qu'il eût trouvé un point d'où nous pussions sauter sur une autre arête; puis, revenant sur ses pas, il découvrait un pont de neige qu'il traversait en rampant sur les mains et sur les genoux; alors il nous le faisait traverser en nous remorquant par les jambes, se moquant de nos craintes, contrefaisant nos maladresses, refusant tout secours, et nous enjoignant seulement de le suivre.

Vers une heure de l'après-midi, nous sortîmes des nuages; nous étions justement arrivés sur la partie plane du glacier, et Reynaud remarqua avec justesse que nous avions opéré notre descente aussi vite et aussi facilement que s'il n'y eût aucun brouillard. Alors on attaqua le précieux gigot que mon excellent ami avait eu la prévoyance d'apporter, puis chacun reprit avec une nouvelle énergie sa course vers la Bérarde.

J'accompagnai Reynaud à Saint-Christophe, où nous nous séparâmes. Depuis lors nous nous sommes rappelé bien souvent l'un à l'autre les événements de ce jour mémorable; et il serait bien fâché, j'en suis persuadé, de n'avoir pas traversé le fameux col de Pilatte, quoique nous ne l'eussions trouvé ni plus court ni plus facile que le col du Selé. Le même soir je rejoignis à Venose Moore et Valker, et le lendemain nous suivîmes tous trois la route du Lautaret, pour aller coucher à l'hospice situé sur le col de ce passage.

Ainsi finit notre petite campagne du Dauphiné. Elle fut remarquable par la continuité de ses succès, par la facilité et par la précision avec laquelle tous nos plans s'exécutèrent. J'attribue en grande partie cette heureuse chance au bon esprit de mes compagnons; mais le beau temps qui nous favorisa et notre excellente habitude de partir chaque jour de très-bonne heure y contribuèrent aussi. En commençant nos excursions dès l'aube, et même avant l'aube pendant les jours les plus longs de l'année, non-seulement nous n'étions pas obligés de nous presser quand il nous fallait délibérer, mais nous pouvions encore, si la fantaisie nous en prenait, passer plusieurs heures dans un agréable repos.

Je ne saurais recommander trop vivement aux touristes qui voyagent pour leur plaisir d'éviter les auberges du Dauphiné. Il faut aller dormir dans les chalets. Prenez dans les auberges toutes les provisions de bouche que vous pourrez y trouver, mais ne tentez sous aucun prétexte d'y passer une seule nuit [1]. Prétendre y dormir est une véritable chimère. M. Joanne nous apprend que l'inventeur de la poudre insecticide est un Dauphinois. Je le crois sans peine. Il a dû souvent, dans son enfance et dans sa première jeunesse, constater la nécessité de cette précieuse invention.

Le 29 juin, je me rendis à Saint-Michel par le col du Galibier; le 30, je gagnai Moutiers par le col des Encombres; le 1ᵉʳ juillet, Contamines par le col du Bonhomme; enfin le 2, j'arrivais, par le pavillon de Bellevue, à Chamonix, où je rejoignis M. Adams-Reilly pour prendre part à quelques expéditions projetées depuis longtemps.

---

[1]. 250 grammes d'extrait de viande de Liebig et quelques kilogrammes de chocolat sont tout ce que l'on a besoin d'emporter comme nourriture; le reste peut se trouver sur place.

Notre bivouac au Mont-Suc.

CHAPITRE XI.

PASSAGE DU COL DE TRIOLET. — ASCENSIONS DU MONT-DOLENT, DE L'AIGUILLE DE TRÉLATÊTE ET DE L'AIGUILLE D'ARGENTIÈRE.

Il y a dix ans, un très-petit nombre de touristes savaient, d'après leurs observations personnelles, à quel point la topographie de la chaîne du Mont-Blanc était inexacte. Plusieurs milliers en avaient fait le tour pendant les cinquante dernières années; mille au moins en avaient gravi le point culminant; et pas un d'entre eux n'avait eu la capacité ou la volonté de dresser une carte exacte de cette montagne, qui était regardée comme la plus élevée de toute l'Europe.

On savait généralement que d'énormes erreurs avaient été

commises; personne même n'ignorait que le Mont-Blanc lui-même était représenté de la façon la plus ridiculement inexacte sous toutes ses faces, excepté du côté septentrional; et, cependant, qui se doutait, à l'époque dont je parle, que des erreurs de 300 mètres avaient été commises dans la détermination des hauteurs à chaque extrémité de la chaîne; que les dimensions de quelques glaciers avaient été doublées, et même que des montagnes et des arêtes qui n'existaient pas étaient indiquées sur les cartes?

Une seule partie de la chaîne totale avait été jusqu'alors mesurée avec quelque exactitude. Cette carte n'avait pas été dressée, comme on aurait pu s'y attendre, sous la direction d'un gouvernement; elle était due à un particulier, au De Saussure anglais, feu J. D. Forbes. En 1842, il « fit un relevé spécial de la Mer de Glace de Chamonix et de ses tributaires, et, pendant les années suivantes, il l'agrandit par de nouvelles observations au point d'y comprendre le glacier des Bossons. » La carte publiée d'après son travail était digne de son auteur; à peine les explorations postérieures des régions qu'il avait étudiées firent-elles découvrir plus tard dans son œuvre quelques inexactitudes insignifiantes.

La contrée dont Forbes avait dressé la carte resta, jusqu'en 1862, comme un point brillant dans une région où tout n'était qu'obscurité. De louables tentatives furent faites de différents côtés pour répandre quelques rayons de lumière au milieu de ces ténèbres; mais ces efforts, demeurés infructueux, ne servirent qu'à montrer quelle somme de travail peut être dépensée inutilement par des observateurs isolés, quand ils n'obéissent pas à une seule impulsion.

En 1861 parut la feuille XXII de la carte de Suisse par Dufour. Elle comprenait la section de la chaîne du Mont-Blanc qui appartenait à la Suisse; cette partie de la feuille était exécutée avec l'admirable fidélité et la perfection qui caractérise l'œuvre, unique en son genre, de Dufour. Le reste de la chaîne (environ les quatre cinquièmes de la totalité) avait été gravé d'après les indications des topographes antérieurs; aussi le contraste qu'elle formait avec le travail si parfait des ingénieurs suisses en fit-il mieux ressortir la déplorable infériorité.

Pour achever cette œuvre, il fallait des hommes énergiques, intelligents, dévoués ; ils ne tardèrent pas à se produire.

En 1863, M. Adams-Reilly, qui, depuis plusieurs années, voyageait dans les Alpes, entreprit de dresser un plan des parties de la chaîne du Mont-Blanc qui n'étaient qu'imparfaitement connues. Muni d'un bon théodolithe, et prenant une ligne de base mesurée par Forbes dans la vallée de Chamonix, il détermina les positions d'environ 200 points. On peut juger de l'exactitude de son travail par le fait suivant : après avoir recueilli des observations sur un espace de 80 kilomètres, la position qu'il trouva au col Ferret « ne s'éloigna que de deux cents mètres de celle qui lui avait été assignée par le général Dufour ! »

Pendant l'hiver de 1863 et le printemps de 1864, M. Reilly dressa une carte entièrement nouvelle d'après les relevés qu'il avait faits lui-même. Il remplit, à l'aide de photographies et d'une série de vues panoramiques, qu'il avait prises dans ses différentes stations, les vides qui existaient entre les points déterminés trigonométriquement. Cette carte constituait un immense progrès sur celles qui l'avaient précédée, car, pour la première fois, la position exacte des grands pics y était indiquée.

Ce travail, vraiment extraordinaire, me prouva que M. Reilly était un homme d'une résolution et d'une persévérance merveilleuses. Bien que je n'espérasse guère lui voir accepter la proposition que je voulais lui faire, je l'engageai à prendre part à de nouvelles tentatives pour gravir le Cervin. Il s'associa cependant de grand cœur à mes projets et me pria en retour de l'accompagner dans quelques expéditions qu'il avait projetées sur la chaîne du Mont-Blanc. Notre contrat fut ainsi conclu de vive voix : « Je veux bien vous aider à exécuter vos plans, mais, de votre côté, vous me promettez votre concours pour réaliser les miens? »

J'accédai avec empressement, comme on doit le penser, à un arrangement dans lequel tous les avantages étaient pour moi.

CHAPITRE XI.

Au moment même où M. Reilly travaillait à sa carte, le capitaine Mieulet en dressait une de son côté pour compléter la grande carte de l'État-Major français ; car près de la moitié de la chaîne du Mont-Blanc (y compris toute la vallée de Chamonix) venait d'être de nouveau annexée à la France. Le capitaine Mieulet devait, dans le principe, s'arrêter à la frontière. La feuille qu'il publia, d'après les résultats de son travail, était naturellement à la même échelle que toutes les autres feuilles de la carte de l'État-Major français, c'est-à-dire à $\frac{1}{80000}$. Mais on représenta à l'État-Major français le grand avantage qu'il y aurait à étendre cette carte spéciale jusqu'à Cormayeur, et le capitaine Mieulet reçut, du ministre de la guerre, l'ordre de continuer ses études sur le versant méridional (ou italien) de la chaîne. Une carte spéciale à l'échelle de $\frac{1}{40000}$, promptement dessinée et gravée, d'après les matériaux qu'il avait réunis, fut publiée en 1865 par ordre du maréchal Randon, ministre de la guerre[1]. Cette carte était admirablement exécutée, mais elle ne comprenait que la partie centrale de la chaîne, et une carte complète manquait toujours.

M. Reilly présenta la minute de sa carte à l'Alpine Club anglais, qui résolut de la publier ; mais, avant qu'elle fût remise au graveur, l'auteur entreprit de la revoir avec le plus grand soin. A cet effet, il projeta un grand nombre d'expéditions sur des points très-élevés, regardés jusqu'alors comme inaccessibles, et il m'invita à l'accompagner dans quelques-unes de ces ascensions[2].

M. Reilly publiera, je l'espère, lui-même, une relation de ses remarquables explorations. J'en parlerai donc très-brièvement ici, mais je crois devoir faire précéder mon résumé de quelques paragraphes sur la topographie de la chaîne du Mont-Blanc[3].

---

1. Sous ce titre : *Massif du Mont-Blanc, extrait des minutes de la carte de France, levé par M. Mieulet, capitaine d'état-major.*
2. La carte de M. Reilly fut publiée à l'échelle de $\frac{1}{80000}$, en 1865, aux frais de l'Alpine Club, sous le titre de *Chaîne du Mont-Blanc* (the Chain of Mont-Blanc from an actual survey in 1863-4).
3. Voyez la carte de la chaîne du Mont-Blanc à la fin du volume.

Cette chaîne est maintenant divisée entre la France, la Suisse et l'Italie. La France a la part du lion; la Suisse, la partie la plus fertile, et l'Italie, le versant le plus escarpé. Elle jouit d'une réputation qui n'a rien d'extraordinaire, et qui cependant n'est pas absolument méritée. Elle n'offre ni la beauté des Alpes de l'Oberland, ni la sublimité des montagnes du Dauphiné; mais elle attire le vulgaire, parce qu'elle possède la sommité la plus haute des Alpes. L'élévation du reste de la chaîne n'est nullement remarquable; le Mont-Blanc excepté, les montagnes qui la composent sont en réalité *moins* importantes que celles de l'Oberland et des groupes du centre des Alpes Pennines.

Le tableau comparatif suivant démontrera l'exactitude de cette assertion[1] qui, au premier abord, pourrait paraître exagérée :

		Mètres	Pieds anglais[2]
1.	Mont-Blanc	4810	15,781
2.	Grandes Jorasses	4206	13,800
.	Aiguille Verte	4127	13,540
4.	» de Bionnassay	4061	13,324
5.	Les Droites	4030	13,222
6.	Aiguille du Géant	4010	13,157
7.	Aiguille de Trélatête, n- 1	3932	12,900
	» » n° 2	3904	12,809
	» » n° 3	3896	12,782
8.	» d'Argentière	3901	12,799
9.	» de Triolet	3879	12,726
10.	» du Midi	3843	12,608
11.	» du Glacier	3834	12,579
12.	Mont-Dolent	3830	12,566
13.	Aiguille du Chardonnet	3823	12,543
14.	» du Dru	3815	12,517
15.	» de Miage	3680	12,074
16.	» du Plan	3673	12,051
17.	» de Blaitière	3533	11,591
18.	» des Charmoz	3442	11,293

1. Les hauteurs indiquées en mètres sont empruntées à la carte publiée par le capitaine Mieulet.
2. Quelques-unes de ces hauteurs n'ont aucun titre à figurer dans une liste des pics principaux de la chaîne, parce qu'elles ne sont que de simples *dents* ou

CHAPITRE XI.

La ligne qui forme la frontière suit la chaîne principale. De la vallée de Chamonix, on n'en découvre qu'une très-faible partie ; deux petites fractions seulement, longues à peine de quatre kilomètres, sont visibles du village même ; ce sont les parties comprises entre le sommet du Mont-Blanc et le Dôme du Goûter, et quelques sections voisines du col de Balme. Tout le reste est masqué par des arêtes qui s'en détachent et par des montagnes d'une importance secondaire.

Le Mont-Blanc a lui-même pour limites les deux glaciers de Miage, les glaciers de la Brenva et du Géant, le Val Véni et la vallée de Chamonix. Une longue chaîne se détache du sommet pour se diriger, vers le N. N. E., jusqu'à l'Aiguille du Midi, en passant par le Mont-Maudit. Une autre chaîne court vers le N. O. jusqu'au Dôme du Goûter, en passant par la Bosse du Dromadaire ; là, elle se partage en deux branches, dont l'une se continue au N. O. jusqu'à l'Aiguille du Goûter, et dont l'autre s'étend vers l'O. jusqu'à l'Aiguille de Bionnassay (cette seconde branche fait partie de l'arête principale de la chaîne). Les deux routes que l'on suit communément pour faire l'ascension du Mont-Blanc se trouvent comprises entre ces deux chaînes principales : l'une, partant de Chamonix, passe par les Grands Mulets, l'autre, partant du village de Bionnassay, passe par l'Aiguille et le Dôme du Goûter[1].

L'ascension du Mont-Blanc a été faite dans plusieurs autres directions ; et il n'y a peut-être pas un seul point du compas d'où l'on ne puisse monter au sommet de cette montagne. Cependant, selon toute probabilité, on ne découvrira jamais un chemin plus facile que ceux qui sont déjà connus.

Au commencement de 1864, l'Aiguille du Midi et l'Aiguille de Miage étaient, je ne crois pas me tromper en affirmant ce fait, les deux seules sommités de la chaîne du Mont-Blanc dont

---

aiguilles dans une arête, ou des parties de montagnes plus élevées. Telles sont par exemple l'Aiguille du Géant, l'Aiguille du Dru et l'Aiguille de Bionnassay.

1. Ces deux routes sont indiquées sur la carte.

l'ascension eût été faite[1]. La seconde de ces aiguilles est une pointe parfaitement insignifiante ; la première — une partie d'une des arêtes mentionnées ci-dessus — peut à peine être considérée comme une montagne distincte et séparée du Mont-Blanc. Les véritables grands pics de la chaîne passaient pour inaccessibles, et on n'avait même jamais, à l'exception de l'Aiguille Verte, tenté de les gravir.

Le pic le plus beau et le plus élevé de la chaîne (après le Mont-Blanc) est celui des Grandes Jorasses. L'Aiguille Verte occupe incontestablement le second rang. L'Aiguille de Bionnassay, la troisième pour la hauteur, pourrait n'être considérée que comme une partie du Mont-Blanc ; de même la cime qui porte le nom des Droites n'est également qu'une partie de l'arête dont le point culminant est l'Aiguille Verte. L'Aiguille de Trélatête est, parmi les sommités indiquées sur la liste, celle qui mérite ensuite d'être regardée comme une montagne séparée ; elle est même de beaucoup le pic le plus important (et en même temps le plus élevé) de l'extrémité méridionale de la chaîne. Vient ensuite l'Aiguille d'Argentière qui occupe, à l'extrémité nord-est, le même rang. Les autres Aiguilles sont comparativement insignifiantes ; quelques-unes, il est vrai (comme le Mont-Dolent), paraissent avoir une certaine importance quand on les voit des vallées ; mais, dès que l'on atteint une altitude considérable, elles reprennent leur rang véritable.

Parmi toutes ces montagnes, le sommet de l'Aiguille Verte eût été une des meilleures stations que mon ami pût trouver pour réaliser ses projets. Sa grande élévation, sa position isolée en faisaient un belvédère admirablement propre à l'étude des diverses ramifications de la chaîne ; mais il montra une discrétion prudente en négligeant d'abord cette aiguille et en choisissant le passage du col de Triolet, comme le but de notre première excursion[2].

1. Excepté, bien entendu, le Mont-Blanc lui-même.
2. Nous avions déjà fait une première tentative pour faire l'ascension de l'Aiguille d'Argentière ; mais un vent violent, qui s'éleva à environ 30 mètres du sommet, nous obligea de battre en retraite. Je crois devoir renvoyer le récit de cette expédition à la fin du chapitre.

CHAPITRE XI.

Après avoir passé la nuit du 7 juillet à l'abri de quelques gros blocs de rochers sur le Couvercle (le thermomètre était à trois degrés C.), le 8, nous nous dirigeâmes en droite ligne au nord du Jardin, puis nous montâmes de là, en décrivant des zigzags, sur les pentes supérieures du glacier de Talèfre, pour gagner le pied de l'Aiguille de Triolet. Croz était encore mon guide ; Reilly était accompagné de l'un des Michel Payot, de Chamonix ; nous avions pour porteur Henri Charlet, du même village.

Nous gravîmes le plateau ondulé du glacier, dont l'inclinaison resta modérée jusqu'à l'angle qu'il nous fallait contourner pour monter au col, d'où un glacier secondaire et assez escarpé descendait dans le bassin du Talèfre. Nous n'eûmes aucune peine à escalader ce glacier avec des guides aussi expérimentés que Croz et Payot ; à 7 heures 50 minutes du matin, nous arrivions au sommet du col de Triolet (situé, suivant les calculs du capitaine Mieulet, à 3706 mètres au-dessus de la mer, et à 1384 mètres au-dessus de l'endroit où nous avions campé sur le Couvercle).

Nous commençâmes à descendre sur des rochers très-escarpés, mais très-solides, puis nous suivîmes un bras du glacier de Triolet. Les *schrunds*[1] étaient nombreuses ; cinq traversaient complétement le glacier ; nous dûmes les franchir toutes en les sautant. Aucune d'elles n'égalait en grandeur et en profondeur l'effroyable crevasse du col de Pilatte, mais réunies elles la surpassaient de beaucoup. « Vraiment, dit Reilly, avec de pareilles crevasses, c'est un véritable fardeau que la vie ! »

Divers petits chaînons, qui se détachent, en se dirigeant vers le sud-est, de l'arête au pied de laquelle le glacier de Triolet prend son origine, divisent ce glacier en un certain nombre de baies. Nous descendîmes la baie la plus septentrionale ; et, quand nous en sortîmes pour entrer sur le grand glacier proprement dit, à la jonction de notre baie avec la plus rapprochée, nous passâmes

---

1. Grandes crevasses. Une *bergschrund* est plus qu'une crevasse ordinaire (V. le chap. xiv).

sous une magnifique arche de glace, festonnée de stalactites brillantes, les ruines d'un ancien sérac, qui restaient debout et isolées, à une hauteur de plus de dix mètres au-dessus du glacier! C'était un phénomène accidentel, le seul de ce genre que j'aie jamais rencontré. Je repassai au même endroit en 1865, sans en retrouver le moindre vestige.

Nous avions espéré descendre de très-bonne heure aux chalets de Pré-de-Bar; mais, comme nous avions perdu beaucoup de temps sur les pentes du Mont-Rouge, il était près de quatre heures de l'après-midi lorsque nous y arrivâmes. Le pont le plus rapproché pour traverser le torrent était à Gruetta. Ne voulant pas descendre aussi bas, nous préférâmes contourner la base du Mont-Rouge et traverser l'extrémité inférieure du glacier du Mont-Dolent [1].

La journée du 9 fut occupée par l'ascension du Mont-Dolent. C'était une miniature d'ascension. On y trouvait un peu de tout. Nous commençâmes par monter au col Ferret. A des pentes schisteuses succédèrent des pâturages; puis une moraine, chose étrange, nous offrit un chemin très-agréable, et il nous fallut ensuite décrire de petits zigzags sur le glacier couvert de neige du Mont-Dolent. Au delà d'une petite bergschrund se présenta une petite muraille de neige, que nous escaladâmes sur le côté d'un petit contre-fort; enfin, quand nous atteignîmes le chaînon qui descend du sommet vers le sud-est, nous trouvâmes une petite arête de neige qui nous conduisit au point le plus élevé. Le sommet lui-même était petit, tout petit; c'était bien le plus gentil petit cône de neige qui se fût jamais formé au haut d'une montagne; et cette neige était si blanche, si immaculée qu'il semblait crimi-

---

[1]. Huit heures et demie de marche effective nous furent nécessaires pour passer le col de Triolet, du Couvercle à Pré-de-Bar. Il nous eût fallu beaucoup plus de temps pour faire le même trajet en sens inverse. Ce col ouvrait une route plus courte que toutes celles qui étaient alors connues entre Chamonix et le Saint-Bernard. Je ne saurais en conscience la recommander à qui que ce soit (V. le chap. XIX); moi-même, je ne désire nullement retourner sur la moraine gauche du glacier de Triolet ni sur les rochers du Mont-Rouge.

nel de la ternir ; c'était une Jungfrau en miniature, un sommet joujou, qu'on pouvait couvrir avec la paume de la main [1].

Mais en revanche, rien n'était *petit* dans la vue que l'on découvrait du Mont-Dolent.

[Situé à la jonction de trois arêtes, il se dresse, comme un véritable belvédère, au-dessus de tout ce qui l'entoure à une certaine distance ; et certaines brèches semblent ouvertes tout exprès dans les chaînes voisines, pour étendre dans presque toutes les directions les limites de l'horizon. Je ne puis comparer les précipices qui descendent vers le glacier d'Argentière qu'à ceux de la Jungfrau. Les arêtes situées des deux côtés de ce glacier et, en particulier, les rochers abrupts des Droites et des Courtes, dominés par le pic pointu et couvert de neige de l'Aiguille Verte, offrent presque le même aspect que les Grandes Jorasses. La tour massive de l'Aiguille de Triolet et les Jorasses, plus éloignées, encadrent le paysage alpestre le plus splendide et le plus gracieux tout à la fois que j'aie jamais contemplé ; c'est le massif tout entier du Mont-Blanc, dressant sa haute cime glacée bien au-dessus des nombreux contre-forts qui soutiennent les Monts-Maudits, supporté, à gauche, par le Mont-Peuteret et par les Aiguilles dentelées qui dominent la Brenva. Cet aspect du Mont-Blanc n'a rien de nouveau ; mais, de ce point, sa *pose* incomparable lui donne toute la supériorité d'un tableau composé par un maître.... Cette *vue*, aussi étendue que celle dont on jouit au sommet du Mont-Blanc, est bien plus belle [2].]

Nous descendîmes à Cormayeur, que nous quittâmes dans l'après-midi du 10 juillet pour aller camper sur le Mont-Suc, dans l'intention de faire l'ascension de l'Aiguille de Trélatête. Nous espérions que les nuages qui l'enveloppaient ne tarderaient pas à se dissiper. Il n'en fut rien ; aussi déposâmes-nous, outre nos personnes, une énorme charge de paille sur la moraine du glacier de Miage, où nous nous installâmes, au-dessus du lac

---

1. L'ascension du Mont-Dolent et le retour à Pré-de-Bar (y compris les haltes) nous prirent moins de onze heures.
2. Les paragraphes de ce chapitre imprimés entre ces deux signes [ ], sont extraits des notes de M. Reilly.

de Combal, dans une charmante petite grotte creusée par quelque berger solitaire sous un grand bloc de rocher. Nous y pas‑

sâmes la nuit et toute la journée du lendemain, car nous ne nous souciions pas plus de battre en retraite que de nous exposer aux plus graves difficultés en nous aventurant à travers le brouillard. Je m'ennuyais tellement que je ne pouvais rester en place. Reilly me fit un grand sermon sur

l'excellence de la patience, puis il s'arrangea dans une attitude commode pour dévorer à son aise un livre à couverture jaune. « La patience! lui dis-je exaspéré, elle est facile à ceux qui possèdent des romans à vingt-cinq sous : mais je n'en ai pas apporté, moi; j'ai nettoyé avec le plus grand soin les

clous de mes souliers; que puis-je faire maintenant? — Allez, me dit-il, tâcher d'étudier la moraine du Miage. » Je lui obéis docilement, et je revins au bout d'une heure. « Quoi de nouveau? cria Reilly en se soulevant sur le coude. — Pas grand'chose; c'est une grosse moraine, plus considérable

que je ne le croyais, et défendue par de nombreuses arêtes à l'instar des enceintes d'un camp fortifié; on y voit même des murailles percées d'ouvertures semblables à des meurtrières, comme pour résister à une attaque. — Allez encore l'étudier un peu, » dit-il en se renversant sur le dos. Mais j'en avais assez, et je m'en allai vers Croz qui dormait; et je me mis à lui chatouiller le nez avec une paille jusqu'à ce qu'il se réveillât. Cette distraction épuisée, je surveillai Reilly du coin de l'œil; il commençait à s'engourdir et changeait à chaque instant de position; tantôt il

s'étendait à plat ventre, la tête entre les mains, tantôt il allumait sa pipe, et, fumant avec acharnement, il en tirait bouffées sur bouffées. Un instant après, je le regardai de nouveau. Dans quelle situation se trouvait-il ? L'ami Reilly ne formait plus qu'un amas confus où l'on ne pouvait rien discerner; bras, jambes, tête, pierres et paille, tout était enchevêtré; son chapeau jeté d'un côté, et son roman à vingt-cinq sous lancé au loin. J'accourus bien vite pour lui faire un sermon sur la nécessité de la patience.

Bah! ce fut pourtant un moment bien ennuyeux. Comme une belle coquette, notre montagne se dévoilait un instant et paraissait ravissante au sommet, tandis qu'à la base elle restait enveloppée de mystère. Dans la soirée seulement, elle nous permit de nous approcher d'elle; à la tombée du jour, les rideaux furent tirés, la légère draperie se releva, et nous grimpâmes comme à la dérobée par le grand portail que forme le Mont-Suc. Mais, hélas! la nuit avançait rapidement; et nous nous vîmes bientôt exposés à l'air glacé, sans le moindre trou pour nous y blottir, sans le moindre creux de rocher pour nous y abriter. Nos bons plaids nous furent d'un grand secours; nous en fîmes un toit très-suffisant. Quand ils eurent été cousus ensemble dans toute leur longueur, nous attachâmes un de leurs bouts à notre corde solidement fixée aux rochers, puis nous fixâmes l'autre bout au sol avec des pierres[1]. Nous passâmes la nuit sous cette tente improvisée, et, sur cette arête très-exposée au vent et au froid, à 2956 mètres d'altitude, notre sommeil fut peut-être plus profond que si nous eussions été couchés sur des lits de plume.

Nous quittâmes le lendemain matin notre bivouac à 4 heures 45 minutes; et, à 9 heures 40 minutes, nous avions atteint le plus élevé des trois sommets de l'Aiguille de Trélatête, en passant par-dessus le sommet inférieur. Nous dominions tout ce que nous apercevions à cette extrémité de la chaîne, et la vue était grandiose. Devant nous se déployait tout le versant occidental

---

1. La gravure de la page 252 a été dessinée d'après un croquis de M. Adams-Reilly.

du Mont-Blanc. Les premiers, nous le voyions de ce belvédère. J'emprunte à mon ami (elle lui revient de droit) la description de cette vue.

[Je m'étais, depuis quatre années, vivement intéressé à la géographie de la chaîne du Mont-Blanc ; l'année précédente, j'en avais dressé plus ou moins heureusement toute la carte, à l'exception de ce point que je n'étais pas parvenu à atteindre et à étudier. Les éloges peu mérités que ma carte avait reçus étaient pour moi autant de sujets d'amertume et de regrets, quand je pensais à ce grand versant que j'avais été obligé de laisser en blanc ; il était seulement indiqué par quelques rochers insignifiants, dessinés d'après les anciennes cartes, que j'avais toutes consultées sans y trouver des indications suffisantes. Je ne savais rien de la surface du glacier de Miage, car je n'avais vu que la base de ses splendides cascades de glace. Maintenant, parvenu au sommet de cette haute muraille de rocher qui avait si longtemps arrêté ma vue, je découvrais, du sommet à la base, ces magnifiques glaciers qui descendaient comme des torrents sur une largeur égale à celle des Bossons, des flancs du Mont-Blanc, de la Bosse du Dromadaire et du Dôme du Goûter.

De ce côté, la cime du Mont-Blanc s'appuie sur deux contreforts, entre lesquels descendent de vastes glaciers. Le plus méridional de ces glaciers[1] prend naissance au pied des précipices à pic que domine la Calotte[2] ; un énorme *rognon* de rocher le coupe en deux à sa jonction avec le glacier du Miage. Immédiatement à gauche se dresse le plus large des deux contre-forts dont j'ai déjà parlé, et qui forme presque une Aiguille particulière. Le glacier suivant[3] descend d'un large bassin qui reçoit les neiges de l'arête supérieure, comprise entre la Bosse du Dromadaire et le Dôme du Goûter ; il est séparé du troisième et dernier glacier[4] par un autre contre-fort qui se rattache à cette arête su-

---

1. Sur la carte, ce glacier est désigné sous le nom de glacier du Mont-Blanc.
2. La Calotte est le nom que l'on donne au dôme de neige qui termine le Mont-Blanc.
3. Le glacier du Dôme.
4. Celui-ci n'a point de nom.

périeure, sur un point situé entre le Dôme du Goûter et l'Aiguille de Bionnassay.]

Ce sont les contre-forts situés entre ces magnifiques fleuves de glace qui ont formé, en grande partie, les énormes masses de débris disposées en forme d'arêtes, ou répandues çà et là, tout autour et même au delà de l'extrémité du glacier de Miage, dans le Val Véni. Ces *moraines*[1] passent pour des merveilles. Elles sont en effet très-grandes pour un glacier tel que celui du Miage.

Les dimensions des moraines ne sont pas proportionnées à celles des glaciers. Beaucoup de petits glaciers ont de vastes moraines[2], et beaucoup de grands glaciers ont de petites moraines. La dimension des moraines de tous les glaciers dépend principalement de trois causes : 1° de la superficie des rochers exposés aux influences atmosphériques dans le bassin drainé par le glacier; 2° de la nature de ces rochers: s'ils sont friables ou d'une nature résistante ; 3° de l'épaisseur de leur stratification. Les moraines seront vraisemblablement petites, si la superficie des rochers est peu considérable; quand on en voit de très-vastes, c'est qu'il existe, suivant toutes probabilités, dans le voisinage immédiat du glacier, de grandes étendues rocheuses qui ne sont recouvertes ni par la neige, ni par la glace. Le glacier du Miage possède de grandes moraines parce qu'il reçoit les débris d'un grand nombre de rochers et d'arêtes. Si ce glacier, au lieu d'occuper le fond d'un bassin, le remplissait en entier, et s'il enveloppait complétement l'Aiguille de Trélatête ainsi que les autres montagnes qui le bordent, s'il descendait du Mont-Blanc sans être interrompu par un rocher ou par une arête, il serait aussi complétement dépourvu de moraines que la grande *Mer de Glace* du Groënland. Une contrée est-elle complétement

---

[1]. J'ignore l'origine du terme de *moraine*. De Saussure, dit (tome I, p. 380, § 536): « Les paysans de Chamonix appellent ces amas de débris la moraine du glacier. » On peut en conclure que c'était une désignation locale, particulière à Chamonix.

[2]. Un exemple en a été cité p. 168. On pourrait encore en fournir d'autres beaucoup plus remarquables.

recouverte par un glacier, les moraines doivent y être de la plus petite dimension [1].

Les glaciers eux-mêmes ne fournissent aux moraines qu'un appoint très-minime par l'érosion des rochers qui les supportent, si on le compare aux masses considérables apportées par plusieurs autres sources. Ces énormes amas sont presque entièrement formés par les débris tombés des montagnes qui dominent les glaciers ou des parois qui les bordent et que les eaux détachent et entraînent; on n'y peut donc trouver qu'une très-petite quantité de matière enlevée aux rochers de son lit par le frottement de la glace.

Si l'on adoptait la théorie opposée et si l'on pouvait prouver que « *les glaciers, par leur mouvement naturel, brisent des masses de rochers, les arrachent aux versants et au fond des vallées qu'ils occupent* et entraînent avec eux tout ce qui peut être transporté, de manière à former d'énormes accumulations de débris devant leur extrémité inférieure et tout le long de leurs côtés*[2]*, » on devrait en conclure que plus un glacier a d'étendue, plus sa moraine doit être considérable.

Cette théorie ne saurait être adoptée par ceux qui ont étudié eux-mêmes le mode d'action actuel des glaciers. Depuis de Saussure[3] on a toujours répété que les moraines sont principalement formées de débris provenant des rochers ou du sol situés *au-dessus* de la glace, et non du bassin qu'elle occupe. Mais les savants qui, de nos jours, ont écrit sur les glaciers et sur leur mode d'action dans des temps antérieurs, ont souvent soutenu : — que les moraines représentent l'équivalent des *excavations* (c'est le terme employé) accomplies par les glaces, ou du moins sont en partie composées de matières excavées par les glaciers; — que les vastes moraines ont nécessairement été produites par de vastes glaciers; et qu'une grande extension des glaciers (une période

---

1. Les grands glaciers, alimentés par un nombre considérable de bras qui servent d'écoulement à beaucoup de bassins différents, ont rarement de petites moraines.
2. *Atlas of Physical Geography*, par Augustus Petermann et le Rev. T. Milner. Les mots imprimés en italique ne sont pas dans l'original.
3. V. de Saussure, p. 536.

glaciaire) amène nécessairement la formation de vastes moraines.

Or, un ou deux exemples — ils sont innombrables — suffisent pour démontrer que de semblables théories générales ne sauraient être soutenues.

Que l'on compare simplement dans la chaîne du Mont-Blanc les moraines du glacier du Miage avec celles du glacier d'Argentière. Ce dernier glacier sert d'écoulement à un bassin au moins égal comme grandeur à celui du premier; et cependant ses moraines sont petites en comparaison de celles du Miage. La disproportion des moraines des glaciers de Gorner et de Z'Mutt est encore plus frappante, bien que le premier reçoive de nombreux bras tributaires descendus du Mont-Rose[1]. La surface drainée par le Gorner dépasse de beaucoup la grandeur du bassin du Z'Mutt; et les moraines du glacier du Z'Mutt sont incomparablement plus grandes que celles du Gorner.

Ai-je besoin de citer un exemple encore plus frappant? La *Mer de Glace* intérieure du Groënland est presque dépourvue de moraines. Cet immense plateau de glace, déjà moins grand que dans les temps anciens, occupe encore une étendue tellement considérable qu'on pourrait y précipiter tous les glaciers des Alpes sans qu'il en parût sensiblement augmenté. Si la grandeur des moraines avait le moindre rapport avec celle des glaciers, les moraines du Groënland devraient être beaucoup plus considérables que celles des Alpes.

Si immense qu'il soit encore, ce réservoir de glace intérieur du Groënland ne doit être considéré que comme le reste d'une masse de glace incalculablement plus grande, et qui de nos jours n'a pas sa pareille en dehors du cercle antarctique. A l'exception des localités où les rochers se désagrègent facilement, et où les traces de l'action des glaciers ont disparu sur une grande étendue, on trouve dans toute cette contrée des ro-

---

[1]. Les glaciers du Théodule inférieur, du petit Cervin, du Breithorn, de Schwarz, des Jumeaux, de Grenz et du Mont-Rose sont tributaires du Gorner. Le Z'Mutt reçoit seulement les glaciers de Tiefenmatten, du Stock et du Schönbühl.

chers frottés et polis par la glace, et, à en juger par les courbes plates des *roches moutonnées* et par le polissage si parfait des rochers qui ont subi depuis tant de siècles les variations les plus extrêmes de la température, la période de temps nécessaire pour produire de tels effets a dû dépasser de beaucoup la durée de la « période glaciaire » de l'Europe. Si les moraines étaient formées par les matières que les glaciers ont *excavées* en creusant leur lit, les moraines du Groënland seraient les plus grandes du monde entier.

L'absence de moraines sur cette grande *Mer de Glace* ainsi qu'à son extrémité doit donc être attribuée à ce fait qu'aucun rocher n'émerge au-dessus de la glace [1].

Étant monté en 1867 au sommet de petites montagnes qui dominent les confins de cette mer, j'eus par deux fois l'occasion d'embrasser d'un seul coup d'œil une étendue de 960 kilomètres carrés. Pas un pic, pas une arête ne s'élevait au-dessus de la glace, pas un bloc de rocher ne se montrait à sa surface. La contrée *tout entière* était recouverte par le glacier; aussi loin que le regard pouvait s'étendre, on ne découvrait que la glace [2].

Il est donc bien évident que des superficies considérables de rochers exposés aux intempéries de l'atmosphère sont indispensables à la formation des grandes moraines, que ne produisent pas nécessairement des périodes glaciaires.

Les moraines ne sont pas des amas de roches *excavées* par les glaciers, elles témoignent simplement des propriétés particulières qu'ont les glaciers pour transporter avec une certaine méthode les débris des montagnes voisines.

Nous redescendîmes par le même chemin jusqu'au lac de

---

1. Je veux parler des parties que j'ai vues aux environs de la baie de Disco. Il existe des moraines dans cette région, mais elles étaient déjà formées lorsque la grande Mer de Glace s'étendit plus près de la mer, lorsqu'elle envoya des bras par les vallées sur la langue de terre comprise aujourd'hui entre la mer et le glacier.

2. L'intérieur du Groënland paraît entièrement couvert par des glaciers entre 68° 3. — 7° lat. N. Quelques voyageurs ont parlé de pics qui émergent de la glace au nord et au sud de cette région; mais, si je ne me trompe, ces pics sont situés sur les confins de la grande Mer de Glace.

Combal[1], d'où nous nous rendîmes par le col de la Seigne aux Motets pour y passer la nuit. Le 13 juillet, nous allâmes à Contamines par le col du Mont-Tondu (nous y essuyâmes un orage effroyable), et à Chamonix par le col de Voza. Deux jours seulement nous restaient pour faire des excursions aux environs de ce dernier village; nous résolûmes, pour les employer, de tenter de nouveau l'ascension de l'Aiguille d'Argentière que nous avions vainement essayé, comme je vais le rappeler, d'escalader la semaine précédente. Dans l'opinion de Reilly, on pouvait faire l'ascension de cette Aiguille en suivant l'arête qui conduit du col du Chardonnet à sa cime. En conséquence, le 6, à 6 heures et demie du matin, nous nous trouvions au sommet de ce col[2]. Notre expédition se composait de notre ami Moore et de son guide Almer, de Reilly avec son guide François Coutet, et de moi avec Michel Croz. Jusque-là, le temps avait été calme et le chemin facile; mais, à peine arrivés au sommet du col, nous y fûmes assaillis par un vent furieux. Cinq minutes auparavant nous avions trop chaud; en un instant nous nous sentîmes gelés. Une neige abondante nous enveloppait de ses tourbillons, pénétrait dans tous nos vêtements et nous piquait

---

[1]. Neuf heures et demie nous furent nécessaires pour faire l'ascension de l'Aiguille de Trélatête en partant de notre camp sur le Mont-Suc (situé à deux heures et demie au-dessus du lac de Combal) et pour descendre jusqu'aux Motets. En quittant le bord du lac, nous remontâmes la plus grande des ravines du versant S. E. du Mont-Suc, puis nous gravîmes l'arête neigeuse à la pente douce qui couronnait le sommet de ce contre-fort de l'Aiguille de Trélatête. Nous descendîmes ensuite sur un bras du glacier de l'Allée Blanche, à travers une brèche ouverte dans une des arêtes inférieures du Mont-Suc. Après nous être dirigés alors en droite ligne sur ce glacier (en inclinant un peu au N. O.) jusqu'à ce que nous eussions atteint l'arête qui descend du sommet de l'Aiguille de Trélatête dans la direction du Mont-Blanc, nous suivîmes cette arête jusqu'au sommet du pic le plus élevé (le pic central) situé à 3932 mètres, en passant par le pic haut de 3895 mètres. Il est possible de descendre du point le plus élevé de cette Aiguille jusque sur le glacier de Trélatête. Je voulais suivre cette direction en 1864, mais je n'obtins pas la majorité des voix. — On trouve beaucoup de cristaux de roche sur le Mont-Suc. Nous découvrîmes des grottes féeriques incrustées de magnifiques spécimens d'un cristal étincelant, mais, comme toujours, les plus beaux se brisèrent avant que nous eussions pu les détacher entièrement.

[2]. Le col du Chardonnet est à environ 3350 mètres ou 3380 mètres au-dessus du niveau de la mer.

le visage comme si elle eût été brûlante au lieu d'être glacée. Nos dents claquaient malgré nous ; nous pouvions à peine parler ; notre haleine gelait instantanément ; manger était désagréable; s'asseoir, impossible !

Nous regardâmes notre montagne. Son aspect n'était guère encourageant. L'arête qui conduisait au sommet formait une crête pointue, ornée d'une palissade d'aiguilles en miniature, dont la base était bordée d'épais bancs de neige fortement inclinés, qui descendaient, d'un côté, au glacier de Saleinoz, de l'autre au glacier du Chardonnet. C'eût été, en toutes circonstances, une entreprise fort difficile que d'escalader cette Aiguille par un pareil chemin. « Renoncez-y, » conseillait la prudence. La prudence l'emporta sur la vaillance. Moore et Almer traversèrent le col du Chardonnet pour se rendre à Orsières, et nous, nous retournâmes à Chamonix.

Mais à peine avions-nous franchi une faible distance que le démon qui pousse les hommes à grimper sur les montagnes nous inspira l'idée de nous arrêter et de jeter un regard en arrière sur l'Aiguille d'Argentière. Le ciel était sans nuages ; aucun vent ne se faisait ni sentir ni craindre ; il n'était que huit heures du matin ; et là, droit devant nous, un autre bras du glacier remontait bien haut dans la montagne, bien au-dessus du col du Chardonnet, et de plus, un joli petit couloir s'élevait de son extrémité supérieure presque jusqu'au sommet du pic. Le chemin était évidemment tout indiqué. Nous fîmes soudain volte-face et nous le suivîmes.

Le glacier était passablement escarpé ; mais le couloir de neige l'était bien davantage. Il nous fallut tailler sept cents pas dans la neige. A ce moment, le couloir devint trop escarpé. Nous dûmes suivre les rochers sur sa gauche, et nous finîmes par gagner l'arête, à un point élevé d'environ 450 mètres au-dessus du col. Nous tournâmes alors à droite pour suivre l'arête, en montant sur la neige, un peu au-dessous de la crête, du côté du glacier de Saleinoz. Là, nous retrouvâmes le vent glacé ; mais aucun de nous ne songea à battre en retraite, puisque nous n'étions plus qu'à 75 mètres du sommet.

Les haches de Croz et de Couttet durent se remettre à l'œuvre, car cette pente était aussi abrupte que peut l'être une pente de neige. La surface en était recouverte d'une croûte sèche, granuleuse et sans aucune consistance ; à peine y touchait-on qu'elle glissait aussitôt en larges bandes. Nos guides étaient obligés de traverser cette croûte pour atteindre avec leurs haches les couches plus anciennes et par conséquent plus solides ; à chaque instant, ils devaient en outre s'arrêter pour chasser la poussière de neige qui retombait sans cesse avec une sorte de sifflement sur la surface durcie qu'il leur fallait entamer. Brrrr! quel froid il faisait! Comme le vent soufflait! Le chapeau de Couttet, arraché de sa tête, alla faire un tour en Suisse. Balayée sur l'autre versant de l'arête qui nous dominait, cette espèce de neige farineuse tourbillonnait en l'air comme dans une véritable tourmente, puis retombait mollement, ou bien, saisie par d'autres rafales, elle était emportée jusque sur le glacier de Saleinoz.

« Mes pieds s'engourdissent terriblement, » cria Reilly, « comment les empêcher de geler ? » — « Battez la semelle tant que vous pourrez, monsieur, » répondirent les guides, « c'est le seul moyen. » Le travail violent auquel ils se livraient empêchait leurs doigts de s'engourdir ; mais ils avaient les pieds froids ; aussi entaillaient-ils la neige alternativement avec leurs pieds et avec la hache. Je les imitai trop violemment, car un trou s'ouvrit tout à coup sous moi et l'on entendit un bruit semblable à celui que fait un morceau de faïence tombant au fond d'un puits.

Je descendis d'un pas ou deux et je découvris que nous étions sur une sorte de caverne (ce n'était pas à proprement parler une crevasse) dont la voûte était formée d'une mince croûte de glace, d'où pendait une forêt de stalactites. Presque au même instant, Reilly passa une de ses mains à travers le toit de cette caverne. Toute l'expédition pouvait à chaque instant le voir s'effondrer sous elle. « En avant! Croz, nous sommes sur un abîme ! » — « Nous le savons bien, » répondit celui-ci, « et nous ne pouvons trouver un endroit solide. »

Mon compagnon demanda alors du ton le plus aimable si continuer n'était pas ce qu'on appelle vulgairement : « tenter la Providence. » Sur ma réponse affirmative, il reprit : « Si nous retournions sur nos pas ? » — « Mais très-volontiers. » — « Demandez aux guides ce qu'ils en pensent ? » — Ils n'élevèrent pas la moindre objection ; nous redescendîmes donc et nous passâmes la nuit au Montanvert.

En deçà de l'arête le vent cessait de souffler. A 30 mètres au-dessous du vent, sur la pente qui fait face au glacier du Chardonnet, nous étions rôtis ; on ne sentait pas la moindre brise. De ce côté, rien ne pouvait faire supposer qu'un ouragan épouvantable faisait rage à 30 mètres plus haut ; le ciel sans nuages était l'image du calme le plus parfait ; tandis que, du côté du vent, le seul indice du trouble de l'atmosphère était le tourbillonnement continu de la neige sur les crêtes des arêtes.

Nous partîmes donc le 14, avec Croz, Payot et Charlet, pour achever l'entreprise si brusquement interrompue ; comme la première fois, nous passâmes la nuit aux chalets de Lognan. Le 15, vers midi, nous arrivâmes au sommet de l'Aiguille ; et nous vîmes que, lors de notre première tentative, nous n'en étions qu'à 30 mètres quand nous avions battu en retraite.

Reilly triomphait. En 1863, il avait réuni sur ce point deux montagnes, hautes chacune de plus de 3950 mètres, indiquées sur la carte comme étant distantes l'une de l'autre de 2 kilomètres. Longtemps avant notre ascension, il avait acquis la certitude que la Pointe des Plines, sommet imaginaire qui avait figuré sur d'autres cartes comme une montagne distincte, n'était autre que l'Aiguille d'Argentière ; il l'avait en conséquence fait disparaître du dessin préliminaire de sa carte. Nous constatâmes *de visu* qu'il avait eu raison, car la Pointe des Plines n'existait pas.

Je ne sais ce que je dois admirer le plus ou de la fidélité parfaite de la carte de M. Reilly, ou de l'intelligence infatigable avec laquelle il en réunit les matériaux. Quand on jouit d'une bonne santé, il peut être amusant de monter au sommet d'un pic (comme le Mont-Dolent, par exemple), en grimpant à califourchon sur une arête trop étroite pour qu'on puisse s'y tenir debout, ou de lutter contre un vent furieux (comme sur l'Aiguille de Trélatète), ou d'être à demi gelé en plein été (comme cela nous arriva sur l'Aiguille d'Argentière) ; mais en revanche il n'est pas amusant du tout de prendre des notes et des croquis dans de pareilles conditions.

Pendant toutes ces expéditions, dans les circonstances les plus contraires et les situations les plus difficiles, la tête et les doigts de Reilly ne cessaient de travailler. Jamais l'égalité de son humeur ne se démentit ; qu'il réussît ou qu'il échouât, il était toujours le même, toujours prêt à faire le sacrifice de ses goûts personnels aux désirs et aux convenances de ses compagnons. Grâce à un heureux mélange d'audace et de prudence alliées à une infatigable persévérance, il accomplit la tâche qu'il s'était imposée ; tâche vraiment insupportable, s'il ne l'eût entreprise avec une véritable passion, et qui, pour un seul homme, était un travail herculéen.

Nous prîmes congé l'un de l'autre sur le plateau du glacier d'Argentière. Reilly allait à Chamonix par les chalets de Lognan et de la Pendant, avec Payot et Charlet, tandis que je suivais avec Croz le versant droit du glacier pour gagner Argentière[1]. Nous fîmes notre entrée dans l'humble auberge de ce village, à 7 heures du soir ; dix minutes plus tard, nous entendions l'écho des coups de canon tirés à Chamonix pour célébrer le retour de nos compagnons[2].

1. Ce chemin est le pire que l'on puisse prendre.
2. Le chalet inférieur de Lognan est à deux heures et demie de marche de Chamonix. Pour monter de là au sommet de l'Aiguille d'Argentière, puis pour redescendre au village du même nom, il nous fallut douze heures et demie.

La Tête Noire.

CHAPITRE XII.

LE COL DE MOMING. — ZERMATT.

Le 10 juillet, je me rendis avec Croz à Sierre, dans le Valais, par la Tête Noire, le col de la Forclaz et Martigny. Le versant suisse de la Forclaz ne fait pas honneur à la Confédération helvétique. Si le chemin a été amélioré, les mendiants qui l'infestent y nuisent singulièrement à la beauté du paysage.

Nous dépassâmes plus d'un piéton qui gravissait péniblement cette fournaise, persécuté par de vrais troupeaux d'enfants parasites. Ces malheureuses petites créatures pullulent tout le long du chemin comme des vers dans un fromage pourri. Chaque enfant porte un panier de fruits avec lequel il harcèle sans relâche le touriste fatigué. Ils voltigent tous autour de lui comme un essaim de mouches, lui mettent incessamment leurs paniers sous le nez, l'assomment par leurs obsessions. Méfiez-vous-en! ne goûtez pas leurs fruits; n'y touchez pas. Chaque pêche, chaque raisin vaut pour ces enfants la rançon d'un roi.

Inutile de vous mettre en colère! autant essayer de chasser des guêpes : ils n'en bourdonnent que davantage. Quoi que vous fassiez, quoi que vous disiez, le résultat sera le même : « Donnez-moi quelque petite chose. » Voilà l'alpha et l'oméga de toutes leurs requêtes. Ils apprennent, assure-t-on, cette phrase par cœur avant de savoir l'alphabet ; elle sort de toutes les bouches. Depuis le petit bonhomme gros comme le poing jusqu'à la jeune fille de seize ans, tous répètent en chœur : « Donnez-moi quelque chose ; ayez la bonté de me donner quelque chose ! »

De Sierre nous remontâmes le Val d'Anniviers jusqu'à Zinal, pour rejoindre nos deux anciens compagnons, Moore et Almer. Moore avait l'ambition de découvrir un chemin plus court que les deux passages déjà connus entre Zinal et Zermatt[1]. Il m'avait montré sur la carte du général Dufour qu'une ligne directe, tirée entre ces deux localités, passait exactement sur la dépression qui se trouve entre le Zinal-Rothhorn et le Schallhorn. Dans sa conviction on devait pouvoir franchir la chaîne par cette dépression ; et, comme ce passage était en ligne droite, il espérait le trouver plus court que ceux qui décrivent mille circuits par le Triftjoch et le col Durand.

Moore nous attendait, et nous remontâmes immédiatement la vallée, puis la partie inférieure du glacier de Zinal pour gagner l'Alpe Arpitetta, car, d'après nos renseignements, il devait y exister un chalet où nous pourrions passer la nuit. Nous finîmes par trouver ce gîte désiré[2], mais il ne répondait guère à notre attente. Hélas ! ce n'était pas un de ces jolis chalets élégamment construits, avec un vaste avant-toit, et orné de pieuses sentences gravées en caractères inintelligibles. C'était une misérable cabane, perchée tant bien que mal sur le flanc de la colline, couverte de dalles grossières d'une espèce d'ardoise, sans

---

1. Le col de Zinal ou Triftjoch, entre le Trifthorn et l'Ober Gabelhorn, et le col Durand, entre la dernière de ces deux montagnes et la Dent-Blanche. Voir, pour notre route de Zinal à Zermatt, la carte du Mont-Rose.
2. Il était situé bien au-dessus du glacier de Moming.

porte ni fenêtre, entourée de flaques d'ordures et d'une malpropreté impossible à décrire.

Un indigène, affreusement sale, nous invita à entrer. L'intérieur de la cabane était très-sombre; mais, quand nos yeux se furent un peu habitués à l'obscurité, nous vîmes que notre palais occupait un espace d'environ 4 mètres 50 cent. sur 6 mètres; si d'un côté il avait à peine 1 mètre 50 cent. de hauteur, de l'autre il avait presque 2 mètres; sur le côté le plus haut avait été ménagée une plate-forme un peu élevée au-dessus du sol, large d'environ 1 mètre 80 cent. et couverte d'une litière de paille à moitié pourrie et de peaux de moutons encore plus dégoûtantes. C'était la chambre à coucher; le reste formait tout à la fois le salon et l'atelier. L'indigène malpropre était fort occupé de la fabrication de ses fromages. Un de ces tabourets à un pied qui servent à traire les vaches, solidement attaché au bas de ses reins, lui donnait la plus étrange tournure quand il se levait pour souffler dans un grand tube, car, pour fabriquer ses fromages, il lui fallait souffler, à ce qu'il paraît, pendant dix minutes dans ce grand tube qui remplace un soufflet. L'opération terminée, il s'accroupissait sur son tabouret pour reprendre haleine, tirait quelques bouffées d'une petite pipe, puis se remettait à souffler dans son tube avec une vigueur nouvelle. Ce procédé de fabrication était, nous dit-on, indispensable à la bonne qualité du fromage; il nous parut, je l'avoue, assez malpropre. Je sais maintenant d'où provient la saveur particulière de certains fromages suisses.

De gros nuages noirs et d'une teinte plombée, qui montaient de la vallée, vinrent se heurter sur le glacier de Moming avec d'autres nuages qui descendaient du Rothhorn. La pluie tomba par torrents au milieu des roulements assourdissants du tonnerre. Les pâtres accoururent se mettre à l'abri dans le chalet sans s'inquiéter du bétail qui sut bien descendre tout seul du pâturage, au triple galop, dans un steeple-chase effréné. Gens, vaches, pourceaux, chèvres et moutons, oubliant leurs antipathies réciproques, se précipitèrent vers le seul refuge qu'ils pussent trouver sur la montagne. Le charme qui avait depuis

CHAPITRE XII.

plusieurs semaines enchaîné les éléments était rompu, et le *cirque* qui s'étend du Weisshorn à Lo Besso devint le théâtre sur lequel ils firent éclater leur rage.

Une sombre matinée succéda à cette nuit agitée. Nous étions fort indécis. Devions-nous avancer ou redescendre dans la vallée? Dans l'espoir que le bien l'emporterait sur le mal, nous quittâmes le chalet à 5 heures 40 minutes, à la recherche de notre passage. [Nous partîmes, dit Moore, escortés des assurances les plus encourageantes de tous les habitants du chalet. « Ne vous inquiétez pas du temps, disaient-ils, car il est absolument impossible de monter au col que vous voulez gravir. »]

Nous dûmes d'abord escalader quelques pentes ordinaires, puis traverser le plateau d'un glacier. Avant de quitter ce glacier, il devint indispensable de déterminer exactement la direction qu'il nous fallait suivre. Deux opinions nous divisaient. J'étais d'avis de gouverner droit au sud et de gagner le plateau supérieur du glacier de Moming en décrivant un grand détour à droite. Cette motion fut repoussée à l'unanimité. Almer pensa qu'il valait mieux tâcher d'atteindre quelques rochers au sud-ouest du Schallhorn, pour monter de là sur le plateau supérieur du glacier. Croz chercha à concilier nos deux avis en proposant de passer par un glacier escarpé et tourmenté. La route de Croz semblait devoir être véritablement impraticable, parce qu'elle nous obligerait à tailler un grand nombre de pas dans la glace. Les rochers d'Almer n'avaient pas bonne apparence; peut-être serait-il impossible de les gravir. Trouvant ces deux chemins très-mauvais, je refusai de choisir. Moore hésita, Almer céda, et la route de Croz fut adoptée.

Cependant Croz n'alla pas bien loin sans être forcé de reconnaître qu'il avait entrepris une tâche au-dessus de ses forces; [alors, jetant un coup d'œil autour de lui pour voir ce que nous en pensions, il insinua qu'il serait peut-être plus prudent de se diriger vers les rochers du Schallhorn.] En un mot, il proposait de préférer la route d'Almer à la sienne. Personne ne s'y opposant, il se mit à tailler des pas dans la pente de glace qui aboutissait aux rochers.

Si le lecteur veut bien jeter un regard sur la carte du Mont-Rose, il verra que, après avoir quitté les pentes de l'Alpe Arpitetta, nous avions suivi la direction du sud-est sur le glacier de Moming. A peine eûmes-nous atteint la glace que nous fîmes halte pour arrêter notre plan d'attaque. Les rochers du Schallhorn, par lesquels Almer voulait monter, étaient alors pour nous au sud-est. La direction que Croz proposait de suivre, au sud-ouest des rochers, nous conduisait sur le versant méridional d'un glacier très-abrupt et très-crevassé[1]. La partie de ce glacier qu'il voulait traverser était en un sens praticable. Il y renonça parce qu'il eût fallu tailler trop de pas dans la glace. Mais la partie du même glacier comprise entre la route qu'il se proposait de suivre et les rochers d'Almer était absolument impraticable. Ce glacier passait en effet sur un promontoire de rochers qui le divisait en deux parties. Ces deux parties (supérieure et inférieure) étaient séparées par une longue pente de glace qui avait été formée des débris tombés du glacier et qui, à sa base, était entourée d'une immense quantité de blocs énormes précipités par les avalanches. Nous contournâmes ces blocs avec les plus grandes précautions. Quand Croz fit halte, nous les avions laissés bien au-dessous de nous, et nous nous étions élevés à la moitié de la grande pente conduisant à la base du mur de glace qui la dominait.

Cette pente de glace, il s'agissait de la traverser et Croz y taillait des pas; il exécutait un mouvement tournant en face d'un ennemi qui pouvait à chaque instant nous attaquer. Le péril était manifeste; c'était un acte de folie extravagante, un excès de témérité. Il eût fallu sonner la retraite[2].

« Je n'éprouve pas la moindre honte à l'avouer, écrit Moore dans son journal, j'eus le cœur sur les lèvres tout le temps que dura la traversée de cette pente; jamais je ne me suis senti soulagé d'une plus lourde anxiété que lorsque nous fûmes en sûreté sur les rochers, après vingt longues, bien longues minutes....

---

1. En termes techniques, « une chute ou cascade de glace. »
2. La responsabilité ne pesait pas sur Croz. Son rôle était de conseiller, mais non de décider.

Je n'entendis pas un seul blasphème positif sortir de la bouche d'Almer; mais, pendant tout le trajet, il ne cessa de laisser échapper sur notre situation, plus à son adresse qu'à la mienne, des commentaires tels qu'ils m'étonnèrent de sa part. Chez lui, le sentiment dominant était une sorte d'*indignation* de nous voir dans une telle position; il se reprochait à lui-même la part qu'il y prenait; le ton énergique dont il accentuait ces mots de temps en temps : « Vite, dépêchez-vous, allons, vite, » révélait suffisamment ses angoisses. »

Inutile d'exciter Croz à se hâter. Il connaissait le danger aussi bien qu'aucun de nous. Plus tard il me dit que ce passage était le plus dangereux qu'il eût jamais traversé, et que pour rien au monde il ne voudrait y retourner. Il déploya le courage le plus admirable pour échapper à l'effrayant péril qui nous menaçait; pas un instant il ne détourna ni à droite ni à gauche son visage penché vers le travail qu'il exécutait. Une, deux, trois! sa hache retombait sur la glace et il posait le pied sur le degré qu'il venait de tailler. Dans toute autre circonstance, ces degrés ne nous eussent pas offert une sécurité suffisante. Mais, pour le moment, nous ne pensions qu'à ces rochers qui se dressaient là, devant nous; nous ne voyions que ces hideux *séracs* prêts à nous engloutir sous leur épouvantable masse!

Nous atteignîmes sains et saufs les rochers. Eussent-ils été deux fois plus dangereux, notre satisfaction n'eût pas été moindre. On s'assit un instant pour prendre un cordial nécessaire, sans toutefois perdre de vue les aiguilles de glace à la base desquelles nous venions de passer, et qui se trouvaient maintenant presque au-dessous de nous. Tout à coup, l'une des plus grandes, haute comme le Monument, à Londres, s'écroula sur la pente qu'elle dominait. La formidable masse se pencha d'abord tout entière, comme si elle eût tourné sur des gonds, en s'inclinant lentement de près de trente degrés; à ce moment, écrasant sa base sous son énorme poids, elle se brisa en mille morceaux et se précipita le long de la pente que nous venions de gravir. Tous les pas que nous avions tracés furent effacés sur son passage; une large bande de glace polie et brillante apparut à la place de la couche de neige que l'avalanche venait d'enlever avec une force irrésistible.

Certes, il était inexcusable de suivre un chemin aussi périlleux; on comprendra pourtant aisément pourquoi nous l'avions pris. Battre en retraite à l'endroit où Croz nous proposa un changement de direction, redescendre pour éviter le danger, et remonter par la route qu'Almer avait indiquée, c'était renoncer à notre excursion, car aucun de nous n'eût consenti à passer une seconde nuit dans le chalet de l'Alpe Arpi-

Avalanche de glace à la montée du col de Moming.

tetta. « Beaucoup voient le péril, dit Thucydide, et se croient obligés de l'affronter par crainte du déshonneur, — selon l'expression vulgaire; — esclaves d'un mot, ils se précipitent dans d'irrémédiables calamités. » Telle était à peu près notre situation. Aucun de nous ne pouvait justifier le plan adopté, et chacun avait conscience du danger auquel il s'exposait. Cependant

CHAPITRE XII.

nous bravâmes tous ce péril résolûment, quoique malgré nous, plutôt que de reconnaître, en nous hâtant de sortir d'une position impossible, que nous nous étions trompés.

Après une montée pénible sur différentes espèces de neige, et à travers toutes les variétés possibles de vapeurs entre la brume de l'Écosse et le brouillard de Londres, nous finîmes par atteindre la dépression située entre le Rothhorn et le Schallhorn[1]. Une muraille de glace escarpée formait le versant du sommet qui regarde Zinal. Mais il nous était impossible de savoir si le versant de la descente offrait le même aspect, car la vue nous en était cachée par un énorme bourrelet de neige que le vent d'ouest avait poussé au-dessus de la crête, et qui dominait Zermatt, semblable à une vague maritime que le froid eût gelée au moment même où elle retombait[2].

Solidement attaché à la corde et tenu par ses trois compagnons demeurés sur le versant qui regarde le Val Zinal, Croz attaqua cette corniche à violents coups de hache, et finit par l'abattre jusqu'à sa jonction avec la glace solide, puis, sautant hardiment au-dessous du col, il nous cria de le suivre.

Nous étions bien heureux d'avoir un pareil homme pour chef de l'expédition. Avec un guide moins habile et moins hardi, nous aurions pu hésiter à entreprendre cette descente au milieu d'un épais brouillard. Croz lui-même aurait eu grande raison de s'arrêter, s'il eût été moins splendidement robuste. Il nous disait par ses actes : « Là où il y a de la neige ferme, on peut toujours marcher; là où il y a de la glace, on peut se frayer un chemin en taillant des pas : c'est une simple question de force; cette force, je la possède; vous n'avez qu'une chose à faire : me suivre. » On peut dire qu'il n'épargna pas sa peine; s'il eût accompli sur un théâtre les exploits dont nous fûmes té-

---

1. Ce col a été marqué 3793 mètres sur la carte du général Dufour.
2. Ces corniches de neige se rencontrent fréquemment sur le sommet des arêtes très-élevées; il est toujours très-prudent, un peu avant d'atteindre le sommet d'une montagne ou d'une arête, d'opérer des sondages avec l'alpenstock, pour s'assurer si cette neige repose sur une base solide. Bien des voyageurs ont failli perdre la vie pour avoir négligé cette précaution.

moins ce jour-là, il eût fait crouler la salle sous les applaudissements.

« Cette descente, dit Moore, ressemblait beaucoup à celle du col du Pilatte, mais elle était plus escarpée et même plus difficile, ce qui n'est pas peu dire. Croz était là dans son élément et choisissait son chemin avec une merveilleuse sagacité; Almer occupait, à l'arrière-garde, avec sa solidité ordinaire, un poste également honorable, où peut-être la responsabilité était plus grande encore.... Je me rappelle surtout un certain passage qui mit mes nerfs à l'épreuve la plus rude qu'ils eussent jamais subie. Nous étions obligés de passer sur une arête de glace étroite comme la lame d'un canif : à notre gauche s'ouvrait une immense crevasse au fond infini d'azur; à droite descendait une pente inclinée à plus de 70 degrés et aboutissant à un autre gouffre aussi profond et aussi bleu. En s'avançant sur l'arête le premier, Croz creusait avec sa hache de petits crans dans la glace; nous y posions tour à tour les pieds en les tournant bien en dehors et en faisant tous nos efforts pour ne pas perdre l'équilibre. Tandis que je passais de l'un de ces fragiles degrés sur l'autre, je chancelai un instant. Je n'avais point perdu pied, mais le ton d'angoisse avec lequel Almer, placé derrière moi, s'écria en me voyant vaciller : « Ne glissez pas, mon« sieur! » nous fit sentir encore plus vivement tout le péril de la situation....

« Un précipice d'une effroyable profondeur s'ouvrait devant nous; le bord supérieur dépassait de beaucoup le bord inférieur; impossible de le contourner ou de le franchir d'un bond; il menaçait de nous opposer une barrière infranchissable. Croz se montra à la hauteur des circonstances. Suspendu à la corde et retenu par nous tous, il se mit à tailler des degrés pour les mains et pour les pieds, tout le long du mur de glace perpendiculaire qui formait le côté supérieur de la *schrund*. Nous nous mîmes alors à descendre cet escalier glissant et dangereux, la face collée à la muraille, jusqu'à un endroit où l'abîme, se rétrécissant, pouvait être franchi d'un bond. Avant d'avoir achevé cette excursion, nous étions devenus aussi habiles que les cha-

CHAPITRE XII.

283

mois à sauter par-dessus les précipices.... Bref, après des efforts désespérés et un trajet aussi dangereux que possible sur la

Le col de Moming en 1864.

glace, nous finîmes par atteindre le plateau supérieur du glacier de Hohlicht. »

La partie inférieure du glacier de Hohlicht que nous avions pu entrevoir n'était pas fort encourageante; nous nous décidâmes donc à franchir l'arête qui le relie au glacier du Rothhorn. Cette ascension nécessita des efforts surhumains. Il nous fallut nous élever de nouveau à une altitude de plus de 3650 mètres. Nous prîmes la direction de ce même Triftjoch que nous avions dédaigné, et nous descendîmes par le chemin bien connu, mais fort raide et fort désagréable, qui conduit à ce col. A 7 heures 20 minutes du soir, nous arrivâmes à l'hôtel du Mont-Rose, à Zermatt. Nous avions marché douze heures (haltes non comprises) depuis notre départ du chalet d'Arpitetta (2 heures et demie de Zinal); nous fûmes donc obligés de reconnaître que le col de Moming n'était pas précisément le chemin le plus court, bien qu'il fût le plus direct, de Zinal à Zermatt.

Vis-à-vis de l'hôtel du Mont-Rose on voit presque toujours deux douzaines de guides français, suisses et italiens, bons, médiocres ou mauvais, assis sur le petit mur; les uns attendent les touristes qui les ont retenus à l'avance; les autres, ceux qui les engageront à leur service. Ils épient l'arrivée des voyageurs, et calculent d'après leur physionomie quelle somme ils pourront extraire de leurs poches. Les *messieurs*, accoutrés parfois d'une étrange façon, forment des groupes devant la façade de l'hôtel, les uns debout, d'autres assis, d'autres enfin paresseusement étendus sur les bancs placés des deux côtés de la porte. Leurs chaussures sont généralement extraordinaires; leurs coiffures des plus excentriques. Leurs figures gonflées, pelées, bourgeonnées par l'air des montagnes, offrent de curieux sujets d'étude. Grâce à des soins constants, à un travail incessant, quelques habiles, quelques privilégiés, ont pu acquérir un teint d'une belle couleur de brique cuite; le plus grand nombre, toutefois, ne jouit pas de ce rare et incomparable avantage. Ils ont été brûlés sur les rochers et rôtis sur les glaciers. Une sorte de gomme visqueuse pareille à la térébenthine a suinté de leur visage bouffi et craquelé comme une potiche, a coulé le long de leurs joues et s'y est desséchée en

L'Hôtel du Mont-Rose, à Zermatt.

larges plaques, comme la résine sur le tronc des vieux pins. Quelquefois, en voulant l'ôter, ils ont enlevé de grands lambeaux de leur peau; alors leur cas est devenu désespéré! En vain ont-ils appelé à leur secours canifs et ciseaux; en vain se sont-ils efforcés le plus délicatement possible d'étendre sur leurs joues une teinte uniforme. Soins superflus! Égarés par leur folle ambition, ils ont continué leur traitement jusqu'à ce qu'ils aient réduit leur malheureux visage à l'état de ruine complète. Regardez ces lèvres gercées, ces joues gonflées, ces yeux injectés de sang, et ce nez, ce nez tout pelé qui défie toute description!

Tels sont les plaisirs du montagnard. Les nouveaux arrivés comparent avec un mépris moqueur ces figures bizarres à la peau délicate de leur visage rosé et de leurs mains blanches; ils ne se doutent guère qu'eux aussi seront peut-être bientôt classés parmi ceux qu'ils tournent en ridicule[1].

Je quittai cette agréable compagnie pour aller chercher mes lettres à la poste. Hélas! elles contenaient des nouvelles désastreuses! On me rappelait brusquement à Londres. Reilly allait arriver pour donner un nouvel assaut au Cervin; je l'attendis pour lui dire que tous nos plans étaient bouleversés, puis, partant en toute hâte, je me rendis en Angleterre aussi vite que me le permirent les trains express.

---

1. J'ai saisi cette occasion pour présenter au lecteur quelques-uns des principaux amateurs de courses de montagnes à notre époque, ainsi que plusieurs des guides qui ont été ou qui seront mentionnés dans ce livre.

Pierre Perrn est placé à l'extrême droite. Vient ensuite le jeune Pierre Taugwalder (sur le banc); J. J. Maquignaz s'appuie contre la porte. Franz Andermatt est assis sur les marches, et, dans le fond, se dresse la haute stature d'Ulrich Lauener.

Arête méridionale du Grand Cornier.

CHAPITRE XIII.

ASCENSION DU GRAND CORNIER.

Une longue série de succès continus avait signalé notre campagne de 1864, mais je n'avais même pas tenté la grande ascension que j'avais un si vif désir d'accomplir. Tant que ce désir ne serait pas réalisé, ma satisfaction ne pouvait être entière. D'autres raisons m'attiraient encore vers les Alpes. Je voulais parcourir divers endroits où je prendrais seul la responsabilité de la direction, car il m'importait de savoir s'il m'était permis de compter sur mon propre jugement pour choisir la meilleure route à suivre dans les montagnes.

Tel fut donc en 1865 le but principal de mon voyage. Aussi arrêtai-je un programme passablement ambitieux, car son exécution comprenait l'ascension de presque tous les grands pics qu'aucun montagnard n'avait encore pu escalader; il ne fut toutefois ni entrepris légèrement ni exécuté avec précipitation. Aucune précaution ne fut négligée pour en assurer le succès. Je mis à contribution tous les touristes qui pouvaient me fournir quelques renseignements; j'étudiai avec soin les expéditions qui n'avaient pas réussi, afin d'éviter les fautes qu'elles avaient pu commettre. Les résultats que j'obtins furent dus à une sage prévoyance et à des calculs soigneusement médités, bien plus encore qu'à un hasard heureux.

La victoire n'est pas, en général, une chance favorable, et il y a toujours une bonne raison pour expliquer une défaite. Quand un fait remarquable ou extraordinaire se produit, nous sommes trop disposés à ne considérer que le succès sans en rechercher les causes. Au contraire, une entreprise ne réussit-elle pas, nous nous demandons de suite pourquoi elle a échoué. Ainsi, les défaites sont quelquefois plus instructives que les victoires, et les fautes des uns profitent aux autres.

Mon programme s'exécuta complétement et heureusement jusqu'à un certain point. Nos efforts furent couronnés de succès toutes les fois que nos excursions se firent telles qu'elles avaient été réglées. Beaucoup eurent lieu au jour et à l'heure fixés depuis plusieurs mois; et toutes s'accomplirent par comparaison si facilement que l'absence de tout danger et de toute difficulté leur ôte l'intérêt qu'elles auraient pu offrir si nous avions commis quelques grosses bévues ou manqué de jugement. Peut-être, avant d'en faire le récit, ne serait-il pas inutile d'exposer les raisons qui nous avaient décidés dans le choix des routes que nous suivîmes.

Mes anciennes idées sur les escalades des Alpes avaient subi dans les cinq dernières saisons un changement complet; mon antipathie pour la neige avait disparu et ma prédilection pour les rochers était fort diminuée. Comme tous ceux qui ne sont pas nés dans les montagnes, j'étais à mes débuts fort mal à l'aise sur les pentes de neige un peu raides. Dans mon opinion, la neige devait toujours glisser et entraîner tous ceux qu'elle portait. La neige d'une certaine qualité est, en effet, très-susceptible de glisser quand elle a une certaine inclinaison. On ne saurait décrire exactement celle qui est dangereuse ou sûre. L'expérience seule peut apprendre à les discerner ; tant qu'on n'a pas acquis cette expérience, la neige ne peut inspirer de confiance. A mesure que cette confiance augmentait en moi, ma préférence pour les rochers diminuait. Évidemment la neige était préférable aux rochers — je ne parle ici que des couches de neige ordinaires et de la neige qui recouvre les glaciers, — et, dans mes dernières excursions, j'ai toujours recherché avec soin les points où les pentes de neige et les glaciers couverts de neige s'élèvent le plus haut sur les montagnes. (V. p. 207.)

Toutefois il arrive rarement que l'on puisse faire l'ascension d'une haute cime en montant exclusivement sur la neige et les glaciers. On est forcé d'escalader les arêtes qui surgissent de distance en distance à leur surface. Dans mes premières *grimpades*, j'avais le plus souvent suivi, ou mon guide m'avait fait suivre, les arêtes rocheuses, et un grand nombre de touristes préfèrent cette voie par principe, comme étant la plus naturelle et la plus commode. D'après ma propre expérience, on a tort quand on peut faire autrement. Je l'ai dit et je le répète, la gelée a désagrégé la crête de toutes les principales arêtes des grands pics des Alpes. Souvent une petite brèche, qui paraît insignifiante à distance, offre de près une barrière infranchissable ; il faut faire un grand détour ou descendre longtemps pour tourner cet obstacle. Quand on s'est aventuré sur une arête, on est presque toujours forcé de suivre une direction donnée, dont il est très-difficile de dévier. Rencontre-t-on quelque obstacle sérieux, on est exposé à perdre un temps précieux ; un insuccès complet n'est même pas improbable.

Rarement un grand pic alpestre se trouve entièrement séparé des neiges et des glaciers qui l'environnent. Si ses flancs sont trop abrupts pour que la neige puisse s'y fixer, elle reste du moins dans ses couloirs. J'ai démontré à la page 242 les avantages de ces couloirs de neige.

En général, on peut monter facilement très-près du sommet

CHAPITRE XIII.

des grands pics alpestres, en suivant les glaciers, les pentes de neige qui les dominent, puis enfin les couloirs qui y aboutissent. L'ascension finale nécessitera peut-être inévitablement l'escalade d'une arête. Moins longue sera cette escalade, plus le touriste devra s'en féliciter.

Certaines montagnes sont quelquefois dépourvues de couloirs de neige. En ce cas, il vaudra probablement mieux suivre de préférence les faces ou les petites arêtes et les petits ravins que les grandes arêtes. On se dirige plus aisément à droite ou à gauche sur une face que sur la crête d'une arête; un obstacle se présente-t-il, il est plus facile à surmonter.

Quand je choisis les chemins que je pris en 1865, je recherchai tout d'abord les points où les neiges et les glaciers s'élevaient à la plus grande altitude sur les montagnes que je me proposais de gravir, ou sur les arêtes qu'il me fallait traverser, puis les couloirs de neige montant encore plus haut, et enfin, du sommet de ces couloirs, j'achevais l'ascension, en escaladant les versants ou les faces de préférence aux arêtes. Les ascensions du Grand Cornier (3969 mètres), de la Dent Blanche (4364 mètres), des Grandes Jorasses (4206 mètres), de l'Aiguille Verte (4030 mètres), de la Ruinette (3876 mètres) et du Cervin (4482 mètres) furent toutes exécutées d'après ce principe, sans compter d'autres excursions dont je parlerai ci-dessous. La route choisie avant le départ fut scrupuleusement suivie.

Avant d'entreprendre l'ascension de toutes ces montagnes, j'avais commencé par les étudier avec soin des hauteurs voisines. J'expliquais aux guides le chemin que j'avais l'intention de prendre; et si les directions à suivre étaient un peu compliquées, j'en dressais le plan sur le papier afin de prévenir toute erreur. Quelquefois les guides me proposaient des changements, et mon plan ne fut jamais adopté qu'après une discussion approfondie. Mais l'exécution en restait confiée aux guides; rarement j'intervenais dans la pratique ou j'essayais de les aider.

Je passai la journée du 13 juin 1865 dans la vallée de Lauterbrunnen, avec le révérend W. H. Hawker et les guides Christian et Ulrich Lauener; le 14, je traversai le Petersgrat avec

Christian Almer et Johann Tännler pour gagner Tourtemagne dans le Valais. Là, je congédiai Tännler, parce que Michel Croz et Franz Biener m'attendaient.

On ne saurait trouver deux guides-chefs dont les facultés se combinassent plus harmonieusement que celles de Croz et d'Almer. Biener leur était tout à fait subordonné ; si nous le leur adjoignîmes, ce fut par convenance plus que par nécessité. Croz ne parlait que le français ; Almer ne parlait guère qu'allemand. Biener comprenait les deux langues, ce qui le rendait parfois très-utile ; rarement il prit la tête, excepté le matin, quand il n'y avait aucun obstacle sérieux à surmonter ; il nous servit de porteur bien plus que de guide.

Je ne saurais trop insister sur l'extrême importance qu'il y a, dans les courses de montagnes, à ménager ses forces en cas d'événement imprévu. Tant que nous restâmes ensemble, nous en eûmes toujours une ample provision ; nous ne fûmes jamais ni pressés ni exténués. Quoi qu'il pût advenir, nous étions prêts. Une série de hasards fâcheux, que je regretterai toute ma vie, m'obligea bientôt à me séparer de Croz, et, par conséquent, à renvoyer mes autres guides. Forcé d'abandonner un plan qui avait été arrêté après de mûres délibérations et qui réussit toujours dans la pratique, parce qu'il avait pour base des principes solides, je fis fortuitement partie d'une expédition qui se termina par la catastrophe dont ce livre est le sujet et qui mit un terme fatal à la série de mes *grimpades* dans les Alpes[1].

Le 15 juin, nous allâmes de Tourtemagne à Z'meiden, et, de là, à Zinal, par le col de la Forcletta. Nous nous écartâmes un peu du col pour escalader les hauteurs voisines afin d'examiner le Grand Cornier. D'après cette étude, aucune tentative n'était possible par le versant septentrional. Bien que cette montagne fût à plus de dix kilomètres de nous, on pouvait, sans craindre de se tromper, la déclarer inaccessible du côté où nous étions.

Le 16, à deux heures cinq minutes du matin, nous quittâmes Zinal où nous avions été un instant très-intrigués par

1. En 1864, avant de m'en séparer, j'engageai Croz pour l'année 1865 ;

un récit consigné dans le livre de l'hôtel[1]. Remontant par le glacier de Zinal, nous contournâmes, en nous en tenant à une certaine distance, la base de notre montagne afin de la mieux examiner; nous en fîmes peu à peu le tour jusqu'à son versant méridional, avant de découvrir un chemin qui nous permît d'arriver au sommet.

A huit heures trente minutes, nous atteignîmes le plateau du glacier qui descend, vers l'est, entre le Grand Cornier et la Dent Blanche; de là, le chemin fut bientôt tracé. Nous suivîmes le glacier en nous dirigeant au nord (comme on peut le voir sur la carte), vers l'arête qui s'incline à l'est. Nous montâmes par

---

quand je lui écrivis au mois d'avril pour fixer les dates de son engagement, j'appris que, se croyant libre (puisque je ne lui avais pas écrit plus tôt), il s'était engagé avec un M. B...., à partir du 27 juin. Je lui rappelai vainement sa promesse; il crut qu'il ne pouvait honorablement se dégager. Ses lettres lui faisaient honneur ; l'extrait ci-joint de la dernière qu'il m'écrivit est un intéressant souvenir de cet homme aussi honnête que courageux :

[lettre manuscrite]

1. L'auteur de cette note décrivait l'ascension du Grand Cornier (nous supposions qu'elle n'avait jamais été faite) par le versant que nous venions justement de considérer comme inaccessible! Enquête faite, il fut constaté que cette expédition, dont Biener faisait partie, avait simplement gravi un des points de l'arête située au nord du Grand Cornier, le Pigne de l'Allée, si je ne me trompe (3414 mètres)!

des pentes de neige sur cette arête, et, de cette arête, au sommet où nous arrivâmes avant midi et demi. Presque toute la route put se faire sur la neige.

Les arêtes qui partent au nord et au sud du sommet du Grand Cornier offraient un exemple frappant des effets extraordinaires que peuvent produire de brusques alternatives de chaleur et de froid. L'arête méridionale, toute fendue et crevassée, présentait l'aspect le plus sauvage ; l'arête septentrionale n'était pas moins désagrégée et impraticable ; on y remarquait les singulières formes des rochers que représente le dessin ci-joint. Quelques petits blocs vacillèrent et tombèrent en notre présence ; en descendant ils en entraînèrent d'autres qui formèrent une véritable avalanche que nous entendîmes se précipiter avec un bruit terrible sur les glaciers situés au-dessous.

Partie de la chaîne septentrionale du Grand Cornier.

Il est tout naturel que les grandes arêtes offrent les formes les plus étranges, non pas à cause de leurs dimensions, mais en raison de leurs positions. Exposées à la chaleur torride du soleil, elles sont rarement à l'ombre tant qu'il reste au-dessus de l'horizon. Aucun abri ne les protége, et elles subissent tour à tour les attaques des vents les plus furieux et des froids les plus intenses. La roche la plus dure ne saurait résister à de tels assauts. Ces grandes montagnes, image apparente de la solidité et de l'éternité, qui semblent immuables, indestructibles, sont cependant soumises à une altération incessante et tombent peu à peu en poussière. Leurs arêtes en ruine sont la preuve évidente de leur lutte avec les éléments. Je le répète, toutes les principales arêtes des grands pics alpestres que j'ai vues ont subi une sem-

CHAPITRE XIII.

blable décomposition; tous les sommets rocheux que j'ai escaladés ne sont que des amas de ruines.

Les arêtes inférieures n'offrent pas en général des formes aussi singulières que les grandes arêtes. Moins exposées, elles sont aussi moins décomposées; aussi peut-on penser que leur dégradation annuelle est moins considérable que celle des sommités.

La dégradation des montagnes ne s'arrête pas même l'hiver, car les grandes arêtes ne sont jamais complétement recouvertes par la neige [1], et le soleil conserve de la force pendant les jours les plus froids de la mauvaise saison. L'œuvre de destruction, qui ne cesse pas un moment, devient plus considérable d'année en année. En effet, plus vastes sont les surfaces exposées à l'action incessante du soleil et de la gelée, plus grands sont les dégâts qu'elles subissent.

Les chutes de rochers qui ont constamment lieu sur toutes les montagnes rocheuses sont dues à ces causes; personne n'en doute : mais, pour bien s'en convaincre, il faut voir par ses propres yeux les carrières d'où ces matériaux ont été extraits, et assister, pour ainsi dire, à la formation de ces avalanches de pierres.

La chaleur du soleil détache de petites pierres ou de petits fragments de rochers qui s'étaient arrêtés sur une pente ou une corniche où ils avaient été soudés ensemble par la neige ou par la glace.

---

1. Voici ce que j'écrivais à ce sujet dans l'*Athenæum* du 29 juillet 1863 : « Cette action de la gelée ne cesse pas pendant l'hiver, d'autant plus que la forme du Cervin s'oppose à ce qu'il soit jamais entièrement couvert de neige. Certaines montagnes, dont les flancs sont moins escarpés, peuvent être totalement couvertes de neige pendant l'hiver; si leur hauteur n'augmente pas, l'action destructive de la dégradation est au moins suspendue.... Nous devons donc en conclure que : les pics couverts de neige, comme le Mont-Blanc, augmenteront *peut-être* d'altitude par la suite des siècles, tandis que le Cervin décroîtra de plus en plus. » Ces remarques ont été confirmées.
Pendant l'hiver de 1865, M. Dollfus-Ausset avait laissé plusieurs individus dans son observatoire élevé au sommet du col Saint-Théodule : ils remarquèrent que la neige fondait en partie sur les rochers voisins du 19 au 27 décembre 1865 inclusivement, sauf le 24 et le 25; le 22, ils consignèrent dans leur Journal : « *Nous avons vu au Cervin que la neige fondait sur les rochers et qu'il s'en écoulait de l'eau.* » (*Matériaux pour l'étude des glaciers*, tome VII, part. II, p. 77; 1869.)

Combien j'en ai vu ainsi délivrés de leurs liens quand le soleil avait atteint son point le plus élevé ! D'abord ils tombaient très-doucement, puis leur vitesse augmentait avec leur volume ; l'avalanche se formait peu à peu et descendait comme une trombe, laissant en arrière une traînée blanchâtre semblable au nuage de poussière qui suit un train express. En outre, l'eau, qui filtre pendant le jour dans les crevasses et dans les moindres fissures, s'y congèle pendant la nuit ; aussi est-ce surtout pendant la nuit ou durant les plus grands froids qu'ont lieu les avalanches de pierres les plus considérables[1].

Qui a vu et entendu des avalanches de pierres comprend facilement pourquoi les glaciers ont des moraines. Ce dont on doit s'étonner, c'est que les moraines ne soient pas beaucoup plus considérables. Ces masses de débris, qui peut l'ignorer, ne sont pas produites par le travail d'excavation des glaciers. Les moraines des glaciers proviennent des versants des montagnes. Le soleil les crée, et la glace les transporte.

Les Alpes pourraient à plus juste titre être appelées « éternelles », si elles jouissaient d'une température invariable, et si elles cessaient d'être soumises à des alternatives d'un froid glacial et d'une chaleur brûlante. Peut-être continueraient-elles à tomber en détail, mais leur chute serait beaucoup moins rapide.

Les rochers recouverts par un glacier jouissent d'une température invariable. Les différences extrêmes qui séparent l'été de l'hiver leur sont inconnues ; le thermomètre, placé sous cette couche de glace, ne baisserait ou ne monterait que d'un petit nombre de degrés[2]. Ils ne se désagrègent pas ou se désagrègent

---

[1]. Pendant chacune des sept nuits que je passai sur l'arête du sud-ouest du Cervin en 1861-63 (entre 3600 et 4000 mètres d'altitude), les pierres ne cessèrent de tomber sous forme d'averse ou d'avalanches. (Voir p. 185.)

[2]. Les différences de température sont certainement plus fortes sur les côtés des glaciers. Il n'est pas moins évident que le froid de l'hiver ne pénètre pas au centre même des glaciers ; en effet, les ruisseaux continuent à couler sous la glace pendant toute l'année, en hiver comme en été, dans les Alpes et dans le Groënland, la température du fond des glaciers est même au milieu de l'été, à environ 0o, comme l'expérience le prouve.

peu par suite d'une dilatation et d'une contraction inégales. La gelée, ne pénétrant pas dans l'intérieur de la pierre, ne peut en détacher dénormes masses; ils sont usés par un lent frottement au lieu d'être fendus. Ce ne sont pas des fragments mais des atomes qui disparaissent. La glace forme un pont au-dessus des fissures et des surfaces inclinées qu'elle ne peut atteindre. (Voy. p. 150.) Après plusieurs siècles d'érosion, on trouve encore dans les *lee-sides* une quantité de surfaces anguleuses qui existaient déjà quand l'action de la glace n'avait pas encore commencé à se faire sentir.

Les principaux effets de la chaleur, du froid, de l'eau et de la glace sur les rochers diffèrent ainsi que nous allons le rappeler. Les trois premiers de ces agents de destruction profitent des moindres fêlures, des plus petites fissures, pour y pénétrer; le quatrième agit tout autrement. La chaleur, l'eau, le froid peuvent agir au-dessous des masses de glace les plus épaisses; la glace ne le peut pas. Les effets des trois premières causes augmentent incessamment, parce qu'elles mettent constamment de nouvelles surfaces à découvert en formant de nouvelles fissures, de nouvelles crevasses, de nouveaux trous; les effets produits par les glaciers diminuent constamment, parce que les surfaces sur lesquelles ils opèrent diminuent à mesure qu'elles deviennent plus unies et plus planes.

Quelle conclusion tirer de ces préliminaires, si ce n'est que le soleil, la gelée et l'eau ont infiniment plus contribué que les glaciers à donner aux montagnes et aux vallées leurs formes actuelles? Des forces, en tout temps, en tous lieux, toujours actives et persistantes, ont dû, qui refuserait de le croire? produire des effets plus considérables qu'une force isolée et de toute nécessité locale, dont non-seulement l'action n'a pu se faire sentir comparativement que pendant un laps de temps assez court, mais dont la puissance tend sans cesse à diminuer.

Quelques personnes refusent encore de croire que l'action combinée du soleil, de la gelée et de l'eau ont joué un rôle important dans la configuration des Alpes; elles soutiennent comme un article de foi que la région alpestre « doit principalement sa conformation actuelle à l'action de ses anciens glaciers[1] ! »

Croz vint interrompre ma rêverie en me faisant observer qu'il était temps de nous remettre en route. Moins de deux heures nous suffirent pour redescendre sur le plateau du glacier où était déposé notre bagage ; trois quarts d'heure plus tard nous atteignions la dépression située entre le Grand Cornier et la Dent Blanche (col du Grand Cornier[2]) ; et à six heures du soir nous arrivions à Abricolla ou Bricolla. Croz et Biener, qui avaient soif de lait, descendirent jusqu'à un village situé plus bas dans la vallée ; pour moi, je restai avec Almer, et nous passâmes la nuit à grelotter sur quelques misérables planches dans un chalet à moitié brûlé[3].

1. Tyndall, « De la Conformation des Alpes. » *Phil. Mag.*, sept. 1862.
2. Ce col avait été traversé pour la première fois quelques mois auparavant.
3. Les détails suivants peuvent intéresser quelques touristes. — Nous quittâmes Zinal (1678 mèt.) à deux heures du matin. Cinq heures vingt-cinq minutes nous furent nécessaires pour monter sur le plateau situé au S. E. du Grand Cornier et deux heures et demie pour monter de ce plateau au point culminant de cette montagne. Les derniers cent mètres de l'arête, très-escarpés et très-étroits, offraient une grande corniche d'où pendaient des stalactites de glace. Nous fûmes obligés de marcher sous cette corniche et de nous tailler un passage dans les stalactites. Du sommet au plateau, la descente nous prit une heure quarante minutes (violent ouragan de neige avec tonnerre). Du plateau au col du Grand Cornier par des rochers faciles, quarante-cinq minutes nous suffirent. Enfin, nous descendîmes en une heure dix minutes du col à Abricolla (cinquante-cinq minutes sur le glacier) situé à 2420 mètres.

Leslie Stephen.

CHAPITRE XIV.

ASCENSION DE LA DENT BLANCHE.

Croz et Biener ne revinrent le 17 juin qu'à cinq heures du matin ; nous partîmes aussitôt pour Zermatt avec l'intention de traverser le col d'Hérens. Mais bientôt la Dent Blanche exerça sur nous une attraction irrésistible; aussi nous dirigeâmes-nous vers le glacier latéral très-escarpé qui descend le long de son versant sud-ouest.

La Dent Blanche est une montagne peu connue, excepté des grimpeurs de première classe. Elle jouit de la réputation méritée d'être une des montagnes des Alpes les plus difficiles à escalader. Bien des tentatives avaient échoué avant que l'ascension en pût être accomplie. Leslie Stephen lui-même, le plus leste des montagnards, n'avait pas réussi.

Cette ascension fut faite pour la première fois, en 1862, par MM. T. S. Kennedy, Wigram et les guides J. B. Croz[1] et Kronig. Ils eurent un rude combat à livrer avant de remporter la victoire; un vent furieux, qui les enveloppait de tourbillons de

---

1. Le frère de mon guide Michel Croz.

neige, s'ajoutant aux difficultés naturelles, faillit les obliger à battre en retraite [1].

Le 18 juillet 1862, M. Kennedy, parti d'Abricolla entre deux et trois heures du matin, gravit le glacier mentionné au commencement de ce chapitre et se dirigea vers le point marqué 3912 mètres sur la carte [2]; alors il tourna à gauche (c'est-à-dire au nord) et acheva l'ascension par l'arête méridionale, celle qui surplombe le versant occidental du glacier de Schönbühl.

M. Kennedy a publié une intéressante relation de son expédition dans l'*Alpine Journal*. Son récit porte l'empreinte de la sincérité; mais, à en croire les incrédules, le mauvais temps ne lui permit pas de constater avec certitude s'il avait atteint le véritable sommet; d'après leur affirmation, la cime de la montagne restait encore vierge de tout pas humain.

Je ne partageais point ces doutes; je l'avoue cependant, ils eurent quelque influence sur ma détermination. On doit pouvoir trouver un chemin plus facile que celui de M. Kennedy, me disais-je; si nous réussissions à le découvrir, nous pourrions du même coup confondre ses détracteurs et rehausser notre propre petit mérite. Aiguillonné par ces motifs élevés, je fis faire halte à ma petite armée au pied du glacier, et je lui posai ces questions : « Que vaut-il mieux faire, escalader la Dent Blanche, ou gagner Zermatt? » — Mes compagnons répondirent avec la solennité qui convenait aux circonstances : « Il vaut mieux escalader la Dent Blanche. »

Des chalets d'Abricolla on découvre presque entièrement de profil le versant sud-ouest de la Dent Blanche. On peut juger de ce point que l'inclinaison de ce versant dépasse à peine 30 degrés. Dans mon opinion il devait nous offrir pour monter au sommet un chemin plus facile que la crête trop dentelée de l'arête suivie par M. Kennedy.

Nous remontâmes le glacier en décrivant des zigzags le long

---

1. Voir la note de la page 110.
2. Voir la carte du Mont-Rose.

de la base de ce versant et en cherchant des yeux un chemin pour l'escalader. Nos recherches furent d'abord inutiles; une énorme *bergschrund* en défendait l'approche avec le plus grand succès; semblable au fossé d'une forteresse, elle protégeait la muraille contre tout assaut. Nous continuâmes à grimper jusqu'à un point qui devait être à peu près à 300 mètres au-dessous de celui qui est marqué sur la carte 3912 mètres; là, nous découvrîmes un pont que nous traversâmes à quatre pattes, en marchant sur les mains et les genoux.

J'ai dit plus haut qu'une bergschrund est une crevasse et même plus qu'une crevasse. Une *schrund* est tout simplement une grande crevasse; une *bergschrund* est souvent, mais pas toujours, une grande crevasse. Ce mot s'applique à la dernière crevasse que l'on rencontre quand on quitte un glacier pour passer sur les rochers qui le limitent. C'est la crevasse qui le sépare de la montagne même (*berg*, montagne, *schrund*, crevasse). Quelquefois elle est extrêmement large; mais, au commencement de la belle saison (en juin ou même avant), les bergschrunds sont en général d'ordinaire comblées par la neige ou traversées par des ponts de neige; aussi n'offrent-elles pas de grands obstacles. Au milieu de l'été (en août par exemple), leur traversée est souvent très-difficile, parfois même elle est impossible.

L'inégalité de leur mouvement produit souvent des ruptures dans les glaciers. Le glacier se meut plus vite que la neige ou la glace qui adhèrent aux montagnes; de là des crevasses; si la partie supérieure a un mouvement plus lent, c'est qu'elle supporte un frottement plus considérable, car elle est toujours plus inclinée que la partie inférieure. On devrait donc croire que, en vertu de ce principe, la partie supérieure devrait se mouvoir plus vite que la partie inférieure, mais son mouvement se trouve au contraire ralenti par les aspérités des rochers sur lesquels ou à travers lesquels elle doit passer[1].

[1]. Les couloirs sont invariablement protégés à leur base par des bergschrunds. Voir, p. 108, un exemple d'un couloir pourvu d'une double bergschrund.

La bergschrund de la Dent Blanche fut franchie à 3650 mètres d'altitude, suivant mon calcul. A partir de ce point, les difficultés devinrent sérieuses. Le flanc de la montagne n'était ni très-abrupt, ni très-incliné, mais il était parsemé de petites arêtes transversales, d'escarpements, de couloirs à moitié formés. Nous eûmes autant de peine à le gravir que s'il eût été beaucoup plus raide. Si les obstacles n'étaient jamais bien formidables, ils étaient nombreux; additionnés ils donnaient un fort joli total. La bergschrund fut franchie vers neuf heures du matin ; et nous ne prîmes que quarante-cinq minutes de repos pendant les onze heures suivantes. Dix heures quinze minutes furent donc employées à monter et à descendre le versant sud-ouest de la montagne, haut de 731 mètres; comme on parcourt d'ordinaire 300 mètres par heure (moyenne de la montée et de la descente), la Dent Blanche est une montagne exceptionnellement difficile à escalader.

Les obstacles que nous offrait la nature n'étaient cependant rien, comparés à ceux que nous opposait l'état de l'atmosphère. La conversation suivante se renouvela trop souvent : « Êtes-vous bien solide, Almer? » — « Oui. » — « Alors en avant, Biener. » Celui-ci se trouvant assez ferme à son tour, me criait : « Avancez, monsieur. » Et monsieur s'efforçait de l'imiter. — « Non, non, disait Almer, pas là, *ici*, » et il désignait de son bâton l'endroit où il fallait se cramponner. Venait alors le tour de Croz. « En avant! » disait-on de nouveau, lorsque nous l'avions tous tiré avec la corde, et de recommencer.

Nous avions gravi cent cinquante mètres de cette agréable façon, quand nous fûmes salués, nous nous y attendions bien un peu, par quelques coups de vent, avant-coureurs d'un ouragan qui faisait rage au-dessus de nous. La journée était ravissante pour les habitants des vallées, mais, depuis longtemps, nous avions remarqué certains petits nuages, légers comme des fils de la Vierge, qui, voltigeant autour de notre cime, prenaient des aspects de plus en plus perfides. Avant la traversée de la crevasse, Croz, nous prophétisant déjà que le vent nous forcerait à reculer, nous avait conseillé la retraite. Mais je lui avais ré-

La bergschrund de la Dent Blanche en 1865.

pondu : « Non, mon cher Croz; vous avez dit tout à l'heure que la Dent Blanche est dans d'excellentes conditions, il faut donc absolument l'escalader. »

Ce vent diabolique m'a laissé le souvenir le plus vif et le plus désagréable. Il ne soufflait que par rafales irrégulières sur les confins extrêmes de cette région troublée. On eût dit qu'il en voulait tour à tour à chaque membre de l'expédition en particulier; quand il avait bien secoué et démoralisé l'un de nous, il se retirait brusquement pour revenir l'instant d'après, beaucoup plus violent, s'en prendre à un autre.

Vu à travers le bassin du glacier de Z'Mutt, mon vieil ennemi, le Cervin, paraissait plus inaccessible que jamais. « Croyez-vous vraiment, dirent les guides, que l'on parviendra jamais, vous ou un autre, à escalader *cette montagne-là ?* » Sans me laisser intimider, je répondis avec aplomb : « Certes, mais pas de ce côté-là. » Mon indomptable présomption leur arrachait des rires moqueurs. A ce moment, je l'avoue, tout espoir m'avait abandonné. Rien ne peut offrir un aspect plus complètement inaccessible, ou ne peut être vraiment plus inaccessible que le Cervin sur ses versants nord et nord-ouest.

En avant ! cria-t-on de nouveau. Nous dominions le sommet de la Dent d'Hérens. « Encore 300 mètres à gravir, m'écriai-je, et, dans trois heures, nous serons au sommet. » — « Dans dix heures, voulez-vous dire, » répondit Croz, tant nos progrès étaient lents. Cependant, je ne m'étais pas trompé de beaucoup. A 3 heures 15 minutes nous atteignîmes la grande arête suivie par M. Kennedy, tout près du sommet de la montagne. Le vent et le froid devenaient terribles. Il nous était parfois impossible d'avancer. Nous restions immobiles, collés aux rochers, écoutant « les cris du vent stupide » tandis que ses rafales balayaient la crête, enlevant la neige qui la couvrait, et l'emportant en longues traînées sur le glacier de Schönbühl. « On ne distinguait qu'un tournoiement indescriptible de l'air, semblable au vent rendu visible. »

Le brouillard dérobait à notre vue le but de nos efforts, bien qu'il fût à peine éloigné de quelques mètres. La prédiction de

Croz, que nous passerions la nuit sur le sommet, semblait devoir se réaliser. Les guides se redressaient, dès qu'ils le pouvaient sans danger, bien que leurs doigts fussent presque gelés. Pas un murmure ne se fit entendre; le mot de retour ne fut pas prononcé; tous se hâtèrent d'avancer vers le petit cône blanc, dont ils se savaient très-rapprochés. Encore un arrêt! Un bloc énorme de rocher, négligemment perché sur l'arête, nous barrait le chemin. Impossible de l'escalader même en rampant; à peine osions-nous nous glisser tout autour. Allons, une dernière tournée de la bouteille commune! Le vin était à moitié gelé, et cependant nous en aurions volontiers bu davantage. La bouteille vide jetée au loin, nous profitâmes d'une accalmie pour monter plus haut.

Le but de nos efforts fut atteint plus tôt que nous ne l'espérions. Les nuages s'ouvrirent, et je vis que nous étions tous au sommet; entre nous et le point le plus élevé, à environ 20 mètres de la cime, se dressait une petite pile de pierres élevée de mains d'homme. Kennedy avait dit vrai, c'était le cairn qu'il avait érigé. « Qu'est-ce que cela, Croz ? » — « *Homme des pierres,* » hurla celui-ci. Inutile d'aller plus loin; je secouai la corde pour arrêter Biener, qui avertit à son tour Almer, et nous fîmes immédiatement volte-face. Almer et Biener ne voyaient point les pierres (ils taillaient des pas), et ne comprenaient pas la raison de notre retraite subite. Comme on ne pouvait se faire entendre, même en criant de toute la force de ses poumons, toute explication devenait impossible[1].

Nous commençâmes la descente. Ce fut un abominable travail. Les guides personnifiaient l'Hiver, avec leurs cheveux raidis et chargés de neige, et leur barbe hérissée de glaçons. Mes mains étaient engourdies et comme mortes. Je priai mes compagnons de s'arrêter un peu. « Impossible ! il faut absolument maintenir la circulation, » répondirent-ils. Ils avaient raison; s'arrêter, c'était s'exposer à être entièrement gelé. La descente continua

---

1. Le sommet de la Dent Blanche est une arête longue d'environ cent mètres. Son point le plus élevé est à son extrémité nord-est.

CHAPITRE XIV.

donc; nous nous cramponnions à des rochers étincelants de verglas, qui arrachaient la peau de nos doigts. Les gants étaient inutiles; ils se couvraient de glace, et les bâtons glissaient des mains comme des anguilles. Le fer des haches brûlait les doigts comme un fer rouge; mais il n'y avait pas à hésiter, il fallait empoigner résolûment haches et rochers, la moindre hésitation pouvant nous perdre.

Nous avions battu en retraite à 4 heures 12 minutes de l'après-midi; à 8 heures 15 minutes, nous traversions de nouveau la bergschrund, sans nous être reposés une minute dans toute la descente. Durant les deux dernières heures, le vent cessa de souffler, mais, le temps ayant pour nous une importance vitale, nous nous hâtâmes de plus en plus, et nous ne nous arrêtâmes que sur le glacier. Là, nous fîmes l'inventaire de ce qui nous restait des extrémités de nos malheureux doigts, presque entièrement dépouillés de leur peau. Pendant bien des semaines, les douleurs aiguës que je ressentis en tirant mes bottes me rappelèrent l'ascension de la Dent Blanche. Mes compagnons furent toutefois moins maltraités que moi, et nous eûmes tous lieu de nous féliciter d'en être quittes à si bon marché. Les guides me firent compliment sur la manière dont j'avais effectué cette descente difficile, et je leur rendis également un hommage bien mérité. S'ils eussent montré moins d'énergie et d'union, la nuit nous eût surpris sur ce terrible versant où il n'était pas même possible de s'asseoir. Aucun de nous, j'en suis persuadé, n'eût survécu pour raconter cette lamentable histoire.

Nous descendîmes le glacier à travers le brouillard, puis la moraine qu'il domine et la pente terminale, dans la plus profonde obscurité; à 11 heures 45 minutes du soir nous arrivions enfin aux chalets d'Abricolla. Notre expédition avait donc duré dix-huit heures et demie, dont dix-sept heures de marche effective. Cette nuit-là, nous dormîmes comme dorment des touristes à demi morts de fatigue.

Deux jours après, en nous promenant à Zermatt, nous rencontrâmes justement M. Kennedy. « Oh! oh! lui dîmes-nous, nous venons de voir votre *cairn* au sommet de la Dent Blanche. » — « Mais non, vous ne l'avez pas vu, » répondit-il d'un ton affirmatif. — « Que voulez-vous dire? » — « Vous n'avez pu voir mon cairn, parce que je n'en ai pas construit un. » — « Très-bien, mais nous avons vu un cairn. » — « Je n'en doute pas ; il a été érigé par un individu qui a gravi le sommet de cette montagne l'an dernier avec Lauener et Zurfluh. » — « Oh ! oh ! » répondîmes-nous, un peu déconcertés d'apprendre des nouvelles, quand nous croyions en donner. « Oh ! oh ! bonjour, Kennedy[1]. »

Avant cette rencontre, nous avions eu la maladresse de nous égarer sur le col d'Hérens ; mais je remets le récit de cette expédition au chapitre suivant.

---

1. L'ascension de la Dent Blanche est la plus pénible que j'aie jamais faite. Cependant, je n'y rencontrai aucun endroit aussi difficile que les 150 mètres qui terminent la Pointe des Écrins ; mais, d'un autre côté, il n'y avait peut-être pas sur la Dent Blanche un seul pas tout à fait facile ; tout le versant de la montagne exigea une escalade continue. La route que nous suivîmes en 1865 et celle que prit M. Kennedy en 1862 offrirent probablement des difficultés égales.

T. S. Kennedy.

Luc Meynet, le porteur de tentes.

CHAPITRE XV.

LE COL D'HÉRENS. — MA SEPTIÈME TENTATIVE POUR ESCALADER
LE CERVIN.

Nous aurions dû partir pour Zermatt vers 7 heures du matin, le 18, mais Biener nous demanda la permission d'aller à la messe à Evolena, village situé à environ deux heures et demie d'Abricolla. Cette permission lui fut accordée, sous la condition qu'il serait de retour avant midi, mais il ne revint qu'à 2 heures 30 minutes, et ce retard nous fut fatal.

Le col d'Hérens, que nous devions traverser pour gagner Zermatt, est, dans cette contrée, un des rares passages de glaciers qui ait été connu presque de temps immémorial. Il est très-fréquenté pendant l'été et très-facile, quoique le sommet du col soit à 3480 mètres au-dessus du niveau de la mer[1].

Le chemin qui conduit d'Abricolla au col d'Hérens suit principalement le glacier de Ferpècle, dont la surface est très-unie. On n'a qu'à marcher droit devant soi. Le glacier s'élève peu à

---

1. Voir la carte du Mont-Rose. La route suivie par nous le 19 juin y est seule indiquée.

peu par des pentes douces; ses crevasses, fort petites, sont faciles à éviter; une fois entré sur la glace, il suffit de monter le plus directement possible vers le sud, et on atteint en deux heures le sommet du col.

Nous nous attachâmes à la corde selon notre habitude, quand nous entrâmes sur le glacier. Biener, qui avait souvent traversé ce passage, fut placé en tête de la troupe, dans l'espoir que sa parfaite connaissance des lieux nous ferait gagner un peu de temps de l'autre côté du col. Nous avions déjà fait la moitié de la montée, quand un petit nuage descendit sur nous, semblable à une gaze transparente; il ne nous vint pas à l'idée que cette vapeur si légère pût nous causer le moindre embarras; aussi négligeai-je de constater, en temps utile, la direction que nous devions suivre, c'est-à-dire d'observer notre situation précise par rapport au sommet du col sur lequel nous devions toujours nous diriger.

Biener commença par avancer sans hésiter, en suivant une ligne assez droite; mais bientôt il dévia tantôt à droite, tantôt à gauche. Dès que Croz s'en aperçut, il s'élança en avant, et, saisissant le jeune guide par les épaules, il le secoua rudement; puis, le traitant d'imbécile, il lui ordonna de se détacher à l'instant, et de passer à l'arrière-garde. Biener épouvanté obéit sans murmurer. Croz nous guida vivement en avant, et, pendant quelques minutes, nous remit dans la ligne droite; mais bientôt il me sembla qu'il commençait à incliner fortement sur la gauche. Je voulus regarder en arrière; le brouillard, devenu trop épais, ne nous permettait même pas d'apercevoir les traces de nos pas; nous continuâmes donc à suivre notre guide. A la fin, ceux qui étaient en arrière, et par conséquent plus en état de juger notre position, conçurent la même inquiétude que moi et tirèrent la corde pour avertir Croz, et lui demander ce qu'il en pensait. Il prit nos observations en bonne part; mais, quand Biener voulut aussi exposer son opinion, il perdit patience, et dit au jeune guide : « Vous êtes un imbécile ! voulez-vous parier vingt francs contre un que mon chemin est plus droit que le vôtre? vingt francs, entendez-vous, imbécile? »

CHAPITRE XV.

Ce fut au tour d'Almer de nous guider. Il commença par retourner sur nos traces pendant près de cent mètres, puis il repartit en suivant la tangente de la courbe décrite par Croz. Nous suivîmes cette direction pendant une demi-heure ; mais nous ne tardâmes pas à nous convaincre que nous n'étions pas dans la bonne voie, car la neige devenait décidément trop escarpée. Nous inclinâmes alors de plus en plus vers la droite, afin d'éviter ces pentes, mais je finis par m'insurger, parce que nous avions marché quelque temps dans la direction du sud-ouest, qui était une mauvaise direction. Après une longue discussion, nous retournâmes encore sur nos pas jusqu'à une certaine distance ; nous repartîmes alors en nous dirigeant au sud-sud-est, mais nous rencontrions partout des pentes de neige escarpées, et, pour les éviter, nous allions tantôt à droite, tantôt à gauche, suivant que les circonstances l'exigeaient.

Nous nous trouvions fort embarrassés ! Étions-nous trop près de la Dent-Blanche ou de la Tête-Blanche ? Le brouillard, qui s'était épaissi, ressemblait tout à fait à un brouillard ordinaire de Londres. Il n'y avait autour de nous ni rochers ni échos pour nous diriger ; en nous guidant d'après la boussole, nous finissions toujours par aboutir contre ces maudits bancs de neige trop escarpés. Les guides étaient complétement désorientés ; chacun d'eux, mis à son tour à la tête de la petite troupe, l'avait égarée de plus en plus. Ils nous demandèrent ce qu'il fallait faire. Il était sept heures trente minutes du soir ; à peine nous restait-il une heure de jour. Nous commencions à nous sentir exténués ; depuis trois heures et demie nous errions au hasard, marchant à grands pas. J'émis donc l'avis suivant : « Tâchons de retrouver nos traces et, sans les quitter un seul instant, retournons le plus vite possible aux chalets. » Cette opinion eut pour elle l'unanimité des suffrages ; mais, au moment où nous nous mettions en route, les nuages se levèrent un peu, et nous crûmes apercevoir le col. Il se trouvait alors à notre droite ; nous nous y élançâmes résolûment. A peine avions-nous fait cent pas que les nuages se refermèrent. Nous continuâmes cependant notre course pendant vingt minutes ; l'obscurité augmentait rapidement et la neige devenait de plus en plus raide. Force nous fut donc de battre en retraite. Il nous fallut redescendre en courant tout le glacier de Ferpècle, pour en pouvoir sortir au moment même où nous ne pouvions plus distinguer nos traces, tant la nuit était noire. Nous arrivâmes à nos affreux chalets, et il nous fallut nous coucher sans souper, car nous n'avions plus rien à manger. Nous étions tous d'humeur fort maussade, pour ne pas dire massacrante, ne nous entendant que sur un seul point, c'est-à-dire quand nous accablions Biener des plus cruels reproches.

Le 19, à sept heures du matin, nous partîmes une troisième fois pour passer le col d'Hérens. Le temps était superbe, et la bonne humeur nous revint peu à peu à la vue des bévues que nous avions commises la veille au soir. Biener ne nous avait pas trop mal conduits; mais Croz s'était éloigné de la bonne voie dès le début; il avait décrit tout un demi-cercle; aussi, quand nous l'avions arrêté, nous étions revenus en face d'Abricolla, notre point de départ. Almer avait commencé à son tour à nous guider avec une extrême prudence, mais il avait aussi fini par traverser la véritable route au lieu de la suivre. Quand j'avais arrêté l'expédition (parce que nous allions trop au sud-ouest), nous montions à la Tête-Blanche! Notre dernière tentative nous avait remis dans la bonne voie; nous étions arrivés sans nous en douter au sommet du col; dix mètres de plus, et nous aurions commencé à descendre le versant opposé! Inutile de répéter que, si nous avions consulté la boussole en temps opportun, — c'est-à-dire dès la première apparition du brouillard, — nous aurions évité tous ces ennuis. Plus tard, elle nous servit uniquement à nous prouver que nous nous égarions.

Six heures et demie après notre départ d'Abricolla, nous arrivâmes à Zermatt, où la bonne hospitalité de Seiler nous remit bientôt tous dans notre état normal.

Le 20, nous passâmes le col Saint-Théodule, et nous fîmes un détour pour monter du sommet sur le Théodulhorn (3472 mètres), afin d'examiner une route nouvelle que j'avais inventée pour l'ascension du Cervin. Avant de continuer le récit de nos excursions, je dois m'arrêter un instant pour expliquer les raisons qui m'avaient fait préférer cette nouvelle direction à celle qui gravissait l'arête du sud-ouest.

Le Cervin peut se diviser en trois sections[1]. La première, qui fait face au glacier de Z'Mutt, est absolument inaccessible; la seconde, qui regarde l'est, semble l'inaccessibilité même; la troisième, vis-à-vis du Breuil, a l'air d'être un peu moins impraticable. C'était de ce côté que j'avais fait toutes mes tentatives précédentes. On doit se le rappeler, M. Hawkins, le professeur Tyndall et les chasseurs du Val Tournanche avaient essayé comme moi d'escalader le sommet du Cervin par l'arête du sud-ouest. Pourquoi donc abandonner une route qui avait été trouvée, jusqu'à un certain point, praticable?

J'avais, quant à moi, quatre raisons : 1° mon peu de goût pour les arêtes et ma préférence pour la neige et les faces rocheuses (V. le chapitre XIII); 2° ma persuasion que les accidents météorologiques, qui m'avaient plusieurs fois forcé de battre en retraite, pourraient se représenter à chaque instant[2] (V. les chapitres V et VII); 3° ma conviction que l'on s'était trompé à l'égard de la face orientale de la montagne; on l'avait crue presque perpendiculaire, tandis que, en réalité, son inclinaison dépassait à peine 40 degrés; 4° la remarque que j'avais faite que les couches de la montagne s'inclinaient dans la direction de l'ouest-sud-ouest.

Inutile de rien ajouter à ce que j'ai déjà dit au sujet des deux premières raisons; mais les deux dernières demandent quelques développements. Examinons d'abord pourquoi la face orientale du Cervin paraît trop escarpée à un si grand nombre d'observateurs.

Quand on regarde le Cervin de Zermatt, on se trouve placé

---

1. Voir chap. IV, p. 79 et 83.
2. Cette opinion a été confirmée depuis par les expériences d'autres touristes.

presque au nord-est de la montagne. Par conséquent, on ne découvre le versant oriental ni de profil ni de face, mais de biais ; aussi semble-t-il plus perpendiculaire et plus abrupt qu'il ne l'est réellement. La majeure partie des touristes qui visitent Zermatt montent au Riffelberg ou au Gornergrat. De ces deux belvédères, le Cervin offre naturellement un aspect encore plus escarpé, parce que son versant oriental (qui est à peu près tout ce que l'on en découvre) se trouve encore plus en face du spectateur. Vu de l'hôtel du Riffel, le Cervin semble avoir une inclinaison de 70 degrés. Si le touriste, continuant à se diriger vers le sud, traverse le col Saint-Théodule, il arrive, sur un point, juste vis-à-vis du versant oriental qui paraît alors absolument perpendiculaire. Très-peu de personnes prennent la peine de rectifier cette impression erronée en examinant la montagne de face et de profil ; le plus grand nombre emporte une idée très-fausse et très-exagérée de l'inaccessibilité de ce versant de la montagne, parce qu'elles n'ont examiné la question que sous un seul point de vue.

Je restai moi-même sept années sous l'influence de cette fausse impression avant d'avoir pu reconnaître mon erreur. Je remarquai en premier lieu qu'il y avait sur le versant oriental quelques endroits où la neige séjournait pendant toute l'année. Je ne parle pas de couloirs de neige, mais de pentes de neige très-considérables que l'on peut voir sur la gravure, à mi-chemin du sommet. Ces couches de neige n'auraient pu persister tout l'été si leur accumulation n'avait été très-considérable pendant l'hiver. Dans une semblable position, la neige ne peut ni s'amonceler ni séjourner en aussi forte quantité à un angle qui dépasserait de beaucoup 45 degrés[1]. Je concluais donc de ce premier fait que le versant oriental était loin d'être perpendiculaire. Pour acquérir une certitude complète à cet égard, je gravis les pentes situées entre les glaciers de Z'Mutt et du Cervin, au-dessus des chalets de Staffel, d'où je pouvais découvrir

---

1. Mon impression, pour rester dans la vérité, est que la neige ne peut s'accumuler en masses considérables à 45°.

Le Cervin, vu du Riffel.

de profil cette face de la montagne. Celui qui ne l'aurait vue que du côté de l'est eût été stupéfait de l'aspect qu'elle offrait dans cette direction. Elle ne présente plus ces escarpements inaccessibles que l'on aperçoit du Riffelberg; on a peine à se persuader que c'est la même montagne. L'inclinaison de ce versant dépasse à peine 40 degrés.

Ce fait constaté, un grand pas était fait. Cependant ma découverte ne m'eût pas suffi pour tenter une ascension par le versant qui regarde l'est, au lieu de la tenter par l'arête du sud-ouest. Quarante degrés ne constituent pas une inclinaison bien formidable pour des pentes peu considérables. Mais cette inclinaison se maintient rarement d'une manière aussi générale sur une longue étendue, et on ne peut citer dans les Alpes supérieures qu'un très-petit nombre de pentes qui ont une inclinaison constante de quarante-cinq degrés sur neuf cents mètres d'altitude.

L'élévation et l'escarpement des rochers du Cervin n'auraient pas empêché d'habiles *grimpeurs* d'en entreprendre l'ascension, s'ils n'avaient en outre paru dangereusement polis. Les guides désespéraient d'y trouver la moindre aspérité pour s'y cramponner. Une des plus grandes difficultés de l'arête du sud-ouest était précisément la surface lisse et polie de certains rochers qui, de loin, semblaient cependant très-désagrégés. Ne serait-il donc pas tout à fait impossible d'escalader les escarpements du versant oriental, dont on distinguait de si près la surface unie et polie?

Les rochers de l'arête du sud-ouest, plongeant dans la direction de l'ouest-sud-ouest, offrent un obstacle encore plus sérieux. On le sait maintenant, la masse principale du Cervin se compose de stratifications régulières[1] relevées vers l'est. Dans quelques parties de l'arête qui conduit du col du Lion au sommet du Cervin, — je l'ai déjà répété plus d'une fois, — les roches s'inclinent à l'extérieur et leurs bords échancrés surplombent. Les gravures des pages 123 et 126 l'ont déjà

---

1. Voir p. 94 et 113.

prouvé, mais la figure 1 de cette page le démontre encore plus clairement. Cette disposition des couches, on le comprendra d'un coup d'œil, n'est guère favorable aux *grimpeurs*. Quand les rochers sont ainsi inclinés, ils sont plus ou moins faciles à escalader, selon le nombre plus ou moins grand de leurs fissures et de leurs aspérités. Si les rochers de l'arête du sud-ouest n'étaient pas suffisamment crevassés, leur inclinaison extérieure les rendrait absolument inaccessibles [1].

Fig. 1.

Fig. 2.

Il est impossible de monter une seule fois sur les rochers de l'arête du sud-ouest, du col du Lion au pied de la Grande Tour, sans remarquer combien ils sont en général inclinés en dehors et comme leurs bords échancrés tendent constamment à surplomber. Aussi les débris des roches désagrégées par la gelée ne restent-ils pas *in situ*, mais tombent-ils en pluie sur les rochers environnants. Chaque jour l'arête est balayée complétement; on ne voit presque jamais, quand on la gravit, que le roc solide [2].

Depuis fort longtemps déjà on avait remarqué que le Cervin est formé d'une série de couches stratifiées. De Saussure l'avait fort bien observé, et il a constaté très-explicitement dans ses *Voyages* (§ 2243) que ces couches « se relevaient dans la direction du nord-est avec une inclinaison d'environ quarante-cinq degrés. » Forbes aussi avait remarqué ce fait; mais, dans

---

1. Le granit qui a été longtemps exposé à l'air est une des espèces de roches les plus faciles à gravir; son grain retient les clous des chaussures et offre au pied un appui très-solide. Mais les schistes métamorphiques qui composent la masse principale du grand pic du Cervin n'offrent aucune sécurité au touriste.
2. Il n'est ici question que de la partie de l'arête située entre le col du Lion et la Grande Tour. Ces observations ne sauraient s'appliquer aux rochers qui la dominent (v. p. 121); au-dessus de ces derniers, la roche redevient solide; sur « l'Epaule » (c'est-à-dire toujours plus haut), elle est très-désagrégée; mais, sur le pic qui forme le sommet, elle est compacte et solide.

Le Cervin vu du col Saint-Théodule.

Le Cervin vu du nord-est.

Les espaces compris entre les lignes rouges parallèles représentent, en moyenne, une hauteur verticale d'environ 18 mètres; mais, à cause du raccourci, la hauteur comprise entre les lignes supérieures dépasse un peu ce chiffre.

son opinion, les couches étaient « moins inclinées ou presque horizontales. » Il ajoutait : « de Saussure est sans doute exact[1]. » Selon moi, la vérité vraie doit se trouver entre les deux opinions.

Je connaissais fort bien ces deux passages des auteurs que je viens de citer ; mais je n'en avais pourtant tiré aucune application pratique jusqu'au moment où j'observai moi-même le fait qu'ils constataient. Ce fut seulement après mon insuccès de 1863 que j'attribuai à l'inclinaison des couches les obstacles particuliers de l'arête du sud-ouest. Dès que, dans ma conviction, l'obstacle véritable provenait de la structure des rochers et non de leur nature même, je dus naturellement en conclure que le côté opposé, c'est-à-dire le versant oriental de la montagne, pourrait être relativement plus facile à gravir. En un mot, je me dis que si les couches offraient d'un côté l'aspect de la figure 1, elles devaient présenter du côté opposé celui de la figure 2. Cette déduction vulgaire d'un fait positif me donnait la clef de l'ascension du Cervin.

La question à résoudre était celle-ci : l'inclinaison des couches persistait-elle à travers toute la masse de la montagne ? Si elle persistait, le grand versant oriental, au lieu d'être impraticable, était parfaitement accessible. Il devait, en fait, présenter un grand escalier naturel dont les degrés se trouvaient inclinés en dedans ; en ce cas, l'aspect poli de ses surfaces ne devait inspirer aucune inquiétude, parce que les plus petits de ces degrés, inclinés en ce sens, offraient nécessairement un appui solide.

Il en était ainsi, autant qu'on pouvait en juger à distance. Quand il neigeait pendant l'été, de longues terrasses blanches se détachaient en lignes à peu près parallèles sur le flanc de la montagne. Elles s'inclinaient (approximativement) dans la direction indiquée sur les gravures de la page 318. Dans ces circonstances, le versant oriental était presque entièrement blanc, tandis que les autres versants demeuraient noirs (à l'exception

---

[1]. *Voyage à travers les Alpes*, 2ᵉ édit., p. 317.

des terrasses couvertes de neige) parce que la neige ne pouvait y séjourner.

La configuration générale de la montagne me confirmait dans l'espoir que sa structure faciliterait une ascension par le versant oriental, bien qu'elle s'y opposât sur toutes ces autres faces. Regardez n'importe quelle photographie du Cervin prise du nord-est (les profils placés en regard de la page 318 ont été soigneusement dessinés d'après une photographie), et vous remarquerez sur le versant droit (celui qui regarde le glacier de Z'Mutt) une série non interrompue de rochers qui surplombent et de pentes inclinées à l'extérieur. En somme, tout ce versant offre les caractères indiqués par la figure 1, page 318, tandis qu'à gauche (côté du sud-est), la forme générale des rochers rappelle celles de la figure 2. On ne saurait donc douter que les contours de la montagne, vus de cette direction, résultent en grande partie de l'inclinaison générale des couches qui la composent.

Ce n'était donc nullement par caprice que j'avais engagé M. Reilly à se joindre à moi dans une tentative d'ascension par le versant oriental ; j'avais peu à peu acquis la conviction que ce versant nous offrirait le chemin le plus facile pour atteindre le sommet. Si nous n'avions pas été obligés de nous séparer, le Cervin eût été escaladé en 1864.

En descendant le glacier de Z'Mutt pour revenir à Zermatt, nous nous arrêtâmes afin d'examiner le Cervin de profil ; mes guides reconnurent de suite qu'ils s'étaient trompés jusqu'à ce jour sur la raideur des pentes du versant oriental. Cependant ils ne le jugeaient pas encore bien facile à escalader. Almer et Biener refusèrent nettement de tenter l'ascension de ce côté. Je cédai pour le moment à leur répugnance évidente. Nous fîmes donc l'ascension du Théodulhorn afin d'examiner une route que j'appellerai *alternative*, c'est-à-dire qui monterait tantôt sur un versant, tantôt sur l'autre, et qui, devant passer presque constamment sur la neige, leur paraîtrait peut-être préférable à l'autre.

CHAPITRE XV.

Il y a sur le Cervin un immense couloir qui monte du glacier du mont Cervin à un point très-élevé de l'arête du sud-ouest[1]. Je proposai de gravir ce couloir jusqu'à son extrémité supérieure, puis de passer par l'arête du sud-ouest sur le versant oriental. Nous nous serions alors trouvés au niveau de la base de la grande pente de neige que l'on voit (gravure de la page 315) au centre du versant oriental de la montagne ; cette pente de neige, nous l'aurions traversée en diagonale afin de gagner la neige située sur l'arête du nord-est et qu'il est facile de distinguer sur la même gravure, à 1 centimètre 25 millimètres au-dessous du sommet. Le reste de l'ascension se serait fait sur une pente de rochers et de neige, du côté septentrional de la montagne. Croz, saisissant bien ma pensée, en jugea l'exécution possible. Tous les détails réglés, nous descendîmes au Breuil. Luc Meynet, le brave petit bossu, convoqué à l'hôtel, se déclara très-heureux de reprendre son ancien métier de porteur de tente. La cuisine de Favre s'empressa de préparer des rations pour trois jours, car j'avais résolu de consacrer tout ce temps à notre entreprise; nous devions passer la première nuit sur les rochers situés au sommet du couloir; le second jour, tâcher d'atteindre le sommet et revenir sous la tente; le troisième jour, redescendre au Breuil.

Partis le 21 juin, à 5 heures 45 minutes du matin, nous suivîmes pendant trois heures la route du Breuiljoch[2]. Nous voyions très-bien de là notre couloir, vers lequel nous nous dirigeâmes en faisant un angle droit. Plus nous nous en approchions, plus son aspect nous paraissait favorable. Il contenait une notable quantité de neige dont l'inclinaison était peu considérable ; déjà on pouvait juger qu'un bon tiers de l'ascension n'offrirait aucune difficulté. Cependant certains indices suspects que nous remarquâmes à sa base nous faisaient redouter des avalanches de pierres ; par mesure de précaution nous

---

1. La lettre F indique sa situation sur la droite du plan de la page 134. Voir aussi la carte du Cervin et de ses glaciers.
2. Voir page 147.

nous mîmes sur l'un de ses côtés à l'abri de quelques rochers et nous attendîmes un peu pour voir si nos craintes ne se réaliseraient pas. Pas une pierre ne tomba. Nous nous remîmes alors à grimper à la droite du couloir (au nord), taillant des pas dans la neige ou montant par les rochers. Arrivés ainsi un peu avant 10 heures à un point convenable pour une halte, nous nous arrêtâmes afin de nous reposer, tout au bord de la neige, sur des rochers d'où nous voyions très-bien le couloir.

Tandis que les guides préparaient le déjeuner, je m'avançai sur un petit promontoire pour examiner de plus près le chemin que nous devions suivre. J'admirai notre magnifique couloir qui pénétrait en droite ligne jusqu'au cœur de la montagne sur une hauteur de plus de 300 mètres. Il faisait ensuite un coude vers le nord pour s'élever jusqu'à la crête de l'arête du sud-est. Ce coude piquait ma curiosité. Qu'y avait-il derrière? Je le fixais attentivement, tout en contemplant les courbes gracieuses formées par la neige dans le couloir et aboutissant à un large sillon central, quand j'aperçus quelques petites pierres qui dégringolaient doucement. Je ne m'en inquiétai guère, me disant que nous les éviterions facilement en suivant de très-près l'un des côtés. Mais une autre pierre les suivit, beaucoup plus grosse, descendant avec une vitesse de 80 kilomètres à l'heure, et bientôt suivie à son tour par une autre, puis par une autre encore.... Je n'avertis pas les guides, ne voulant pas les inquiéter inutilement. Ils n'avaient rien entendu. Almer, assis sur un quartier de roc, taillait de larges tranches dans un superbe gigot; les autres babillaient ensemble. Un craquement soudain les avertit du danger; un bruit épouvantable retentit dans les rochers; levant les yeux, ils aperçurent d'énormes masses de blocs et de pierres de toute dimension s'élancer du fameux coude situé à plus de 250 mètres au-dessus de nous, se précipiter avec furie contre les rochers opposés, rebondir contre les parois rocheuses qui dominaient notre campement, puis descendre en formant une effroyable avalanche : quelques blocs heurtant tour à tour les deux côtés du couloir; d'autres rebondissant sur la neige en faisant des sauts de plus de 30 mètres; le reste tombant comme une trombe en masses confuses, mélange de neige, de glace, de pierres, et creusant des sillons profonds dans ces gracieuses ondulations qui avaient excité mon admiration un instant auparavant.

Épouvantés, les guides jetèrent un regard d'angoisse autour d'eux, et, lâchant ce qu'ils tenaient, ils s'élancèrent dans toutes les directions à la recherche d'un abri. Le précieux gigot roula d'un côté, l'outre d'un autre, et son contenu s'échappa du goulot débouché, tandis que mes quatre compagnons se blottissaient sous les rochers en tâchant de se faire aussi petits que possible. N'allez pas croire au moins que leur frayeur fût déraisonnable, et que je ne la partageai pas moi-même. Je pris le plus grand soin de ma propre personne, et je m'aplatis dans un trou jusqu'à ce que cette averse de pierres fût passée. Mais les efforts qu'ils firent pour se tapir sous les rochers étaient, je dois l'avouer, on ne peut plus comiques.

Je n'ai jamais été témoin d'une pareille panique sur une montagne.

Les ricochets décrits par cette avalanche étaient une nouveauté pour moi. Ils provenaient sans doute de la courbe que formait le couloir, et de la grande vitesse que les rochers avaient acquise dans leur chute avant d'en avoir dépassé l'angle. Dans un couloir droit cette chute de pierres n'eût pas eu les mêmes conséquences. Ainsi que je l'ai remarqué plus haut (page 243), les pierres qui tombent suivent généralement le centre des couloirs; si l'on gravit les côtés de ces couloirs, elles ne peuvent vous atteindre.

Nous battîmes en retraite avec un ensemble parfait; car la perspective d'être écrasés était fort peu réjouissante et le danger était trop redoutable. « Qu'allons-nous faire maintenant? » me demanda-t-on. Je proposai de grimper sur les rochers qui nous dominaient, mais cette proposition fut repoussée à l'unanimité. Évidemment les guides avaient raison, mais je ne voulais pas renoncer à mon idée avant de m'être assuré qu'elle n'était pas praticable; je me mis donc à grimper tout seul sur les rochers pour résoudre la question. Quelques minutes après, je fus obligé de m'arrêter ; cet effort m'avait épuisé ; seul le petit bossu m'avait intrépidement suivi, la tente sur l'épaule et souriant de ce sourire étrange qui lui était habituel. Croz, bien au-dessous, surveillait *son Monsieur* du coin de l'œil ; 30 mètres plus bas, Almer, tranquillement assis sur un rocher, tenait sa tête entre ses mains ; Biener n'était pas même en vue. « Descendez, descendez donc, criait Croz de toutes ses forces, cela ne sert à rien ! » Je finis par redescendre, bien convaincu qu'il disait vrai. Ainsi fut renversé dès le début mon pauvre petit plan si bien combiné ! Force nous fut donc de revenir au projet primitif.

Nous regagnâmes de suite en droite ligne le Breuiljoch de M. Morshead[1] ; c'était la route la plus directe pour nous rendre au Hörnli, où nous voulions passer la nuit, avant d'attaquer le versant oriental du Cervin. Nous arrivâmes au sommet de ce col à midi 30 minutes. Une déception fort imprévue nous y attendait. Plus de passage ! Une muraille de rochers, peu élevée, mais absolument à pic, nous séparait du glacier de Furggen ; le glacier s'était tellement retiré, que la descente n'était pas possible. D'épais nuages arrivaient depuis une heure du côté du sud ; ils nous entouraient de toutes parts et le vent commençait à souffler avec violence. Les guides groupés ensemble se demandèrent s'il ne serait pas plus sage de renoncer à toute nouvelle tentative. Almer me dit même avec une certaine rudesse :

« Pourquoi ne cherchez-vous pas à faire des ascensions *possibles* ?

— Celle-ci est certainement impossible ! répéta Biener comme un écho fidèle.

— Monsieur, dit à son tour Croz, si nous faisons le tour de la montagne, nous perdrons trois jours, et il est fort probable que nous ne réussirons pas davantage. Vous avez le désir de faire plusieurs ascensions dans la chaîne du Mont-Blanc, et je crois qu'elles sont possibles. Mais je ne pourrai les faire avec

1. Voir la note de la page 148.

CHAPITRE XV.

vous si je perds ces trois jours ici, car je dois être le 27 à Chamonix. »

Le raisonnement de Croz n'était que trop juste; aussi étais-je très-irrésolu. Je comptais sur sa force athlétique pour quelques excursions qui devaient nous offrir des difficultés exceptionnelles. La neige, qui commençait à tomber, trancha la question; je donnai l'ordre de la retraite. Nous descendîmes au Breuil, de là au village de Val Tournanche où nous passâmes la nuit; le lendemain nous descendîmes à Châtillon, d'où nous nous rendîmes à Cormayeur en remontant la vallée d'Aoste.

Combien n'ai-je pas regretté que l'avis des guides eut prévalu en cette occasion! Si Croz ne m'avait pas parlé ainsi, dans une excellente intention du reste, il serait encore vivant. Il nous quitta à Chamonix au jour fixé; mais un hasard étrange nous réunit de nouveau à Zermatt trois semaines plus tard, et, deux jours après, il périssait sous mes yeux sur cette même montagne, dont nous nous étions éloignés, d'après son conseil, le 21 juin.

Un crétin d'Aoste.

CHAPITRE XVI.

LA VALLÉE D'AOSTE. — ASCENSION DES GRANDES JORASSES.

Si la vallée d'Aoste peut se glorifier de ses bouquetins, elle doit rougir de ses crétins. Le bouquetin, *Steinbock* ou *Ibex*, était autrefois répandu dans toutes les Alpes. On n'en trouve plus maintenant que dans un tout petit district du midi de la vallée d'Aoste; et, depuis quelques années, on a souvent exprimé la crainte de le voir bientôt disparaître complétement. Malheureusement les esprits les plus optimistes ne doivent pas espérer que le crétinisme puisse être extirpé avant plusieurs siècles. Il est encore très-fréquent dans toutes les Alpes, et la vallée d'Aoste n'en a pas le privilége exclusif; mais, nulle part, il n'attire plus souvent l'attention des étrangers; dans aucune vallée « où chaque pas offre une ravissante perspective, » le voyageur ne constate plus fréquemment et plus désagréablement « que l'homme est la plus misérable des créatures. »

CHAPITRE XVI.

Peut-être est-il prématuré de redouter la prochaine disparition du bouquetin. Le recensement de ceux qui existent encore est fort difficile à faire ; car, bien qu'ils aient des retraites fixes, il est presque impossible de les y surprendre. On estime cependant à plus de six cents le nombre de ceux qui errent sur les montagnes des vallées de Grisanche, de Rhèmes, de Savaranche et de Cogne.

Le bouquetin.

L'extinction totale des bouquetins serait fort regrettable. Toutes les sympathies leur sont acquises, comme aux derniers représentants d'une race qui s'éteint ; en outre, tous les montagnards, tous les hommes possédant une grande force physique verraient avec chagrin disparaître un animal doué de si nobles qualités ; qui, peu de mois après sa naissance, peut sauter d'un bond par-dessus la tête d'un homme, sans prendre son élan; dont toute la vie est une lutte constante pour son existence; qui possède un sentiment si vif des beautés de la nature et un tel mépris pour la souffrance « qu'il reste parfois immobile pendant des heures entières au milieu de la tempête la plus violente et la plus froide, jusqu'à ce que le bout de ses oreilles soit gelé ! » ; qui, enfin, lorsque son heure dernière arrive, « grimpe sur le pic le plus élevé de la montagne, se suspend à un rocher par ses cornes qu'il frotte contre les pierres jusqu'à ce qu'elles soient usées, et tombe alors dans le précipice où il expire[1] ! » Tschudi lui-même qualifie cette légende de merveilleuse. Il a raison; pour moi, je n'y crois guère ; le bouquetin est un animal trop intelligent et trop beau pour se complaire à de telles plaisanteries.

Quarante-cinq gardes, choisis parmi les plus habiles chasseurs de la contrée, protègent la retraite des derniers bouquetins. La tâche de ces braves gens n'est pas une sinécure, quoiqu'ils connaissent tous les braconniers qui pourraient être tentés de déjouer leur surveillance. S'ils étaient supprimés, la race de l'ibex disparaîtrait bien vite, du moins dans les Alpes. La manie de tuer tout ce qui vit et la valeur actuelle de l'animal amèneraient promptement son extermination totale.

Le bouquetin n'est recherché que pour sa chair. Le poids brut d'un de ces animaux parvenu à son entier développement s'élève de soixante-quinze à quatre-vingt-dix kilogrammes; sa peau et ses cornes valent environ deux cent cinquante francs suivant leur état et leur dimension.

Le braconnage ne se repose pas un seul instant, en dépit des gardiens et de la pénalité sévère encourue par ceux qui tuent un bouquetin. Ne le sachant que trop, je m'informai, lors de mon dernier passage à Aoste, si je trouverais une peau ou des cornes de bouquetin à acheter. Dix minutes après, on me conduisit dans une espèce de grenier où était cachée, avec le plus grand soin, la dépouille d'un mâle magnifique, qui devait bien avoir plus de vingt ans, car on pouvait compter sur ses cornes mas-

---

[1]. *Croquis de la Nature dans les Alpes*, Tschudi.

sives vingt-deux anneaux plus ou moins fortement accusés. De l'extrémité de son nez à l'extrémité de sa queue, la peau avait une longueur totale d'un mètre soixante-neuf centimètres ; et, selon toutes les apparences, il avait mesuré soixante-dix-sept centimètres du sol au sommet de son dos. Un bouquetin de cette taille est une rareté ; le possesseur de cette peau aurait bien pu être puni de plusieurs années de prison si elle avait été découverte en sa possession.

La chasse du bouquetin est regardée à juste titre comme un exercice réservé aux têtes couronnées ; le roi Victor-Emmanuel, qui en a le monopole, est un chasseur trop intelligent pour immoler au hasard un animal qui fait l'ornement de ses domaines. L'année dernière (1869), il en abattit dix-sept à une distance de plus de cent mètres. En 1868, Sa Majesté offrit à l'Alpine Club Italien un beau spécimen de la race ; les membres du Club se régalèrent, j'aime à le penser, de la chair, et ils firent empailler la peau qui orne leur salle de réunion à Aoste. A en croire les connaisseurs, ce curieux échantillon est fort mal empaillé, la poitrine en étant trop étroite et l'arrière-train trop développé. Tel qu'il est, ce bouquetin semble pourtant bien proportionné, quoiqu'il paraisse plutôt conformé pour supporter de dures fatigues que pour déployer une grande agilité. La gravure de la page 327 le représente.

C'est un bouquetin mâle, âgé d'environ douze ans, et parvenu à son entier développement. Dressé sur ses pieds, il aurait environ un mètre, du sol à la naissance de ses cornes. Sa longueur totale est de un mètre trente centimètres. Les cornes offrent onze anneaux bien marqués, et un ou deux autres faiblement indiqués ; elles ont cinquante-quatre centimètres et demi de longueur (en suivant leur courbure). Les cornes du bouquetin dont j'avais acheté la dépouille n'avaient que cinquante-trois centimètres et demi (mesurées de la même manière) ; cependant elles avaient près du double d'anneaux, ce qui constatait probablement un nombre d'années double [1].

---

1. M. King dit dans ses *Vallées italiennes des Alpes* : « Je possède une paire de

A en croire les gardes-chasse et les chasseurs du pays, non-seulement les anneaux marqués sur les cornes de l'ibex indiquent son âge (chacun correspondant à une année), mais les anneaux peu développés constatent aussi que l'animal a souffert de la faim pendant l'hiver. Les naturalistes ne partagent guère cette opinion; toutefois, aucun d'eux ne présentant une explication préférable à celle que donnent les gens du pays, on peut se permettre de considérer la question comme n'étant pas encore résolue. Pour moi, je dirai seulement que si les anneaux peu développés correspondent aux années de famine, les temps sont vraiment bien durs pour le pauvre bouquetin; car, sur la plupart des cornes que j'ai vues, les anneaux peu indiqués formaient la grande majorité.

D'après ce que me dit le chef des gardes-chasse, qui juge du nombre des années par le nombre des anneaux, l'ibex atteint assez souvent l'âge de trente ans, et même celui de quarante à quarante-cinq ans. Le bouquetin, ajoutait-il, n'aime pas beaucoup à traverser les pentes de neige escarpées; quand il doit descendre un couloir rempli de neige, il décrit des zigzags en s'élançant d'un côté à l'autre du couloir par bonds de quinze mètres! Jean Tairraz[1], l'honorable propriétaire de l'hôtel du Mont-Blanc à Aoste (et qui a eu plus d'une occasion d'observer les bouquetins de très-près), m'a assuré qu'à l'âge de quatre ou cinq mois le jeune bouquetin peut facilement franchir d'un bond une hauteur d'environ trois mètres!

Longue vie au bouquetin! Puisse cette chasse conserver longtemps la santé au roi montagnard Victor-Emmanuel! Vive le bouquetin! mais à bas le crétin!

La dernière forme de l'idiotisme, que l'on appelle crétinisme[2],

---

cornes de bouquetin, longue de 61 centimètres, et sur laquelle on compte huit de ces anneaux. » Ce fait semblerait indiquer (si chaque anneau correspond à une année) que la longueur maximum des cornes est atteinte à un âge relativement peu avancé.

1. Jean Tairraz a été le guide principal de feu Albert Smith dans sa célèbre ascension du Mont-Blanc.

2. On peut considérer le crétinisme comme le dernier degré de l'idiotisme,

atteint l'apogée de son développement dans la vallée d'Aoste; les gens du pays y sont tellement habitués qu'ils sont presque indignés quand le voyageur surpris se permet de remarquer combien il est fréquent. Cette maladie, vous rappellent-ils constamment, n'est pas particulière à leur vallée et il y a des crétins dans bien d'autres localités. Il n'est que trop vrai que ce terrible fléau est répandu dans toutes les Alpes et même dans le monde entier; et que, dans certains pays, le nombre des crétins est, ou a été, relativement à la population, plus grand encore que dans la vallée d'Aoste : mais, si, pour moi, je n'ai jamais vu ni entendu vanter une vallée plus charmante et plus fertile, et qui laissât (à part le crétinisme) une plus agréable impression aux étrangers, je n'ai rencontré nulle part un plus grand nombre de ces malheureuses créatures réduites à une condition que mépriserait tout singe un peu respectable.

L'étude de ce triste sujet est environnée de difficultés. Le nombre des crétins est inconnu, la guérison de cette maladie paraît fort douteuse, son origine reste mystérieuse; aussi ce problème embarrasse-t-il les observateurs les plus habiles.

Il est à peu près certain cependant que le centre de la vallée est aussi le centre du fléau. La ville d'Aoste elle-même peut être considérée comme son quartier général. C'est là, et dans les localités voisines, telles que Gignod, Villeneuve, Saint-Vincent et Verrex, et dans les villages situés sur la grande route qui les relie l'une à l'autre, que l'on rencontre le plus grand nombre de ces êtres difformes, privés d'intelligence et plus semblables à la brute qu'à l'homme, dont l'aspect hideux et répugnant, les gestes indécents, et le baragouin insensé, excitent le dégoût de tous ceux qui ont le malheur de les voir.

Le dessin de la page 326 n'est nullement une caricature; quelques-unes de ces pauvres créatures sont tellement horribles que l'on n'oserait pas les dessiner.

bien qu'il diffère de celui-ci en ce que la difformité corporelle se joint à la perte des facultés de l'intelligence. Il se compose ainsi de deux éléments parfaitement distincts : l'idiotisme, d'un côté; de l'autre, la difformité physique. Blackie, *du Crétinisme*, p. 6.

Pourquoi ce fléau sévit-il principalement au centre de la vallée? Pour quelles raisons le nombre des crétins augmente-t-il au delà d'Ivrée? Pourquoi la ville principale de la vallée est-elle la localité où leur nombre est le plus considérable et où leur abjection est la plus horrible? Enfin pourquoi en voit-on de moins en moins à mesure que l'on se rapproche de l'extrémité supérieure de la vallée? Ce maximum d'intensité du fléau doit correspondre à une cause ou à une réunion de causes inconnues jusqu'ici et plus puissantes autour d'Aoste qu'aux deux extrémités de la vallée. Si l'on parvenait à les déterminer, les sources du crétinisme seraient découvertes.

Cette affreuse maladie paraîtrait encore plus extraordinaire si elle était limitée dans cette localité, et si l'observateur ne constatait que non-seulement elle est presque inconnue dans les plaines de l'est et dans les districts de l'ouest, mais que les vallées qui rayonnent au nord et au sud de la vallée principale n'en sont pas infestées. Ce fait remarquable a surtout attiré l'attention de tous ceux qui ont étudié le crétinisme : les indigènes des vallées tributaires de la vallée d'Aoste sont presque exempts du fléau; des individus de la même race, parlant la même langue, respirant le même air, consommant la même nourriture, vivant enfin de la même vie, n'en sont pas atteints, tandis qu'à une lieue plus loin des milliers de leurs concitoyens en sont victimes.

Le même fait se produit, du reste, de l'autre côté des Alpes Pennines. La vallée du Rhône est ravagée également par le crétinisme; mais ses extrémités sont presque exemptes de cette horrible maladie qui sévit au contraire dans les districts intermédiaires et particulièrement dans ceux de Brieg et de Saint-Maurice [1].

Ce second exemple tend à prouver que le développement si

---

[1]. On a constaté, il y a peu d'années, que dans le Valais (canton formé en partie par la vallée supérieure du Rhône) il y avait un crétin sur 25 habitants, ce qui donnerait à peu près 3500 crétins pour tout le canton. A la même époque, la vallée d'Aoste contenait près de 2000 crétins.

considérable du crétinisme dans le centre de la vallée d'Aoste n'est pas le résultat de circonstances purement accidentelles.

L'usage habituel de l'eau provenant de la fonte des neiges ou des glaces a été d'abord regardé comme la cause première du crétinisme. Mais, de Saussure l'a démontré, cette maladie est absolument inconnue dans des vallées où les habitants ne boivent que de l'eau des glaciers, tandis qu'elle est très-commune dans d'autres contrées où l'eau consommée par la population provient de sources parfaitement pures. En outre le fléau est inconnu dans les vallées supérieures, tandis qu'il ravage les vallées inférieures [1]. Cette opinion avait sans doute pour base la confusion que l'on avait faite des crétins avec les simples goîtreux, ou, tout au moins, la supposition que le goître était une des phases primitives du crétinisme.

Le goître — c'est un fait constaté aujourd'hui — est causé par l'usage de l'eau chimiquement impure et surtout dure; une observation attentive a même fait découvrir qu'il a une connexion intime avec certaines formations géologiques [2].

En effet, on voit rarement des enfants naître avec un goître; mais le goître se développe à mesure que l'enfant grandit; d'autres fois, les goîtres paraissent et disparaissent à la suite d'un simple changement de résidence; il est donc possible de produire volontairement cette triste infirmité [3].

Les causes qui produisent le goître sont-elles les mêmes que celles qui déterminent ou maintiennent le crétinisme, on n'en est pas aussi certain. Les crétins sont généralement goîtreux, il est vrai, mais, d'un autre côté, on voit des milliers de goîtreux qui n'offrent aucune apparence de crétinisme. Il y a certaines contrées dans les Alpes, et même en Angleterre, où le goître est fréquent, mais où le crétinisme est inconnu.

1. *Voyages dans les Alpes*, § 1033.
2. Un mémoire du docteur Moffat, lu, en 1870, à l'Association britannique de Liverpool, constate que le goître est fréquent dans un district carbonifère et inconnu dans une région sablonneuse.
3. Le goître est endémique à Briançon et attaque, à de certaines époques, les soldats casernés dans les forts. Voir *Goître et Crétinisme endémique*, par le docteur Chabrand. Paris, 1864.

Avant de continuer cette étude sur le crétinisme, il importe donc d'examiner le goître avec plus d'attention, car l'état de santé fâcheux qui produit le goître a peut-être en réalité une connexion intime avec le crétinisme.

En Angleterre, le goître est plus que partout ailleurs considéré comme une véritable calamité ; ceux qui en sont affligés font tous leurs efforts pour le dissimuler. Dans les Alpes, c'est tout le contraire. En France, en Italie, en Suisse, un goître constitue un avantage très-positif, parce qu'il exempte du service militaire. C'est un objet précieux, dont on fait montre, que l'on entretient avec soin ; il épargne tant d'argent ! Cette circonstance particulière perpétue, on ne saurait le nier, la grande famille goîtreuse.

Quand la Savoie fut annexée à la France, l'administration française, ayant fait l'inventaire des ressources de son nouveau territoire, ne tarda pas à constater que le nombre des conscrits ne serait pas proportionné à celui des hectares. Le gouvernement s'efforça donc d'améliorer ce fâcheux état de choses. Convaincu que le goître était produit par la nature des eaux bues, créé, entretenu et développé par l'ivrognerie et par la malpropreté, il prit des mesures pour assainir les villages ; il fit analyser les eaux pour indiquer aux populations celles qu'elles ne devaient pas boire, enfin il distribua aux enfants dans les écoles des pastilles contenant une légère dose d'iode. Sur 5000 enfants goîtreux soumis à ce traitement pendant huit ans, 2000 furent, dit-on, guéris, et l'état de 2000 autres fut amélioré ; le nombre des cures eût été bien plus considérable si les parents « *afin de conserver le privilège de l'exemption du service militaire*, ne s'étaient pas opposés aux soins que le gouvernement faisait donner à leurs enfants. » Ces pauvres créatures, aveuglées par l'ignorance, refusaient le bâton de maréchal et préféraient garder leur « besace de chair[1] ! »

Le Préfet de la Haute-Savoie proposa donc un jour de ne plus

---

1. Voir la brochure déjà citée du docteur Chabrand.

exempter du service militaire les conscrits affligés d'un goitre. Qu'il fasse même un pas de plus dans cette voie; qu'il obtienne un décret pour incorporer dans l'armée tous les goitreux en état de porter les armes. Qu'ils forment un régiment à part, commandé par des crétins. Quel admirable esprit de corps ils auraient! Qui pourrait leur résister? Qui comprendrait leur tactique? M. le Préfet épargnerait ainsi son iode et ferait un acte de justice envers la partie saine de la population. Le sujet est digne d'une attention très-sérieuse. Si le goitre est en réalité l'allié du crétinisme, il faut l'extirper le plus vite possible[1].

Dans l'opinion de de Saussure, les causes du crétinisme sont, au lieu de la mauvaise qualité de l'eau, la chaleur et la stagnation de l'air; mais cette explication n'est pas plus satisfaisante que celle qu'elle prétend remplacer. Il y a en effet des localités chaudes dont l'air est vicié et où la maladie est inconnue. D'un autre côté, elle est commune dans des pays parfaitement aérés et qui jouissent d'un climat tempéré. Quant à la vallée d'Aoste, on peut se demander si la stagnation de l'air y est réelle ou imaginaire. Selon moi, l'oppression que les étrangers prétendent ressentir au milieu de la vallée est due, non à la stagnation de l'air, mais à l'absence d'ombre, la vallée courant de l'est à l'ouest. Si des observations sérieuses y étaient faites sur la force du vent, d'après des méthodes usitées dans d'autres pays, elles constateraient que l'air y circule parfaitement pendant toute l'année. D'ailleurs, plusieurs localités, où les crétins sont le plus nombreux, se trouvent situées au débouché des vallées latérales, sur des pentes élevées et parfaitement drainées, à l'abri de la malaria qui est considérée comme la cause principale du crétinisme dans la vallée du Rhône.

1. Les individus goitreux, exemptés du service militaire, restent dans leur pays natal, s'y marient et lèguent leur maladie à leurs enfants. S'ils le quittaient au contraire, et s'ils étaient envoyés dans des départements où cette affreuse maladie n'existe pas (surtout sur le bord de la mer), ils reviendraient parfaitement guéris à l'expiration de leur service. En outre, si les goitreux n'étaient pas exemptés, un plus grand nombre d'individus, jouissant d'une bonne santé, resteraient dans leurs villages, s'y marieraient et donneraient le jour à des enfants sains et robustes. (GUY et DAGAND.)

A en croire d'autres écrivains[1], l'intempérance, la mauvaise nourriture, des habitudes vicieuses, et la malpropreté personnelle, sont les germes du crétinisme. Cette opinion me paraît mériter une sérieuse considération; cependant elle n'explique pas pourquoi, toutes conditions égales d'ailleurs, le fléau, qui sévit dans le centre de la vallée, en épargne les deux extrémités et les contrées voisines.

Reste donc sur l'origine du crétinisme une conjecture rarement exprimée, mais adoptée vaguement par un certain nombre d'observateurs, plus probable que toutes les autres explications, et basée sur des faits incontestés.

La vallée d'Aoste jouit d'une fertilité proverbiale; la culture de la vigne s'y mélange avec celle des céréales; les troupeaux y abondent; ses ressources minérales sont considérables. La récolte, l'élève du bétail et les autres productions naturelles suffisent — au delà de leurs besoins — aux hommes et aux animaux. Il y a certes des pauvres dans la vallée, comme partout ailleurs, mais la vie y est pour eux si facile qu'ils ne sont pas obligés d'émigrer à la poursuite du nécessaire; de génération en génération, ils demeurent comme enracinés sur leur sol natal. En outre ils se marient toujours entre eux. La population est donc plus ou moins unie par les liens du sang, et le crétinisme est peut-être, sur une grande échelle, un exemple des résultats déplorables que peuvent avoir les mariages consanguins.

Le crétinisme, en effet, se rencontre principalement dans les vallées, sur les îles[2] ou dans d'autres régions circonscrites où

---

1. On me cita, en 1869, l'exemple d'un petit propriétaire de la vallée d'Aoste, dont la femme et les enfants jouissaient d'une bonne constitution. Il fit deux années de suite une belle récolte de vin; au lieu de ménager ses ressources, il les mangea et il les but avec prodigalité. Les deux années qui suivirent, sa femme mit au monde deux enfants crétins. Survinrent des récoltes médiocres; il fut obligé de vivre frugalement et il eut des enfants bien portants. Les parents n'ont aucune apparence d'aucun symptôme de crétinisme.

2. Le docteur Blackie cite l'exemple remarquable de l'île de Medwörth (Niederwörth), près de Coblentz, dont les habitants se marient toujours entre eux. Cette île, dit-il, compte 40 crétins sur une population totale de 750 habitants.

la circulation est restreinte et la population sédentaire; il est rare sur les plaines où les communications sont libres. Mais alors, dira-t-on, pourquoi les vallées tributaires de la vallée d'Aoste ne sont-elles pas remplies de crétins? A cette question je répondrai : que ces vallées latérales, comparativement stériles, n'offrent pas des ressources suffisantes pour l'alimentation de leur population. Un grand nombre d'habitants émigrent tous les ans et ne reviennent plus; d'autres reviennent après s'être mariés à l'étranger. Non-seulement il y a dans ces vallées une circulation constante, mais un sang nouveau est introduit périodiquement dans la population.

Cette hypothèse explique beaucoup mieux que toutes les autres pourquoi le crétinisme exerce de si grands ravages parmi les basses classes, tandis que les classes supérieures en sont presque exemptes; car les pauvres se marient généralement dans leur propre district, tandis que les riches contractent souvent des alliances en dehors de leurs vallées. Elle nous fait comprendre aussi pourquoi le fléau sévit plus particulièrement au centre qu'aux extrémités de la vallée. Les populations de la partie inférieure communiquent et se mêlent avec les habitants des plaines où le crétinisme ne compte pas une seule victime, tandis que les conditions de la partie supérieure ressemblent beaucoup à celles des vallées latérales. Avant que cette explication soit généralement admise, une relation plus étroite devra être constatée entre la cause supposée et l'effet présumé[1]. En l'acceptant, toutefois, comme probable et raisonnable, examinons quelles chances on peut avoir d'arrêter les progrès du mal.

Il est certes impossible de changer brusquement les habitudes de la population de la vallée d'Aoste, et il serait probablement très-difficile de produire dans cette vallée un large courant d'émi-

---

[1]. Le département des Hautes-Alpes, qui contient un nombre prodigieux de crétins, compte dans sa population, selon Chipault, une plus grande proportion de sourds et muets que tout autre département de la France, 1 sur 419 habitants; vient ensuite le département des Basses-Pyrénées, 1 sur 677. Ces faits n'ont-ils pas leur signification?

gration ou d'immigration. L'état actuel de ses finances ne permet guère à l'Italie de prendre les mesures nécessaires, car toute tentative d'amélioration entraînerait des dépenses considérables. L'ouverture d'un chemin de fer d'Ivrée à Aoste activera naturellement beaucoup plus la circulation que tout acte législatif, et produira peut-être les plus heureux effets [1].

Il y a peu d'espoir d'obtenir des résultats pratiques en essayant de guérir les crétins. Quand on est né crétin, on reste crétin toute sa vie [2].

Les expériences faites par feu le docteur Guggenbühl, dans son établissement de l'Abendberg, près d'Interlacken, n'ont tenu aucune des promesses que leur début semblait avoir données. La maison fondée à Aoste aux frais d'une personne charitable, qui a désiré garder l'anonyme, pour contenir 200 mendiants crétins, n'aura pas de meilleurs résultats, à moins que l'on n'empêche les crétins qu'elles renferment de perpétuer leur propre dégradation. Les types de crétins les plus dégradés peuvent malheureusement se reproduire, et la liberté qui leur est accordée à cet égard a eu les conséquences les plus déplorables. On a peine à comprendre que, dans un intérêt général bien entendu, les habitants de la vallée d'Aoste ne prennent pas des mesures pour empêcher leurs crétins de se reproduire; mais ce qui est encore plus surprenant, c'est que l'Église catholique légalise leurs mariages. L'idée de *solenniser* l'union d'un couple d'idiots n'est-elle donc pas horriblement grotesque?

---

1. M. Rambuteau, préfet du département du Simplon, sous Napoléon Ier, et M. Fodéré, assurent qu'à la fin du siècle dernier le nombre des crétins avait considérablement diminué dans le canton du Valais. Le premier attribue cette amélioration à l'endiguement du Rhône, au drainage des marais, aux progrès de l'agriculture et aux changements qui eurent lieu dans les habitudes de la population qui devint non-seulement plus industrieuse et plus active, mais moins adonnée à la gloutonnerie et à l'ivrognerie. Le second en fait honneur à l'ouverture de la grande route du Simplon qui établit des communications plus faciles avec les autres pays.

2. « Le crétinisme achevé est incurable : l'état physique et intellectuel des crétineux et des demi-crétins est susceptible d'amélioration par un traitement convenable, des soins et l'éducation; mais jamais on ne pourra faire d'eux des hommes complets sous le rapport physique et intellectuel. » (Guy et Dagand, sur *le Crétinisme dans le département de la Haute-Savoie*.

CHAPITRE XVI.

Quoi qu'il en soit, tant que les causes primitives de la maladie resteront inconnues et par conséquent ne pourront pas être supprimées, il sera inutile de fonder des hôpitaux, d'assainir les habitations, d'élargir les rues, ou de prendre toute autre mesure de ce genre, qui, bien que très-bonne en elle-même, est complétement inefficace pour détruire le mal dans sa racine. Jusqu'à ce jour tous les savants qui ont écrit sur le crétinisme se sont bornés presque exclusivement à en rechercher l'origine, mais ils n'ont émis que des conjectures, et les données certaines, qui permettraient de tirer des déductions satisfaisantes, manquent encore complétement [1].

Le 23 juin 1865, je me reposais avec mes guides au sommet du Mont-Saxe, d'où nous examinions les Grandes Jorasses dont nous nous proposions de faire l'ascension. 1500 mètres de glaciers escarpés se dressaient en face de nous, et nous y traçâmes du regard un chemin qui nous semblait parfaitement

---

[1]. *Note du traducteur.* Je me permets de supprimer ici une assez longue digression de M. Whymper relative aux glaciers en général et à celui de la vallée d'Aoste en particulier. Cette digression me semble en effet un peu trop spéciale pour pouvoir intéresser la majorité des lecteurs de ce volume; en outre, elle a simplement pour but de combattre deux théories assez étranges de deux savants anglais, MM. Ramsay et Tyndall. Je me borne donc à la signaler dans une simple note, au lieu de la résumer dans le texte.

M. Ramsay avait soutenu, en 1862, que les bassins des lacs alpestres avaient été creusés par les grands glaciers de la période glaciaire. M. Tyndall, de son côté, se déclarait convaincu que les glaciers avaient creusé les vallées. Du reste, les deux savants géologues, tout en accordant aux glaciers une aussi énorme puissance d'excavation, différaient complétement sur le *modus operandi* à l'aide duquel de pareils effets eussent été produits. Leurs conclusions générales étaient même tout à fait opposées. Dans l'opinion de l'un, les plus grands effets s'étaient produits sur les plaines; à en croire son adversaire, l'action des glaciers s'était fait sentir dans les montagnes; en outre, les plus grands effets auraient été dus, selon M. Ramsay, au poids des glaciers; selon M. Tyndall, à leur mouvement. M. Whymper a combattu victorieusement l'une après l'autre ces deux théories à la fois semblables et contradictoires. Ses raisons tirées surtout de l'étude particulière qu'il a faite du grand glacier de la vallée d'Aoste et des prémisses qu'il avait posées dans le chapitre VI, m'ont paru concluantes; mais, comme cette discussion a en somme un résultat tout à fait négatif, je crois devoir me borner à la signaler au petit nombre des lecteurs de ce volume qu'elle pourrait intéresser.

praticable. Au-dessous, s'étendait une pente de 900 mètres, couverte, soit de glaciers, soit de vastes forêts, et sur laquelle un seul point nous inspirait quelques inquiétudes. C'était un endroit où les glaciers, se rétrécissant, se trouvaient resserrés entre des espèces de bastions formés de roches arrondies, beaucoup trop lisses pour n'être pas fort suspectes à un œil exercé. Impossible d'y tracer à l'avance notre itinéraire. Nous traversâmes cependant ce passage difficile le lendemain à quatre heures du matin, sous l'habile direction de Michel Croz[1]. Au delà, nous voguâmes à pleines voiles et nous atteignîmes le sommet des Grandes Jorasses à une heure de l'après-midi. Une violente tempête régnait dans ces régions élevées; des nuées orageuses, fouettées par le vent, s'accumulaient autour des sommets et nous enveloppaient de tourbillons de brume; séparés du reste de l'univers, nous pouvions nous croire suspendus entre le ciel et le globe terrestre que nous apercevions par échappées, sans trop savoir auquel des deux nous appartenions.

Ma patience se lassa avant que les nuages eussent disparu; nous descendîmes donc sans avoir atteint le but de notre ascension. Nous suivîmes d'abord la petite arête qui descend du sommet que nous avions gravi[2], puis nous prîmes, à son extrémité supérieure, le couloir de glace situé à la gauche de cette arête, et complètement blanc.

Les pentes, fort raides, étaient recouvertes d'une neige fraîche,

1. Voir, pour cette route, la carte du Mont-Blanc.
2. Nous avions fait l'ascension des Grandes Jorasses pour examiner la partie supérieure de l'Aiguille Verte; aussi avions-nous choisi le sommet le plus occidental, de préférence au sommet le plus élevé. Les deux cimes sont représentées sur la gravure. Celle de droite est la plus élevée; celle de gauche, sur laquelle nous montâmes, a environ 30 mètres de moins que la première. Deux jours environ après notre ascension, des guides de Cormayeur, Henri Grati, Julien Grange, Jos.-Mar. Perrod, Alexis Clusaz et Daniel Gex suivirent nos traces jusqu'au sommet, afin d'apprendre à connaître le chemin. Ces sortes de courses sont rarement entreprises par des guides avides ou peu intelligents; je suis donc heureux de pouvoir citer les noms de ceux-ci. Le 29 et le 30 juin 1868, la cime la plus élevée (4204 mètres) des Grandes Jorasses fut gravie par M. Horace Walker, avec les guides Melchior Anderegg, J. Jaun et Julien Grange.

CHAPITRE XVI.

semblable à de la farine, et très-dangereuse. En montant, nous nous en étions déjà méfiés, et nous avions taillé notre escalier avec la plus grande précaution, sachant parfaitement que le

Les Grandes Jorasses, vues du Val Ferret.

moindre ébranlement causé à sa base la ferait glisser tout entière. Pendant la descente, les plus hardis d'entre nous proposèrent de risquer une glissade, mais les plus prudents insistèrent pour éviter les pentes trop dangereuses et gagner les rochers. Leur avis prévalut. Déjà nous avions traversé la moitié de la neige en nous dirigeant vers l'arête, quand la croûte supérieure glissa d'une seule masse en nous entraînant. « Halte ! » nous écriâmes-nous en chœur. Et nos haches de travailler pour tâcher d'arrêter cette descente fort involontaire. Mais elles glissaient sans l'entamer sur la couche de glace que la neige laissait à découvert. « Halte ! » exclama Croz en lançant de nouveau sa hache avec une énergie surhumaine. Impossible de nous arrêter; nous glissâmes d'abord doucement, puis le mouvement s'accéléra; d'énormes vagues de neige s'accumulaient devant nous, et tout autour des masses de débris descendaient avec un sifflement sinistre. Par bonheur, la pente s'adoucit sur un point; les guides qui tenaient la tête, sautèrent adroitement de côté, hors de la neige mouvante. Nous les suivîmes le plus vite possible. La jeune avalanche, que nous avions si bien lancée, continuant sa course, alla tomber dans une crevasse béante, qui nous eût servi de tombeau si nous étions restés en sa compagnie cinq secondes de plus; le tout ne dura pas une demi-minute.

Cette longue journée ne fut troublée que par cet incident; nous rentrâmes, à la nuit tombante, dans l'excellente auberge tenue par l'aimable et honnête Bertolini, fort satisfaits de n'avoir pas eu d'autres aventures de ce genre à raconter au retour.

Cormayeur.

CHAPITRE XVII.

LE COL DOLENT.

Certains touristes un peu trop libres penseurs ont pris dans ces derniers temps l'habitude d'escalader le versant d'une montagne, de descendre par l'autre versant, et de baptiser ensuite cette route fantastique du nom de col. Une pareille confusion d'idées dénote une absence complète d'éducation technique. Les vrais croyants abhorrent ces funestes hérésies. Ils savent, eux, que les cols doivent être situés *entre* les montagnes et non *sur* leur sommet. D'après leur *Credo*, entre deux montagnes il se trouve inévitablement un col, et les grands pics sont créés tout exprès pour leur indiquer leur chemin; telle est la vraie foi : il n'y en a pas d'autre.

Nous partîmes donc, le 26 juin, pour tâcher d'ajouter un col de plus à ceux que reconnaît l'orthodoxie pure. Nous espérions découvrir entre Cormayeur et Chamonix une route moins longue que celle du col du Géant, qui était alors la plus facile, la plus courte et la plus directe pour traverser la principale chaîne du Mont-Blanc[1]. Inquiet sur le succès de notre entreprise, je donnai le signal du départ à l'heure indue de minuit 40 minutes. Les chalets de Pré-de-Bar étaient déjà dépassés à 4 heures 30 minutes; de là, nous suivîmes pendant quelque temps la route que nous avions prise pour faire l'ascension du Mont-Dolent (V. p. 260). A huit heures un quart, nous arrivions à l'extrémité supérieure du glacier, et au bas de la seule pente un peu raide de toute notre montée.

C'était le beau idéal d'un col. Une brèche flanquée de chaque côté d'un pic immense (le Mont-Dolent et l'Aiguille de Triolet) s'ouvrait dans la montagne. Une étroite bande de neige conduisait jusqu'au point le plus bas de cette dépression, l'azur du ciel que l'on voyait au delà semblait nous dire : « dès que vous serez arrivés ici, vous pourrez commencer à descendre sur le versant opposé. » Nous nous mîmes vaillamment à l'œuvre, et, à 10 heures 15 minutes du matin, nous avions atteint le sommet du col.

Si tout se fût passé comme nous étions en droit de l'espérer, nous serions arrivés à Chamonix six heures après. Il existait sur le versant opposé, nous nous en étions assurés, un couloir correspondant à celui que nous venions de remonter. Rempli de neige, ce couloir ne nous eût offert aucune difficulté; malheureusement, il était rempli de glace. Croz tenait la tête; il passa de l'autre côté, et revint nous dire qu'il saurait bien nous faire descendre; mais, au bruit que faisait sa hache en taillant des pas, je compris que j'avais devant moi au moins une heure de loisir; je m'installai donc pour prendre quelques croquis. La gravure ci-jointe représente la vue que j'avais sous les yeux : une Aiguille très-pointue et sans nom, la plus pointue peut-être de toute la chaîne, qui se dressait sur la gauche, devant

---

1. La plus belle vue sur le Mont-Blanc, dont on puisse jouir du côté de l'Italie, est, suivant moi, celle que l'on découvre d'une gorge située au sud du Val Ferret italien, à mi-chemin entre les villages de la Vachey et de Praz-Sec.

Le col Dolent.

l'Aiguille de Triolet; des blocs de protogine aux formes étranges, perçant la neige çà et là; une grande corniche d'où pendaient d'énormes stalactites de glace, qui, s'en détachant par moments, glissaient le long de la pente que nous venions de remonter. Du côté d'Argentière, je ne pouvais rien apercevoir.

Croz attaché solidement à notre bonne corde en chanvre de Manille, longue de 60 mètres, Almer et Biener le descendirent jusqu'au dernier mètre, sans qu'il eût cessé de tailler des pas. Après deux heures d'un travail incessant, il put enfin s'amarrer à un rocher sur sa droite. Il se détacha, la corde fut remontée, et Biener descendit à son tour près de son camarade. Je pus alors venir prendre place à côté d'Almer, et jeter enfin un coup d'œil sur le versant du col qu'il s'agissait de descendre.

Pour la première et pour la seule fois de ma vie, je contemplai de haut en bas une pente longue de 300 mètres, inclinée à 50°, et formée d'une seule croûte de glace, de son sommet à son extrémité inférieure. Pas un bloc de rocher, pas un escarpement n'en rompait l'uniformité; ce que l'on y jetait roulait, sans qu'aucun obstacle l'arrêtât, jusqu'au niveau du glacier d'Argentière. Le bassin de ce splendide glacier[1] se déployait à nos pieds dans toute son étendue; on découvrait sous ses plus beaux aspects l'arête qui le domine, et dont l'Aiguille d'Argentière est le point culminant. Je dois cependant l'avouer, j'accordai peu d'attention à la vue; nous n'avions guère de temps à dépenser en contemplations. Je descendis l'escalier de glace pour rejoindre mes compagnons, et tous trois nous enroulâmes doucement la corde pendant qu'Almer descendait. La position où il se trouvait n'était guère enviable; il descendit cependant avec autant d'aisance et de solidité que s'il eût passé sa vie à se promener sur des pentes inclinées à 50°. La même opération fut recommencée; Croz ouvrit la marche en se servant adroitement des rochers qui s'avançaient à notre droite. Nous revîmes de nouveau le bout de nos 60 mètres de corde, et nous descen-

1. La prochaine génération en verra peut-être la disparition complète. La partie de ce glacier que l'on découvre du village d'Argentière est (1869) d'un quart au moins plus étroite qu'elle ne l'était il y a dix ans.

dîmes encore un à un. De ce point, nous pûmes descendre d'environ 90 mètres en nous cramponnant aux rochers. Mais les rochers devinrent très-escarpés. Nous nous arrêtâmes donc pour dîner au dernier endroit où il nous fût possible de nous asseoir; il était 2 heures 30 minutes du soir. Quatre heures d'un travail opiniâtre nous avaient donc été nécessaires pour descendre un peu plus de la moitié du couloir. Quoiqu'elles fussent encore bien au-dessous de nous, nous nous rapprochions des crevasses qui s'ouvraient à sa base; cependant, les guides surent découvrir, je ne sais comment, que la nature avait méchamment placé dans la schrund supérieure, vers le centre du couloir, le seul pont de neige qui existât. Nous résolûmes de traverser le couloir en diagonale pour atteindre l'endroit où ce pont devait se trouver. Almer et Biener se mirent donc à l'œuvre, me laissant avec Croz, solidement installé sur les rochers pour lâcher la corde à mesure qu'ils avançaient.

D'après une opinion généralement admise, les véritables pentes de glace sont rares dans les Alpes; — le mot glace, signifiant, bien entendu, quelque chose de plus qu'une croûte de neige durcie recouvrant de la neige molle. — On en parle beaucoup, mais on en voit et surtout on en traverse très-rarement de semblables à celle que je viens de décrire. On est cependant toujours exposé à en rencontrer; aussi les touristes montagnards doivent-ils être armés d'une hache à glace de la meilleure qualité. La forme de cette hache a plus d'importance qu'on ne le croit. Si l'on veut voyager en simple amateur, en laissant les guides tailler des pas dans lesquels on n'a plus qu'à mettre les pieds, peu importe la hache que l'on emporte, pourvu qu'elle ne se détache pas tout à coup du manche, ou ne commette quelque autre inconvenance[1]. Le meilleur instrument pour tailler des degrés dans la glace est une pioche ordinaire, et la hache à glace, employée maintenant par les bons guides, ressemble beaucoup à un pic en miniature. J'ai fait fa-

[1]. Cette observation ne manque pas de fondement. J'ai vu une hache tomber à la suite d'une légère secousse, le manche en ayant été trop ingénieusement perforé pour y planter des clous.

briquer ma hache sur le modèle de celle de Melchior Anderegg. Elle est en fer forgé, mais la pointe et le tranchant sont en acier.

Ma hache à glace.

Son poids, y compris le manche bardé de fer, est de 2 kilogrammes. On emploie presque exclusivement l'extrémité pointue de la hache pour tailler des degrés dans la glace; le tranchant sert ensuite à façonner ces degrés, et principalement à creuser des pas dans la neige dure. Cet utile instrument rend, en outre, comme grappin, les plus grands services. Du reste, c'est un ustensile fort peu commode en voyage, quand on n'est pas sur les glaciers; aux stations des chemins de fer, on risque de piquer les jambes de ses voisins, qui se mettent fort en colère, à moins qu'on n'ait pris le soin de l'enfermer dans un étui. On a essayé à plusieurs reprises d'inventer, pour éviter ces inconvénients, une hache à tête mobile, mais il paraît difficile, sinon impossible, d'en fabriquer une qui ne soit ou plus lourde ou moins tranchante.

M. T. S. Kennedy (de la Société Fairbairn et Cie), à qui ses exploits de montagnard et ses travaux industriels donnent une double autorité en ces matières, a fait fabriquer une hache que représente le dessin de la page suivante; elle me paraît supérieure à toutes celles que j'ai vues; cependant, à mon avis, elle manque encore de solidité, et elle n'aura peut-être pas autant de force que la hache ordinaire à tête fixe. L'autre dessin représente un outil plus simple, inventé par M. Leslie Stephen, et remplissant parfaitement son but, c'est-à-dire très-propre à donner sur la neige

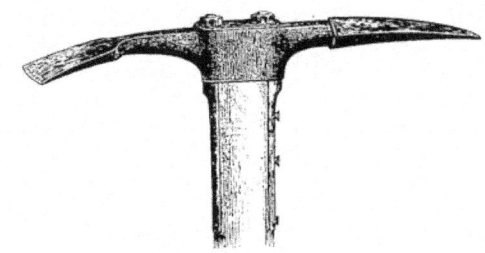

Hache à glace de Kennedy

et sur la glace un point d'appui plus solide que l'alpenstock ordinaire, ou à tailler quelques degrés à l'occasion. Ce pic est

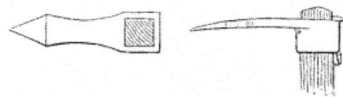

très-suffisant pour un amateur, mais, dans les expéditions vraiment difficiles, il est indispensable d'avoir une hache plus lourde et plus solide.

Les pentes de glace ne sont pas aussi dangereuses pour les personnes pourvues de bons outils que bien d'autres endroits dont l'imagination s'effraye beaucoup moins. Pour ceux qui tracent le chemin, la montée ou la descente sont nécessairement pénibles, on peut même ajouter, difficiles; mais elles ne *doivent* offrir aucun danger. Cependant, elles semblent toujours dangereuses, parce que chaque touriste est convaincu que la moindre glissade fera rouler jusqu'à leur base celui qui y perd son équilibre. Aussi, tout individu pourvu d'un seul grain de bon sens fait-il tous ses efforts pour se maintenir debout, et les accidents sont-ils fort rares sur les pentes de glace.

Quand les pentes de glace sont recouvertes de neige, leur aspect paraît moins effrayant, mais elles *peuvent* être beaucoup plus dangereuses. On risque moins d'y glisser, et, si l'on glisse, on peut s'arrêter seul plus facilement, pourvu que la couche de neige qui recouvre la glace offre une épaisseur et une solidité suffisantes. Si la neige manque de consistance, comme cela arrive généralement sur les pentes inclinées d'environ 50°, la glissade la plus légère entraînera très-probablement toute une expédition le plus bas possible, et, outre la chance qu'il courra de se rompre le cou, chacun de ses membres sera exposé à périr étouffé sous la neige. De semblables accidents sont fort rares, mais on doit rappeler qu'ils sont possibles, afin que l'absence apparente de danger ne fasse négliger aucune précaution nécessaire.

Pour moi, ni la corde employée de la manière ordinaire, ni les crampons, n'offrent une sécurité *réelle* sur les pentes de glace. M. Kennedy a eu la bonté de me donner une paire de crampons que représente le dessin ci-joint. Je n'en connais certes pas de meilleurs ; mais, quand je les mets, je ne me sens bien solide sur mes pieds que dans les endroits où il y a impossibilité absolue de glisser ; pour rien au monde je ne me risquerais à les em-

ployer sur une pente de glace. Tous ces moyens artificiels sont complétement inutiles si l'on n'a pas un degré bien taillé dans la glace pour y poser le pied. Dans ce cas, de bons clous à la chaussure suffisent.

Almer et Biener nous avaient fait dérouler toute la corde ; leur sécurité n'étant plus garantie, ils s'arrêtèrent pendant que nous descendions en la roulant. Ils rencontrèrent bientôt une coulée de neige située juste au-dessus du pont qu'ils cherchaient. La pente devenait de plus en plus raide ; nous dûmes descendre environ dix mètres, la figure tournée contre le mur de neige, dans lequel nous creusions des marches avec nos pieds, en nous cramponnant avec nos mains dans les trous que nos pieds venaient de quitter, comme s'ils eussent été les barreaux d'une échelle. Nous traversâmes ainsi la crevasse la plus élevée ; inutile d'ajouter que la neige était d'une excellente qualité, sinon nous n'eussions pu traverser ce passage difficile. La *schrund* rapidement franchie, nous nous trouvâmes sur une énorme masse de glace de forme rhomboïdale, qu'une crevasse gigantesque séparait du glacier d'Argentière. Le seul pont qui existât sur cette crevasse était à son extrémité orientale, ce qui nous obligea à revenir sur nos pas pour l'atteindre. Quand nous l'eûmes traversé, il nous fallut encore tailler des pas pendant une demi-heure. Il était cinq heures trente-cinq minutes du soir quand les haches cessèrent leur rude besogne. Nous pouvions enfin nous retourner et contempler à notre aise la pente formidable que nous avions mis sept heures à descendre[1].

Le col Dolent ne fera probablement jamais une sérieuse concurrence au col du Géant. Je recommanderai à tous les touristes qui se proposeraient de le traverser d'avoir beaucoup de temps, une grande longueur de corde, de nombreux et excellents guides. Il n'offre de difficulté que sur les deux pentes escarpées qui aboutissent au sommet.

Sur le glacier d'Argentière, notre chemin redevint aussi facile que de l'autre côté du col. Nous nous dirigeâmes en droite ligne vers les chalets de Lognan; là, nous connaissions parfaitement la route. La nuit venait de tomber quand nous atteignîmes les Tines; à dix heures du soir, nous arrivions à Chamonix, où nous reçûmes la récompense légitime de nos peines. Le champagne et d'autres boissons délicieuses réservées aux fidèles nous furent versées par des houris; mais, je dois l'avouer, je tombai endormi dans mon fauteuil avant d'avoir vidé complétement mon verre. Je ne me réveillai qu'au jour; je gagnai alors mon lit, où je m'endormis de nouveau.

---

1. J'en évalue la hauteur totale à 365 mètres. D'après les calculs du capitaine Mieulet, le sommet du col aurait 3543 mètres d'altitude. Je le crois un peu moins élevé.

Sur la Mer de Glace.

CHAPITRE XVIII.

ASCENSION DE L'AIGUILLE VERTE.

Michel Croz nous quitta le lendemain. Le touriste qui l'avait retenu si longtemps d'avance n'était pas encore arrivé à Chamonix, mais Croz se croyait engagé d'honneur à l'attendre. Christian Almer, de Grindelwald, fut donc mon guide chef.

Tout jeune, Almer était connu pour un montagnard émérite et pour un hardi chasseur de chamois ; il devint bientôt un guide accompli. M. Wills raconte, dans son récit de la première ascension du Wetterhorn[1], l'incident suivant : Quand son expédition allait atteindre le sommet de la montagne, deux guides étrangers l'escaladaient de leur côté dans une direction un peu

1. *Wanderings among the High Alps*, 1858.

différente; un de ces deux hommes portait sur son dos un jeune sapin pourvu de ses branches et de ses feuilles. Les guides de M. Wills, furieux de voir des étrangers prêts à les devancer au sommet, voulaient les rouer de coups. Cependant, au lieu de coups, on leur donna une tablette de chocolat; puis, après avoir échangé force compliments, « on fuma le calumet de paix, et la cordialité la plus parfaite s'établit entre les deux troupes rivales. » Christian Almer était un des deux guides étrangers.

Ceci se passait en 1854. En 1858-59, Christian Almer fit les premières ascensions de l'Eiger et du Mönch, la première avec M. Harrington (?) et la seconde avec le docteur Porges. Depuis lors, il a parcouru les Alpes, du Dauphiné au Tyrol[1]. Excepté Melchior Anderegg, il n'existe peut-être pas un autre guide dont l'expérience soit aussi complète et dont les expéditions aient été couronnées d'un aussi invariable succès; les nombreux touristes qui l'ont employé sont unanimes à reconnaître qu'on ne saurait rencontrer dans toutes les Alpes un cœur plus loyal et un pied plus ferme.

Christian Almer, d'après une photographie de M. E. Edwards.

Avant de repasser la chaîne du Mont-Blanc pour revenir à Cormayeur, nous fîmes l'ascension de l'Aiguille Verte. En 1864, j'avais examiné cette montagne sous toutes ses faces en compagnie de M. Reilly, et le versant méridional m'avait semblé le plus accessible. Nous partîmes donc de Chamonix, le 28, pour

---

1. On trouvera dans les publications de l'*Alpine Club* le récit de ses principaux exploits.

CHAPITRE XVIII. 355

aller attaquer notre Aiguille. Nous avions pris un porteur dont je parlerai tout à l'heure. Quant au pauvre Croz, nous le laissâmes triste et confus de son oisiveté, en nous voyant partir pour escalader l'Aiguille la plus renommée de sa vallée natale.

Il nous fallut d'abord traverser la Mer de Glace, que de Saussure et Forbes ont rendue célèbre. La grande chaleur du jour était passée, mais les petits ruisseaux et les légers filets d'eau qui coulaient encore à la surface de la glace s'y creusaient un

Sur la Mer de Glace.

lit profond dans les endroits où la pente était faible, formaient de légères rigoles partout où ils éprouvaient plus de difficulté à se réunir dans un seul canal, et tombaient par-dessus les murs perpendiculaires des grandes crevasses, ici en cascades bondissantes, là en nombreuses nappes qui traçaient sur les murs de glace de gracieuses sinuosités[1]. A mesure que la nuit s'appro-

1. Cet effet est admirablement rendu dans la gravure qui accompagne le

chait, le concert des eaux courantes s'éteignait; peu à peu, les ruisseaux devenaient de minces filets d'eau dont le murmure cessa bientôt lui-même; les gouttes d'eau brillantes, saisies par la gelée, restèrent collées sur la glace, ainsi revêtue d'une couche d'émail étincelant qui dura jusqu'au moment où le soleil vint de nouveau frapper le glacier de ses rayons.

Quand les murailles des crevasses sont exposées aux intempéries de l'atmosphère, elles subissent des altérations qui rendent difficile l'étude de leur structure intérieure. Aussi quelques observateurs en ont-ils conclu que la stratification observée dans les régions supérieures des glaciers se trouve effacée; d'autres, et ma propre expérience me fait partager leur opinion, ont combattu cette théorie. Il est très-difficile, à la vérité, de constater des stratifications dans les parties inférieures des glaciers des Alpes; mais ce fait ne nous autorise pas à conclure que la structure primitive de la glace a été modifiée. Il y a dans les régions supérieures des milliers de crevasses dont les murailles ne portent aucune trace de couches. Prenez une hache et enlevez la glace que l'eau a formée en se congelant et celle qui, sous cette enveloppe légère, avait été exposée aux intempéries de l'atmosphère, vous découvrirez des sections de couches mélangées d'une glace pure et imparfaite, et vous reconnaîtrez clairement que, si la structure primitive du glacier avait été cachée à vos regards, elle n'avait pas été modifiée dans son essence.

Dans mon opinion, contraire à celle des savants les plus éminents, les couches de glace qui sont formées par l'action de l'atmosphère sur les lits de neige déposés dans les régions supérieures existent (à moins qu'elles n'aient été originellement très-minces) aux extrémités des glaciers, et la plupart des veines de glace bleue que l'on remarque sur les surfaces des parties inférieures des glaciers des Alpes ne sont que l'affleurement de couches primitivement horizontales[1].

---

texte, et qui a été dessinée par M. Cyrus Johnson. Les rigoles peuvent se voir sur la gravure de la page 355.

1. *Note du traducteur.* Je crois devoir supprimer ici trois pages de ce chapitre

CHAPITRE XVIII.

Nous campâmes sur le Couvercle (2377 mètres) à l'abri d'un grand rocher. Le lendemain matin, à trois heures quinze minutes, nous en partîmes pour faire l'ascension de notre Aiguille, laissant la tente et les provisions à la garde du porteur. En deux heures de marche sur une neige cassante, nous avions monté de 1220 mètres et nous étions à moins de 487 mètres du sommet. C'est la direction dans laquelle on peut s'en approcher le plus près et le plus facilement. Mais, à partir de cet endroit, la montagne devient très-escarpée. Almer se sentait une inclination bien naturelle pour les rochers depuis le rude travail qu'il avait dû accomplir pendant notre dernière expédition ; et, bien que les rochers inférieurs du pic terminal de l'Aiguille Verte fussent fort peu engageants, notre guide y cherchait du regard, tout en montant, un chemin praticable. Nous arrivâmes ainsi en face d'un grand couloir de neige qui conduisait tout droit du glacier de Talèfre sur la crête de l'arête qui relie le sommet de l'Aiguille Verte à la montagne nommée les Droites. C'était bien là le chemin que je voulais suivre ; mais Almer me fit remarquer que le couloir se rétrécissait à sa partie inférieure, et que, s'il y tombait des pierres, nous courrions grand risque d'avoir la tête brisée. Cette bonne raison nous obligea d'aller encore plus à l'est du sommet chercher un autre couloir plus petit parallèle au grand. Nous traversâmes à cinq heures trente minutes la schrund qui protégeait la base du pic supérieur ; quelques minutes après, nous découvrions le sommet et tout l'espace qui nous en séparait encore. Almer s'arrêta en s'écriant : « Oh ! Aiguille Verte, vous êtes morte, et bien morte ! » Dans son vocabulaire, cela signifiait qu'il se sentait absolument certain d'arriver au sommet.

consacrées à la *structure veinée, rubanée ou laminée* des glaciers, parce qu'elles me paraissent manquer tout à la fois de précision et de conclusion. M. Whymper attribue à deux causes principales la plupart des veines de glace bleue que l'on remarque dans les glaciers : 1° à l'eau qui gèle dans les crevasses ; 2° à la fermeture des crevasses. Il termine ainsi : Lorsqu'on considère les myriades de crevasses qui existent dans chaque glacier, qui se ferment et qui s'ouvrent incessamment, il est aisé de comprendre qu'un grand nombre des veines de glace pure, qui constituent la structure veinée des glaciers, doivent être regardées comme des *escarres de crevasses guéries*.

Almer est un homme d'un naturel fort calme. En marche, il est très-taciturne, et c'est une de ses grandes qualités. Un guide bavard est toujours fort ennuyeux, et peut même devenir une cause de danger, car, dans les montagnes, la moindre distraction peut coûter cher. En outre, un bavard est un obstacle véritable, car il est toujours altéré, et le guide qui boit est une véritable calamité.

Les guides-itinéraires recommandent aux touristes qui parcourent des montagnes de sucer des cailloux pour empêcher leur gorge de trop se dessécher. Les cailloux ne valent pas grand'chose par eux-mêmes; mais on ne peut les sucer et en même temps tenir la bouche ouverte; voilà pourquoi la gorge ne se dessèche pas. Mieux vaut donc garder tout simplement la bouche fermée, car on peut l'ouvrir sans risquer d'avaler quelques petits cailloux[1]. Règle générale, les simples amateurs, et les novices surtout, n'ont jamais la bouche fermée. Ils prétendent forcer le pas, ils marchent plus vite qu'on ne peut marcher sans être obligé d'ouvrir la bouche pour respirer; ils deviennent tout haletants; leur langue et leur gorge se dessèchent; ils boivent et transpirent outre mesure; quand ils sont exténués, ils s'en prennent à la sécheresse et à la raréfaction de l'air. En résumé, le vrai montagnard fera toujours bien de garder le silence pendant ses expéditions.

Arrivés au sommet du petit couloir, nous traversâmes les rochers intermédiaires qui le séparaient du grand couloir que nous suivîmes tant que nous y trouvâmes de la neige; quand la glace remplaça la neige, nous retournâmes à gauche sur les rochers. On n'en saurait trouver de plus favorables; c'était une espèce de granit[2] dont le grain retenait parfaitement les clous.

---

1. Dernièrement, deux touristes, bien connus dans les montagnes, avalèrent, sous le coup d'une alarme subite, leurs *cristaux*. Heureusement ils purent s'en débarrasser en toussant.

2. Des échantillons, pris au sommet de l'Aiguille Verte, n'ont rien qui les distingue du granit. La nature de la roche est identique à celle du sommet du Mont-Dolent; c'est probablement un gneiss granitoïde.

Nous les quittons à 9 heures 45 minutes pour achever l'ascension en suivant une petite arête de neige qui descendait dans la direction de l'Aiguille du Moine. A 10 heures 15 minutes, nous avions atteint le sommet (4127 mètres) où nous dévorâmes du pain et du fromage avec un appétit féroce.

J'ai déjà constaté le désappointement que fait souvent éprouver une vue purement panoramique. Celle que l'on découvre du sommet du Mont-Blanc lui-même est loin d'être satisfaisante. Du haut du Mont-Blanc vous apercevez une partie de l'Europe; rien ne vous domine, vous planez au-dessus de tout; le regard ne se repose sur rien. On ressemble à l'homme arrivé au comble de ses vœux, et qui, n'ayant plus rien à désirer, n'est pas complétement satisfait. L'impression est toute différente au sommet de l'Aiguille Verte. Vous voyez des vallées, des villages, des champs cultivés, des chaînes interminables de montagnes, des lacs; vous entendez, dans la limpide atmosphère de la montagne, le tintement argentin des clochettes des troupeaux et le grondement formidable des avalanches; le dôme gigantesque du Mont-Blanc dresse au-dessus de tout ce qui vous environne sa cime éclatante; ses glaciers étincelants descendent entre les grands contre-forts sur lesquels ils s'appuient; ses neiges, éblouissantes de blancheur, deviennent de plus en plus immaculées à mesure qu'elles s'éloignent de ce monde souillé[1].

Hélas! impossible d'oublier ce monde, même au sommet de l'Aiguille Verte, car un odieux mécréant, qui était monté au Jardin, se mit à souffler dans une corne des Alpes. Pendant que nous l'accablions d'imprécations, le temps changea subitement; de gros nuages sombres s'amoncelèrent de tous côtés, et nous descendîmes au plus vite. Une neige très-épaisse se mit à tomber avant que nous eussions pu quitter les rochers; la trace de nos pas, souvent effacée, fut parfois entièrement perdue; enfin, la montagne devint tellement glissante et difficile que la descente

---

[1]. Le sommet de l'Aiguille Verte est un dôme de neige, assez grand pour un quadrille. L'extrême élévation des Droites me surprit. Le capitaine Mieulet donne à cette Aiguille une hauteur de 4028 mètres, mais je crois qu'elle est en réalité inférieure de très-peu à celle de l'Aiguille Verte elle-même.

nous prit autant de temps que la montée. A 3 heures 45 minutes du soir, nous traversâmes de nouveau la schrund, et nous redescendîmes au galop au Couvercle dans l'intention d'y faire bombance ; mais à peine avions-nous tourné le coin de notre rocher que nous poussâmes tous trois un hurlement de colère ; le porteur qui avait plié la tente se disposait à l'emporter. « Arrêtez ! que faites-vous là ? » Il répondit tranquillement qu'il nous avait crus morts ou tout au moins égarés et qu'il s'en retournait à Chamonix faire part de ses suppositions au *guide chef*. « Dépliez la tente tout de suite, et donnez-nous nos provisions. » Au lieu d'obéir, il se mit à tâter ses poches. « Allons, donnez-nous vite nos provisions, » criâmes-nous, perdant toute patience. — « Les voilà, » répondit notre digne porteur, en nous montrant un morceau de pain très-malpropre, gros comme un petit pain d'un sou. Nous regardâmes en silence l'imperceptible reste de nos provisions. Le misérable avait tout dévoré : cela passait la plaisanterie. Gigot, miches, fromage, vin, œufs, saucisson, tout était englouti, hélas ! pour toujours. Il était oiseux de récriminer et inutile de nous arrêter longtemps. Le poids de notre dîner ne nous gênait guère pour marcher, mais le porteur, lui, était aussi chargé à l'intérieur qu'à l'extérieur. Nous nous mîmes donc à marcher de notre pas le plus rapide et il fut bien obligé de nous suivre. Le malheureux ruisselait de sueur : mouton, œufs, pain, fromage s'évaporaient en grosses gouttes ; il assaisonnait le glacier. Nous nous vengions, tout en séchant nos vêtements. Quand nous arrivâmes au Montanvert, l'infortuné porteur était aussi trempé que nous l'avions été à notre retour sur le Couvercle. Nous fîmes une petite halte dans l'auberge pour y prendre un peu de nourriture, et à 8 heures 15 minutes nous rentrions à Chamonix, au milieu des salves d'artillerie et des démonstrations de joie des aubergistes.

L'ascension de cette montagne, souvent tentée inutilement, eût dû, il était naturel de le penser, réjouir toute cette population qui tire son principal revenu de l'affluence des touristes ; l'augmentation que cette nouvelle source ne pouvait manquer d'apporter au cours annuel de pièces de cinq francs qui fécondent la vallée, devait bientôt apaiser la jalousie que ne pouvait manquer d'exciter d'abord un triomphe remporté par des étrangers[1].

Il n'en fut rien! Chamonix ne connaissait que ses droits. Un étranger, ignorant ses règlements, avait amené deux guides étrangers aussi; à cette première insulte il avait ajouté une injure impardonnable, il n'avait pas pris un seul guide de Chamonix. Mais Chamonix se vengerait! il épouvanterait les guides étrangers par ses menaces terribles! il leur soutiendrait qu'ils avaient menti, qu'ils n'avaient pas fait la prétendue ascension! Quelles preuves peuvent-ils en donner? Qu'ils montrent donc le drapeau planté par leurs mains et flottant au sommet?

En vertu de ces beaux principes, Almer et Biener, mes deux pauvres guides, se virent renvoyés d'Hérode à Pilate, d'une auberge à l'autre, sans trouver où se reposer. Ils finirent par venir se plaindre à moi. Pierre Perrn, le guide de Zermatt, nous avait bien prédit ce qui arrivait, mais cela nous avait paru trop absurde pour être possible. Je dis à mes deux compagnons de sortir et je les suivis afin de voir ce qui allait se passer. Tout Chamonix était en ébullition. Le bureau du guide chef était rempli d'une foule tumultueuse de guides. Le meneur était un nommé Zacharie Cachat, guide bien connu, sans valeur particulière, d'ordinaire assez bon garçon; c'était lui qui haranguait ses concitoyens. Mais il trouva bientôt son maître. Mon ami Kennedy apprit ce qui se passait; s'élançant dans la mêlée, il tint tête au guide insolent et lui fit rentrer dans la gorge ses absurdes sottises.

Tous les éléments d'une magnifique querelle se trouvaient donc réunis; mais, en France, ces sortes de choses se règlent bien mieux que chez nous. Trois grands gendarmes, accourus au bruit, dispersèrent la foule en un clin d'œil. Apaisés subitement à la vue des tricornes, les guides se retirèrent dans les cabarets pour absorber des verres d'absinthe et d'autres liqueurs plus ou moins fatales à l'espèce humaine. Sous l'influence de

---

1. Dans le tarif de Chamonix, le prix de l'ascension de l'Aiguille Verte est maintenant fixé à cent francs *par guide*.

ces stimulants, ils conçurent une idée superbe qui pouvait rendre leur vengeance une bonne spéculation. « Vous prétendez avoir fait l'ascension de l'Aiguille Verte? *Nous* n'en croyons rien. Faites-la une seconde fois ! Prenez trois d'entre nous, et nous parions avec vous deux mille francs contre mille que vous ne réussirez pas à atteindre le sommet! »

On vint me faire sérieusement cette belle proposition, mais je la déclinai en en remerciant les parieurs, puis je recommandai à Kennedy de tenter l'ascension et de gagner l'enjeu. Je voulus bien cependant accepter une part de cent francs dans le pari, calculant ainsi que je pourrais gagner cent pour cent. Hélas ! que les espérances humaines sont trompeuses! Zacharie Cachat fut mis en prison et le fameux pari ne fut pas tenu[1], quoique mon ami Kennedy eût fait la semaine suivante l'ascension de l'Aiguille Verte, accompagné de Pierre Perrn et de deux guides de Chamonix.

Le temps s'était remis au beau pendant cette tempête dans un verre d'eau. Nous montâmes aussitôt au Montanvert, afin de montrer aux aimables habitants de Chamonix le chemin le plus facile pour traverser la chaîne du Mont-Blanc ; c'était notre manière à nous de les remercier des politesses dont ils nous avaient accablés pendant ces trois derniers jours.

---

1. Le brigadier de gendarmerie, je dois l'ajouter, vint nous présenter les excuses les plus polies au sujet de cette affaire ; il nous invita même à déposer une plainte contre les meneurs de la bande. Nous acceptâmes les excuses tout en refusant son invitation. Inutile de dire que Michel Croz ne prit aucune part à cette sotte démonstration.

Le col de Talèfre.

CHAPITRE XIX.

LE COL DE TALÈFRE.

Celui qui découvrit le col du Géant était un habile montagnard. Ce passage — le premier par lequel on franchit la chaîne principale du Mont-Blanc — est encore aujourd'hui le chemin le plus facile et le plus direct pour se rendre de Chamonix à Cormayeur. J'en excepterai cependant le col que nous traversâmes pour la première fois le 3 juillet, et qui est situé à mi-chemin entre l'Aiguille de Triolet et l'Aiguille de Talèfre; je l'ai appelé, faute d'un autre nom, le col de Talèfre.

Quand, du Jardin ou du Couvercle, on regarde l'extrémité supérieure du glacier de Talèfre, la vue est bornée par une arête qui paraît peu élevée. Cette arête est dominée par le massif colossal des Grandes Jorasses et par le pic presque aussi majestueux de l'Aiguille Verte. Elle n'est cependant pas trop à dédaigner. Son élévation n'est nulle part inférieure à 3530 mètres; mais, à la voir, on ne lui attribuerait pas une hauteur aussi considérable. Le glacier de Talèfre s'élevant avec une inclinaison égale et constante, l'œil est complétement trompé.

Lorsque je parcourus ces parages, en 1864, avec M. Reilly,

mon attention se trouva instinctivement attirée sur un couloir[1] sinueux qui conduisait du glacier à la partie la moins élevée de l'arête ; et, après ma traversée du col de Triolet, je vis que le côté opposé n'offrait aucune difficulté particulière ; j'en conclus que c'était là le seul point de la chaîne qui pût offrir un passage plus facile que le col du Géant.

Nous quittâmes le Montanvert à 4 heures du matin, le 3 juillet, afin de constater si j'avais raison. Nous eûmes la bonne fortune de partir en même temps que le Rév. A. G. Girdlestone et l'un de ses amis, accompagnés de deux guides de Chamonix ; ces messieurs allaient traverser le col du Géant. Nous fîmes route ensemble aussi longtemps que possible, puis je pris, au sud du Jardin, avec mes guides, le chemin que j'avais proposé ; à 9 heures 35 minutes, nous atteignîmes le sommet du passage. Toute description serait inutile, notre route se trouvant clairement tracée sur la carte et sur la gravure placée en tête de ce chapitre.

Le col de Talèfre est à près de 3570 mètres d'altitude et à 182 mètres au-dessus du col du Géant. Une grande quantité de neige était tombée les jours précédents pendant le mauvais temps ; en nous reposant au sommet du passage, nous reconnûmes qu'il nous faudrait descendre avec une certaine précaution les rochers situés entre notre col et le glacier de Triolet ; les rayons du soleil y tombaient d'aplomb, et la neige, glissant d'arête en arête, absolument comme des nappes d'eau, roulait en cascades peu considérables, mais assez fortes cependant pour nous renverser si nous nous fussions trouvés sur son passage. Nous mîmes donc un certain temps à descendre ces rochers ; dès que nous entendions un certain sifflement indescriptible annonçant l'approche de ces espèces d'avalanches, nous nous cachions sous les rochers jusqu'à ce que la neige eût cessé de tomber.

Nous arrivâmes ainsi sans mésaventure sur le plateau du glacier de Triolet ; de là, nous nous dirigeâmes vers son versant

---

1. Ce couloir étroit n'est pas trop escarpé. Règle générale, il faut éviter les larges couloirs s'ils sont le moins du monde raides, car ils sont ordinairement remplis de glace. Les couloirs étroits sont presque toujours pleins de neige.

gauche, afin d'éviter la plus élevée de ses deux formidables cascades de glace; après avoir descendu à la hauteur nécessaire sur une couche de neige ancienne, située entre le glacier et les rochers qui le bordent, nous traversâmes le plateau du glacier en ligne directe pour gagner son versant droit, entre les deux chutes de glaces[1]. Nous atteignîmes le bord droit sans difficulté et nous trouvâmes de nombreuses couches de neige dure (débris d'avalanches), sur lesquelles nous descendîmes en courant ou en glissant aussi vite que nous le voulions.

Descendre en glissant est un passe-temps fort agréable quand on peut s'y livrer sans danger, et la vallée de neige située sur le versant droit du glacier de Triolet est l'endroit le plus favorable à cet exercice que j'aie jamais rencontré. Dans mes rêves, je glisse délicieusement; mais, dans la pratique, je suis poursuivi par l'idée que la neige ne sera pas toujours facile et que mon alpenstock viendra se loger entre mes jambes, qui prennent alors la place que devait occuper ma tête, et soudain je vois le  ciel passer devant mes yeux avec une effrayante rapidité; la neige s'amoncelle, m'enveloppe; nous glissons de concert jusqu'à ce qu'un choc violent nous arrête. Mes compagnons prétendent que je fais la culbute, et ils ont peut-être raison; la rencontre d'un banc de glace ou d'une pierre cause plus d'une chute dans les glissades: aussi est-il plus prudent de ne descendre en glissant que lorsqu'on est sûr de tomber mollement sur la neige[2].

---

1. Le glacier est complétement couvert de débris de rochers au-dessous de la seconde chute de glace; si l'on en suit le côté gauche, on est obligé, ou de traverser ces moraines, ou de perdre beaucoup de temps sur les rochers ennuyeux et même difficiles du Mont-Rouge.

2. Quand on descend en glissant, il faut se tenir aussi droit que possible, en

Près de l'extrémité du glacier, il nous fut impossible d'éviter la traversée d'une partie de son horrible moraine. Nous en sortîmes heureusement à 1 heure 30 minutes de l'après-midi et nous nous étendîmes sur un îlot de gazon, certains d'avoir achevé la partie pénible de notre expédition. Après une heure de repos, nous reprenions notre marche et nous traversâmes le torrent de la Doire sur un pont situé un peu au-dessous de Gruetta ; enfin, à 5 heures du soir, nous entrions à Cormayeur ; ayant marché en tout un peu moins de dix heures. M. Girdlestone arriva quatre heures après nous, si je ne me trompe ; nous avions donc trouvé un passage plus court que celui du col du Géant, et je ne pense pas que l'on puisse jamais aller en moins de temps de Chamonix à Cormayeur, ou vice versà, tant que la chaîne du Mont-Blanc restera dans son état actuel[1].

laissant traîner sur la neige la pointe de l'alpenstock. Si l'on veut s'arrêter ou simplement ralentir son élan, on n'a qu'à enfoncer le bâton ferré dans la neige, comme le montre la gravure ci-jointe.

1. Le col de Triolet et le col de Talèfre sont presque entièrement parallèles et, sur une assez grande distance, à peine éloignés d'un kilomètre ; mais le col de Talèfre n'offre pour ainsi dire aucune difficulté, tandis que presque tous les pas du col de Triolet sont difficiles. On pourrait peut-être améliorer encore la route que nous avons prise pour passer le col de Talèfre, c'est-à-dire aller directement de l'extrémité supérieure du glacier de Triolet à sa rive droite, et gagner ainsi au moins trente minutes.
Voici la liste complète des passages par lesquels on peut traverser la chaîne principale du Mont-Blanc avec les dates de leurs découvertes, celles que je connais du moins : 1° le col de Trélatête (1864), entre l'Aiguille du Glacier et l'Aiguille de Trélatête ; 2° le col de Miage, entre l'Aiguille de Miage et l'Aiguille de Bionnassay ; 3° le col du Dôme (1865), par-dessus le dôme du Goûter ; 4° le col du Mont-Blanc (1868), par-dessus le Mont-Blanc ; 5° le col de la Brenva (1865), entre le Mont-Blanc et le mont Maudit ; 6° le col de la Tour-Ronde (1867), par-dessus la Tour-Ronde ; 7° le col du Géant, entre la Tour-Ronde et les Aiguilles Marbrées ; 8° le col Pierre-Joseph (1866), par-dessus l'Aiguille de l'Éboulement ; 9° le col de Talèfre (1865), entre les Aiguilles de Talèfre et de Triolet ; 10° le col de Triolet (1864), entre les Aiguilles de Talèfre et de Triolet ; 11° le col Dolent (1865), entre l'Aiguille de Triolet et le Mont-Dolent ; 12° le col d'Argentière (1861), entre le Mont-Dolent et la Tour-Noire ; 13° le col de la Tour-Noire (1863), entre la Tour-Noire et l'Aiguille d'Argentière ; 14° le col du Chardonnet (1863), entre les Aiguilles d'Argentière et du Chardonnet ; 15° le col du Tour, entre les Aiguilles du Chardonnet et du Tour.

Comment on ne doit pas se servir de la corde.

CHAPITRE XX.

ASCENSION DE LA RUINETTE. — LE CERVIN.

J'avais exécuté, excepté l'ascension du Cervin, toutes les ascensions comprises dans mon programme. Nous tournâmes donc nos pas vers le Cervin, mais, au lieu de revenir par le Val Tournanche, nous allâmes un peu à l'aventure dans l'intention d'escalader, chemin faisant, le sommet de la Ruinette.

Nous passâmes la nuit du 4 juillet à Aoste, sous le toit du brave Tairraz, et, le 5, nous nous rendîmes à Chermontane par le Val d'Ollomont et le Col de la Fenêtre[1]. Nous allâmes coucher aux chalets de Chanrion, un bouge dégoûtant qu'on fera bien d'éviter autant que possible, et, le lendemain, nous les quittions à 3 heures 50 minutes du matin. Après une courte grimpade sur la pente qui les domine et une promenade d'environ 800 mètres sur le glacier de Breney, nous nous dirigeâmes en ligne directe vers la Ruinette dont nous atteignîmes facilement le sommet. Je ne crois pas qu'il existe dans toutes les Alpes une seconde montagne de cette élévation aussi aisée à gravir. On n'a qu'à marcher droit devant soi ; sur presque tout le versant méridional on peut monter partout à l'aise.

Si je me permets de parler aussi légèrement de ce respectable

---

1. Voir, pour ces routes, la carte du Mont-Blanc au Cervin.

pic, la vue que l'on découvre de son sommet m'inspire la plus sérieuse admiration. C'est un des points les mieux situés pour saisir l'ensemble des Alpes Pennines. On n'aperçoit que des montagnes. L'aspect de ce panorama est solennel, triste peut-être, mais à coup sûr grandiose. Vu de ce belvédère, en avant de la chaîne majestueuse du Mont-Blanc, le Grand Combin paraît plus important que de toute autre sommité. Dans la direction opposée, le Cervin domine tous les pics qui l'environnent. Quoique plus rapprochée, la Dent d'Hérens semble un simple contre-fort de son gigantesque voisin, dont les neiges du Mont-Rose paraissent uniquement destinées à faire ressortir les sombres escarpements. Au sud s'étend la série infinie des *Bec* et des *Becca* dominées par les grands pics italiens, tandis qu'au nord le Mont-Pleureur (3706 mètres) rivalise avec le Wildstrubel, qui est plus éloigné.

A 9 heures 15 minutes, nous avions atteint le sommet[1] où nous fîmes une halte d'une heure et demie. Mes fidèles guides m'avertirent alors que Prarayen, où nous devions aller coucher, était encore fort éloigné, et qu'il nous restait deux chaînes élevées à franchir. Il nous fallut donc nous décider à partir, après avoir érigé un énorme cairn avec les blocs de gneiss qui parsèment la cime de la montagne. Nous descendîmes à grands pas les flancs de la Ruinette, et, le glacier de Breney traversé, nous franchîmes un col qui mérite à peine un nom et qu'on peut appeler le col des Portons, à cause des pics voisins. De là nous nous dirigeâmes vers le col d'Ollen par le grand glacier d'Otemma.

La partie de ce glacier que nous avions à traverser était recouverte d'une couche de neige qui dissimulait complètement ses nombreuses et perfides crevasses. Nous marchions prudemment à la file et bien attachés à la corde. Tout à coup Almer

---

1. Après la traversée du glacier de Breney, nous nous élevâmes sur des débris, puis, par des rochers assez escarpés, jusqu'au glacier qui entoure au sud la base du pic; nous nous portâmes alors à gauche (c'est-à-dire à l'ouest) et nous gagnâmes le bord du glacier; de là, nous prîmes l'arête qui descend vers le sud-ouest, et nous la suivîmes jusqu'au sommet.

tomba dans une crevasse où il s'enfonça jusqu'aux épaules ; je tirai aussitôt la corde, mais la neige céda sous moi et je n'eus que le temps d'étendre les bras pour m'arrêter dans ma chute. Biener tint bon ; toutefois, après l'incident, il nous raconta que son pied s'était aussi enfoncé, de sorte que, pendant un instant, nous nous étions trouvés tous trois dans le gouffre béant de la crevasse. Nous prîmes alors une autre direction, de manière à rencontrer transversalement ces maudites fissures ; puis, quand nous eûmes dépassé la partie centrale du glacier, nous changeâmes une seconde fois de route afin de gagner en droite ligne le sommet du col d'Ollen.

J'ai contracté l'habitude de me servir d'une corde pour traverser les glaciers recouverts de neige ; et je me suis expliqué à cet égard. Un certain nombre de guides, et des meilleurs, ne se soucient pas trop de s'attacher à la corde, surtout le matin de bonne heure, quand la neige est encore ferme. Ils regardent, en effet, la précaution comme inutile. Les ondulations de la surface d'un glacier dénoncent toujours, plus ou moins clairement, l'existence des crevasses. La neige s'affaissant à l'intérieur, les dépressions indiquent leur direction et en partie leur largeur. Un guide expérimenté sait découvrir ces plissements imperceptibles ; il les côtoie, soit sur un bord, soit sur l'autre, et il y tombe rarement. Certains guides, persuadés qu'ils ne seront jamais pris par surprise, refusent donc de se servir de la corde. Michel Croz était de cet avis. Les enfants ou les imbéciles seuls, disait-il, avaient besoin d'être attachés dans la matinée. Je lui dis qu'à cet égard j'étais un enfant par rapport à lui. « Vous savez distinguer ces crevasses cachées et les éviter, mon bon Croz ; moi je ne les vois pas, à moins que vous ne me les montriez ; c'est pourquoi ce *qui n'est pas* un danger pour vous *en est un* pour moi. » Plus les yeux sont exercés à découvrir ces abîmes cachés, moins la corde est nécessaire pour les éviter ; mais, d'après mon expérience personnelle, si habile que l'on soit, on n'est jamais parfaitement sûr de ne pas se tromper. Aussi, pour le prouver, je raconte ce qui nous était arrivé sur le glacier d'Otemma.

Je me rappelle très-bien ma première traversée du col Saint-Théodule, — le plus facile des grands passages des glaciers supérieurs des Alpes. Nous avions emporté une corde, mais mon guide prétendit qu'elle était absolument inutile, parce qu'il connaissait toutes les crevasses. Nous avions à peine parcouru 400 mètres que la neige manqua sous ses pieds et qu'il disparut englouti jusqu'au cou dans une crevasse. C'était un homme assez gros qui aurait eu de la peine à se tirer seul de ce mauvais pas ; mon aide lui fut donc utile. Une fois sur ses pieds, il s'écria : « Eh bien, je ne me doutais pas qu'il y eût là une crevasse ! » Il ne refusa plus le secours de la corde, et, quand nous continuâmes notre marche, j'avais l'esprit beaucoup plus tranquille. Depuis lors, j'ai peut-être traversé ce col treize fois, et j'ai toujours insisté pour l'emploi de la corde.

Les guides répugnent à l'emploi de la corde sur les glaciers recouverts de neige, parce qu'ils redoutent les moqueries de leurs camarades ; c'est là peut-être bien leur raison la plus commune. A l'appui de cette vérité, je citerai un second exemple se rapportant au col Saint-Théodule. Arrivé à l'entrée du glacier, je demandai à être attaché. Mon guide, qui jouissait à Zermatt d'une certaine réputation, répondit que personne ne se servait de la corde pour passer ce col. Sans discuter, je lui ordonnai de m'attacher à lui ; il obéit, bien à regret, protestant qu'il serait tourné en ridicule pour le reste de ses jours s'il rencontrait quelque guide de connaissance. A peu de distance, nous aperçûmes un groupe d'individus venant à notre rencontre : « Ah ! s'écria mon guide, voilà R.... (un guide qu'on prenait d'ordinaire à l'hôtel du Riffel pour faire l'ascension du Mont-Rose) ; désormais, j'en suis sûr, il ne cessera de se moquer de moi ! » Ce guide était suivi d'une file de badauds dont aucun n'était attaché, et sa figure était soigneusement recouverte d'un masque pour la préserver des ampoules. Quand il fut passé, je dis à mon guide : « Si jamais R.... se permet envers vous la moindre raillerie, demandez-lui donc pourquoi il prend tant de soin de la peau de son visage, qui en huit jours se renouvellerait fort bien, et si peu de sa vie, qu'il ne peut perdre qu'une fois ? » Cette idée parut toute nouvelle à mon brave guide et depuis il ne refusa jamais de se servir de la corde.

Cette répugnance des habitants des montagnes à employer la corde provient donc, suivant moi, de trois causes : les guides de première classe ont la conviction qu'ils ne courent presque aucun danger; les guides de deuxième classe ont peur du ridicule et veulent singer leurs supérieurs; les guides de troisième classe sont ignorants ou paresseux. Quant à moi, je proteste contre toutes les raisons qui font négliger une précaution si simple et si efficace. A mon avis, un touriste, qui veut parcourir les glaciers, doit, avant tout, se munir d'une corde suffisamment longue et solide.

L'*Alpine Club* anglais chargea, en 1864, une commission de lui faire un rapport sur les cordes préférables pour les excursions alpestres; les deux genres de cordes auxquelles cette commission a donné son approbation sont, sans aucun doute, les meilleures que l'on puisse trouver. L'une est en chanvre de Manille, l'autre en chanvre italien. La première est la plus lourde, elle pèse un peu plus de trente grammes par trente centimètres. La seconde ne pèse que vingt-cinq grammes; mais je préfère la corde de Manille, parce qu'elle est plus commode à manier. Ces deux cordes peuvent supporter un poids de 85 kilog. tombant d'une hauteur de 3 mètres, ou de 90 kilog. tombant de 2 mètres 50 centimètres de hauteur; elles ne se rompent que sous un poids mort de deux tonnes[1]. En 1865 nous emportâmes une corde de Manille longue de 60 mètres, mais le grand embarras que nous causa son poids fut bien compensé par la sécurité qu'elle nous donna. Plusieurs fois elle nous rendit plus de services qu'un guide supplémentaire.

Quelques mots maintenant sur l'usage de la corde. Il y a une bonne manière — et plusieurs mauvaises — de s'en servir. Bien souvent j'ai rencontré sur les glaciers des touristes élégants qui se trouvaient là très-évidemment en dehors de leur élément ; un guide les précède nonchalamment, sans s'inquiéter le moins du monde des innocents dont il a la charge. Ils sont attachés pour la forme; mais assurément ils ne savent pas du tout pourquoi, car ils marchent côte à côte et en désordre, et la corde traîne sur la neige. Si l'un d'eux tombe dans une crevasse, ses compagnons s'écrient tout effarés : « Eh bien, qu'est-ce qui arrive donc à Smith ? » Quelquefois ils tombent tous ensemble. Voilà la mauvaise manière de se servir de la corde. C'est l'abus de l'usage. Il est d'une importance capitale que la corde soit tendue entre chaque voyageur. Sans cela aucune sécurité; au contraire, le danger est plus grand. Si elle est bien tendue, il n'est pas très-difficile de retirer une personne d'une crevasse dont la voûte de neige s'est brisée sous son poids; mais on peut se trouver dans une situation fort dangereuse si un pareil accident arrive en même temps à deux personnes rapprochées l'une de l'autre; il n'en reste plus alors que deux ou même qu'une pour les sauver. On ne doit aussi sous aucun prétexte laisser frotter la corde sur la neige, la glace ou les rochers; car les torons s'useraient et la vie de tous les membres de l'expédition pourrait être en danger. En outre, il est très-désagréable de sentir une corde traîner sur ses talons. Quelque circonstance imprévue empêche-t-elle la corde de rester tendue d'elle-même, les touristes devront l'enrouler autour de leur main[1], pour qu'elle ne gêne pas ceux qui les précèdent. Tout voyageur qui laisse la corde pendiller sur les talons de celui qu'il suit est un maladroit, ou un insouciant ou un égoïste.

Les voyageurs ne doivent être ni trop éloignés ni trop rapprochés l'un de l'autre; une distance de 3 ou 4 mètres suffit. Si l'on n'est que deux ou trois, 4 ou 5 mètres seront préférables. Une plus grande longueur est inutile et une longueur moindre de 2 mètres 50 centimètres est insuffisante.

On doit avoir soin d'examiner sa corde de temps en temps, pour constater qu'elle est en bon état. Si vous êtes prudent, assurez-vous-en vous-même tous les jours. Dernière-

---

1. Ainsi, par exemple, quand le guide chef soupçonne la présence d'une crevasse, et sonde le terrain pour s'en assurer, comme le montre la gravure ci-jointe, il perd d'ordinaire une distance d'au moins un demi-pas. Celui qui le suit, doit alors enrouler la corde autour de sa main pour le tirer de suite si le guide chef vient à tomber.

ment, j'examinais ma corde de Manille de 2 centimètres à 2 centimètres et j'en ai trouvé les torons presque usés en plusieurs endroits par des frottements accidentels.

Je n'ai parlé jusqu'à présent de l'emploi de la corde que sur les plateaux des glaciers couverts de neige, pour prévenir des chutes dans des crevasses cachées. On s'en sert également sur les rochers et sur les pentes, surtout dans les passages glissants, et il est aussi très-important, dans ces occasions, de la tenir tendue et de conserver entre les voyageurs une distance raisonnable. Il est beaucoup moins aisé de la tenir tendue sur les pentes que sur les plateaux; sur les rochers d'un accès difficile, c'est même tout à fait impossible, à moins de ne jamais marcher deux en même temps.

Sur les rochers faciles à gravir, on n'a pas de motifs plausi-

Comment on doit tenir la corde sur les glaciers.

bles pour employer la corde; s'en servir sans nécessité ce serait en quelque sorte provoquer la négligence. Il est au contraire très-avantageux d'être tous attachés à la corde sur les rochers d'un accès difficile ou sur les pentes de neige (souvent appelées à tort pentes de glace), pourvu que la corde soit maniée avec intelligence; mais cette précaution est au contraire presque inutile sur les pentes de glace comme celle du col Dolent ou sur des pentes où la glace est mêlée à de petits fragments de rochers détachés, comme dans la partie supérieure de la pointe des Écrins. Dans de semblables passages, le faux pas d'une seule personne pourrait entraîner la perte de tous les membres de l'expédition[1]. Je ne soutiens pas qu'il ne faille jamais se ser-

---

1. Quand plusieurs personnes descendent de tels passages, il est bien évident que celui qui ferme la marche ne doit espérer aucun aide de la corde, et n'a

vir de la corde sur des pentes semblables; on se sent plus confiant lorsqu'on est attaché à ses compagnons et le pied n'en est que plus ferme. Quant à savoir si l'on a tort ou raison de se placer dans de pareilles situations, c'est une autre question. Est-on capable de se tenir solidement sur un escalier taillé dans une pente de glace, on ne doit pas s'abstenir de le monter ou de le descendre; en est-on incapable, il ne faut pas entreprendre les courses qui le rendent nécessaire.

Inutile d'en dire plus long sur ce sujet. Un seul jour passé dans les montagnes fera mieux comprendre la valeur d'une bonne corde, et les nombreux usages auxquels elle peut servir que tout ce qui a été écrit sur cette matière; toutefois, pour savoir en tirer parti, une longue expérience est indispensable.

Du col d'Ollen nous gagnâmes, par la Combe du même nom, les chalets de Prarayen, où nous passâmes la nuit du 6 sous le toit de notre vieille connaissance le riche berger. Le 7, nous traversâmes le col de Va Cornère pour nous rendre au Breuil. Toutes mes pensées étaient tendues vers le Cervin, et mes guides n'ignoraient pas combien je désirais qu'ils m'accompagnassent dans cette expédition. Mais cette montagne leur inspirait une profonde aversion ; ils m'exprimèrent à plusieurs reprises leur conviction que toute nouvelle tentative d'ascension échouerait à coup sûr. « Tout ce que vous voudrez, excepté le Cervin! cher monsieur, disait Almer; j'irai *n'importe où*, excepté au Cervin ! » Il ne s'inquiétait ni de la difficulté, ni du danger, et ne redoutait certes aucune fatigue. Il m'offrait d'aller *n'importe où;* mais

---

par conséquent pas besoin d'être attaché. Aussi, place-t-on d'ordinaire à l'arrière-garde le guide le plus fort et le plus habile. Il n'est pas moins évident, d'un autre côté, que la corde est une précaution parfaitement inutile, s'il est vrai qu'un faux pas puisse entraîner la perte de toute une expédition. Selon moi, la meilleure méthode est celle que nous avons suivie pour descendre du col Dolent; elle consiste à ne laisser avancer qu'un seul individu à la fois, jusqu'à ce qu'il ait atteint un endroit sûr. Alors il se détache, la corde est retirée et chacun le rejoint à son tour. Le dernier, qui occupe la position la plus difficile, doit être le plus sûr de lui; il n'est pas exposé à être entraîné par une glissade de ses camarades, et ceux-ci retirent la corde à mesure qu'il descend; de cette façon, sa situation est moins périlleuse que s'il ne devait compter que sur lui-même.

il me suppliait de renoncer au Cervin. Les deux guides m'en parlaient avec une entière sincérité. Persuadés que cette ascension était impossible, ils souhaitaient, autant pour leur réputation que par intérêt pour moi, de ne pas s'engager dans une entreprise qui, suivant eux, ne pouvait aboutir qu'à une perte sèche de temps et d'argent.

Je les envoyai directement au Breuil, et je descendis à Val Tournanche pour y chercher Jean-Antoine Carrel. Il était absent. Les gens du village me dirent qu'il était parti le 6 avec trois de ses camarades, afin de tenter l'ascension du Cervin pour leur propre compte, en suivant l'ancien chemin. Ils n'auront pas beau temps, pensai-je en regardant les nuages qui enveloppaient les montagnes. Je remontai donc au Breuil, comptant bien les y trouver. Je ne m'étais pas trompé. A mi-chemin, j'aperçus un groupe d'hommes rassemblés autour d'un chalet, de l'autre côté de la vallée; je traversai aussitôt le torrent dont on m'avait parlé; c'était en effet l'expédition. Elle se composait de Jean-Antoine et de César, avec C. E. Gorret et J. J. Maquignaz. Le temps qui s'était, disaient-ils, tout à fait gâté, leur avait à peine permis d'atteindre le glacier du Lion, et les avait forcés à battre en retraite.

J'expliquai la situation à Carrel, et je lui proposai de m'accompagner avec César et un autre guide. Nous traverserions le col de Saint-Théodule au clair de lune, dans la nuit du 9, et le 10 nous irions dresser la tente aussi haut que possible sur le versant oriental. Mais il ne se souciait pas d'abandonner l'ancienne route, et il me pressa de l'essayer encore une fois. Je lui promis de le faire dans le cas où la nouvelle ne serait pas praticable. Il se montra satisfait, et accepta ma proposition. Je remontai alors jusqu'au Breuil, où je congédiai, à mon grand regret, Almer et Biener, car je n'ai jamais rencontré de guides plus fidèles et plus complaisants. Le lendemain, ils retournèrent à Zermatt[1].

---

1. Nous avions gravi plus de 30 000 mètres et descendu 28 400 mètres pendant les 18 journées précédentes (j'en excepte les dimanches et les autres jours de chômage).

La journée du 8 fut absorbée par les préparatifs; le temps était orageux, de sombres vapeurs et des nuages chargés de pluie nous dérobaient la vue du Cervin. Un jeune homme, qui arriva de Val Tournanche dans la soirée, nous raconta qu'il s'y trouvait un Anglais fort malade. C'était une occasion d'accomplir mon vœu (V. chap. v).

Le dimanche matin, 9, je descendis la vallée pour aller visiter ce malade. Je rencontrai en chemin un touriste étranger, suivi d'un mulet et de plusieurs porteurs chargés de bagages. Parmi ces hommes, étaient Jean-Antoine et César, qui portaient des baromètres. « Hé ! hé ! leur dis-je, que faites-vous donc là ? » L'étranger, me répondirent-ils, était arrivé au moment de leur départ, et ils donnaient un coup de main à ses porteurs. « Bien, bien, repris-je, allez au Breuil, vous m'y attendrez ; nous partirons à minuit, comme c'est convenu. » Mais Jean-Antoine répondit qu'il ne pourrait m'accompagner que jusqu'au mardi 11, parce qu'il s'était engagé pour un voyage dans la vallée d'Aoste, « avec une famille de distinction. » — « Et César ? » — « Et César aussi. » — « Pourquoi ne m'avez-vous pas dit cela plus tôt ? » — « Parce que ce n'était pas décidé, répondit-il. J'étais retenu depuis longtemps, mais le *jour* n'était pas fixé. Vendredi soir, quand je suis retourné à Val Tournanche, après vous avoir quitté, j'ai trouvé une lettre qui m'indiquait le jour où je devais me tenir prêt. » Je n'avais rien à répondre ; mais l'idée d'être abandonné était singulièrement irritante. Ils continuèrent à remonter la vallée, et moi à la descendre.

Le voyageur malade me déclara qu'il se sentait mieux ; cependant, une syncope fut le résultat de l'effort qu'il fit pour me le dire. Un médicament lui était absolument nécessaire ; je descendis au plus vite à Châtillon pour le chercher. Le temps était affreux, et la pluie tombait à torrents quand je revins à Val Tournanche, assez tard dans la soirée. Quelqu'un passa près de moi sous le porche de l'église. « Qui vive ? » m'écriai-je. « Jean-Antoine, » répondit-on. « Je vous croyais au Breuil ! » — « Non, monsieur; quand l'orage a éclaté, j'ai bien vu que nous ne pourrions pas partir ce soir, et je suis venu passer la nuit ici. » — « Ha! ha! Carrel! repris-je, voilà qui est désagréable. Si la journée de demain n'est pas belle, il nous sera impossible de rien faire ensemble. Comptant sur vous, j'ai renvoyé mes guides, et vous m'abandonnez pour accompagner une société de dames. Ce n'est pas là une occupation digne d'un guide comme *vous* (il sourit à ces mots, et je crus bonnement qu'il était flatté du compliment); ne pouvez-vous vous faire remplacer pour cette promenade? » — « Non, monsieur; j'en suis désolé, mais j'ai donné ma parole. J'aurais été très-content de vous accompagner, mais je ne puis pas rompre cet engagement. » Tout en causant, nous étions arrivés à la porte de l'auberge. « Allons, dis-je, ce n'est pas votre faute. Venez, ainsi que César, nous allons boire un verre de vin ensemble. » Tous deux acceptèrent, et, quand minuit sonna, nous causions encore dans l'auberge de Val Tournanche de nos anciennes aventures de voyage.

Le mauvais temps ayant continué pendant la journée du 10, je retournai au Breuil. Les deux Carrels flânaient de nouveau autour du chalet dont j'ai parlé plus haut, et je leur fis mes adieux. Le malade de Val Tournanche se traîna tout doucement jusqu'au Breuil; il allait beaucoup mieux, mais ce fut la seule arrivée. La tempête qui régnait encore empêcha la foule du dimanche de traverser le col de Saint-Théodule[1]. L'auberge était donc très-solitaire. J'allai me coucher de bonne heure. Le lendemain matin, le malade me réveilla en me demandant si « je savais les nouvelles? » — « Non ; quelles nouvelles ? » — « Comment, dit-il, vous l'ignorez? Une grande troupe de guides est partie ce matin pour tenter l'ascension du Cervin ; ils ont même emmené un mulet chargé de provisions. »

Je courus devant la porte, et, avec l'aide du télescope, je distinguai parfaitement l'expédition sur les pentes inférieures de la montagne. Favre, l'aubergiste, était à mon côté. — « Que signifie tout cela? » lui demandai-je, « quel est le chef de ces guides ? » — « Carrel. » — « Comment! Jean-Antoine ? » —

---

1. Les touristes se réunissent d'ordinaire le dimanche à Zermatt, et le lundi ils passent en foule le col de Saint-Théodule.

« Mais oui, Jean-Antoine. » — « Et César est-il avec lui ? » — « Certainement. » Je compris sur-le-champ que j'avais été joué et qu'on s'était moqué de moi; peu à peu j'appris que toute l'affaire était préparée de longue main. L'excursion du 6 n'avait été qu'une reconnaissance préliminaire. Le mulet que j'avais rencontré transportait des provisions et des ustensiles pour l'attaque de la montagne; la prétendue « famille de distinction » se composait de M. F. Giordano, qui venait d'envoyer cette troupe de guides reconnaître et préparer le chemin qu'il devrait suivre pour atteindre le sommet; quand tout serait disposé, il ferait tranquillement l'ascension avec M. Sella[1] !

J'étais très-mortifié. Mes plans étaient renversés. Évidemment, les Italiens avaient habilement pris l'avance sur moi; le rusé Favre lui-même riait de ma déconvenue, parce que son auberge n'eût pas bénéficié, si j'avais réussi, de la route que je me proposais d'ouvrir par le versant oriental de la montagne. Que faire? Retiré dans ma chambre, je me calmai d'abord en fumant un cigare, puis je me remis à examiner mes plans, pour voir s'il n'était pas possible de déjouer l'intrigue des Italiens. « Ils ont emmené un mulet chargé de provisions de bouche. Premier point en ma faveur, car il leur faudra bien deux ou trois jours pour les consommer; tant qu'il leur en restera, ils n'entreprendront rien de sérieux. A présent, quel temps fait-il? » J'allai à la fenêtre; la montagne était complétement cachée dans les nuages. « Second point en ma faveur. Ils ont pour tâche de préparer le chemin à son Excellence. En admettant qu'ils s'y mettent sérieusement, la corvée sera un peu longue. » D'après mes calculs, il ne leur était pas possible de faire l'ascension du Cervin et de revenir au Breuil en moins de sept jours. Je me sentis plus calme. Après tout, le complot de ces rusés coquins pouvait encore être déjoué. J'avais tout le temps d'aller à Zermatt, de tenter l'ascension par le versant oriental, et, si je le

---

[1]. Le ministre italien, pour lequel M. Giordano avait combiné cette expédition.

trouvais inaccessible, de revenir au Breuil avant le retour des guides; bref, comme l'accès de la montagne ne pouvait m'être fermé, il me restait la chance de partir en même temps que ces messieurs, et d'atteindre la cime avant eux.

Il fallait donc tout d'abord se rendre à Zermatt. C'était plus facile à dire qu'à faire. Les sept guides partis pour la montagne étaient les meilleurs guides de toute la vallée, et il ne se trouvait au Breuil aucun des guides muletiers ordinaires. Il me fallait au moins deux hommes pour porter mon bagage, et je ne pus pas même trouver un porteur. Je courus partout, j'envoyai dans toutes les directions; ce fut en vain. L'un était avec Carrel, l'autre était malade, un troisième était à Châtillon, ainsi de suite. Je ne pus même décider le petit bossu Meynet à m'accompagner; il était à la période la plus importante d'une grande fabrication de fromages. Je me vis donc dans la position d'un général sans armée; mes plans de campagne étaient superbes, mais je n'avais personne pour les exécuter. Cela ne m'inquiétait pas beaucoup. Tant que le temps ne permettait pas le passage du col de Saint-Théodule, aucun individu ne pouvait monter sur le Cervin; dès que le temps redeviendrait beau, il arriverait des guides par le col Saint-Théodule.

Le mardi 11, en effet, on signala vers le milieu du jour l'approche d'une troupe assez nombreuse de touristes, arrivant de Zermatt; un jeune Anglais, vif et agile, la précédait avec l'un des fils du vieux Pierre Taugwalder[1]. Je courus aussitôt vers ce *gentleman* pour lui demander s'il pourrait me céder Taugwalder. Il me répondit qu'il ne le pouvait pas, parce qu'il devait retourner à Zermatt le lendemain matin, mais que le jeune guide, n'ayant rien à porter, pourrait très-bien prendre mon bagage. La conversation s'engagea entre nous. Je lui contai mon histoire, et j'appris que ce jeune Anglais était lord Francis Douglas, dont le dernier exploit, l'ascension du Gabelhorn, avait excité

---

1. Je désigne toujours le père Pierre Taugwalder, sous le nom du *vieux* Pierre, pour le distinguer de son fils, le *jeune* Pierre. En 1863, le père avait environ quarante-cinq ans.

mon étonnement et mon admiration. Il m'apportait d'excellentes nouvelles. Peu de jours auparavant, le vieux Pierre était monté jusqu'au delà du Hörnli ; à son retour, il avait dit que l'ascension du Cervin paraissait possible de ce côté. Almer avait quitté Zermatt ; on ignorait où il était ; je me mis donc en quête du vieux Pierre. Lord Francis Douglas exprima un très-vif désir de tenter l'ascension du Cervin, et il fut bientôt convenu qu'il ferait partie de l'expédition.

Favre, ne pouvant retarder plus longtemps notre départ, nous prêta un de ses guides. Nous franchîmes, le mercredi matin 12 juillet, le col de Saint-Théodule ; après avoir contourné la base du glacier supérieur de Saint-Théodule, nous traversâmes le glacier de Furggen ; les tentes, les couvertures, les cordes, etc., furent déposées dans la petite chapelle du Schwarzsee[1]. Nous étions tous quatre lourdement chargés, car il avait fallu emporter tout mon bagage du Breuil ; nous avions, entre autres objets, environ 180 mètres de cordes de trois espèces différentes, savoir : 60 mètres de la corde de Manille, 65 mètres d'une corde plus grosse et plus forte, et plus de 60 mètres d'une corde plus légère et plus faible que celle de Manille, mais dont je m'étais autrefois beaucoup servi.

Arrivés à Zermatt, nous engageâmes le vieux Pierre, en l'autorisant à choisir un autre guide. En arrivant à l'hôtel du Mont-Rose, qui aperçûmes-nous tout d'abord, assis tranquillement sur le petit mur devant la porte ? Mon ancien chef, Michel Croz. Je m'imaginai qu'il était venu à Zermatt avec M. B. ; mais j'appris bientôt que ce *gentleman*, arrivé malade à Chamonix, en était reparti de suite pour l'Angleterre. Dès qu'il avait été libre, Croz avait été engagé par le Rév. Charles Hudson ; tous deux étaient arrivés à Zermatt dans le même but que nous : pour tenter l'ascension du Cervin !

Lord Francis Douglas et moi nous dînâmes au Mont-Rose ; à peine avions-nous achevé notre repas, que M. Hudson entra avec un de ses amis dans la salle à manger. Ils venaient d'exa-

---

1. Voir la carte du Mont-Rose.

miner le Cervin, et quelques oisifs, assis dans la salle, leur demandèrent ce qu'ils comptaient faire. La réponse de M. Hudson confirma le récit de Croz; il devait partir le lendemain, en même temps que nous. Sortis de la salle pour nous consulter, nous tombâmes d'accord qu'il serait vraiment fâcheux de voir deux expéditions indépendantes tenter en même temps la même ascension. Nous allâmes donc inviter M. Hudson à se joindre à nous; il voulut bien accepter notre proposition. Cependant, avant d'admettre dans notre expédition son ami M. Hadow, je crus devoir m'informer des courses qu'il avait faites dans les Alpes; M. Hudson me répondit, autant qu'il m'en souvient : « M. Hadow a fait l'ascension du Mont-Blanc en moins de temps que la plupart des autres ascensionnistes. » Puis il me cita plusieurs autres excursions qui m'étaient absolument inconnues, et conclut en disant : « Dans mon opinion, il est tout à fait en état de nous accompagner. » M. Hadow fut donc admis sans plus ample examen, et nous nous occupâmes des guides. D'après l'avis d'Hudson, Croz et le vieux Pierre suffisaient parfaitement. Consultés à cet égard, ils n'élevèrent aucune objection.

Ainsi, Croz et moi redevînmes une fois de plus compagnons de route. M'étant jeté sur mon lit pour tâcher de dormir un peu, je repassai dans mon esprit l'étrange série de hasards qui nous avaient d'abord séparés, et qui maintenant nous réunissaient. Je pensais au malentendu qui lui avait fait accepter l'engagement de M. B.; à sa répugnance instinctive pour le versant oriental; à son insistance pour reporter tout l'emploi de notre temps et de nos forces sur la chaîne du Mont-Blanc; à la retraite d'Almer et de Biener; à la désertion de Carrel; puis à l'arrivée de lord Francis Douglas, et enfin à notre rencontre fortuite à Zermatt. Tout en songeant à ces circonstances singulières, je ne pouvais m'empêcher de me demander : « Eh bien! qu'en arrivera-t-il? » Hélas! quel récit différent j'aurais eu à faire si un seul des anneaux de cette chaîne fatale de circonstances imprévues se fût rompu!

Le sommet du Cervin.

CHAPITRE XXI.

ASCENSION DU CERVIN.

Le 13 juillet 1865, nous partîmes de Zermatt à 5 heures 30 minutes du matin; le temps était superbe et le ciel sans nuages. Nous étions au nombre de huit : Croz, le vieux Pierre Taugwalder et ses deux fils[1], lord Francis Douglas, Hadow, Hudson[2] et moi. Pour plus de sécurité, chaque touriste eut son

---

[1] Les deux jeunes Taugwalder, engagés en qualité de porteurs, suivant le désir de leur père, portaient des provisions pour plus de trois jours, dans le cas où l'ascension nous prendrait plus de temps que nous ne l'avions prévu.

[2] Je me rappelle une conversation que j'eus il y a quelques années avec un amateur bien connu de courses de montagnes; nous parlions des voyages à pied : je hasardai l'opinion qu'un homme capable de faire 40 kilomètres par

CHAPITRE XXI.

guide. Le plus jeune des Taugwalder m'échut en partage ; fier de faire partie de notre expédition, heureux de montrer sa vigueur et son adresse, il se distingua dès le départ.

J'étais chargé de porter les outres qui renfermaient la provision de vin ; chaque fois qu'on y puisa dans le courant de la journée, j'eus soin de les remplir secrètement avec de l'eau ; aussi, à la halte suivante, se trouvèrent-elles plus pleines encore qu'au départ ! Ce phénomène, qui parut presque miraculeux, fut considéré comme un heureux présage.

Notre intention n'était pas de nous élever à une grande hauteur le premier jour ; nous montâmes donc fort à notre aise. A 8 heures 20 minutes, nous recueillîmes les objets déposés dans la chapelle du Schwarzsee, puis nous continuâmes à gra-

---

our en moyenne pouvait être regardé comme un bon marcheur. « Un beau marcheur, reprit-il, — un *beau* marcheur. » — « Alors qui qualifierez-vous de *bon* marcheur ? » — « Eh bien, reprit-il, je vais vous le dire. Il y a quelque temps, j'avais résolu de faire un voyage en Suisse avec un ami ; il m'écrivit peu après pour m'avertir qu'il devait emmener avec lui un très-jeune homme assez délicat, incapable de soutenir de grandes fatigues, et de faire à pied plus de 80 kilomètres par jour ! » — « Qu'est devenu ce jeune garçon si délicat ? » — « Il vit et se porte fort bien. » — « Et qui était votre ami extraordinaire ? » — « Charles Hudson. » — Les deux *gentlemen* dont je viens de parler étaient parfaitement en état, j'en suis persuadé, de faire à pied plus de 80 kilomètres par jour, mais c'étaient des marcheurs *exceptionnels* et non de *bons* piétons.

Charles Hudson, vicaire de Skillington dans le Lincolnshire, était regardé comme le plus fort amateur de son temps par la confrérie des touristes-montagnards. Il avait organisé et guidé l'expédition anglaise qui fit en 1865 l'ascension du Mont-Blanc par l'Aiguille du Goûter et descendit par les Grands Mulets, le tout sans aucun guide. Une longue pratique avait rendu son pied parfaitement sûr ; sous ce rapport, il était peu inférieur à un montagnard de naissance. C'était un homme bien constitué, d'une taille moyenne et d'un âge moyen, ni gros ni maigre, d'une figure agréable, quoique plutôt sérieuse, et de manières parfaitement simples. Bien qu'il ne fût pas très-grand, sa force était athlétique ; quoiqu'il eût exécuté avec un succès complet les tours de force les plus extraordinaires dans ses excursions alpestres, il était certes le dernier à parler de ses exploits, dont il ne tirait pas la moindre vanité. M. Hadow, son ami, jeune homme de dix-neuf ans, avait l'air et les manières d'un homme plus âgé. C'était aussi un marcheur remarquable, mais il faisait en 1865 sa première campagne dans les Alpes. Lord Francis Douglas était à peu près du même âge que M. Hadow. Il avait sur lui l'avantage d'avoir passé plusieurs étés dans les Alpes ; agile et souple comme un daim, il fût devenu sous peu un parfait montagnard. Il venait justement, avant notre rencontre,

vir l'arête qui relie le Hörnli au Cervin[1]. A 11 heures et demie, nous arrivions ainsi à la base du pic principal; là, quittant l'arête, nous dûmes contourner quelques saillies de rochers pour gagner le versant oriental. Parvenus alors sur la montagne même, nous constatâmes, à notre grand étonnement, que des pentes qui paraissaient absolument inaccessibles, vues du Riffel ou même du glacier de Furggen, étaient si faciles à gravir que nous pouvions presque monter en *courant*.

Avant midi, une position excellente avait été trouvée pour la tente, à une hauteur de 3350 mètres[2].

Croz partit en reconnaissance avec le jeune Pierre, afin d'épargner notre temps le lendemain matin. Ils traversèrent à leur extrémité supérieure, en taillant des pas, les pentes de neige qui descendent dans la direction du glacier de Furggen et dis-

---

d'escalader l'Ober Gabelhorn (accompagné du vieux Pierre et de Jos. Viennin); cette expédition m'avait donné une haute idée de sa force et de son adresse, car, peu de semaines auparavant, j'avais examiné l'Ober Gabelhorn sous toutes ses faces, et les obstacles qu'il présentait m'avaient fait renoncer à son ascension.

Personnellement, je connaissais fort peu M. Hudson; cependant je me serais très-volontiers placé sous ses ordres, s'il lui eût convenu de réclamer la position, à laquelle il avait tous les droits, de chef de l'expédition. Ceux qui l'ont connu ne seront aucunement surpris d'apprendre que, loin de se poser en chef, il saisit toutes les occasions de consulter les goûts et les opinions de ses compagnons. Plusieurs fois nous eûmes à délibérer ensemble sur le meilleur parti à prendre, et les autres membres de l'expédition sans exception s'inclinèrent devant notre autorité. Toute la responsabilité pesait donc sur nous deux. Je me rappelle du reste avec une grande satisfaction qu'il n'y eut jamais entre nous la moindre divergence d'opinion, et que l'harmonie la plus parfaite ne cessa de régner parmi nous tous, tant que nous fûmes réunis.

1. Arrivée à la chapelle à 7 h. 30 min. du matin; départ à 8 h. 20 min.; halte à 9 h. 30 min. pour examiner la route; départ à 10 h. 25 min.; arrivée à 11 h. 20 min. au cairn élevé par M. Kennedy en 1862 (v. p. 97) et marqué sur la carte à 3298 mètres de hauteur. Halte de 10 min. Du Hörnli jusqu'à ce point, nous avions suivi autant que possible la crête de l'arête. La plus grande partie du chemin fut extrêmement facile, mais il fallut pourtant se servir de la hache dans quelques endroits.

2. Jusqu'à ce point aucun des guides ne tint la tête. Hudson et moi nous remplîmes l'office de guide-chef, et lorsqu'il fallut tailler des pas, nous les taillâmes nous-mêmes. Nous en agîmes ainsi pour ménager les guides et pour leur prouver que nous prenions notre rôle au sérieux. Le lieu où nous campâmes, situé juste au niveau du Furggengrat, était à 4 heures de marche de Zermatt.

parurent derrière un angle de rochers, mais nous les vîmes bientôt reparaître à une grande hauteur sur la montagne, grimpant avec rapidité. Quant à nous, nous nous mîmes à établir une plate-forme solide dans un endroit bien abrité, pour y dresser la tente; puis nous attendîmes impatiemment le retour des deux guides. Les pierres qu'ils faisaient tomber signalaient leur présence à une altitude déjà fort élevée; nous pouvions donc espérer que l'ascension serait facile. Enfin, vers trois heures, nous les vîmes revenir, en apparence très-animés :

« Eh bien, Pierre, qu'en disent-ils?
— Rien de bien bon, messieurs. »

Mais les deux guides nous tinrent un tout autre langage : « Tout était pour le mieux; il n'y avait pas le moindre obstacle, pas la plus petite difficulté! Nous aurions pu atteindre le sommet et revenir le même jour! »

Le reste de la soirée se passa fort paisiblement; les uns se chauffèrent au soleil, les autres se mirent à prendre des croquis ou à recueillir divers échantillons. Quand le soleil disparut, son coucher splendide nous promit une magnifique journée pour le lendemain, et nous rentrâmes dans la tente, où nous nous préparâmes à passer la nuit. Hudson fit du thé; moi je fis du café; puis chacun de nous s'enveloppa dans sa couverture-sac. Lord Francis Douglas et moi nous occupions la tente avec les Taugwalder; nos compagnons avaient préféré coucher en plein air. Les échos de la montagne retentirent longtemps, après le crépuscule, de nos rires et des chansons des guides. Aucun danger n'étant à craindre, nous nous sentions tous pleins de gaieté et de sécurité.

Le 14, nous étions sur pied avant l'aube et nous partîmes dès qu'il fit assez clair pour pouvoir se diriger. Le jeune Pierre nous accompagna en qualité de guide et son frère retourna à Zermatt[1]. Suivant la direction que les guides avaient prise la veille, nous eûmes bientôt contourné la saillie qui, de la tente,

---

[1]. Notre intention était d'abord de les renvoyer tous les deux ; mais, ne pouvant diviser facilement les provisions de bouche, nous dûmes modifier l'arrangement primitif.

nous dérobait la vue du versant oriental de la montagne. Alors seulement nous embrassâmes d'un regard cette grande arête qui se dressait devant nous comme un gigantesque escalier naturel haut de près de mille mètres. Elle n'était pas partout d'un accès également commode, mais enfin nous ne rencontrâmes aucune difficulté assez sérieuse pour nous arrêter; quand un obstacle insurmontable se présentait de front, il nous était toujours possible de le tourner en inclinant soit à droite soit à gauche. Pendant la plus grande partie de cette première escalade, il ne nous fut pas nécessaire de recourir à la corde; Hudson et moi nous marchâmes, à tour de rôle, en tête de la colonne. A 6 heures 20 minutes du matin, nous étions arrivés à une hauteur de 3900 mètres; nous fîmes une première halte d'une demi-heure, puis nous continuâmes à monter sans nous arrêter jusqu'à 9 heures 55 minutes; nous fîmes alors une seconde halte de cinquante minutes, à une hauteur de 4270 mètres.

Deux fois nous dûmes passer sur l'arête du nord-est, que nous suivîmes pendant une courte distance, mais sans rien gagner au change, car elle était beaucoup moins solide, plus escarpée et toujours plus difficile à gravir que la face orientale[1]. Cependant, craignant les avalanches de pierres, nous eûmes soin de ne pas trop nous en éloigner[2].

1. Voyez aux pages 290 et 291 les remarques sur les arêtes et les faces du Cervin. Il n'y a guère à choisir entre les arêtes qui conduisent au sommet du Cervin, soit du Hörnli (arête du nord-est), soit du col du Lion (arête du sud-ouest). Ces deux arêtes sont tellement ébréchées et dentelées que tout montagnard expérimenté les éviterait avec soin s'il pouvait trouver une autre route. Du côté de Zermatt, la face orientale offre une autre route, ou même plusieurs autres routes, car on peut monter presque partout; du côté du Breuil, l'arête seule, généralement parlant, peut être suivie, et, lorsqu'elle devient impraticable, le grimpeur, forcé de s'en écarter à droite ou à gauche, rencontre les difficultés les plus sérieuses.

2. Il ne tomba qu'un très-petit nombre de pierres, pendant les deux jours que je restai sur la montagne, et aucune ne tomba près de nous; d'autres touristes qui ont suivi la même route n'ont pas été aussi heureux, mais peut-être n'avaient-ils pas pris les mêmes précautions. Il est à remarquer que la moraine latérale de la rive gauche du glacier de Furggen est à peine plus large que celle de la rive droite, bien qu'elle reçoive tous les débris tombés des 4000 mètres de rochers à pic qui forment le versant oriental du Cervin; tandis

Nous étions arrivés alors à la base de cette partie du Cervin qui, vue du Riffelberg ou de Zermatt, paraît être absolument à pic et même surplomber la vallée; il nous fut donc impossible de continuer à monter par le versant oriental. Nous dûmes pendant quelque temps gravir, en suivant la neige, l'arête qui descend vers Zermatt; puis, d'un commun accord, nous revînmes vers la droite, c'est-à-dire au versant septentrional de la montagne. Nous avions alors opéré un changement dans l'ordre de la marche. Croz avait pris la tête de la colonne; je le suivais; Hudson venait en troisième; Hadow et le vieux Pierre formaient l'arrière-garde. « Maintenant, dit Croz en se mettant en marche, ce sera bien différent. » A mesure que les difficultés augmentaient, les plus grandes précautions devenaient nécessaires. En certains endroits, on trouvait à peine un point d'appui; il était donc prudent de placer en tête ceux dont le pied était le plus solide. L'inclinaison générale de ce versant n'atteignait pas 40 degrés; la neige, en s'y accumulant, avait rempli les interstices des rochers : les rares fragments qui en perçaient çà et là la surface étaient parfois recouverts d'une mince couche de glace formée par la neige qui s'était fondue et qui avait gelé presque aussitôt. C'était, sur une plus petite échelle, la contre-partie des 215 mètres qui terminent le sommet de la Pointe des Écrins, avec cette différence essentielle, cependant, que le versant des Écrins avait une inclinaison de plus de 50 degrés, tandis que celle du Cervin n'atteignait pas 40 degrés [1].

Ce passage n'offrait aucun danger à un montagnard exercé. M. Hudson, comme dans tout le reste de l'ascension, n'y

que celui de la rive droite n'est alimenté que par des pentes parfaitement insignifiantes. La faible largeur de ces deux moraines prouve qu'il ne tombe pas une grande quantité de pierres de la face orientale; l'inclinaison intérieure de ces couches retient les détritus en place. Aussi la face orientale paraît-elle subir une décomposition plus rapide que les autres versants; en réalité, les ruines qui la recouvrent, en arrêtent, en quelque sorte, la destruction. Sur la face méridionale, les rochers tombent à mesure qu'ils se détachent. L'œuvre de chaque jour est liquidée chaque jour, et les parties dénudées de la montagne sont exposées à de nouvelles attaques.

1. Cette partie de la montagne était moins escarpée et moins inclinée que l'ensemble du versant oriental.

réclama nulle assistance. Plusieurs fois, Croz me tendit la main pour m'aider à franchir un endroit difficile; me retournant alors, j'offris le même secours à M. Hudson; mais il ne l'accepta jamais, disant que c'était inutile. M. Hadow, lui, n'était pas habitué à de pareilles ascensions : aussi fallait-il continuellement lui venir en aide. Mais, il est juste de l'ajouter, la peine qu'il eut à nous suivre dans ces mauvais pas venait simplement et abslument de son inexpérience.

Cette seule partie vraiment difficile de l'ascension n'avait pas une grande étendue[1]. Nous la traversâmes d'abord presque horizontalement sur une longueur d'environ 120 mètres; nous montâmes ensuite directement vers le sommet pendant près de 20 mètres; puis nous dûmes revenir sur l'arête qui descend vers Zermatt. Un long et difficile détour qu'il nous fallut faire pour contourner une saillie de rocher nous ramena sur la neige. A partir de ce point, le dernier doute s'évanouit! Encore 60 mètres d'une neige facile à gravir, et le Cervin était à nous!

Reportons un instant notre pensée vers les Italiens qui avaient quitté le Breuil le 11 juillet. Quatre jours s'étaient écoulés depuis leur départ et nous craignions de les voir arriver les premiers au sommet. Pendant toute l'ascension, nous n'avions cessé de parler d'eux, et, plus d'une fois, victimes de fausses alarmes, nous avions cru voir « des hommes sur la cime de la montagne. » Notre anxiété croissait donc à mesure que nous montions. Si nous allions être distancés au dernier moment! La raideur de la pente diminuant, on put quitter la corde; Croz et moi nous nous élançâmes aussitôt en avant, exécutant côte à côte une course folle qui se termina *ex æquo*. A 1 heure 40 minutes de l'après-midi, le monde était à nos pieds, l'invincible Cervin était conquis! Hourra! pas une seule trace de pas ne se voyait sur la neige!

Et cependant, notre triomphe était-il bien certain?

---

[1]. Je n'ai pas pris note du temps que nous demanda cette partie du trajet; l'estime à peu près à une heure et demie.

Le sommet du Cervin est formé d'une arête grossièrement nivelée, longue d'environ 107 mètres[1]; les Italiens étaient peut-être parvenus à l'extrémité la plus éloignée? Je gagnai en toute hâte la pointe méridionale, scrutant la neige d'un œil avide. Encore une fois, hourra! pas un pied humain ne l'avait foulée. Où pouvaient être nos rivaux? — J'avançai la tête par-dessus les rochers, partagé entre le doute et la certitude. Je les aperçus aussitôt, à une immense distance au-dessous de nous, sur l'arête; à peine l'œil pouvait-il les distinguer. Agitant en l'air mes bras et mon chapeau, je me mis à crier :

« Croz! Croz! venez, venez vite!

— Où sont-ils, monsieur?

— Là, vous ne les voyez pas, là tout en bas?

— Ah! les *coquins*[2], ils sont encore bien loin!

— Croz, il faut absolument qu'ils entendent nos cris de victoire ! »

Nous criâmes donc à tue-tête jusqu'à ce que nous fûmes enroués. Les Italiens semblaient regarder de notre côté, mais nous n'en étions pas bien sûrs. « Croz, *je veux* qu'ils nous entendent! ils nous entendront. » Saisissant alors une grosse pierre, je la poussai de toutes mes forces dans l'abîme et sommai mon compagnon d'en faire autant au nom de l'amitié. Employant nos bâtons en guise de levier, nous soulevâmes d'énormes blocs de rochers, et bientôt un torrent de pierres roula le long de la montagne. Cette fois il n'y avait plus de méprise possible. Les Italiens épouvantés battirent en retraite au plus vite[3].

---

1. Les points les plus élevés sont situés vers les deux extrémités de cette arête. En 1865, l'extrémité septentrionale était un peu plus haute que celle du sud. Bien des années avant, Carrel et moi nous disions que nous pourrions arriver un jour au sommet et nous trouver séparés du point le plus élevé par une dépression que l'on voit du col Saint-Théodule et du Breuil dans l'arête du sommet. D'en bas, cette dépression est très-apparente, mais, quand on est parvenu au sommet, elle est insignifiante, et on la franchit sans la moindre difficulté.

2. Ce mot est en français dans le texte anglais.

3. J'ai su depuis par J. A. Carrel qu'ils avaient entendu notre premier appel. Ils étaient alors sur l'arête du sud-ouest, près de « la Cravate », à 380 mètres au-dessous de nous.

Eh bien, je regrettais vivement que le chef de cette expédition n'eût pas été avec nous à ce moment, car nos cris de triomphe durent lui porter un coup terrible. L'ambition de toute sa vie se trouvait déçue par notre victoire. De tous les hardis montagnards qui avaient tenté l'ascension du Cervin, c'était certes celui qui méritait le mieux d'arriver le premier au sommet. Le premier, il avait eu la gloire de croire au succès, et seul il avait persisté dans son opinion. Son rêve était d'atteindre le point culminant par le versant qui regarde l'Italie, en l'honneur de sa vallée natale. Une fois il eut tous les atouts en main, il joua de son mieux, mais une seule faute lui fit perdre la partie. Les temps ont bien changé pour Carrel. Sa suprématie, jadis incontestée, est fortement ébranlée dans le Val Tournanche; de nouveaux guides ont fait leurs preuves; on ne le considère plus comme *le chasseur* par excellence. Pour moi, il restera ce qu'il est encore aujourd'hui; on aura de la peine à trouver son maître.

Mes amis nous ayant rejoints, nous retournâmes à l'extrémité septentrionale de l'arête. Croz saisit alors le bâton de la tente [1], et le planta dans la neige à l'endroit le plus élevé.

« Bon, dîmes-nous, voilà bien la hampe, mais où est le drapeau ?

— Le voici, » répondit-il, en ôtant sa blouse qu'il attacha au bâton.

C'était là un bien pauvre étendard et pas un souffle de vent ne le faisait flotter; cependant on le vit de partout à la ronde, — de Zermatt, — du Riffel, — du Val Tournanche. Au Breuil, ceux qui guettaient l'arrivée des guides au sommet se mirent à crier : « La victoire est à nous! » Les « bravos » pour Carrel et les « vivats » pour l'Italie éclatèrent de toutes parts; chacun célébra le glorieux événement. Ils furent bien désabusés le lendemain matin. Tout était changé; les guides revinrent tristes,

---

[1]. A notre départ, les guides, pleins de confiance dans le succès de notre entreprise, avaient emporté un des bâtons de la tente. J'eus beau leur dire que c'était tenter la Providence, ils n'en persistèrent pas moins dans leur idée.

CHAPITRE XXI.

humilies, abattus, sombres et découragés[1]. — « Ce n'est que trop vrai, dirent-ils, nous les avons vus de nos propres yeux,

Le premier drapeau planté sur le Cervin.

ils ont fait rouler des pierres sur nous! L'ancienne tradition *est vraie*, la cime du Cervin est défendue par des esprits! »

Nous retournâmes à l'extrémité méridionale du sommet, pour

---

1. M. Giordano fut naturellement très-désappointé de cet insuccès et voulut faire repartir les guides. *Tous refusèrent, excepté Jean-Antoine.* Le 16 juillet, il repartit avec trois autres guides; le 17, il atteignit le sommet, en montant d'abord par l'arête du sud-ouest, puis par le Z'Mutt, ou arête du nord-ouest. Il redescendit au Breuil le 18.

Pendant le temps que nous passâmes sur l'extrémité méridionale de l'arête qui forme le sommet, nous examinâmes avec attention la partie de la montagne qui se trouvait entre nous et les guides italiens. D'après son aspect, il semblait qu'ils ne dussent pas avoir la plus faible chance de succès, s'ils tentaient d'escalader le sommet en montant directement de l'extrémité de « l'Épaule ». Ils ne pouvaient que suivre la route dont j'avais si souvent parlé avec Carrel, c'est-à-dire, ils devaient monter d'abord directement à partir de l'extrémité de « l'Épaule », puis faire un détour à gauche sur le côté du glacier de Z'Mutt et achever l'ascension par l'arête nord-ouest. Cette idée nous fit rire, quand nous étions sur la cime. La partie de la montagne que nous avions gravie n'était

élever une petite pyramide de pierres, puis nous admirâmes la vue qui se déroulait à nos yeux¹.

C'était une de ces journées pures et tranquilles qui précèdent d'ordinaire le mauvais temps. L'atmosphère, profondément calme, n'était troublée par aucun nuage, par aucune vapeur. Les montagnes situées à soixante-quinze kilomètres, que dis-je? à cent kilomètres de nous, se voyaient avec une telle netteté qu'on les eût crues à la portée de la main; tous leurs détails, leurs vives arêtes, leurs escarpements abrupts, leurs neiges immaculées, leurs glaciers étincelants, s'étalaient sous nos yeux sans un défaut. Celles dont les formes nous étaient familières évoquaient en foule dans notre mémoire les heureux souvenirs de nos courses des années précédentes. — Pas un des grands pics des Alpes ne nous était caché².

Je la revois encore, aussi nettement qu'à cette heure solennelle, cette grande ceinture de cimes géantes dominant les chaînes et les massifs qui leur servaient de base. Je revois d'abord la Dent Blanche au grand sommet blanc; le Gabelhorn, le Rothhorn à la pointe aiguë; l'incomparable Weisshorn; les Mischabelhœrner, semblables à d'énormes tours, flanquées par l'Allalinhorn, le Strahlhorn et le Rimpfischhorn; puis le Mont-Rose avec ses nombreuses Aiguilles (Spitzen), le Lyskamm et le

---

pas facile à escalader, bien que la pente en fût modérée. Inclinée de dix degrés de plus, elle eût offert de grandes difficultés; de vingt, elle eût été impraticable. Aussi ne pensions-nous pas qu'on pût monter au sommet par les pentes du nord-ouest. Cependant, l'indomptable Carrel l'atteignit de ce côté. D'après la connaissance que j'ai de cette dernière pente gravie par le hardi chasseur, et d'après le récit de M. F. C. Grove, le seul touriste qui l'ait escaladée, je n'hésite pas à dire que l'ascension exécutée, en 1865, par Carrel et par Bich est bien l'entreprise la plus désespérée qu'on ait jamais accomplie dans les montagnes. Je demandai à Carrel, en 1869, s'il avait jamais fait rien de plus difficile. Il me répondit tranquillement: « On ne saurait guère exécuter une chose plus difficile ! »

1. L'arête du sommet était très-décomposée, moins cependant que les arêtes du sud-ouest et du nord-est. Le rocher le plus élevé en 1865 était un bloc de micaschiste, et le fragment que je brisai possède non-seulement à un degré remarquable le caractère du pic, mais il en imite d'une manière étonnante les détails de la forme. Voir la gravure de la page 394.

2. Il est très-rare que la moitié de ce panorama qui regarde le sud ne soit pas cachée par les nuages.

Breithorn. Par derrière se dressent le groupe superbe de l'Oberland bernois, dominé par le Finsteraarhorn; les groupes du Simplon et du Saint-Gothard; la Disgrazia et l'Orteler. Au sud, nos regards plongent bien au delà de Chivasso dans la plaine du Piémont. Le Viso, éloigné de cent soixante kilomètres, paraît tout près de nous; à deux cents kilomètres de distance se montrent les Alpes Maritimes que ne voile aucune brume. En me tournant du côté de l'ouest je reconnais ma première passion, le Pelvoux, les Écrins et la Meije; puis après avoir contemplé les massifs des Alpes Grecques, j'admire le roi des Alpes, le magnifique Mont-Blanc, splendidement éclairé par les rayons dorés du soleil. A 3300 mètres au-dessous de nous s'étendent les champs verdoyants de Zermatt, parsemés de chalets d'où s'échappent lentement des filets d'une fumée bleuâtre. De l'autre côté, à une profondeur de 2700 mètres, s'étalent les pâturages du Breuil. Je vois encore d'épaisses et tristes forêts, de fraîches et riantes prairies, des cascades furieuses, des lacs tranquilles, des terres fertiles et des solitudes sauvages, des plaines fécondées par le soleil et des plateaux glacés; les formes les plus abruptes, les contours les plus gracieux, des rochers escarpés et à pic, des pentes doucement ondulées; des montagnes de pierre ou des montagnes de neige, les unes sombres, solennelles, ou bien étincelantes de blancheur, ornées de hautes murailles, de tours, de clochetons, terminées en pyramides, en dômes, en cônes, en aiguilles, semblables aux flèches hardies des cathédrales gothiques! Toutes les combinaisons de lignes que l'univers peut offrir, tous les contrastes que l'imagination peut rêver!

Nous restâmes une heure entière sur le sommet.

« One crowded hour of glorious life. »
« Une heure bien remplie de vie glorieuse. »

Cette heure passa trop vite, et nous nous préparâmes à descendre.

Le sommet du Cervin en 1865.

CHAPITRE XXII.

DESCENTE DU CERVIN.

Nous nous concertâmes de nouveau, Hudson et moi, sur les meilleures mesures que nous avions à prendre. Nous décidâmes d'un commun accord que Croz descendrait le premier[1], suivi par Hadow; Hudson, qui pour la sûreté du pied valait presque un guide, désirait être le troisième; lord Douglas viendrait ensuite, précédant le vieux Pierre, le plus fort des autres membres de l'expédition. Je proposai à Hudson d'attacher une corde aux rochers quand nous arriverions aux passages les plus difficiles, afin d'y chercher au besoin un point d'appui supplémentaire. Il approuva cette idée, mais il ne fut pas expressément convenu entre nous de la mettre à exécution. On s'était disposé dans l'ordre que je viens de décrire pendant que je

---

1. Si tous les membres de l'expédition avaient été également expérimentés, Croz eût été placé à l'arrière-garde.

prenais un croquis du sommet; tout était prêt et l'on m'attendait pour m'attacher à la corde, quand une voix s'écria que nous n'avions pas laissé nos noms dans une bouteille. Je fus prié de les écrire au plus vite et l'on se mit en marche pendant que je m'acquittais de cette tâche.

Peu d'instants après, je m'attachai au jeune Pierre, et, courant après nos compagnons, je les rejoignis juste au moment où ils allaient commencer à descendre le passage le plus difficile¹. Les plus grandes précautions étaient prises. Un seul de nous marchait à la fois. Quand il avait trouvé un point d'appui solide, celui qui le suivait s'avançait à son tour et ainsi de suite. On n'avait cependant pas attaché aux rochers la corde supplémentaire, et personne n'en parla. Comme je n'avais pas fait cette proposition pour assurer ma propre sécurité, je ne suis pas même certain d'y avoir pensé en ce moment. Nous suivîmes pendant quelques instants, Pierre et moi, nos compagnons sans y être attachés; nous aurions probablement continué à descendre ainsi si lord Douglas ne m'avait demandé vers trois heures et demie de m'attacher au vieux Pierre, craignant, dit-il, que Taugwalder n'eût pas assez de force pour se retenir tout seul si l'un d'entre nous venait à glisser².

---

1. Décrit à la page 387.
2. Au moment de l'accident, Croz, Hadow et Hudson étaient très-rapprochés l'un de l'autre. La corde n'était pas tendue du tout entre eux et lord F. Douglas; il en était de même entre tous ceux qui se trouvaient *au-dessus* d'eux. Croz était debout près d'un rocher qui offrait, à la main comme au pied, des appuis excellents; s'il avait pu prévoir qu'un accident pouvait arriver, il se serait accroché à ce rocher, assez solidement pour arrêter Hadow dans sa chute. Mais il fut absolument pris au dépourvu. M. Hadow glissa sur le dos, les pieds en avant, heurta Croz sur les reins et le renversa la tête la première. La hache de Croz était hors de la portée de sa main; quand il disparut à nos yeux, il s'efforçait même sans ce secours de reprendre sa position naturelle; s'il avait tenu sa hache, je ne doute pas qu'il ne fût parvenu à s'arrêter ainsi que M. Hadow.

Quand M. Hadow glissa, il occupait une position qui n'était nullement défavorable. Elle lui eût permis de remonter ou de descendre et il pouvait toucher de la main le rocher dont j'ai parlé. Hudson n'était pas aussi bien placé, mais tous ses mouvements étaient libres. La corde n'était pas tendue entre Croz et Hadow; ils eurent le temps de tomber d'une hauteur de 3 à 4 mètres avant

Peu de minutes après, un jeune garçon, doué d'une vue perçante, courut à l'hôtel du Mont-Rose dire à M. Seiler qu'il venait de voir une avalanche tomber du sommet du Cervin sur le glacier. On le gronda de venir faire un conte aussi absurde. Hélas ! il avait raison ! Voici ce qu'il avait vu.

Michel Croz venait de poser sa hache à côté de lui, et, pour assurer une sécurité plus complète à M. Hadow, il s'occupait uniquement de diriger sa marche en plaçant l'un après l'autre les pieds du jeune touriste dans la position qu'ils devaient occuper [1]. Autant que j'ai pu en juger, personne ne descendait à ce moment. Je ne puis l'affirmer, parce que Croz et Hadow m'étaient en partie cachés par un bloc de rochers ; je crois cependant en être sûr. Au mouvement de leurs épaules, je jugeais que Croz, après avoir fait ce que je viens de dire, se retournait pour descendre lui-même d'un ou de deux pas ; à ce moment, M. Hudow glissa, tomba sur Croz et le renversa. J'entendis Croz pousser un cri d'alarme et presque au même moment je les vis glisser tous deux avec une rapidité effrayante ; l'instant d'après, Hudson se trouva entraîné à leur suite, ainsi que lord F. Douglas [2]. Tout ceci se passa avec la vitesse de l'éclair. A peine le vieux Pierre et moi eûmes-nous entendu l'exclamation que nous nous cramponnâmes de toutes nos forces au rocher ; la corde, subitement tendue, nous imprima une violente se-

qu'il ressentit la secousse. Lord F. Douglas n'était pas dans une situation favorable, car il ne pouvait ni monter ni descendre. Le vieux Pierre, solidement posé, se trouvait juste au-dessous d'un bloc de rochers qu'il étreignit dans ses bras. J'entre dans tous ces détails pour faire mieux comprendre que la position occupée par tous les membres de l'expédition au moment de l'accident n'était en aucune façon dangereuse. Force nous fut de passer dans les mêmes pas où le malheureux Hadow avait glissé ; et, bien que nous fussions singulièrement nerveux, nous constatâmes que ce passage n'*offrait aucune difficulté*. J'ai décrit cette pente raide comme étant difficile à gravir *en général* ; elle l'est assurément pour la plupart des touristes ; mais j'insiste particulièrement sur ce fait que M. Hadow glissa dans un endroit facile à monter ou à descendre.

1. Ce procédé s'emploie fréquemment, même entre montagnards exercés. Mon intention est de faire bien comprendre que Croz prenait toutes les précautions exigées par la prudence la plus sévère, et non de mettre en doute, je ne dirai pas le courage, mais l'expérience de M. Hadow.

2. Par malheur, nous ne pouvions changer de position.

CHAPITRE XXII.

cousse. Nous tînmes bon le plus possible; mais par malheur elle se rompit entre Taugwalder et lord Francis Douglas, au milieu de la distance qui les séparait. Pendant quelques secondes nous pûmes voir nos infortunés compagnons glisser sur le dos avec une vitesse vertigineuse, les mains étendues pour tâcher de sauver leur vie en se cramponnant à quelque saillie du rocher. Ils disparurent un à un à nos yeux sans avoir reçu la moindre blessure et roulèrent d'abîme en abîme jusque sur le glacier du Cervin, à 1200 mètres au-dessous de nous. Du moment où la corde s'était brisée, nous ne pouvions plus les secourir.

Ainsi périrent nos malheureux compagnons! Nous restâmes immobiles pendant plus d'une demi-heure, osant à peine respirer. Paralysés par la terreur, les deux guides pleuraient comme des enfants et tremblaient tellement que nous étions menacés à tout instant de partager le sort de nos amis.

Le vieux Pierre ne cessait de s'écrier : « Chamonix ! Oh ! que va

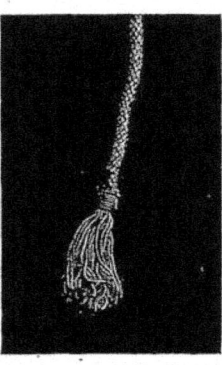

La corde rompue le jour de l'accident.

dire Chamonix ! » ce qui signifiait dans sa pensée : Comment croire que Croz eût jamais pu tomber ? Le jeune homme ne faisait que sangloter et répéter en poussant des cris aigus : « Nous sommes perdus ! mon Dieu ! nous sommes perdus ! »

Attaché entre eux deux à la corde, je ne pouvais faire un seul mouvement tant qu'ils ne changeraient pas de position. Je priai donc le jeune Pierre de descendre ; il n'osait pas. Impossible pour moi et pour son père d'avancer avant qu'il s'y fût décidé. Le vieux Pierre, comprenant le danger, se mit aussi à crier : « Nous sommes perdus ! perdus ! » La terreur du vieux père était bien naturelle ; il tremblait pour son fils ; celle du jeune homme était de la lâcheté, car il ne pensait qu'à lui. Le vieillard finit par se remettre et s'approcha d'un rocher auquel il parvint à attacher une corde; le jeune guide se décida alors à descendre et nous nous trouvâmes réunis tous les trois. Je demandai immédiatement la corde qui s'était rompue, et je m'aperçus avec une profonde surprise, que dis-je, avec horreur, que cette corde maudite était la plus faible des trois. Elle n'aurait dû jamais être employée au service qu'elle avait fait, et n'avait pas été apportée dans ce but. C'était une vieille corde, faible même en comparaison des autres. On devait la garder en réserve, pour le cas où il eût fallu en laisser une attachée aux rochers. Je compris de suite qu'il y avait là une question sérieuse à résoudre et je me fis donner le bout qui restait. Cette corde s'était rompue nettement et ne paraissait pas avoir subi, avant l'accident, la plus petite altération.

Pendant les deux heures qui suivirent, je crus à chaque minute toucher à mon dernier moment; non-seulement les Taugwalder, entièrement énervés, étaient incapables de me prêter la moindre assistance, mais ils avaient tellement perdu la tête qu'à chaque pas je craignais de les voir glisser. Nous finîmes pourtant par faire ce qui eût dû être fait dès le commencement de la descente, c'est-à-dire par fixer des cordes aux rochers les plus solides pour aider notre marche; ces cordes furent coupées et abandonnées[1]. Nous restâmes en outre attachés l'un à l'autre. Les guides terrifiés n'osaient presque pas avancer, même avec ce secours supplémentaire; le vieux Pierre se tourna vers moi à plusieurs reprises, me répétant avec emphase, la figure blême et tremblant de tous ses membres : *Je ne puis pas!*

Vers six heures du soir, nous arrivâmes à la neige sur l'arête qui descend vers Zermatt, et nous fûmes dès lors à l'abri de tout danger. Nous fîmes souvent de vaines tentatives pour découvrir quelques traces de nos infortunés compagnons; penchés par-dessus l'arête, nous les appelâmes de toutes nos forces; aucune voix ne nous répondit. Convaincus à la fin qu'ils étaient hors de la portée de la vue et du son, nous cessâmes

---

1. Ces bouts de corde sont, je le crois, restés attachés aux rochers; ils marquent ainsi la ligne que nous avons suivie en montant et en descendant.

d'inutiles efforts. Trop abattus pour parler, nous recueillîmes en silence tout ce qui nous avait appartenu, à nous et à ceux que nous avions perdus, et nous nous préparions à descendre quand soudain un arc immense se dessina dans le ciel, s'élevant à une très-grande hauteur au-dessus du Lyskamm. Pâle, incolore, silencieuse, cette mystérieuse apparition présentait des lignes parfaitement nettes et arrêtées, excepté aux extrémités, qui se perdaient dans les nuages ; on eût dit une vision d'un autre monde. Frappés d'une terreur superstitieuse, nous suivions avec stupéfaction le développement graduel des deux grandes croix placées de chaque côté de cet arc étrange. J'aurais douté de mes propres sens si les Taugwalder n'avaient aperçu

les premiers ce phénomène atmosphérique ; ils lui attribuèrent une relation surnaturelle avec l'accident. Pour moi, je pensai presque aussitôt que c'était peut-être un mirage où nous jouions notre rôle ; mais nos mouvements n'y apportaient aucun changement. Les formes spectrales restèrent immobiles. C'était un phénomène terrible, merveilleux, unique pour moi qui avais vu tant de choses curieuses. Dans les circonstances où nous nous trouvions, l'impression qu'il produisit sur nous ne saurait se décrire[1]. (Voyez la gravure du frontispice.)

---

1. Je n'accordai pas une grande attention à cette remarquable apparition, et je fus bien aise de la voir disparaître, car elle donnait aux deux guides de fâcheuses distractions. Dans des circonstances ordinaires, j'eusse été plus tard fort contrarié de ne pas avoir observé avec plus de soin un phénomène aussi rare et aussi singulier. Je n'ai presque rien à ajouter à ce que je viens de dire. Le soleil était juste derrière nous, c'est-à-dire l'arc et les croix se trouvaient placés vis-à-vis du soleil. Il était six heures trente minutes du soir ; les formes étaient nettes et délicates, peu colorées ; elles se développèrent graduellement et disparurent presque subitement. Les brouillards très-transparents, c'est-à-dire peu épais, se dissipèrent dans le courant de la soirée.

On a pensé que les croix étaient figurées d'une manière incorrecte dans la gravure, et qu'elles étaient probablement formées par l'intersection de plusieurs cercles ou ellipses, comme on le voit dans le dessin ci-joint. Cette explication est vraisemblablement exacte ; cependant j'ai préféré suivre mes notes originales. (Voyez l'Appendice.)

J'étais prêt à partir et j'attendais les deux guides. Ils avaient su retrouver l'appétit et la parole. Comme ils causaient entre eux en patois, je ne les comprenais pas. A la fin, le fils me dit en français :

« Monsieur.

— Eh bien?

— Nous sommes de pauvres gens; nous avons perdu notre maître; personne ne nous payera; c'est bien dur pour nous.

— Taisez-vous, lui dis-je en l'interrompant, c'est absurde ce que vous dites là; je vous payerai, moi, tout comme si votre maître était là. »

Ils se consultèrent encore un instant dans leur patois, puis le fils reprit :

« Nous ne vous demandons pas de nous payer. Nous désirons seulement que vous écriviez sur le livre de l'hôtel à Zermatt, ainsi que dans vos journaux, que nous n'avons pas été payés.

— Quelles absurdités me contez-vous? Je ne vous comprends pas. Qu'est-ce que ça signifie? »

Il continua :

« C'est que.... l'année prochaine, il viendra une quantité de touristes à Zermatt, et nous aurons à coup sûr une belle clientèle[1]. »

Qui aurait pu répondre à une pareille proposition? Je gardai le silence; mais ils comprirent à merveille l'indignation qui me suffoquait. Leur cynisme avait fait déborder la coupe d'amertume. Dans mon désespoir, je faisais voler avec une telle rage des éclats de rochers dans l'espace qu'ils se demandèrent tout bas plus d'une fois si je n'allais pas les mettre en pièces, eux aussi. La nuit vint; pendant une heure nous continuâmes à descendre dans l'obscurité. A neuf heures et demie, nous trouvâmes une espèce d'abri où nous passâmes six mortelles heures, sur une misérable dalle à peine assez large pour pouvoir nous étendre tous les trois. Dès l'aube, nous nous remîmes en route; nous descendîmes en courant de l'arête du Hörnli aux chalets

---

1. Transcrit dans mon livre de notes.

de Buhl, et de là à Zermatt. Seiler, que je rencontrai à sa porte, me suivit en silence dans ma chambre.

« Qu'est-il donc arrivé, monsieur? me demanda-t-il.

— Je suis revenu avec les Taugwalder. »

Il me comprit et se mit à fondre en larmes, puis, sans perdre un instant en lamentations inutiles, il courut réveiller tout le village. En peu de temps, une vingtaine d'hommes étaient rassemblés pour monter sur les hauteurs du Hohlicht, au-dessus de Kalbermatt et de Z'Mutt, hauteurs qui commandent le glacier du Cervin. Six heures après, ils étaient de retour, nous apprenant qu'ils avaient aperçu les corps de nos malheureux amis, gisant immobiles sur la neige. C'était le samedi. Ils nous proposèrent

M. Alexandre Seiler.

de partir le dimanche soir, de manière à atteindre le plateau du glacier le lundi à l'aube du jour. Ne voulant négliger aucune chance, même la plus légère, nous résolûmes, le Rév. J. M. Cormick et moi, de partir dès le dimanche matin. Les guides de Zermatt n'osèrent nous accompagner, parce que leurs prêtres les menacèrent d'excommunication s'ils n'assistaient pas à la première messe. Ce fut pour plusieurs d'entre eux une dure épreuve; Pierre Perrn déclara même, les larmes aux yeux, que cette défense seule pouvait l'empêcher de se joindre à nous pour aller à la recherche de ses anciens camarades. Mais nos compatriotes vinrent à notre aide. Le Rév. J. Robertson et M. Phillpotts voulurent nous accompagner avec leur guide Franz Andermatten[1]; un autre Anglais nous prêta Joseph-Marie et Alexandre Lochmatter. Frédéric Payot et Jean Tairraz, de Chamonix, s'offrirent à nous comme volontaires.

Nous partîmes donc le dimanche 16, à deux heures du matin, et nous suivîmes jusqu'au Hörnli la même route que nous avions prise le jeudi précédent. De là, nous descendîmes à

---

1. Voir son portrait dans la gravure de la page 285.

droite de l'arête, puis nous montâmes à travers les séracs du glacier du Cervin. A 8 heures 30 minutes, nous étions arrivés sur le plateau supérieur du glacier, en vue de l'endroit fatal où devaient se trouver les restes de nos infortunés compagnons.

Chaque guide prit alors à son tour le télescope et le passa en silence à son voisin, le visage couvert d'une pâleur livide. Tout espoir était perdu. Nous nous approchâmes. Ils gisaient sur la neige, dans le même ordre où ils avaient glissé, Croz un peu en avant, Hadow près de lui, puis Hudson à quelque distance en arrière; mais on ne découvrit aucune trace de lord F. Douglas[1]. Nous les ensevelîmes dans la neige, à la place même où ils étaient tombés, au pied de la plus haute arête de la grande montagne des Alpes.

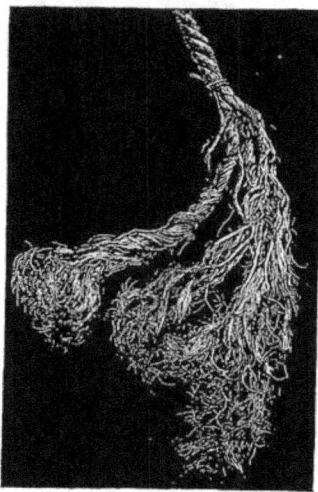
La corde de Manille.

Tous ceux qui étaient tombés avaient été attachés avec la corde de Manille, ou avec la seconde corde, qui était également forte; par conséquent, la corde la plus faible n'avait été employée qu'entre le vieux Pierre et lord F. Douglas. Ce fait singulier était une fort mauvaise note pour Taugwalder; com-

---

[1]. On trouva une paire de gants, une ceinture et une botte qui lui avaient appartenu. Ce fait donna lieu à des bruits ridicules qui n'eussent pas été répandus si l'on eût su que les autres cadavres avaient été également déchaussés dans leur horrible chute, et que leurs bottes gisaient près d'eux sur la neige.

ment pouvait-on supposer que les victimes eussent autorisé l'emploi d'une corde si inférieure, quant à sa solidité, lorsqu'il y en avait plus de soixante-quinze mètres disponibles et de la meilleure qualité [1]?

Il était donc fort à désirer, dans l'intérêt du vieux guide, dont la réputation était d'ailleurs très-bonne, que ce mystère fût éclairci. Dès que j'eus fait ma déposition devant une commission d'enquête instituée par le gouvernement du Valais, je remis aux membres de cette commission une série de questions rédigées de manière à fournir au vieux Pierre l'occasion de se disculper des graves soupçons qui pesaient sur lui. Ces questions furent posées, m'a-t-on affirmé, et des réponses y furent faites; mais bien qu'elles m'aient été promises, ces réponses ne m'ont jamais été adressées [2].

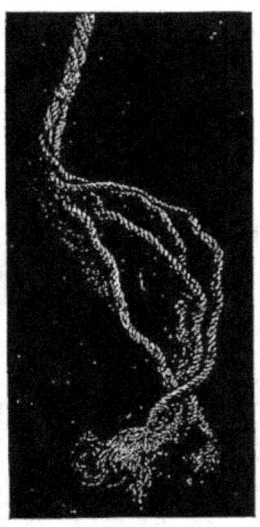

La seconde corde.

Cependant, l'administration avait envoyé des ordres très-pré-

---

1. J'étais moi-même à plus de trente mètres de mes compagnons au moment où ils furent attachés à la corde; je ne puis donc éclaircir ce point en aucune façon. Ce furent sans doute Croz et le vieux Pierre qui attachèrent les autres voyageurs.

2. Ce n'est pas la seule occasion où M. Clémenz, président de l'enquête, ait manqué à sa promesse de faire connaître les réponses qu'il avait promises. Il est fort regrettable qu'il n'ait pas senti combien la suppression de la vérité est à la fois nuisible aux intérêts des voyageurs et à ceux des guides. Si les guides ne méritent pas la confiance du public, celui-ci doit le savoir; s'ils ne sont pas coupables, pourquoi les laisser exposés à des accusations imméritées?

Le vieux Pierre est toujours sous le coup d'une imputation injuste. Malgré ses dénégations répétées, ses voisins et ses camarades de Zermatt persistent à insinuer et même à affirmer qu'il a coupé la corde qui l'attachait à lord Francis Douglas. Quant à moi, je puis assurer qu'il n'a pas *pu* la couper au

cis pour que les cadavres fussent descendus à Zermatt; le 19 juillet, vingt et un guides de Zermatt partirent pour accomplir cette triste et périlleuse tâche. Ils coururent de grands dangers à la descente, car ils faillirent être engloutis par la chute d'un sérac. Ils ne trouvèrent non plus aucun fragment du corps de lord Douglas, qui était sans doute resté accroché sur quelque rocher. Les restes de Hudson et de Hadow furent enterrés dans la partie septentrionale de l'église de Zermatt, en présence d'une foule émue et sympathique. Le corps de Michel Croz a été inhumé du côté opposé; sa tombe, plus simple, porte une inscription qui rappelle, dans les termes les plus honorables, sa droiture, son courage et son dévouement[1].

La tradition qui représentait le Cervin comme absolument inaccessible était donc détruite; des légendes d'un caractère

---

moment où l'accident eut lieu; et le bout de corde qui est en ma possession prouve qu'il ne l'avait pas coupée avant. Il reste cependant à sa charge ce fait fort suspect : c'est que la corde qui se rompit était la plus mince et la plus faible de toutes celles que nous avions. C'est fort suspect à un double titre : d'abord, il est peu vraisemblable que mes quatre compagnons qui marchaient en tête eussent choisi de préférence une corde vieille et faible, quand il y en avait d'autres fortes et neuves; ensuite, si Taugwalder prévoyait la possibilité d'un accident, il était tout à fait de son intérêt de se servir de la corde la plus faible là où elle fut employée.

Je serais heureux d'apprendre qu'il a répondu d'une manière satisfaisante aux questions qui lui ont été posées. Sa conduite au moment fatal fut un véritable tour de force, admirablement exécuté. On m'a dit qu'il était devenu presque incapable d'aucun travail; il n'est pas absolument fou, mais son esprit est dérangé et son corps valétudinaire; doit-on s'en étonner? qu'il soit rongé par le remords d'avoir commis une mauvaise action, ou qu'il se débatte sous le poids d'une accusation aussi horrible qu'injuste.

Je ne saurais rendre un témoignage aussi favorable à l'égard du jeune Pierre. J'ai raconté l'odieuse proposition qu'il me fit (et je suis persuadé qu'elle émanait de lui seul); il a depuis essayé d'exploiter notre malheureux accident, quoique son père eût reçu pour eux deux une large rémunération, en présence de plusieurs témoins. Quelle que soit sa valeur comme guide, je ne lui confierais plus ma vie et je ne voudrais plus avoir aucun rapport avec lui.

1. Sur l'initiative de M. Alfred Wills, une souscription fut ouverte au profit des sœurs de Michel Croz, auxquelles il faisait une pension nécessaire. Cette souscription produisit en peu de temps 280 livres (6000 fr.). Elle fut alors fermée comme étant suffisante. Les 6000 francs furent placés en rente française à la recommandation de M. Dupuy, alors maire de Chamonix.

plus réel venaient la remplacer. D'autres touristes essayeront à leur tour d'escalader ses orgueilleuses arêtes; mais la terrible montagne ne sera pour aucun d'eux ce qu'elle fut pour ceux qui les premiers en atteignirent le sommet. D'autres pourront fouler sa cime glacée, nul n'éprouvera l'impression que ressentirent ceux qui, pour la première fois, contemplèrent ce panorama merveilleux; nul, je l'espère, ne sera condamné à voir sa joie se changer en désespoir, ses éclats de rire devenir des cris de douleur.

Le Cervin s'est montré pour nous un adversaire acharné; longtemps il a résisté; il nous a porté plus d'un coup redoutable. Vaincu avec une facilité qui n'eût pu être prévue, comme un impitoyable ennemi terrassé, mais non anéanti, il a tiré une terrible vengeance de sa défaite. Un jour viendra où le Cervin lui-même aura disparu; seul, un amas de débris informes marquera la place où s'élevait la belle montagne : atome par atome, centimètre par centimètre, mètre par mètre, elle subit peu à peu l'action destructive de forces éternelles auxquelles rien ne saurait résister. Ce jour est bien éloigné encore; avant qu'il arrive, des siècles passeront, et bien des générations futures viendront contempler les effrayants précipices du Cervin, admirer sa forme qui n'a pas d'égale dans toutes les Alpes. Si exaltées que soient ses idées, si exagérées qu'aient été ses espérances, nul de ceux qui auront le bonheur de le voir ne s'en retournera déçu par la réalité.

Le drame est fini; le rideau va bientôt tomber. Avant de nous séparer, un dernier mot sur les plus sérieux enseignements des montagnes. Voyez cette sommité! Elle est bien loin; involontairement on ajoute : « impossible de l'escalader! impossible! »
— « Mais non! » dit le montagnard. « Le chemin est bien long, je le sais; il est difficile, dangereux peut-être; mais l'ascension est possible, j'en suis certain; je chercherai la meilleure route; je prendrai l'avis de mes frères les montagnards, je saurai comment ils ont gravi des sommets aussi élevés; ils m'apprendront à éviter les dangers de pareilles courses. » Il part quand

tout dort encore dans la plaine; le sentier est glissant, très-pénible même. La prudence et la persévérance finissent par remporter la victoire; la montagne est escaladée! et ceux qui le voient d'en bas s'écrient : « C'est incroyable ! c'est une action surhumaine ! »

Pour nous, habitués aux *grimpades* dans les montagnes, nous savons quelle supériorité donnent sur la force brutale la volonté d'atteindre un but bien déterminé et la persévérance. Nous savons que chaque pas accompli, chaque hauteur gravie ne peut l'être qu'au prix d'efforts patients et laborieux, et que le désir ne saurait remplacer l'action ; nous savons apprécier les bienfaits de l'assistance mutuelle ; bien des difficultés surgiront, bien des obstacles devront être tournés ou combattus ; mais pour nous, vouloir c'est pouvoir. Instruits à cette rude école, nous revenons à nos occupations journalières plus forts et mieux armés pour soutenir le combat de la vie, et pour surmonter les obstacles du chemin ; fortifiés et ranimés que nous sommes par le souvenir des tâches accomplies et des victoires remportées sur d'autres champs de bataille.

Je n'ai pas eu la prétention de me faire l'apologiste passionné des courses de montagnes et je ne veux pas m'ériger ici en moraliste; cependant, je me serais fort mal acquitté de ma tâche si je l'achevais sans rappeler les bienfaits plus sérieux qu'on peut retirer de ces exercices virils. Nous sommes fiers de la régénération physique qu'ils produisent en nous ; nous nous extasions sur les scènes grandioses qui se déroulent à nos yeux, sur les splendeurs des levers et des couchers de soleil, sur les beautés incomparables des collines, des vallons, des lacs, des bois, des cascades : mais, ce que nous évaluons à un prix bien supérieur, c'est notre progrès comme homme, et, grâce à notre lutte incessante avec les difficultés, le développement de ces nobles qualités de notre nature, le courage, la patience, et la force d'âme.

Certaines personnes tiennent ces vertus en fort petite estime et attribuent même des motifs bas et méprisables à ceux qui s'adonnent aux exercices innocents des montagnes. Mais le poëte l'a dit :

« Sois chaste comme la glace, pur comme la neige, et malgré cela tu n'échapperas pas à la calomnie. »

D'autres encore, sans se montrer envers nous de violents détracteurs, prétendent ne rien comprendre au plaisir que l'on éprouve à escalader les montagnes. Pourquoi s'en étonner? nous n'avons pas tous la même constitution. Les courses de montagnes sont un exercice essentiellement réservé aux hommes jeunes et robustes; les vieillards et les infirmes en sont forcément exclus. Pour ces derniers, la peine ne saurait être un plaisir. Que de fois ils s'écrient : « Cet homme fait du plaisir une fatigue! » Comme l'a dit un écrivain de l'antiquité, une sorte de rapport nécessaire relie, malgré leurs natures opposées, le plaisir et la peine. Celui qui veut parcourir les montagnes doit être averti qu'il s'expose à de grandes fatigues; mais la fatigue donne la force (non-seulement la force musculaire, mais la force morale); elle éveille toutes les facultés, et de la force naît le plaisir. Souvent on vous demande, d'un ton qui implique une réponse dubitative : « Mais le plaisir vaut-il la peine? » A la vérité, nous ne pouvons pas estimer notre plaisir comme vous mesurez votre vin ou comme vous pesez votre plomb. Quand bien même je pourrais effacer de ma mémoire tous mes souvenirs, je dirais encore que mes escalades dans les Alpes m'ont bien payé des mes peines, car elles m'ont donné deux des meilleures choses que l'homme puisse posséder ici-bas : de la santé et des amis.

Les souvenirs des plaisirs passés ne sauraient s'effacer. Au moment même où je trace ces lignes, ils se pressent en foule devant moi. Voici d'abord une série infinie de tableaux magnifiques par la forme, par l'effet, par la couleur. Je vois les grands pics avec leurs sommets entourés de nuages, qui semblent monter toujours comme dans l'infini; j'entends les concerts des troupeaux éloignés, les chants des paysans et les tintements solennels des cloches des églises; j'aspire les émanations odorantes des pins. Ensuite arrivent en foule des pensées d'un autre ordre. Je songe à ceux qui ont été honnêtes, braves et loyaux, aux cœurs dévoués et aux actions hardies, aux politesses que j'ai reçues d'étrangers, et qui bien qu'insignifiantes en elles-mêmes, témoignaient de cette bienveillance envers l'humanité qui est l'essence de la charité.

A la fin, de tristes souvenirs planent autour de moi, et, s'amassant quelquefois comme des brouillards flottants, me cachent les rayons du soleil, et me font tristement oublier les jours heureux. J'ai éprouvé des joies trop grandes pour pouvoir les décrire avec des paroles; j'ai subi des chagrins si profonds que je n'ai pas osé m'y appesantir. En me rappelant toutes ces impressions, je dis à mes lecteurs : Grimpez, si vous le voulez, mais souvenez-vous que le courage et la force ne sont rien sans la prudence, et qu'un moment de négligence peut détruire le bonheur de toute une vie. Ne faites rien précipitamment, surveillez bien chacun de vos pas, et, en commençant une expédition, songez à ce que peut en être la fin !

APPENDICE.

I

SUITE DE L'HISTOIRE DU CERVIN[1].

Les guides du Val Tournanche qui avaient essayé d'escalader le Cervin pour en faciliter l'ascension à MM. Giordano et Sella par l'arête du sud-ouest, allèrent planter leur tente sur la troisième plate-forme, au pied de la Grande-Tour (3960 mètres). Le mauvais temps les contraignit à passer plusieurs jours sous cet abri. Au premier beau jour (13 juillet), ils se remirent en marche; le 14, ils atteignirent l'Épaule vers midi, puis ils montèrent à la base du dernier pic (point où Bennen s'arrêta le 28 juillet 1862). Là, les avis se partagèrent. Deux des guides, Jean-Antoine Carrel et Joseph Maquignaz, voulaient continuer; les autres ne s'en souciaient guère; à la suite d'une longue discussion, ils commencèrent à descendre, et, lorsqu'ils furent sur la « Cravate » (4122 mètres), ils entendirent les cris que nous poussions du sommet[2]. De retour au Breuil le 15, ils racontèrent leur insuccès à M. Giordano (V. p. 391). Celui-ci, naturellement fort désappointé, les pressa de repartir[3]. « J'ai fait, leur dit-il, tous mes efforts pour avoir l'honneur d'exécuter le premier cette ascension; la chance s'est déclarée contre moi, je suis vaincu. Patience! Si je consens à de nouveaux sacrifices, ce sera pour vous; il y va de votre honneur et de votre intérêt. Voulez-vous repartir afin de résoudre la question, ou, du moins, pour mettre un terme à toute incertitude? » Tous les guides, excepté Jean-Antoine, refusèrent nettement de prendre part à toute nouvelle tentative. Carrel seul s'avança en disant : « Quant à moi, je n'y renonce pas. Si vous voulez venir (en se tournant vers l'abbé Gorret), vous ou les autres, je repars immédiatement. » — « Je n'en

---

1. Nous résumons ici le récit de l'expédition des Italiens qui partirent du Breuil le 11 juillet 1865. V. p. 377.
2. Je tiens ces détails de Jean-Antoine Carrel.
3. Les détails suivants sont extraits du récit de l'abbé Amé Gorret (publié dans la *Feuille d'Aoste*, oct. 1865), qui se trouvait au Breuil au moment du retour des guides.

suis pas! » dit l'un des guides. « Ni moi! » s'écria un autre. « Pour mille francs je n'y retournerais pas! » ajouta un troisième. Seul l'abbé Gorret consentit. Cet intrépide ecclésiastique avait été l'un des membres des premières expéditions[1] entreprises pour tenter l'ascension du Cervin. Carrel et l'abbé fussent partis seuls si J. B. Bich et J. A. Meynet (deux guides attachés à l'hôtel de Favre) ne se fussent joints à eux au dernier moment. M. Giordano voulait les accompagner, mais les guides, connaissant les difficultés qu'ils auraient à vaincre, ne voulurent pas le lui permettre.

Les quatre hardis montagnards quittèrent donc le Breuil le 16 juillet à 6 heures 30 minutes du matin; à 1 heure, ils arrivèrent à la troisième plate-forme de la tente, où ils passèrent la nuit. Le 17, au point du jour, ils continuèrent l'ascension par la route qu'ils avaient précédemment suivie. Dépassant successivement la « Grande-Tour, » la « Crête du Coq, » la « Cravate » et « l'Épaule[2], » ils atteignirent, à 10 heures du matin, le point situé à la base du dernier pic et où les guides s'étaient arrêtés pour redescendre le 14[3]. Près de 245 mètres restaient encore à escalader, et, dit l'abbé, « nous allions entrer en pays inconnu, n'étant jamais allés aussi loin. » La crevasse qui avait arrêté Bennen ayant été franchie, l'expédition monta directement au sommet, par des rochers qui, sur une certaine distance, n'offrirent aucune difficulté particulière. Mais bientôt ils se virent arrêtés par les escarpements à pic du haut desquels nous avions roulé des pierres (le 14), et Carrel les contourna à gauche (côté de Z'Mutt). Cette partie du trajet offrit les plus grandes difficultés; des chutes de pierres et de stalactites de glace rendaient leur situation si dangereuse[4], que les guides préférèrent monter de nouveau en droite ligne au sommet, en escaladant des rochers que l'abbé dit être presque perpendiculaires; « ce passage, ajoute-t-il, fut celui qui nous prit le plus de temps et qui nous donna le plus de peine. » Enfin, ils atteignirent une fissure de rochers formant une sorte de galerie naturelle horizontale. Ils la suivirent en rampant, dans la direction d'une arête qui s'inclinait à peu près vers le nord-ouest; arrivés près de cette arête, ils constatèrent qu'il leur était impossible de l'escalader sur ce point, mais qu'ils pourraient l'atteindre un peu plus bas en se laissant glisser le long d'un couloir presque perpendiculaire. Le courageux abbé était le plus lourd des quatre ascensionnistes, aussi fut-il sacrifié au succès de l'expédition. Lui et Meynet, restant en arrière, descendirent successivement leurs deux compagnons dans le couloir. Carrel et Bich grimpèrent de l'autre côté, atteignirent d'abord l'arête qui descendait vers le nord-ouest, trouvèrent bientôt après une « route facile[5], se mirent à courir » et gagnèrent en quelques minutes l'extrémité méridionale de l'arête qui forme le sommet.

---

1. V. l'Appendice n° II, tentative n° 1.
2. Ces appellations, ainsi que celles de Grand-Escalier, col du Lion, Tête du Lion, Cheminée, etc., avaient été inventées par Carrel et moi, pour nous rappeler certains passages qui offraient une ressemblance réelle ou supposée avec les objets qu'ils désignaient.
3. Ce point est désigné par la lettre E, sur le profil inférieur de la gravure qui fait face à la page 78.
4. J'ai vu près du sommet du Cervin des stalactites de glace suspendues aux rochers et longues de plus de 30 mètres.
5. Ce sont les propres paroles de l'abbé. Je pense qu'il a voulu dire *comparativement* facile.

L'heure exacte de leur arrivée ne paraît pas avoir été observée. Je pense qu'il était assez tard, à peu près 3 heures du soir. Carrel et son camarade restèrent sur le sommet juste le temps nécessaire pour y planter un drapeau à côté du cairn que nous avions élevé trois jours auparavant; puis ils rejoignirent leurs deux compagnons, et tous quatre se hâtèrent de regagner la tente aussi vite que possible. Ils étaient si pressés qu'ils ne prirent même pas le temps de manger. A 9 heures du soir seulement ils atteignirent leur campement au pied de la Grande-Tour. En y descendant, ils suivirent dans toute sa longueur la galerie mentionnée ci-dessus, et évitèrent ainsi les rochers trop difficiles qu'ils avaient dû escalader en montant. Pendant qu'ils étaient sur « l'Épaule » ils furent témoins du phénomène dont il a été parlé à la page 399.

Quand ils furent près du sommet, Carrel et Bich aperçurent nos traces sur le glacier du Cervin, et se doutèrent qu'un accident avait eu lieu; cependant ils n'apprirent la catastrophe du Cervin qu'à leur retour au Breuil, le 18, à 3 heures du soir. Les détails de ce triste événement étaient dans toutes les bouches; faute d'informations exactes, l'accident passait assez naturellement pour une preuve certaine de l'extrême danger qu'offrait le versant septentrional de la montagne. D'autre part, l'heureux retour des quatre Italiens témoignait non moins évidemment que la route du Breuil était la plus sûre. Ceux qui s'intéressaient par intérêt personnel ou pour d'autres causes au Val Tournanche tirèrent un habile parti des circonstances et entonnèrent l'éloge de la route méridionale. Quelques-uns allèrent même plus loin; établissant des comparaisons entre les deux routes au désavantage de celle du nord; ils se plurent à insinuer que notre expédition des 13 et 14 juillet avait été faite avec précipitation, etc., etc.

Rétablissons donc la vérité des faits. Les Taugwalders et moi nous fûmes absents de Zermatt pendant vingt-trois heures, sans compter les haltes et les arrêts pour une cause ou pour l'autre. Zermatt étant à 1620 mètres d'altitude, le Cervin à 4482, nous avions à gravir 2862 mètres. Le chemin était connu jusqu'au point marqué 3298 mètres, nous n'avions donc à chercher notre route que sur un espace de 1184 mètres. Les membres de notre expédition (cette fois, tous compris) étaient fort inégaux au double point de vue de la force et de l'adresse; aucun d'eux ne pouvait être un instant comparé comme *grimpeur de rochers* à Jean-Antoine Carrel. Les quatre Italiens, qui partirent du Breuil le 16 juillet, furent absents pendant cinquante-six heures et demie; autant que j'en puis juger d'après le récit publié et d'après des conversations avec les guides, l'ascension et la descente leur prirent vingt-trois heures trois quarts, sans compter les haltes. L'hôtel du Breuil est à 2100 mètres d'altitude, ils avaient donc 2382 mètres à gravir. Carrel connaissait la montagne jusqu'à l'extrémité de « l'Épaule », il n'avait, par conséquent, à chercher son chemin que sur une hauteur de 242 mètres environ. Les quatre guides, montagnards de naissance, étaient de très-habiles grimpeurs, et ils avaient pour chef l'homme le plus adroit à escalader les rochers que j'aie jamais vu. Le temps fut également favorable aux deux expéditions. On voit donc que ces quatre guides de force égale mirent plus de temps à gravir une hauteur moins élevée de 480 mètres que celle qu'il nous avait fallu escalader [1]; et cependant nous avions dû chercher notre chemin sur un espace inconnu quatre fois plus considérable. Ce fait seul permet de supposer que leur route a dû être beaucoup plus difficile que la nôtre, ce qui, du reste, était vrai.

Telle n'était point l'opinion répandue dans le Val Tournanche à la fin de 1865, et les gens du pays comptaient bien voir les touristes se porter en foule dans leur vallée, de préférence à celle de Zermatt. Ce fut, je crois, feu le chanoine Carrel, d'Aoste (il s'intéressait toujours beaucoup à ces expéditions), qui, le premier, proposa de construire une cabane sur le versant méridional du Cervin. Ce projet fut adopté avec enthousiasme, et les fonds nécessaires à son exécution furent promptement versés, — principalement par les membres du Club alpin italien, ou par leurs amis. L'infatigable Carrel sut découvrir une excavation naturelle sur l'arête appelée « la Cravate » (4122 mètres); et, quelque temps après, elle fut, sous sa direction, transformée en une petite cabane très-convenable. Sa position est superbe, et la vue que l'on y découvre, grandiose.

Pendant l'exécution de ce travail, mon ami M. F. Craufurd-Grove vint me consulter sur l'ascension du Cervin. Je lui recommandai de la faire par le versant septentrional et de prendre Jean-Antoine Carrel pour guide. Mais Carrel préféra le versant méridional; ils suivirent, en conséquence, la route du Breuil. M. Grove eut la bonté de me communiquer le récit suivant de son expédition. Il continue ma description de la route méridionale, à partir du point le plus élevé que j'aie atteint de ce côté (un peu au-dessous de la Cravate) jusqu'au sommet; il complète ainsi les descriptions que j'ai faites des deux versants.

« Je partis du Breuil, au mois d'août 1867, pour faire l'ascension du Cervin; j'avais pour guides trois montagnards du Val Tournanche : Jean-Antoine Carrel, J. Bich et S. Meynet; Carrel était le guide en chef. A cette époque, le Cervin n'avait pas été escaladé depuis la fameuse expédition des guides italiens racontée ci-dessus.

« Nous suivîmes exactement la route qu'ils avaient suivie en descendant, lorsque, comme on le verra plus loin, ils durent chercher une direction différente de celle qu'ils avaient prise pour monter. Après avoir gagné d'abord le col du Lion, nous escaladâmes l'arête du sud-ouest ou du Breuil, par la voie décrite ci-dessus, et nous passâmes la nuit dans la hutte encore inachevée construite par le Club alpin italien sur la « Cravate ». Nous quittâmes cette hutte à la pointe du jour, et nous atteignîmes de bonne heure le sommet de « l'Épaule » dont nous traversâmes l'arête pour monter au pic terminal du Cervin. Le passage de cette arête fut peut-être la partie la plus intéressante de toute l'ascension. Minée par une lente destruction, la crête en est irrégulièrement découpée en créneaux gigantesques, et bordée, de chaque côté, par d'effroyables précipices; son aspect grandiose défie toute description, et, chose pourtant étrange, elle n'est pas très-difficile à escalader; le vertige, seul, offre un danger sérieux.

---

1. L'allure d'une expédition se règle sur le pas du moins habile de ses membres.

Il faut certainement prendre les plus grandes précautions, mais l'escalade n'est pas tellement difficile qu'elle absorbe complètement l'attention ; on peut donc jouir tout à la fois, presque à son aise, d'une belle *grimpade* et d'un paysage grandiose qui n'a peut-être pas d'égal dans le reste des Alpes.

« C'est presque à l'extrémité de cette arête, près de l'endroit où elle se relie au dernier pic, que l'expédition du professeur Tyndall, arrêtée par une crevasse, dut battre en retraite en 1862 [1]. De ce point, s'élance, à une hauteur verticale de 228 mètres, la tour principale du Cervin, abrupte, splendide et en apparence inaccessible. L'élévation m'en parut même plus considérable encore ; car je me souviens de l'avoir contemplée de l'extrémité de l'arête, et d'avoir apprécié sa hauteur à plus de 300 mètres au-dessus de moi.

« Quand les guides italiens exécutèrent leur belle ascension, ils suivirent l'arête de l'Épaule jusqu'au pic principal, franchirent la crevasse mentionnée plus haut (page 143), escaladèrent le terrible versant du nord-ouest (décrit par M. Whymper pp. 387-391), puis essayèrent de traverser ce versant pour gagner l'arête de Z'Mutt [2]. Cette traversée fut une entreprise aussi difficile que dangereuse. Je vis de fort près l'endroit où ils passèrent, et j'eus peine à comprendre comment des êtres humains avaient pu grimper sur des rochers si abrupts et si perfides. Arrivés à moitié chemin, ils rencontrèrent de telles difficultés, la chute des pierres les menaçait d'un si grand danger, qu'ils montèrent alors en droite ligne, espérant trouver un chemin plus praticable ; ils y réussirent en partie, en découvrant bientôt une petite saillie, formée par une anfractuosité du rocher, qui s'étendait horizontalement sur le versant nord-ouest de la montagne jusqu'à une petite distance au-dessous du sommet. Longeant cette saillie, les Italiens se trouvèrent près de l'arête du Z'Mutt, dont les séparait toujours une barrière infranchissable ; pour tourner cet obstacle, il fallait descendre un couloir perpendiculaire. Carrel et Bich se firent descendre au bas de ce couloir, en haut duquel durent rester leurs deux compagnons pour les remonter au retour. L'arête du Z'Mutt atteinte dès lors sans difficulté, Carrel et Bich la suivirent pour gagner le sommet de la montagne. Au retour, les Italiens suivirent la saillie mentionnée ci-dessus, pour traverser le versant du nord-ouest, et ils descendirent à l'endroit où l'arête de l'Épaule se rattache au pic principal par une sorte de crête escarpée située entre le versant du nord-ouest et le versant méridional. Nous suivîmes ce chemin à la montée comme à la descente, lors de l'ascension que je fis en 1867. Je trouvai la saillie difficile et même très-dangereuse en certains endroits, je ne me souciais guère d'y retourner ; cependant elle n'offre ni les mêmes difficultés ni les mêmes dangers que les pentes de rochers nues et impitoyables traversées par les Italiens lors de leur première ascension.

« J.-Antoine Carrel et ses camarades eurent la gloire de monter les premiers au Cervin par le versant italien. Bennen conduisit son expédition avec autant de courage que d'adresse jusqu'à près de 228 mètres au-dessous du sommet.

---

1. V. pp. 132-137, 143-144.
2. C'est une arête qui descend vers le glacier de Z'Mutt.

Une fois là, si bon guide qu'il fût, Bennen dut se retirer vaincu; il était réservé au plus expérimenté des guides du Val Tournanche de découvrir le chemin difficile qui monte de ce point au sommet. »

M. Craufurd-Grove fut le premier touriste qui fit l'ascension du Cervin après l'accident; aussi les habitants du Val Tournanche se montrèrent-ils enchantés de ce que cette ascension eût été exécutée par le versant italien. Néanmoins, il déplaisait fort à certains d'entre eux que J. A. Carrel attirât si vivement l'attention. Peut-être craignaient-ils de lui voir accaparer le monopole de la montagne. Un mois après l'expédition de M. Grove, six habitants du Val Tournanche se mirent en route pour tâcher de trouver à leur tour le meilleur chemin afin de participer aux bénéfices que pouvaient faire espérer les ascensions futures. Cette expédition se composait de trois Maquignaz, de César Carrel (mon ancien guide), de J. B. Carrel et d'une fille de ce dernier! Partis du Breuil le 12 septembre à 5 heures du matin, ils arrivèrent à 3 heures du soir à la cabane où ils passèrent la nuit. Ils repartirent le lendemain matin à 7 heures, laissant en arrière J. B. Carrel, montèrent par l'Épaule jusqu'au pic principal, traversèrent la crevasse qui avait arrêté Bennen, puis se mirent à escalader les rochers relativement faciles du côté opposé jusqu'à ce qu'ils fussent arrivés au pied du dernier précipice, du haut duquel nous avions fait rouler des pierres le 14 juillet 1865. Là, ils n'étaient plus, y compris la jeune femme, qu'à 106 mètres du sommet! Au lieu de tourner alors à gauche, comme Carrel et M. Grove l'avaient fait, Joseph et J.-Pierre Maquignaz s'attaquèrent à l'escarpement qu'ils avaient devant eux et parvinrent à gagner le sommet en se servant des crevasses, des saillies et des couloirs. Cette voie était plus courte (et sans doute plus aisée) que celle qu'avaient prise Carrel et Grove; elle a été suivie par tous ceux qui ont fait depuis lors l'ascension du Cervin par le côté du Breuil[1]. Depuis, des cordes ont été fixées dans les endroits les plus difficiles de la partie la plus rapprochée du sommet.

Cependant on n'était point resté oisif de l'autre côté de la montagne. Une cabane fut élevée sur le versant oriental à 3818 mètres d'altitude, près du sommet de l'arête qui descend vers Zermatt (arête du nord-est). Ce travail fut exécuté aux frais de M. Seiler et du Club alpin suisse. M. Seiler en confia la direction aux Knubel, natifs de Saint-Nicolas, village de la vallée de Zermatt; et Pierre Knubel et Joseph-Marie Lochmatter, du même village, eurent l'honneur de faire avec M. Elliott la seconde ascension de la montagne par le versant septentrional, le 24 et le 25 juillet 1868[2]. Depuis lors les ascensions du

---

[1]. Joseph et Pierre Maquignaz montèrent seuls au sommet; les autres, découragés, étaient redescendus. On doit faire remarquer que J. A. Carrel et ses camarades avaient pris soin de fixer des cordes dans *tous* les endroits difficiles de la montagne jusqu'à « l'Épaule, » *avant* cette ascension: ainsi s'explique la facilité avec laquelle furent franchis, cette fois, des passages jadis fort difficiles. La jeune femme déclara que cette ascension (jusqu'au point où elle était parvenue) était très-facile; si elle eût monté à la même hauteur avant 1862, son opinion eût sans doute été toute différente.

[2]. M. Elliott crut avoir évité l'endroit où avait eu lieu l'accident du 14 juillet 1865 et trouvé un meilleur passage; d'autres voyageurs, qui ont aussi fait l'ascension par le versant septentrional, ont eu la même idée : mais, d'après toutes les informations que j'ai prises, on n'a dévié que d'une manière insignifiante de la route que nous avions suivie dans cette partie difficile mais

Cervin ont été nombreuses, mais la seule digne d'une mention est celle de M. Giordano le 3 et le 5 septembre 1868.

M. Giordano vint plusieurs fois au Breuil après son fameux voyage de 1865, dans l'intention d'exécuter cette ascension, mais le temps avait toujours déjoué ses projets. Parti en juillet 1866 avec J. A. Carrel et d'autres guides, il monta jusqu'à la « Cravate » ; mais là, *il fut obligé de rester cinq jours et cinq nuits sur la montagne, sans pouvoir ni monter ni descendre*. Cependant, à la date indiquée ci-dessus, il parvint à atteindre le but de ses désirs, et il eut la satisfaction de monter au sommet de la montagne par un versant et de descendre par l'autre. M. Giordano est, je crois, le seul géologue qui ait fait l'ascension du Cervin. Il employa un temps considérable à en examiner la structure géologique, et il se laissa ainsi surprendre par la nuit sur le versant oriental. Je lui dois l'intéressante notice et la coupe que l'on trouvera ci-dessous à la suite du Tableau des Ascensions[1].

Les deux Tableaux suivants s'expliquent d'eux-mêmes. Le premier permet d'embrasser d'un seul coup d'œil toutes les tentatives faites pour escalader le Cervin antérieurement au mois de juillet 1865, soit par les gens du pays soit par des touristes étrangers. Le second comprend toutes les ascensions faites depuis cette date.

A côté de celles qui ont réussi on compte un grand nombre d'insuccès. Leur nombre même m'a obligé à ne les point mentionner. J'ai mis le plus grand soin à dresser ces tableaux avec toute l'exactitude désirable ; mais je puis avoir omis d'y placer certains noms qui auraient droit d'y figurer.

Les ascensions se sont partagées presque également entre les deux routes. Celle du nord reste, à ce que je crois, telle qu'elle était en 1865, à l'exception de la cabane construite depuis sur le versant oriental ; la route méridionale, au contraire, a été rendue beaucoup plus facile par les cordes fixées dans tous les endroits difficiles. Mais elle n'est pas plus sûre qu'elle ne l'était. Ces cordes même ne serviront qu'à la rendre plus dangereuse, à moins qu'elles ne soient l'objet d'une surveillance sévère, sur laquelle il ne faut guère compter, et qu'on ne les renouvelle de temps en temps. En ce qui concerne la *difficulté*, la différence est, selon moi, fort minime ou même nulle entre les deux chemins. L'ascension du Cervin peut être faite (elle l'a été du reste) par des *grimpeurs* du dernier ordre. Dans mon opinion, on devrait toujours la déconseiller aux touristes inexpérimentés ; si jamais elle devient à la mode (comme celle du Mont-Blanc, par exemple), on peut prédire d'avance les plus terribles catastrophes.

---

très-courte de la montagne ; je suis donc très-fondé à croire que la plupart de ceux qui ont suivi la route du nord, en montant ou en descendant, ont dû passer sur l'endroit même où l'accident avait eu lieu.

1. M. Giordano emporta un baromètre à mercure et le consulta fréquemment, pendant tout le cours de son expédition. Ses observations m'ont permis de déterminer avec certitude les hauteurs atteintes dans les différentes tentatives d'ascension, ainsi que l'altitude des différents endroits dont il a été parlé dans le cours de cet ouvrage. Ce savant laissa en outre, en 1868, un thermomètre à minima sur le sommet. En juillet 1866, J. A. Carrel redescendit cet instrument qui marquait seulement 12°,78 centigrades au-dessous du point de congélation. On a pensé qu'une épaisse couche de neige l'avait protégé contre les grands froids de l'hiver. Cette explication paraît à peine satisfaisante.

II. — TABLEAU DES TENTATIVES FAITES POUR ESCALADER LE CERVIN AVANT LA PREMIÈRE ASCENSION.

NOMBRE DES TENTATIVES.	DATES.	NOMS.	VERSANT PAR LEQUEL ON A ESSAYÉ DE MONTER; Endroits atteints.	ALTITUDE LA PLUS ÉLEVÉE QU'ON AIT ATTEINTE.	REMARQUES.
1	1858-9.	J.-Antoine Carrel. J.-Jacques Carrel. Victor Carrel. Gab. Maquignaz. Abbé Gorret.	Côté du Breuil.	3855	On n'atteignit cette hauteur qu'après plusieurs tentatives dont ceux qui les ont faites ont oublié le nombre. V. p. 82.
2	1860. Juillet.	Alfred Parker. Charles Parker. Sandbach Parker.	Côté de Zermatt. Versant oriental.	3474	Sans guides, p. 82.
3	Août.	V. Hawkins. J. Tyndall.	Côté du Breuil. Hawkins atteignit le pied de la « Grande-Tour, » Tyndall monta quelques mètres plus haut.	3960 3967	Guides : J. J. Bennen et J.-Jacques Carrel, pp. 85, 86.
4	1861. Juillet.	MM. Parker.	Côté de Zermatt. Versant oriental.	3566	Pas de guides, p. 87.
5	29 août.	J.-Antoine Carrel. J.-Jacques Carrel.	Côté du Breuil. « Crête du Coq.»	4032	V. p. 95.
6	29-30 août.	Édouard Whymper.	Côté du Breuil. La « Cheminée. »	3855	Campement sur la montagne avec un guide de l'Oberland, pp. 90 95.
7	1862. Janvier.	T. S. Kennedy.	Côté de Zermatt. Versant oriental.	3353	Tentative en hiver, pp. 96, 97.
8	7 et 8 juillet.	R. J. S. Macdonald. Édouard Whymper.	Côté du Breuil. Arête située au-dessous de la « Cheminée. »	3657	Guides : Jean Zum Taugwald et Jean Kronig, pp. 102, 104.
9	9-10 juillet.	R. J. S. Macdonald. Édouard Whymper.	Côté du Breuil. « Grande-Tour »	3960	Guides : J. A. Carrel et Pession, p. 104.
»	18-19 juillet.	» »	Côté du Breuil. Arrive un peu plus haut que la partie inférieure de la « Cravate. »	4084	Seul, pp. 107, 122.
10	23-24 juillet.	» »	Côté du Breuil. « Crête du Coq. »	4008	Guides : J. A. Carrel, César Carrel et Luc Meynet, p. 126.
11	25-26 juillet.	» »	Côté du Breuil. Parvenu à une hauteur presque égale à la partie supérieure de la « Cravate. »	4102	Avec Luc Meynet, pp. 131, 132.
12	27-28 juillet.	J. Tyndall.	Côté du Breuil. « L'Épaule, » puis jusqu'au pied du dernier pic.	4258	Guides : J. J. Bennen et Antoine Walter; porteurs : J.-Antoine Carrel, César Carrel et un autre, pp. 132-137, 142-143.
13	1863. 10-11 août.	Édouard Whymper.	Côté du Breuil. « Crête du Coq. »	4047	Guides : J. A. Carrel, César Carrel, Luc Meynet et deux porteurs, pp. 177, 186.
14	1865. 21 juin.	» »	Versant du sud-est.	3414	Guides : Michel Croz, Christian Almer, Franz Biener; porteur, Luc Meynet, pp. 321, 324.

III. — ASCENSIONS DU CERVIN.

NOMBRE DES ASCENSIONS.	DATES.	NOMS.	ROUTES SUIVIES.	REMARQUES.
	1865.			
1	13-15 juillet.	Lord Francis Douglas. D. Hadow. Charles Hudson. Édouard Whymper.	Zermatt. (Route septentrionale.)	Guides : Michel Croz, Pierre Taugwalder père, Pierre Taugwalder fils, pp. 382-393.
2	16-18 juillet.	Jean-Antoine Carrel. J.-Baptiste Bich. Amé Gorret. J.-Augustin Meynet.	Le Breuil. (Route méridionale.)	Les deux premiers parvinrent seuls jusqu'au sommet même, pp. 391, 410-411.
	1867.			
3	13-15 août.	F. Craufurd Grove.	Le Breuil.	Guides : J. A. Carrel, Salomon Meynet et J. B. Bich.
4	12-14 septemb.	Joseph Maquignaz. J.-Pierre Maquignaz. Victor Maquignaz. César Carrel. J. B. Carrel.	Le Breuil.	Cette expédition découvrit une route plus facile que celle suivie le 17 juillet 1865. Les deux premiers montèrent seuls sur le sommet.
5	1-3 octobre.	W. Leighton Jordan.	Le Breuil.	Guides : Les trois Maquignaz qui viennent d'être nommés, plus César Carrel et F. Ansermin. Les Maquignaz et M. Jordan allèrent seuls jusqu'au sommet.
	1868.			
6	24-25 juillet.	J. M. Elliott.	Zermatt.	Guides : Jos.-Marie Lochmatter et Pierre Knubel.
7	26-28 juillet.	J. Tyndall.	Montée par le côté du Breuil ; descente par le côté de Zermatt.	Guides : Jos. et Pierre Maquignaz, avec trois autres.
8	2-4 août.	O. Hoiler. F. Thioly.	Cette ascension paraît avoir été faite en partant de Zermatt et en redescendant au Breuil.	Le récit consigné sur le livre de l'hôtel au Breuil n'est pas très-clair. Les guides paraissent avoir été Jos. et Victor Maquignaz et Élie Pession.
9	3-4 août.	G. E. Foster.	Zermatt.	Guides : Hans Baumann, Pierre Bernett et Pierre Knubel.
10	8 août[1].	Paul Guessfeldt.	Zermatt.	Guides : Jos.-Marie Lochmatter, Nic. Knubel et Pierre Knubel.
11	1-2 septembre.	A. G. Girdlestone. F. Craufurd Grove. W. E. U. Kelso.	Zermatt.	Guides : Jos.-Marie Lochmatter et les deux Knubel.
12	2-3 septembre.	G. B. Marke.	Zermatt.	Guides : Nic. Knubel et Pierre Zurbriggen (de Saas).
13	3-5 septembre.	F. Giordano.	Montée par le côté du Breuil ; descente par le côté de Zermatt.	Guides : J. A. Carrel et Jos. Maquignaz.
14	8-9 septembre.	Paul Sauzet.	Le Breuil.	Guides : J. A. Carrel et Jos. Maquignaz.
	1869.			
15	20 juillet.	James Eccles.	Le Breuil.	Guides : J. A. Carrel, Bich, et deux Payot (de Chamonix).
16	26-27 août.	R. B. Heathcote.	Le Breuil.	Guides : Les quatre Maquignaz (du Val Tournanche).
	1870.			
17	20 juillet (?)	?	Zermatt.	Une seule ascension a été faite en 1870. On n'a eu aucun détail.

1. Un seul jour a été mentionné pour cette ascension ainsi que pour une autre citée plus bas, mais j'ai quelque raison de croire que toutes les ascensions exécutées jusqu'à présent ont exigé au moins deux journées.

SUITE DES ASCENSIONS DU CERVIN.

NOMBRE DES ASCENSIONS.	DATES.	NOMS.	ROUTES SUIVIES.	REMARQUES.
	1871.			
18	16-17 juillet.	E. R. Whitwell.	Zermatt.	Guides : Ulrich et Charles Lauener.
19	21-22 juillet.	F. Gardiner. F. Walker. Lucy Walker.	Zermatt.	Guides : Peter Perrn, P. Knubel, Melchior Anderegg et Henri Anderegg.
20[1]	5 septembre.	W. A. B. Coolidge. Miss Brevoort.	Montée par le côté de Zermatt ; descente par le côté du Breuil.	Guides : Christian et Ulrich Almer, Nicolas Knubel.
	1872.			
21	26 juillet.	J. Jackson.	Montée par le côté du Breuil ; descente par le côté de Zermatt. — Passage effectué dans la même journée (18 h. 1/2).	Joseph Maquignaz.

IV

NOTE SUR LE PHÉNOMÈNE ATMOSPHÉRIQUE OBSERVÉ AU CERVIN.

Dans le Récit qu'il a publié d'une tentative qu'il fit pour atteindre le Pôle Nord (1828), Parry raconte en ces termes, pages 99-100, un phénomène semblable à celui dont il est question à la page 399 : « A 5 heures et demie de l'après-midi nous fûmes témoins d'un phénomène naturel magnifique. Un *fog-bow* (mot à mot : arc de brouillard), large, blanchâtre, apparut du côté opposé au soleil, comme c'était très-généralement le cas, etc., etc.... »

On remarquera que, lors de la descente des guides italiens (pour cette expédition, voy. la page 391 et l'appendice n° I), le phénomène, connu sous le nom de Brocken, se produisit. Voici la description qu'en donna l'abbé Amé Gorret dans la *Feuille d'Aoste*, 31 octobre 1865 : « Nous étions sur « l'Épaule » quand nous remarquâmes un phénomène qui nous fit plaisir ; le nuage était très-dense du côté du Val Tournanche, c'était serein en Suisse ; nous nous vîmes au milieu d'un cercle aux couleurs de l'arc-en-ciel ; ce mirage nous formait à tous une couronne au milieu de laquelle nous voyions notre ombre. » Il était environ 6 heures et demie à 7 heures du soir et les Italiens se trouvaient à peu près à la même hauteur que nous, c'est-à-dire à 4267 mètres.

---

1. La 20ᵉ et la 21ᵉ ascension ne se trouvent pas dans le livre anglais ; il y en a eu d'autres en 1871 et en 1872. Nous citons seulement ces deux-là : la 20ᵉ, parce que pour la première fois une dame est montée d'un côté et descendue de l'autre ; la 21ᵉ, parce que pour la première fois, croyons-nous, le passage du Cervin a été effectué dans la même journée.

APPENDICE.

V

NOTICE SUR LA GÉOLOGIE DU CERVIN, PAR M. F. GIORDANO, INGÉNIEUR EN CHEF DES MINES D'ITALIE, ETC. ETC.

Le Matterhorn ou mont Cervin est formé, depuis la base jusqu'au sommet, de roches stratifiées en bancs assez réguliers, qui sont tous légèrement relevés vers l'est, savoir vers le Mont-Rose. Ces roches, quoique évidemment d'origine sédimentaire, ont une structure fortement cristalline qui doit être l'effet d'une puissante action de métamorphisme très-développée dans cette région des Alpes. Dans la série des roches constituantes du Cervin on peut faire une distinction assez marquée, savoir celles formant la base inférieure de la montagne, et celles formant le pic proprement dit.

Les roches de la base, que l'on voit dans le Val Tournanche, dans le vallon de Z'Mutt, au col Saint-Théodule et ailleurs, sont, en général, des schistes talqueux, serpentineux, chloriteux et amphiboliques, alternant fort souvent avec des schistes calcaires à noyaux quartzeux. Ces schistes calcaires, de couleur brunâtre, alternent çà et là avec des dolomies, des cargneules et des quartzites régulaires. Cette formation calcaréo-serpentineuse est très-étendue dans les environs. Le pic, au contraire, est tout formé d'un gneiss talqueux, souvent à gros éléments, alternant parfois à quelques bancs de schistes talqueux et quartzeux, mais sans bancs calcaires. Vers le pied ouest du pic, le gneiss est remplacé par de l'euphotide granitoïde massive, qui semble y former une grosse lentille se fondant de tous côtés dans le gneiss même. Du reste, les roches du Cervin montrent partout des exemples fort instructifs de passages graduels d'une structure à l'autre, résultant du métamorphisme plus ou moins avancé.

Le pic actuel n'est que le reste d'une puissante formation géologique ancienne, triasique peut-être, dont les couches puissantes de plus de 3500 mètres enveloppaient tout autour, comme un immense manteau, le grand massif granitoïde et feldspathique du Mont-Rose. Aussi, son étude détaillée, qui, par exception, est rendue fort facile par la profondeur des vallons d'où il surgit, donne la clef de la structure géologique de beaucoup d'autres montagnes des environs. On y voit partout le phénomène assez curieux d'une puissante formation talqueuse très-cristalline, presque granitoïde, régulièrement superposée à une formation schisteuse et calcarifère. Cette même constitution géologique est en partie la cause de la forme aiguë et de l'isolement du pic qui font la merveille des voyageurs. En effet, tandis que les roches feuilletées de la base, étant facilement corrodées par l'action des météores et de l'eau, ont été facilement creusées en vallées larges et profondes, la roche supérieure, qui constitue la pyramide, donne lieu par sa dureté à des fendillements formant des parois escarpées qui conservent au pic ce profil alpin élancé et caractéristique. Les glaciers qui entourent son pied de tous les côtés, en emportant d'une manière continue les débris tombant de ses flancs, contribuent pour leur part à maintenir l'isolement de la merveilleuse pyramide, qui, sans eux, serait peut-être déjà ensevelie sous ses propres ruines.

VI

NOTE RELATIVE A LA COUPE GÉOLOGIQUE DU CERVIN.

1. Gneiss talqueux quartzifère. Beaucoup de traces de foudre.
2. Banc de 3 à 4 mètres de schistes serpentineux et talqueux verts.
3. Gneiss talqueux à éléments plus ou moins schisteux avec quelques lits de quartzite.
« Gneiss et micaschistes ferrugineux à éléments très-fins; beaucoup de traces de foudre.
4. Gneiss alternant avec des schistes talqueux et des felsites en zones blanches et grises.
5. Petite couche de schistes serpentineux, vert sombre.
6. Gneiss et micaschiste avec zones quartzifères rubanées.
7. Gneiss talqueux à éléments schisteux.
8. Gneiss talqueux verdâtre, porphyroïde à éléments moyens.
9. Gneiss talqueux granitoïde à gros éléments et avec des cristaux de feldspath.
10. Schistes grisâtres.
11. Micaschistes ferrugineux.
12. Gneiss talqueux, vert sombre.
13. Gneiss et schistes quartzeux, couleur vert clair.
14. Euphotide massive (feldspath et diallage), à éléments cristallins bien développés, traversée par des veines d'eurite blanchâtre. Cette roche forme un banc ou plutôt une lentille de plus de 500 mètres de puissance intercalée au gneiss talqueux [1].
15. Gneiss talqueux alternant avec des schistes talqueux et micacés.
16. Schistes compactes, couleur vert clair.
17. Calcaire cristallin micacé (calcschiste) avec veines et rognons de quartz. Il alterne avec des schistes verts chloriteux et serpentineux.
18. Schistes verts chloriteux, serpentineux et talqueux avec des masses stéatiteuses.
19. Calcschistes (comme ci-dessus) formant un banc de plus 100 mètres [2].
20. Schistes verts chloriteux.
21. Calcschistes (comme ci-dessus).
22. Il suit ci-dessous une série fort puissante de schistes verts serpentineux, chloriteux, talqueux et stéatiteux alternant encore avec des calcschistes. En plusieurs localités les schistes deviennent très-amphibologiques à petits cristaux noirs. Cette puissante formation calcaréo-serpentineuse repose inférieurement sur des micaschistes et des gneiss anciens.

---

1. Cette roche granitoïde paraît surtout à la base ouest du pic sous le col du Lion, tandis qu'elle ne paraît pas du tout sur le flanc est où elle paraît passer au gneiss talqueux.
2. En plusieurs localités des environs, cette zone calcarifère présente des bancs et des lentilles de dolomie, de cargneule, de gypse et de quartzites.

VII

COUPE GÉOLOGIQUE DU CERVIN PAR M. F. GIORDANO.

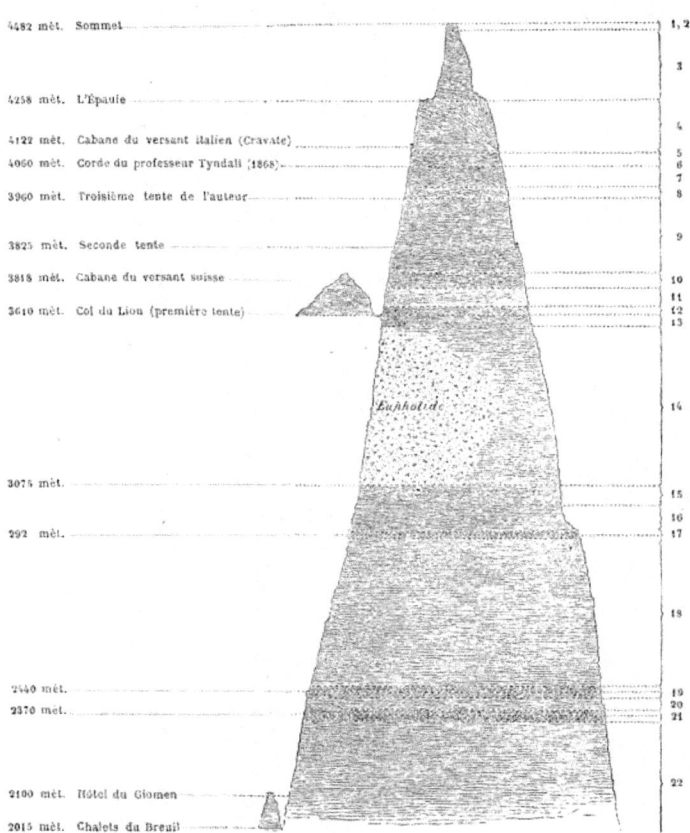

4482 mèt. Sommet — 1, 2
— 3
4258 mèt. L'Épaule
4122 mèt. Cabane du versant italien (Cravate) — 4
4060 mèt. Corde du professeur Tyndall (1868) — 5
— 6
— 7
3960 mèt. Troisième tente de l'auteur — 8

3825 mèt. Seconde tente — 9
3818 mèt. Cabane du versant suisse — 10
— 11
3610 mèt. Col du Lion (première tente) — 12
— 13

Euphotide — 14

3075 mèt. — 15
— 16
292 mèt. — 17

— 18

2440 mèt. — 19
— 20
2370 mèt. — 21

— 22
2100 mèt. Hôtel du Giomen
2015 mèt. Chalets du Breuil

Piliers ou colonnes près de Sachas, dans la vallée de la Durance, débris d'une ancienne moraine.

APPENDICE. 425

VIII

DÉNUDATION DE LA VALLÉE DE LA DURANCE.

Dans l'été de 1869, je remontai à pied la vallée de la Durance, de Mont-Dauphin à Briançon; chemin faisant, je remarquai à environ cinq kilomètres de cette dernière localité quelques pics rocheux très-aigus sur les pentes de la montagne, à l'ouest de la route. Je grimpai sur ces pentes et je découvris les singulières colonnes naturelles représentées dans la gravure ci-jointe[1]. Ces sortes de piliers sont composés d'un conglomérat non stratifié formé de cailloux et de blocs reliés par une gangue terreuse. Quelques-unes étaient mélangées de pierres plus serrées que les grains de raisins dans un plum-pudding; d'autres étaient hérissées de pierres aiguës comme les piquants d'un oursin. Cette gangue était si dure et si adhérente, qu'on avait une peine extrême à en arracher les pierres. Une fois la pierre détachée, la gangue terreuse disparaissait très-facilement par un simple lavage dans un petit ruisseau voisin. C'est ainsi que j'en eus bientôt extrait quelques fragments de syénite, de micaschiste, plusieurs variétés de calcaires et de débris, ainsi que diverses plantes fossiles qui caractérisent les roches carbonifères. La plupart des fragments étaient couverts de traces indiquant qu'ils avaient voyagé sous un glacier. La gangue terreuse avait tous les caractères de la vase des glaciers, et le flanc de la colline était couvert d'amas roulés. Ces diverses indications et la situation des pics rocheux me donnèrent à penser qu'ils provenaient des débris d'une ancienne moraine. Les plus élevés de ces piliers atteignaient 18 et 21 mètres; la moraine avait donc dû avoir une hauteur au moins égale. Je jugeai d'après ces apparences que c'était la moraine supérieure d'un glacier, affluent du grand glacier qui avait occupé autrefois la vallée de la Durance. En se retirant, il s'était arrêté sur le versant de cette colline, près de Sachas. Le glacier latéral avait coulé au bas d'un vallon sans nom qui descend de l'est-sud-est de la montagne désignée sur la carte française sous le nom de l'Eychouda (2664 mètres).

Un seul de ces pics était coiffé d'une pierre d'assez petite dimension, et je n'aperçus dans leur voisinage aucun bloc assez considérable pour leur supposer la même origine qu'aux célèbres colonnes ou aiguilles de dolomie voisines de Botzen. Ceux qui ont lu les *Études* de sir Charles Lyell (10ᵉ édition, tome I, p. 338) se rappelleront qu'il attribue principalement la formation des colonnes de Botzen à ce qu'elles étaient recouvertes de blocs qui les protégeaient contre l'action directe de la pluie.

[1]. Elles se trouvaient à 228 mètres (d'après l'anéroïde) au-dessus de la route et à peu de distance du village de Sachas. Il y en avait à peu près une douzaine semblables à celles que représente la gravure, et un grand nombre de tronçons de colonnes plus petites. Il s'en trouvait probablement d'autres et beaucoup plus considérables, plus loin par derrière. Je n'avais pas le temps de dépasser l'endroit représenté dans ce dessin. J'ai cru intéressant de revenir sur la description très-imparfaite que j'avais donnée de ces curieuses roches. Je ne pense pas qu'elles aient été observées ni décrites précédemment.

Cette explication paraît fort juste, car la plupart des colonnes de Botzen sont coiffées de blocs d'une dimension considérable. Mais le cas ne semble pas exactement semblable pour les piliers naturels que j'ai vus. L'eau courante, en ravinant la moraine, l'a découpée en arêtes (visibles à droite sur la gravure) et a pris une part évidente au travail de la dénudation. Suivant toute probabilité, le groupe des piliers naturels représentés dans la gravure ci-jointe provenait d'une de ces arêtes dont le sommet s'était aiguisé et peut-être effilé par le temps. Dans ce cas et avec des pierres de très-petite dimension sur le sommet de l'arête, les piliers auraient été également très-petits : leur développement aurait dépendu de la quantité de pierres enfouies dans la gangue de la moraine environnante. Je suppose donc que la plupart des piliers les plus considérables de Sachas proviennent de ce que la partie de la moraine dont ils sont formés contenait une quantité de pierres et de petits blocs supérieure à celle qui se trouvait dans les endroits ravinés, et surtout de ce que la vase du glacier, si adhérente à l'état sec, est facilement entraînée par les eaux quand elle est mouillée. Ainsi la forme actuelle des piliers est principalement due à l'action *directe* de la pluie, mais leur formation, dans l'origine, a été due à l'action de l'eau courante.

TABLE DES MATIÈRES.

CHAPITRE I.
Premier voyage dans les Alpes 1
CHAPITRE II.
Ascension du mont Pelvoux.. 15
CHAPITRE III.
Le Mont-Cenis. — Le chemin de fer Fell. — Le grand tunnel des Alpes. 53
CHAPITRE IV.
Ma première grimpade sur le Cervin 75
CHAPITRE V.
Encore le Cervin. — Nouvelle tentative d'ascension 96
CHAPITRE VI.
Le Val Tournanche. — Un passage direct entre le Breuil et Zermatt (le Breuiljoch). — Zermatt. — Ascension du Grand Tournalin, etc...... 140
CHAPITRE VII.
Sixième tentative pour faire l'ascension du Cervin 177
CHAPITRE VIII.
De Saint-Michel, sur la route du Mont-Cenis, à la Bérarde, par le col des Aiguilles d'Arve, le col de Martignare et la brèche de la Meije........ 189
CHAPITRE IX.
Ascension de la Pointe des Écrins 213
CHAPITRE X.
De Vallouise à la Bérarde par le col de Pilatte...................... 238
CHAPITRE XI.
Passage du col de Triolet. — Ascension du Mont-Dolent, de l'Aiguille de Trélatête et de l'Aiguille d'Argentière 252

CHAPITRE XII.
Le col de Moming. — Zermatt 274

CHAPITRE XIII.
Ascension du Grand Cornier 288

CHAPITRE XIV.
Ascension de la Dent Blanche 299

CHAPITRE XV.
Col d'Hérens. — Ma septième tentative pour escalader le Cervin 309

CHAPITRE XVI.
La vallée d'Aoste. — Ascension des Grandes Jorasses 326

CHAPITRE XVII.
Le col Dolent 343

CHAPITRE XVIII.
Ascension de l'Aiguille Verte 353

CHAPITRE XIX.
Le col de Talèfre 363

CHAPITRE XX.
Ascension de la Ruinette. — Le Cervin 367

CHAPITRE XXI.
Ascension du Cervin 382

CHAPITRE XXII.
Descente du Cervin 394

APPENDICE.
I. Suite de l'histoire du Cervin 409
II. Tableau des tentatives faites pour escalader le Cervin 416
III. Tableau des ascensions au Cervin 417
IV. Note sur le phénomène atmosphérique observé au Cervin 418
V. Notice sur la géologie du Cervin par M. F. Giordano 419
VI. Note relative à la coupe géologique du Cervin 420
VII. Coupe géologique du Cervin par M. F. Giordano 421
VIII. Dénudation de la vallée de la Durance 425

LE MONT BLANC.

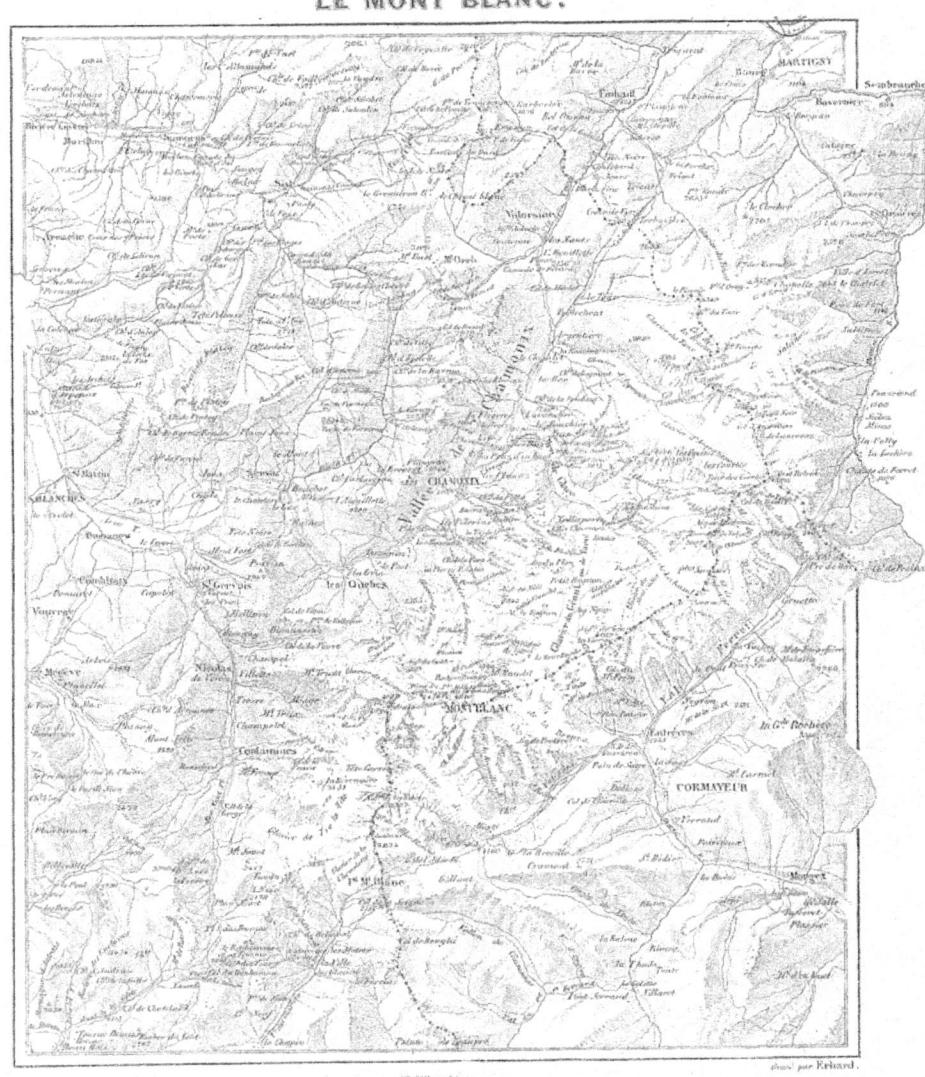

DU MONT BLANC AU CERVIN.

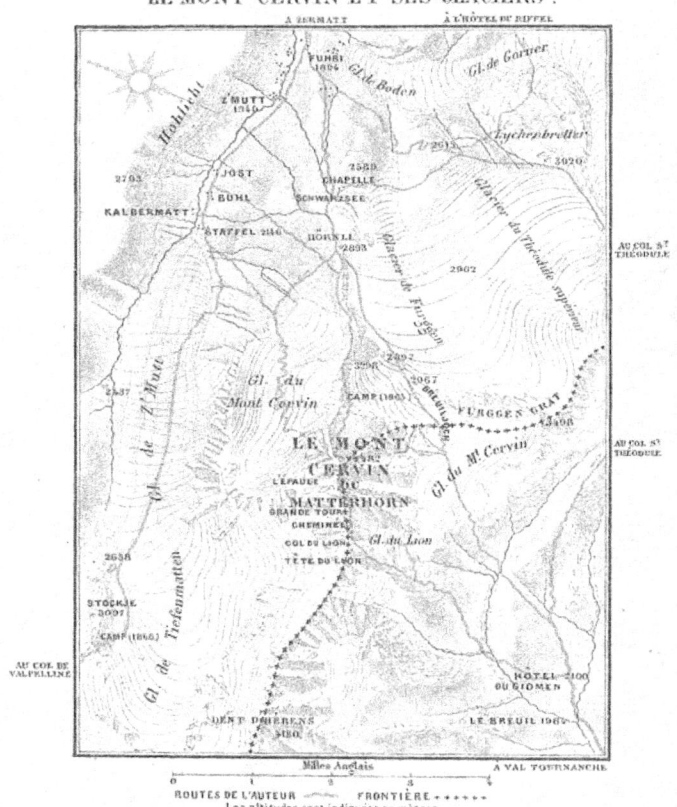

LE MONT CERVIN ET SES GLACIERS.

LISTE DES GRAVURES.

1. Beachy Head 1
2. Le démon de Notre-Dame 2
3. Les mulets dans les passages difficiles 3
4. Un curé dans l'embarras 8
5. Lequel des deux est l'animal? 9
6. Au Saint-Bernard 9
7. Un cabaret italien 14
8. Briançon 15
9. Le Pelvoux, vu de la Bessée 23
10. Vallée d'Ailefroide 25
11. Le grand Pelvoux de Vallouise 27
12. Contre-forts du Pelvoux 31
13. Macdonald 33
14. Mont Pelvoux 36
15. Le Pelvoux et l'Ailefroide, vus de la vallée de la Durance, près de Mont-Dauphin 39
16. La couverture-sac 48
17. Colonne naturelle près de Molines 51
18. Passage du Mont-Cenis 53
19. Le postillon supplémentaire 54
20. Le Mont-Cenis et le chemin de fer Fell près du col 55
21. Rail central dans une courbe 57
22. Coupe du chemin de fer Fell 57
23. Parties couvertes du chemin de fer Fell (versant italien) ... 58
24. Déblaiement des débris dans le tunnel des Alpes 64
25. Machine perforatrice employée au tunnel des Alpes 67
26. Profil du tunnel des Alpes 69
27. Germain Sommeiller 74
28. Jean-Antoine Carrel (1869) 75
29. Le Cervin, vu du col Saint-Théodule 79
30. Le Cervin, vu du nord-est 79
31. Le Cervin (vue prise du sommet du col Saint-Théodule) 83
32. J. J. Bennen (1862) 86
33. Le col du Lion 91

LISTE DES GRAVURES.

34.	Les bâtons de la tente	100
35.	Tente alpestre	101
36.	Le grappin alpestre	112
37.	La corde et l'anneau	113
38.	La cheminée du Cervin	123
39.	Je glissai et je tombai	127
40.	Profil du Cervin	134
41.	Une canonnade dans le Cervin	135
42.	Traversée du canal	139
43.	Qu'est-ce que c'est que cela?	140
44.	Une arcade de l'aqueduc du Val Tournanche	145
45.	Rochers usés par les eaux dans la gorge située au-dessous du glacier de Gorner	150
46.	Stries produites par le frottement des glaciers à Grindelwald	151
47.	Roches altérées par les intempéries de l'atmosphère	159
48.	Au Grand Tournalin	170
49.	M. Favre	177
50.	Un orage sur le Cervin (10 août 1863)	182
51.	Le vallon des Étançons, du côté de la Bérarde	189
52.	Michel-Auguste Croz (1865)	191
53.	Les Aiguilles d'Arve, vue prise au-dessus du chalet de Rieublanc	196
54.	Melchior Anderegg en 1864	205
55.	Carte du passage de la Meije	207
56.	Une nuit avec Croz	213
57.	Les Alpes centrales du Dauphiné	217
58.	La Pointe des Écrins	224
59.	Notre route sur la Pointe des Écrins	225
60.	Fragment du sommet de la Pointe des Écrins	229
61.	Descente de l'arête occidentale de la Pointe des Écrins	233
62.	Carte de la brèche de la Meije	238
63.	Un couloir de neige	242
64.	Nous vîmes un pied qui semblait appartenir à Moore, et Reynaud vola dans l'air	247
65.	Notre bivouac au Mont-Suc	252
66.	M. Reilly lisant	262
67.	Id.	262
68.	Id.	262
69.	Id.	262
70.	Id.	262
71.	La Tête Noire	274
72.	Avalanche de glace à la montée du col de Moming	280
73.	Le col de Moming en 1864	283
74.	L'hôtel du Mont-Rose, à Zermatt	285
75.	Arête méridionale du Grand Cornier	288
76.	Partie de la chaîne septentrionale du Grand Cornier	294
77.	Leslie Stephen	299
78.	La Bergschrund de la Dent Blanche en 1865	303
79.	Kennedy	308
80.	Luc Meynet, le porteur de tentes	309
81.	Le Cervin, vu du Riffel	315

LISTE DES GRAVURES.

82. Un crétin d'Aoste	326
83. Le bouquetin	327
84. Les Grandes Jorasses, vues du Val Ferret	341
85. Cormayeur	343
86. Le col Dolent	345
87. Ma hache à glace	349
88. Hache à glace de Kennedy	350
89. Crampons	351
90. Sur la Mer de Glace	353
91. Christian Almer, d'après une photographie de M. E. Edwards	354
92. Sur la Mer de Glace	355
93. Le col de Talèfre	363
94. Comment on descend sur la neige	365
95. Comment il ne faut pas tenir la corde	367
96. Comment on doit tenir la corde	373
97. Ascension du Cervin	382
98. Au sommet du Cervin	391
99. Le sommet du Cervin en 1865	394
100. La corde rompue le jour de l'accident	397
101. M. Alexandre Seiler	401
102. La corde de Manille	402
103. La seconde corde	403
104. Final	408
105. Coupe géologique du Cervin	421
106. Colonnes près de Sachas (vallée de la Durance)	423
107. Frontispice : Phénomène atmosphérique observé sur le Cervin (en regard du titre).	
108. Un passage difficile (sur le titre).	

CARTES.

1. Carte d'ensemble	à la fin du volume.
2. Le Mont-Rose	—
3. Le Mont-Blanc	—
4. Du Mont-Blanc au Mont-Rose	—
5. Le Cervin et ses glaciers	—
6. Sections du Cervin	318

12368. — TYPOGRAPHIE LAHURE
Rue de Fleurus, 9, à Paris